Oliver Marchart
Die Prekarisierungsgesellschaft

Gesellschaft der Unterschiede | Band 8

Oliver Marchart ist Professor für Soziologie an der Kunstakademie Düsseldorf. Seine Forschungsschwerpunkte sind Sozialtheorie, Kunst- und Kulturtheorie sowie Politische Theorie.

Oliver Marchart

Die Prekarisierungsgesellschaft

**Prekäre Proteste. Politik und Ökonomie
im Zeichen der Prekarisierung**

Gedruckt mit Unterstützung des Schweizerischen Nationalfonds SNF und der Forschungskommission der Universität Luzern.

Bibliografische Information der Deutschen Nationalbibliothek
Die Deutsche Nationalbibliothek verzeichnet diese Publikation in der Deutschen Nationalbibliografie; detaillierte bibliografische Daten sind im Internet über http://dnb.d-nb.de abrufbar.

Umschlaggestaltung: Kordula Röckenhaus, Bielefeld
Satz: Michael Rauscher, Bielefeld
Druck: CPI – Clausen & Bosse, Leck
ISBN 978-3-8376-2192-1

Gedruckt auf alterungsbeständigem Papier mit chlorfrei gebleichtem Zellstoff.
Besuchen Sie uns im Internet: *http://www.transcript-verlag.de*
Bitte fordern Sie unser Gesamtverzeichnis und andere Broschüren an unter:
info@transcript-verlag.de

Inhalt

Vorwort

Zwei Jahre nachdem eine Expertenkommission des Vatikan die Institution der Vorhölle offiziell für geschlossen erklärt hatte, verkündete der französische Soziologe Luc Boltanski, dass Europa tatsächlich zu einer Vorhölle geworden sei (Boltanski 2011). Seine Kantate für mehrere Stimmen zeichnet ein erschreckend realistisches Bild jenes Zwischenreichs, in dem wir endlos darauf warten, vielleicht doch noch erwählt zu werden, doch noch in die Zone der Sicherheit, der Anerkennung und des Erfolgs aufzusteigen, während unter unseren Füßen die sozialen Sicherungsnetze aufgetrennt werden. Die folgende Untersuchung geht davon aus, dass dieser Zustand am besten mit dem Begriff der *Prekarisierungsgesellschaft* bezeichnet wird – dem sozialdiagnostischen Äquivalent des theologischen Konzepts der Vorhölle. In der Prekarisierungsgesellschaft sind alle – bis auf eine schmale Schicht von finanziell Superabgesicherten – existenzieller Verunsicherung ausgesetzt, und das schon allein deshalb, weil die sozialen Sicherungssysteme an Erwerbsart gekoppelt sind und deren Status zunehmend prekär wird. »Die Prekarisierung betrifft alle«, so André Gorz. Denn:

Jeder Einzelne von uns weiß, fühlt, begreift sich als potentiell arbeitslos, potentiell prekär beschäftigt, potentiell auf Teilzeit-, Termin- oder Gelegenheitsjobs angewiesen. Aber was jeder und jede Einzelne weiß, wird noch lange nicht zum *allgemeinen* Wissen über unsere *gemeinsame* Lage. Vielmehr setzt der herrschende öffentliche Diskurs alles ein, um uns unsere gemeinsame Lage zu verschleiern, um zu verhindern, daß wir die Prekarisierung unserer Erwerbsverläufe als ein gesellschaftlich verursachtes Risiko erkennen, das *uns alle als Angehörige dieser Gesellschaft* betrifft: Als »soziale Individuen«, wie sie Marx nannte, und nicht als Einzel- oder gar Privatpersonen. (Gorz 2000: 76)

Prekarisierung, so der Einsatz der vorliegenden Untersuchung, ist kein marginales oder patikulares Phänomen. Sie betrifft nicht eine kleine Gruppe von Abgehängten oder Ausgeschlossenen, sondern nahezu alle. Das heißt: Prekarisierung ist ein Phänomen von gesamtgesellschaftlicher Tragweite. Das Konzept der Prekarisierungsgesellschaft erlaubt es, das Phänomen in seiner ganzen Tragweite auf den Begriff zu bringen. Der theoretische Status dieses Begriffs

entspricht dem Status jener Kategorien, die Bruno Latour als Panoramen bezeichnet: 360-Grad-Darstellungen des sozialen Raums. Darunter zählt Latour
zum Beispiel Becks Risikogesellschaft, und man kann an vergleichbare Konzepte wie Mediengesellschaft, Wissensgesellschaft, Informationsgesellschaft,
Beschleunigungsgesellschaft, Disziplinargesellschaft usw. denken. Man könnte unterstellen, wer solche Gesellschaftspanoramen entwirft, sei vom imperia-
listischen Drang beseelt, die Welt unter einen Nenner zu zwingen. Aber das
ist nicht notwendigerweise der Fall. Ein Panorama ist auch, ja vor allem dann
produktiv, so Latour, wenn es nicht mit Alleinerklärungsanspruch, sondern
als möglicher Erklärungsansatz unter vielen vorgetragen wird. Ja, vielleicht
sind Panoramen sogar notwendig, da wir ansonsten keine Möglichkeit haben,
scheinbar divergente Sozialphänomene in ihrem Zusammenhang darzustellen.
Aus Panoramen, so Latour, gewinnen wir »unsere Metaphern für das, ›was uns
miteinander verbindet‹, für die von uns angeblich geteilten Leidenschaften, für
den allgemeinen Grundriß der Gesellschaftsarchitektur und die Erzählungen,
mit denen wir diszipliniert werden« (Latour 2007: 326). In diesem Sinne erlaubt der Begriff der Prekarisierungsgesellschaft, Gemeinsamkeiten und Überschneidungen sozialer Entwicklungen hervorzuheben, wo man andernfalls keine sehen oder sie gar verleugnen würde.

Die vorliegende Untersuchung ist aus einem von mir geleiteten For-
schungsprojekt zu Protest, Medien und Prekarisierung hervorgegangen, das
von 2006 bis 2012 an der Universität Luzern angesiedelt war und an dessen
Durchführung Marion Hamm, Stephan Adolphs, Mario Vötsch, Armin Bet-
schart, Jonas Aebi und Hanna Pütters beteiligt waren. Die Untersuchung wird
von zwei weiteren Büchern begleitet, man könnte auch sagen: von zwei Seiten
her abgestützt. Ein Zwillingsband mit dem Titel *Facetten der Prekarisierungsgesellschaft* (Marchart 2013a) versammelt Aufsätze, die aus unterschiedlichen sozialwissenschaftlichen Perspektiven – wie der pragmatischen Soziologie, der
Gouvernementalitätsstudien, der Regulationstheorie, des Postoperaismus, der
Systemtheorie oder der Diskursanalye – die zunehmende Prekarisierung von
Arbeit und Leben beleuchten. Dem Sammelband lag, wie auch der vorliegenden
Untersuchung, der Gedanke zugrunde, dass sich ein hinreichend komplexes
Bild der Prekarisierungsgesellschaft nur qua sozialwissenschaftlicher »Triangulation« zeichnen lässt. Von der anderen Seite wird die Untersuchung gestützt
durch eine Monographie mit dem Titel *Das unmögliche Objekt. Eine postfundamentalistische Theorie der Gesellschaft* (Marchart 2013b), in der die gesellschaftstheoretischen Grundlagen entwickelt werden, die auch die Rede von der Prekarisierungsgesellschaft stützen.

Dank geht an alle Projektbeteiligten, an die Universität Luzern, an den
Schweizerischen Nationalfonds SNF für die Förderung des Projekts und an die
Forschungskommission der Universität Luzern für die Unterstützung der bei-
den Buchpublikationen.

Das flackernde Licht der Verunsicherung

Ein umfassender Begriff von Prekarisierung

> »Der Boden der Gesellschaft schwankt.«
> (Bude/Willisch 2008b: 12)

Obwohl allgemein außer Frage steht, dass Arbeit in den wohlfahrtsstaatlich geprägten Gesellschaften zunehmendem Flexibilisierungs- und Prekarisierungs-
druck ausgesetzt ist, sind Ausmaß und Ursachen dieser Entwicklung notorisch
umstritten. Das zeigt sich schon am Kampf um die begriffliche Fixierung von
»Prekarität«. In vielen Fällen wird man Einigkeit darüber erzielen, dass die Begriffe Prekarität oder Prekarisierung auf ein Phänomen zielen, das vom einstmals geltenden »Normalarbeitsverhältnis« abweichende Formen abhängiger
Beschäftigung betrifft (von Scheinselbständigkeit über Teilzeitarbeit und Leiharbeit bis hin zu Ein-Euro-Jobs und Formen oftmals illegalisierter migrantischer
Arbeit im Niedrigstlohnbereich). Die Zurückdrängung des sogenannten Normalarbeitsverhältnisses hat, so die Annahme, eine Zunahme der Zahl gering-
fügiger sowie unbefristeter Beschäftigungsverhältnisse zur Folge, deren Status
vergleichsweise prekär ist. Darüber hinaus gilt als weitgehend unbestritten,
dass die tendenzielle Abnahme von unbefristeter Vollzeitarbeit zu neuen Formen des sozialen wie rechtlichen Ein- und Ausschlusses führt. Durch Reduk-
tion und/oder Privatisierung der öffentlichen Daseinsfürsorge geraten soziale
Rechte in Bedrängnis und Ansprüche auf Pensionsvorsorge, Arbeitslosen- und
Krankenversicherung werden reduziert, während zugleich politische Rechte
abgebaut werden (etwa betriebliche Mitbestimmungsrechte verloren gehen).
Wenn dem aber so ist, dann tritt das Phänomen der Prekarisierung gleichsam
über die Ufer der Arbeitswelt und beginnt in soziale Verhältnisse einzusickern,
die scheinbar wenig mit Erwerbsarbeit zu tun haben. Ab einem bestimmten
Punkt beginnen die von der zunehmenden Prekarität der Erwerbsarbeit ausge-
henden Prekarisierungseffekte das Gesamt sozialer Existenz in das flackernde
Licht der Verunsicherung zu tauchen. In der vielleicht bündigsten Form kann
Prekarität dann als »Unsicherheit der sozialen Existenz von Menschen durch
Widerruflichkeit des Erwerbs« (Hauer 2007: 30) definiert werden. Eine solch

»prinzipielle und fundamentale Verunsicherung aller Lebens- und Arbeitsbereiche« ergibt sich aus der zunehmenden Widerruflichkeit der qua Erwerbsarbeit geregelten Existenzsicherung und kann im äußersten Fall alle Lebensverhältnisse der Individuen in Frage stellen: »Gibt es einen Folgeauftrag? Wird mein Vertrag verlängert? Wird das Weihnachts- oder Urlaubsgeld gestrichen? Lande ich bei Hartz IV? Reicht das Geld – für den Urlaub, für die Ausbildung der Kinder, fürs nackte Überleben? Was passiert, wenn ich krank oder alt bin? Wenn ich ein Pflegefall werde oder jemand aus der Verwandtschaft?« (33).[1]

Diese nahezu unbegrenzt erweiterbare Reihe von Fragen, die das Innerste unserer Subjektivierungsform betreffen, macht bereits evident, dass Prekari-

---

1 | Gelegentlich wird versucht, das Phänomen durch ein, »Sammelsurium« an Merkmalen zu umreißen (Candeias 2007: 44). Die Frage stellt sich allerdings, ob diese – wie ich denke, tendenziell unabschließbare – Aufzählung nicht nur als Beschreibung, sondern zugleich als Symptom der umfassenden Prekarisierung des Sozialen gelesen werden muss, d.h. als Symptom der zunehmenden Unbestimmtheit und damit, nach Maßgabe herkömmlicher sozialwissenschaftlicher Instrumente, Unbestimmbarkeit des Sozialen (wir werden auf dieses Phänomen des Verschwimmens eines *umfassenden* Prekarisierungsbegriffs zurückkommen, ohne dabei behaupten zu wollen, dass es vermeidbar wäre). So fasst Candeias unter Prekarisierung Prozesse, »die a) Arbeitsverhältnisse oder Formen der abhängigen Selbstständigkeit ohne existenzsicherndes *Einkommen* hervorbringen, b) mit Tätigkeiten verbunden sind, denen bestimmte Kriterien qualifizierter Arbeit abgesprochen werden mit entsprechend geringer oder mangelnder gesellschaftlicher *Anerkennung*, c) die zur tendenziellen *Ausgliederung* aus betrieblichen bzw. kooperativen Strukturen, zur raum-zeitlichen Isolierung und Zerstörung von Sozialkontakten führen, d) mit einem tendenziell geringeren (arbeits-und staatsbürgerschaftlichen) *rechtlichen Status* verbunden sind, und e) geringe oder keine Ansprüche auf *Sozialleistungen* zur Folge haben (Lohnersatzleistungen, Krankenversicherung oder Rente). Es geht auch um Prozesse, die f) mit der Erosion öffentlicher Dienstleistungen als allgemeinen Bedingungen sozialer und individueller Reproduktion verbunden sind (und schon gar nicht mit erhöhten Reproduktionsanforderungen der neuen Produktionsweise Schritt halten, etwa angesichts steigender Qualifikationsanforderungen oder hoher psycho-physischer Beanspruchung), die insgesamt g) längerfristige *Planungssicherheit* für den eigenen Lebensentwurf ausschließen und schließlich h) eine massive Verunsicherung oder Schwächung der individuellen und damit auch kollektiven *Handlungsfähigkeit* bewirken.« Diese Aufzählung mag für eine erste, intuitive Annäherung an das Phänomen Prekarisierung hilfreich sein. Das Problematische an solchen Enumerationen und Typologien ist jedoch, so zutreffend jede Beschreibung für sich sein mag, dass sie auf der phänomenologischen Oberfläche verbleiben, ohne ein kohärentes Unterscheidungskriterium zu entwickeln (vgl. die Kritik an einem ähnlich gelagerten Fall bei Laclau 2005: 3-16), was die Gefahr, dem sozialwissenschaftlichen Objektivismus zu verfallen, erhöht.

sierungsprozesse mit quantitativen Methoden der Sozialwissenschaften alleine nicht abzubilden sind. So erstaunt es nicht, dass statistische Erhebungen des Umfangs irregulärer und informeller Beschäftigungsverhältnisse – geschweige denn prekärer Beschäftigungsverhältnisse – ihrerseits keine übereinstimmenden Ergebnisse produzieren, da kein vorgängiger Konsens bezüglich der Natur und Tragweite des Phänomens gefunden werden kann. So schätzen verschiedene Untersuchungen etwa die Zahl der in Deutschland abhängig Selbständigen ausgesprochen unterschiedlich ein (Brinkmann et al. 2006: 40), sie ist jedoch mit hoher Wahrscheinlichkeit um vieles größer als zumeist angenommen (sh. Candeias 2004: 166).[2] Brinkmann et al. (2006: 17) errechnen, dass sich ein Drittel aller Beschäftigten in Nicht-Norm-Arbeitsverhältnissen befinden. Als prekär werden in ihrer Studie solche Erwerbsverhältnisse definiert, in denen die Beschäftigten a) »deutlich unter ein Einkommens-, Schutz- und soziales Integrationsniveau sinken, das in der Gegenwartsgesellschaft als Standard definiert und mehrheitlich anerkannt wird«, und b) das subjektive Empfinden von »Sinnverlusten, Anerkennungsdefiziten und Planungsunsicherheit« in einem solchen Ausmaß vorherrscht, dass gesellschaftliche Standards sich zum Nachteil der Beschäftigten verschieben.[3] Die daran anschließende Differenzierung von Prekarität nach fünf unterschiedlichen Dimensionen, wie sie Brinkmann et al. (2006: 18) vorschlagen, mag zur Annäherung an das Phänomen hilfreich sein. So könne unterschieden werden zwischen (1) der reproduktiv-materiellen Dimension von Prekarität (im Fall nicht existenzsichernder oder ein kulturelles Minimum nicht überschreitender Erwerbsarbeit); (2) der sozial-kommunikativen Dimension von Prekarität (wenn die gleichberechtigte Integration in soziale Netze innerhalb und außerhalb der Erwerbsarbeit nicht mehr gewährleistet ist); (3) der rechtlich-institutionellen oder partizipativen Dimension (sofern Prekarisierte von sozialen Rechten und Partizipationschancen ausgeschlossen sind, die unbefristet Vollzeitbeschäftigte nach wie vor genießen); (4) der Dimension von Status und Anerkennung (sofern mit prekärer Arbeit Statusabstieg und Vorenthaltung von Anerkennung verbunden ist); und (5) der arbeitsinhaltlichen

---

2 | Der Kampf um Fragen der statistischen Erfassung prekärer Arbeitsverhältnisse ist notorisch für die empirische Prekaritätsforschung. Neundlinger (2007) spricht von einer mannigfachen statistischen Verschleierung des »Ausfransens« des Arbeitsmarktes, indem etwa neue Selbstständige und »Ich-AGs« dem selbständigen Unternehmertum zugerechnet werden, ohne dass der Anteil neuer Formen der Prekarisierung an letzterem ermittelt würde.

3 | Unter *Prekarisierung* wird von Brinkmann et al. (2006: 17) dann ein sozialer Prozess verstanden, »über den die Erosion von Normalitätsstandards auf die Integrierten zurückwirkt. Prekarisierung bringt nicht nur eine ›Zone‹ mit Arbeitsverhältnissen hervor, die jederzeit verwundbar sind, sie wirkt [...] trotz ihrer unbestreitbaren Desintegrationspotenziale auch restrukturierend auf die gesamte Arbeitsgesellschaft zurück.«

Dimension (sofern mit prekärer Arbeit dauerhafter Sinnverlust oder Überidentifikationspathologien wie Burn-out-Syndrome verbunden sind).

Was einer abschließenden Definition allerdings im Wege steht, ist die an Robert Castel (2000; 2007) anschließende Einsicht, dass Prekarität nie absolut, sondern immer nur *relational*, d.h. im Verhältnis zum jeweiligen Normalitätsstandard von Erwerbsarbeit definiert werden kann. (Aus diesem Grund sollte Prekarität auch nicht mit vollständiger Entkoppelung von der Arbeitswelt oder absoluter ökonomischer Deprivation gleichgesetzt werden.) Zwar wurde eingewandt (Hauer 2007: 31f.), dass die tariflich und sozialrechtlich abgesicherte dauerhafte Vollzeitbeschäftigung niemals wirklich die Normalität darstellte, da Prekarität, erstens, in kapitalistischen Klassengesellschaften immer schon Grundbestimmung proletarischer Existenz war; zweitens Normalarbeitsverhältnisse eine historische und geographische Ausnahmeerscheinung der Länder des Nordens in der kurzen Zeitspanne der 1950er bis 1970er-Jahre waren (und auch dort für Frauen und ArbeitsmigrantInnen nur eingeschränkt galten); und drittens Normalarbeitsverhältnisse immer nur als stets gefährdeter Kompromiss innerhalb eines unsicheren Machtgleichgewichts Bestand hatten. Umgekehrt ließe sich gegen diese Kritik einwenden, dass das Normalarbeitsregime, wenn es auch nie Normalität war, doch in vielen Ländern des Westens Norm war. Wenn es also niemals auch nur die annähernde Gesamtheit der Arbeitsverhältnisse beschrieb, diente es doch als imaginäre Projektionsfläche und anzustrebendes Wunschziel der meisten, die noch nicht in dieses Regime eingetreten waren. Als Leitmodell entfaltete es normalisierende Kraft und kann daher in Begriffen der diskursanalytischen Hegemonietheorie als imaginärer Horizont (Laclau 1990: 63ff.) einer Gesellschaft – in diesem Fall des fordistischen Wohlfahrtsstaatsregimes westlicher Nachkriegsgesellschaften – beschrieben werden. Dieser imaginäre Horizont, der den Akteuren als unhinterfragte Referenzfolie für ihre Denk- und Handlungsweisen dient, ist brüchig geworden, ja wurde womöglich von einem neuen Imaginären abgelöst, in dem der prekäre Status von Arbeits- und Lebensverhältnissen seinerseits zunehmend an Selbstverständlichkeit gewinnt.

Mit Robert Castel ließe sich also festhalten, dass Unsicherheit nur relational zu einer bereits bestehenden Sicherheitskonfiguration *als* Unsicherheit erfahren wird, ja die Suche nach Sicherheit selbst schon Unsicherheit erzeugt, »denn das Gefühl der Unsicherheit ist keine unmittelbare Gegebenheit des Bewusstseins. Es passt sich vielmehr unterschiedlichen historischen Konfigurationen an, weil Sicherheit und Unsicherheit *in einem spezifischen Verhältnis* zu den Sicherungsstrukturen stehen, die eine Gesellschaft in angemessener Form bietet oder eben nicht« (Castel: 2007: 9). Auch die in den deutschsprachigen Ländern an Bourdieu'sche Untersuchungen (Bourdieu et al. 1997) anschließende oder von ihnen inspirierte Prekarisierungsforschung (Schultheis/Schulz 2005; Brinkmann et al. 2006; zur Übersicht vgl. Pelizzari 2007) sieht in Prekarität keine der sozialen Realität »objektiv« ablesbare Gegebenheit. Prekarisierung resultiert diesen Studien zufolge nicht allein aus objektiven Gegebenheiten, sondern in zumindest gleichem Ausmaß aus der jeweils positionsbestimmten Wahrnehmung der Subjekte. Prekarität wird als ein relationaler Prozess verstanden, »in welchem sich die subjektive Wahrnehmung der eigenen Arbeitsmarktposition sowohl im Verhältnis zum Neigungswinkel der eigenen erwerbsbiografischen Laufbahn wie auch relativ zu anderen Lagen innerhalb der Arbeitswelt spiegelt« (Pelizzari 2007: 66).

Wir haben es also mit einem doppelten Problem der Begriffsbestimmung zu tun: Die Ränder des zu definierenden sozialen Phänomens Prekarität fasern aus, da a) die Bedeutung der Bestimmung *prekär* nur in Relation zu einem – in einer bestimmter Hinsicht und zu einem bestimmten Zeitpunkt – hegemonialen Normalitätsregime fixiert werden kann, und b) das Phänomen über die Ufer der Arbeitswelt zu treten scheint und immer mehr vormals stabil geglaubte gesellschaftliche Verhältnisse zu *prekarisieren* droht. Nicht zu Unrecht sprach Bourdieu (1998: 99) von einem »breitgefächerten Prekarisierungsstrom«, in den die gesamte Welt materieller, kultureller, öffentlicher und privater Produktion gerissen werde. Grund dafür sei, so Bourdieus Vermutung, dass Prekarisierung einer neuen Herrschaftsnorm angehöre, in der zur Aufrechterhaltung des Unterordnungsverhältnisses der Arbeitnehmenden ein allgemeiner Dauerzustand der Unsicherheit errichtet wird. In einem 1997 während der *Rencontres européennes contre la précarité* in Grenoble gehaltenen Vortrag sprach Bourdieu von der »Allgegenwart« der Prekarität: Befristete Beschäftigungsverhältnisse und Teilzeitarbeit hätten sich im privaten wie im öffentlichen Sektor, in der Industrie wie im Kulturbereich und Journalismus ausgebreitet. Zwar würden die Auswirkungen im extremen Prekarisierungsfall der Arbeitslosigkeit am sichtbarsten – das Verhältnis der Betroffenen zu Welt, Raum und Zeit werde destrukturiert, Zukunft verschwinde so weit im Ungewissen, dass rationale Planung nicht mehr möglich sei, ja der Glaube an Zukunft als solcher verschwinde –, doch betreffe Prekarität auch die scheinbar von ihr Verschonten, sofern sie als von einer Reservearmee prekarisierter Arbeitnehmer und Arbeitsloser inkarnierte Drohung allzeit in den Köpfen aller präsent bleibe: »Weder dem Bewußtsein noch dem Unterbewußten läßt sie jemals Ruhe« (1998: 97). Diese subjektive Unsicherheit, Produkt eines objektiven Unsicherheitsregimes, ziehe also auch jene Arbeitnehmer in Mitleidenschaft, deren Arbeitsverhältnisse scheinbar (noch nicht) prekarisiert wurden. In Folge handle es sich bei Prekarität um kein begrenztes, sondern um ein alle Sozialbeziehungen umfassend formierendes Phänomen. Nicht umsonst lautet Bourdieus Vortragstitel: »Prekarität ist überall«.

Diese Behauptung, so zutreffend sie aus unserer Perspektive ist, wirft natürlich das Problem der Grenzziehung auf: Wenn Prekarität überall ist, wie lässt sie sich dann abgrenzen und also definieren? Trotz dieses unbestreitbaren Problems, so vermute ich, besitzt gerade ein weiter Prekarisierungsbegriff den Vorteil, unseren Blick für eine Reihe von Phänomenen zu schärfen, die mit einem engeren Prekaritätsbegriff gar nicht in den Blick kämen, ja womöglich durch eine allzu restriktive Auslegung aus dem Blickfeld gedrängt würden. Tatsächlich schwanken Auslegungen zwischen einer öffentlichen Debatte, die dazu tendiert, Prekarität auf ein reines Unterschichtenphänomen zu reduzieren (wenn nicht die Existenz von Unterschichten überhaupt geleugnet werden soll), und zwar gestützt auf Untersuchungen, die Prekarisierungsprozessen nur eine geringe Reichweite zugestehen, und sozialwissenschaftlichen Theorien, die hinter dem Begriff der Prekarisierung ein wesentliches strukturierendes Merkmal heutiger (westlicher) Gesellschaft vermuten.

Systematisch lässt sich in den entsprechenden Debatten somit ein enger Prekarisierungsbegriff, der, metaphorisch gesprochen, das Phänomen an den »Rändern« der Gesellschaft verortet, von einem weiteren Begriff von Prekarität unterscheiden, der das Phänomen einer bestimmten Zone zuordnet, die allerdings auf andere Zonen überzugreifen droht. Diese beiden Konzepte von Prekarisierung müssen wiederum von einem dritten, *umfassenden* Prekarisierungsbegriff unterschieden werden, der das topographische Gesellschaftsmodell verabschiedet, um unter Prekarisierung eine tendenziell alle gesellschaftlichen Verhältnisse erfassende Logik, bzw. Organisations- und Regulationsform von Gesellschaft zu verstehen. Der letztere Begriff erscheint uns – trotz offensichtlicher Probleme, die die These einer *umfassenden* Prekarisierung aller Sozialbeziehungen mit sich bringt – aus angebbaren Gründen als der produktivste und sehr wohl treffendste, denn mit ihm lassen sich sowohl *objektivierende* als auch *subjekivierende* Strukturbildungs- und auflösungsprozesse beschreiben, d.h. sowohl das staatliche Regime der Unsicherheit und Verunsicherung, das auf das keynesianische Wohlfahrtsstaatsregime folgt, als auch die Subjektivierungsmacht lebensweltlich artikulierter Praxen. Immer wieder festgestellte Phänomene der Prekarisierungsgesellschaft wie die Dislozierung des sozialen Bandes und die Angstneurotisierung der Individuen lassen sich so mit ein- und demselben Begriff fassen.[4] Theorien, die einen solch umfassenden Begriff von Prekarisierung vertreten, reduzieren den Umfang des Phänomens nicht auf einen bestimmten sozialen Bereich oder eine bestimmte Zone (sie vertreten also keinen »topographischen« Begriff von Prekarität); darüber hinaus vermuten sie den Motor der Prekarisierung in langfristigen und umfassenden gesellschaftlichen Veränderungsmustern, die nicht durch die eine oder andere sozial- oder arbeitspolitische Maßnahme gelindert oder gar blockiert werden könnten (sie kommen daher auch zu anderen Lösungs- oder Bearbeitungsansätzen).

---

4 | Alternativbegriffe wie jener des »flexiblen Selbst« decken zumeist nur eine Seite dieses Prozesses ab, in diesem Fall die subjektive.

Auffällig ist nun, dass – in deutlichem Gegensatz zu solchen Theorien, die im folgenden Kapitel besprochen werden – in den über *Massenmedien* geführten Debatten einer engen Vorstellung von Prekarität der Vorzug gegeben wird. Dies zeigte sich vor allem in der sogenannten Unterschichtendebatte, die sich um die – von den Medien allerdings nur eingeschränkt, bzw. in metonymischer Verschiebung aufgenommene – Sozialfigur eines »abgehängten Prekariats« drehte. Von einem solchen war in einer im Herbst 2006 von der SPD-nahen Friedrich-Ebert-Stiftung vorveröffentlichten Studie »Gesellschaft im Reformprozess« die Rede. Diese Studie besaß, was oft unthematisiert blieb, eine deutlich politische Zwecksetzung. Es ging den Autoren darum, für die deutsche Sozialdemokratie zu ermitteln, was man früher als »Mobilisierungsfähigkeit« der Massen bezeichnet hätte, wiewohl man sich heute darunter eher die Nähe potentieller Wählerschichten zu einer politischen Partei vorstellt. Dazu wurden Wertevorstellungen von 3000 wahlberechtigten Deutschen erhoben. Auf Basis der ermittelten Einstellungen wurde schließlich ein Katalog »politischer Typen« formuliert. Zu diesen zählen die Autoren der Studie die politischen Typen der »kritischen Bildungseliten« (gesamtdeutsch: 9 %), eines »engagierten Bürgertums« (10 %), der »zufriedenen Aufsteiger« (13 %), der »bedrohten Arbeitnehmermitte« (16 %), der »selbstgenügsamen Traditionalisten« (11 %), der »autoritätsorientierten Geringqualifizierten« (7 %) und schließlich eines »abgehängten Prekariats« (8 %). Laut Studie fände sich unter letzterem der höchste Arbeitslosenanteil wie auch der höchste Anteil an Arbeitern, deren Arbeitsplatz jedoch zumeist als unsicher gilt. Die zum »abgehängten Prekariat« Gezählten zeigten sich desorientiert und fühlten sich im gesellschaftlichen Abseits; die Entfremdung vom politischen System sei in dieser Gruppe zugleich am größten. An der Urne zeige sich eine höhere Nähe zu linken wie rechten Protestparteien, obwohl auch der SPD gute Chancen ausgerechnet wurden.

Die auf die Vorpublikation der Studie folgende öffentliche Diskussion erweist sich insofern als bedeutsam, als sich hier zum ersten Mal im massenmedialen Diskurs Deutschlands der Begriff des »Prekariats« bzw. der »prekären Lebenslage« nennenswert manifestierte, der vorher nur im sozialwissenschaftlichen Spezialdiskurs (etwa in der Rezeption Castels oder Bourdieus) und in linken Gruppen und Protestbewegungen in Gebrauch war.[5] Jedoch wurde im Unterschied zur französischen Diskussion der Begriff des Prekariats zumeist

---

5 | Vereinzelt war der von der Bewegung geprägte Prekarisierungsbegriff jedoch schon in der überregionalen Presse aufgetaucht. Bereits ein Jahr vor der Unterschichtendebatte gab es zwar unter dem Titel »Generation Praktikum« eine anders gelagerte Debatte zum Thema Prekarisierung, bei der gut ausgebildete junge Akademiker im Mittelpunkt standen, die unsicheren Bedingungen auf dem Arbeitsmarkt ausgesetzt sind; hier spielte der Begriff Prekarisierung – anders als in der französischen Debatte zum selben Thema, wo von der »*génération précaire*« die Rede war – allerdings keine gewichtige Rolle.

in den herkömmlichen Begriff der »Unterschicht« übersetzt. Damit kam es zu einer wesentlichen Bedeutungsverschiebung.[6] Es wurde ein semantisches Feld geöffnet, in das angrenzende medial diskutierte Phänomene wie das der neuen Armut, die mit dem Greifen der Hartz IV-Reformen zu Sichtbarkeit gekommen waren, eingetragen werden konnten. Das musste notwendigerweise in einer gewissen, zum Teil von der Studie selbst verschuldeten Begriffsverwirrung resultieren, sofern nicht vollständig geklärt war, »ob die Sozialkategorie ›Prekariat‹ eigentlich identisch ist mit Begriffen wie ›Unterschicht‹ oder ›Arme‹, welcher in der öffentlichen Diskussion häufig synonym verwendet werden« (Neckel 2008: 21). Die diskursanalytische Untersuchung der Unterschichtendebatte, die wir im Rahmen eines an der Universität Luzern angesiedelten SNF-Forschungsprojekts durchführen konnten, bestätigte allerdings den Eindruck, dass vornehmlich mit einem engen Prekaritätsbegriff operiert und Prekarität als Armutsphänomen verstanden, bzw. das Prekariat als neue Unterschicht gesehen wurde.[7] Abgesehen von wenigen Ausnahmen in der *tageszeitung* und der *Frankfurter Rundschau*, wo ein etwas breiterer Prekaritätsbegriff anzutreffen ist, wird im dominanten Segment des Diskurses das Problem Individuen und Gruppen angelastet, die, so ein verbreitetes Argumentationsmuster, aufgrund kultureller Eigenheiten und Lebensweisen nicht in der Lage wären, den neuen Anforderungen zu genügen. So müsse über pädagogische Maßnahmen Einfluss auf ihre Lebensgestaltung genommen werden, während zugleich die institutionellen Logiken eines Sozialstaates umzubauen seien, der nun die Aktivierung der »Abgehängten« zu bewirken und nicht länger Umverteilung und soziale Absicherung zu garantieren habe. Die Unterschicht bildet in diesem Diskurs das negative Außen einer individualisierten Leistungsgesellschaft, in der eine zahlenmäßig eher begrenzte Gruppe von »Exkludierten« keinen Platz findet.

Die öffentliche Diskussion um Existenz und Umfang einer solchen »Unterschicht« führte schließlich dazu, dass der damalige Arbeitsminister Franz Mün-

---

6 | Diese Bedeutungsverschiebung war allerdings bereits durch das Adjektiv »abgehängt« präfiguriert, denn die Kategorie »abgehängtes Prekariat« verdichtet bzw. verschiebt, wie wir noch sehen werden, die Castell'sche »Zone der Entkoppelung« in die »Zone der Verunsicherung«, obwohl keineswegs jede prekäre Position schon von sozialen Netzen entkoppelt sein muss.

7 | Untersucht wurde der Schwerpunkt der sogenannten »Unterschichten-« oder »Armutsdebatte«, der in der Woche zwischen dem 15.-21. Oktober 2006 lag, in der zahlreiche Kommentare, Interviews, kommentierende Berichte und Meldungen zum Thema in allen überregionalen Tages- und Wochenzeitungen erschienen. Der Textkorpus der Diskursanalyse bestand aus der Berichterstattung in den überregionalen Printmedien (insgesamt 82 Texte aus dem *Spiegel*, der *Zeit*, der *Bildzeitung*, der *Frankfurter Rundschau*, der *Süddeutschen Zeitung*, der *Frankfurter Allgemeinen*, der *Welt* und der *Tageszeitung*) zwischen dem 15. und 23.10. 2006 (vgl. Adolphs 2009).

tefering sich zu bestreiten veranlasst sah, dass es in Deutschland überhaupt jene Unterschicht gäbe, zu der die Ebert-Studie zumindest 8 Prozent der Bevölkerung gerechnet hatte. Der Begriff erwies sich als schambesetzt für eine Sozialdemokratie, deren Reformen nicht unwesentlich zur Produktion neuer Armut beigetragen hatten, während ihre Führung offenbar die Vorstellung verbreiten wollte, dass die klassenlose Gesellschaft längst erreicht war. Der Begriff der Unterschicht hingegen weckte nach wie vor Assoziationen von Herrschaft, Macht und struktureller Ungleichheit, die zusammen mit dem Begriff verdrängt werden sollten, denn »selbst im gesellschaftsanalytisch so unpräzisen Begriff der Unterschicht klingt immer noch die diskursiv längst ad acta gelegte Klassengesellschaft an. Der Begriff signalisiert, dass es eine Bevölkerungsschicht gibt, die *strukturell* benachteiligt ist« (Lindner 2008: 15).

Diese offensive Verleugnung des Begriffs wiederum legt den Verdacht nahe, dass die Engführung des Phänomens der Prekarisierung – seine Begrenzung auf Formen der Armut und des Ausschlusses, die letztlich »nur« 8 % der Bevölkerung über 18 betrafen –, den diskurspolitischen Zweck erfüllt, entweder signalisieren zu können, dieses Phänomen sei eingrenzbar und unter Kontrolle zu halten, d.h. durch *workfare-incentives* und/oder sozialarbeiterische Maßnahmen meliorisierbar, oder es gar als ein so marginales Phänomen darstellen zu können, dass seine Existenz im nächsten Schritt überhaupt geleugnet werden kann. Denn nur wenn der Prekarisierungsprozess zuvor diskursiv an die *Ränder* des Sozialen gedrängt wurde, lässt sich seine gesellschaftspolitische Bedeutung ignorieren. Ein Phänomen, dem allgemein zugestanden wird, dass es längst breite Teile der Gesellschaft erreicht hat, ließe sich im politischen Diskurs hingegen nur schwer verleugnen. An der Unterschichtendebatte lässt sich daher ein diskurspolitischer Kampf um die hegemoniale Deutung und letztlich Definition von Prekarität erkennen, in dem in der massenmedialen Öffentlichkeit ein vergleichsweise enger Begriff von Prekarität dominierte, während die Protestöffentlichkeit der Prekarisierungsbewegung, die wir in den Kapiteln 3 und 4 anhand der sogenannten EuroMayDay-Bewegung untersuchen, einen gegen-hegemonialen *umfänglichen* Prekarisierungsbegriff starkmacht. An der Begriffsgrenze, also kurz bevor es zur vollständigen Verleugnung des Phänomens bzw. der Existenz seiner Trägerschicht kommt, wird Prekarität auf Armut reduziert. Natürlich ließe sich einwenden, dass es selbst einer solch grobschlächtigen Übersetzung des Diskurses um Prekarität oder Unterschicht in den Armutsdiskurs kaum gelingen wird, das Phänomen zu marginalisieren, sofern Armut selbst ja keine marginale Erscheinung ist, bedenkt man, dass die forcierte Entwicklung eines Niedriglohnsektors die Entwicklung einer Klasse der *working poor* zur Folge hat (und selbst noch in die Armutspopulation eine neue Spaltung einführt: »Den armen Erwerbslosen traten die erwerbstätigen

Armen zur Seite«, Butterwegge 2008: 210).[8] Doch deckt ein Diskurs, der das Prekariat mit den von der Arbeitsgesellschaft Ausgeschlossenen identifiziert – in der Debatte um die sogenannten Ausgeschlossenen wurde der Begriff sogar so eng gefasst, dass von einer »Residualkategorie« gesprochen werden konnte (Bude/Willisch 2008b: 19) –, das Phänomenbündel sozialer Prekarisierung bei weitem nicht ab. Tatsächlich kam selbst die Ebert-Studie zu dem Schluss, dass Prekarisierung keineswegs nur die 8 % des »abgehängten Prekariats« betrifft. In den Befragungen konnte durchaus eine breite gesellschaftliche Grundstimmung der Verunsicherung ausgemacht werden: 63 % der Befragten gaben an, die gesellschaftlichen Veränderung bereiteten ihnen Angst, 46 % empfanden ihr Leben als ständigen Kampf, 44 % fühlten sich vom Staat allein gelassen und 15 % generell verunsichert.

Obwohl die von den pauperisierten »Unterschichten« erlittenen Formen sozialer Exklusion in Untersuchungen der Prekarisierungsgesellschaft nicht verharmlost oder gar verdrängt werden dürfen (womit ihr sozialer Ausschluss in der Analyse gleichsam wiederholt und damit sanktioniert würde), sollte man sich also davor hüten, prekäre Lebenslagen ausschließlich mit Armut, Verelendung und Exklusion zu assoziieren. Durch wechselnde Beschäftigung und Niedriglohn verursachte zunehmende Unsicherheit existiert »auch in bildungsstarken sozialen Gruppen, die öffentlich nicht zur ›Unterschicht‹ gezählt werden würden, denkt man etwa an das moderne akademische Proletariat, das sich mit Werkverträgen, Teilzeitjobs und Praktika herumschlagen muss« (Neckel 2008: 21).[9] Ja die Flexibilisierung und Prekarisierung der Arbeitsorganisation gerade in den besonders dynamischen Branchen etwa der IT- und Kommunikationsindustrie kann, wie Robert Castel betont, modellhaft Zwänge auf andere Produktionsbereiche ausüben: »Man sollte daher nicht so sehr die modernen und die traditionellen oder archaischen Formen der Arbeitsorganisation einander gegenüberstellen, sondern statt dessen auf die große Ambivalenz dieses Individualisierung- und Entkollektivierungsprozesses verweisen, der sich in den verschiedensten Konfigurationen der Arbeitsorganisation niederschlägt und – wenngleich in unterschiedlichem Grad und in unterschiedlicher Form – fast alle Arbeitnehmergruppen, den angelernten Hilfsarbeiter nicht anders als den

---

8 | Über ein Drittel der deutschen Erwerbstätigen arbeitet zu Niedriglöhnen; darunter sind nach Schätzungen 7 Millionen *working poor* zu finden (Candeias 2007: 46).

9 | Aus diesem Grund ist Armut an sich noch »kein alleiniges Merkmal der Unterschichten, weshalb die Gruppe der gegenwärtig knapp elf Millionen Armen in Deutschland auch größer als die der so bezeichneten ›Unterschicht‹ ist« (Neckel 2008: 21). Es liegt allerdings auf der Hand, dass das vorübergehende Abfallen in Armut, das bestimmte Qualifikationsphasen begleitet (Studium), nicht mit solchen Armutssackgassen zu vergleichen ist, in die etwa unvermittelbare Langzeitarbeitslose geraten.

Gründer eines Start-ups, betrifft« (Castel 2007: 62).[10] Wird dies zugestanden, dann drängt sich der Schluss auf, dass Prekarisierungsphänomene zumindest potentiell auf die Gesamtheit der Arbeitsbeziehungen übergreifen. Ein enger Prekarisierungsbegriff wird zur Beschreibung dieses Sachverhalts nicht mehr hinreichen.

In einer für viele Studien maßgeblichen heuristischen Typologie hat Castel (2000) daher eine dreizonige Unterteilung der heutigen Lohnarbeitsgesellschaft vorgeschlagen: eine Zone der Integration ist durch das doppelte Merkmal stabiler Arbeitsverhältnisse und einer klaren und soliden Verortung im Netz sozialer Relationen charakterisiert. Umgekehrt reiht sich, wer in die »Zone der Entkoppelung« gerät, in die Reservearmee der Überflüssigen und womöglich der sozial Ausgegrenzten ein. Die »Zone der Verwundbarkeit« oder »Prekarität« stellt dann »eine instabile Zwischenzone dar, welche ein prekäres Verhältnis zur Arbeit mit einer fragilen Unterstützung durch die nächste Umgebung kombiniert« (13).[11] In Wirtschaftskrisen etwa kann es zur Ausweitung der Zone der Verwundbarkeit kommen. Prekarität greift nach »oben« hin auf die Zone der Integration über und beschleunigt nach »unten« hin die Entkoppelungsprozesse. Im Durkheim'schen Modell Castels wird die Bindungskraft des Ganzen einer Gesellschaft durch das »Gleichgewicht« zwischen diesen Zonen garantiert; gerät dieses Gleichgewicht aus den Fugen, so muss man folgern, kommt es, durkheimianisch gedacht, zur Anomie.[12] Sofern also die zwischen

---

10 | Nach Castel handelt es sich bei den Wandlungsprozessen des Kapitalismus seit den frühen 70er Jahren um die Dynamik einer allgemeinen Flexibilisierung der an den Angestelltenstatus gebundenen Arbeitsbeziehungen, Karrierewege und Sozialversicherungsleistungen. Dieser Phase sei eine sozialstaatlich regulierte Universalisierung von Lohnarbeit und deren Dekommodifikation vorausgegangen. Die neue Dynamik hingegen bringe »zugleich eine Entkollektivierung, eine neuerliche Individualisierung und einen Abbau des Sicherungsleistungen mit sich« (Castel 2007: 60), wobei von Castel zu Recht betont wird, dass man sich die sozial Ausgegrenzten nicht als Ansammlung freischwebender Elektronen vorstellen dürfe: »Niemand, nicht einmal der ›sozial Ausgegrenzte‹, existiert jedoch außerhalb der Gesellschaft. *Die Entkollektivierung selbst ist eine kollektive Situation*« (66).

11 | Castel betont, dass relationale soziale Verortung und Arbeitsverhältnis nicht notwendig zusammenhängen, dass etwa ein prekäres Arbeitsverhältnis durch ein stabiles soziales Netzwerk kompensiert werden kann.

12 | Die – im 19. Jahrhundert als Pauperismusfrage entstandene – »soziale Frage« stellt daher für Castel eine »fundamentale Aporie« dar, »an der eine Gesellschaft das Rätsel ihrer Kohäsion erfährt und das Risiko ihrer Fraktur abzuwenden sucht«. Mit dieser Frage werde die Fähigkeit einer Gesellschaft auf die Probe gestellt, »als eine durch wechselseitige Abhängigkeitsbeziehungen verbundene Gesamtheit zu existieren« (Castel 2000: 17). Nach Castel entsteht das Soziale in jener »Kluft« zwischen dem Ökonomischen und

den beiden Zonen der Integration und der Entkoppelung schwebende Zone der Prekarität die Funktion eines Gleichgewichtungsmediums übernimmt, kommt ihr die entscheidende Rolle in Bezug auf die Kohäsionsfähigkeit der Gesamtgesellschaft zu:

> In reduziertem oder kontrolliertem Zustand gewährleistet sie die Stabilität der Sozialstruktur, sei es im Rahmen einer einheitlichen Gesellschaft (einer Formation, innerhalb der alle Gesellschaftsmitglieder in den Genuß von Grundsicherheiten kommen), oder in Form einer konsolidierten zweigeteilten Gesellschaft (einer Gesellschaft vom Typ Spartas, in welcher kaum Zwischenpositionen zwischen den Vollbürgern und den unfreien Heloten existieren). Im Gegensatz dazu speist die heutzutage ganz klar geöffnete und in Ausdehnung befindliche Zone der Verwundbarkeit die Turbulenzen, die erreichte Situationen brüchig und gesicherte Statuspositionen zunichte machen. (Castel 2000: 15)

Castel, als Vertreter eines vergleichsweise *weiten* Prekarisierungskonzepts, diagnostiziert somit eine zunehmende Dislozierung der Zone der Integration, was wiederum die Zone der Entkoppelung anwachsen lässt. Zwar waren frühere populare Klassen immer schon durch einen hohen Grad an Verwundbarkeit gekennzeichnet, ja Verwundbarkeit sei »ein sich über Jahrhunderte hinziehendes Wogen, das der Lage des einfachen Volkes den Stempel der Ungewißheit und ganz häufig des Unglücks aufgeprägt hat« (15), jedoch unterscheide sich die heutige Situation der Prekarität von der früheren, sofern sie durch »Prozesse der Entkoppelung von den noch widerstandsfähigen und abgesicherten Stabilitätskernen« (12) bestimmt werde.

In Deutschland wurde das Drei-Zonen-Modell Castels von einer Gruppe um Klaus Dörre auf Basis empirischer Untersuchungen in sich ausdifferenziert (Dörre 2005a, 2005b; Brinkmann et al. 2006). Untersucht wurden dabei Selbstwahrnehmung und subjektive Verarbeitung von Prekarisierungserfahrungen. Man ging davon aus, dass die »Castelschen Zonen tatsächlich in den Köpfen präsent« (Dörre 2005a: 60) sind. So legten die Ergebnisse auf Basis von rund 70 halbstrukturierten Interviews nahe, die Zone der Integration in vier Subzonen und entsprechende Typen auszudifferenzieren (vgl. Tabelle 1): 1a) die Subzone gesicherter Integration unbefristet Beschäftigter, die kaum mit belastenden Unsicherheiten zu rechnen hätten (dieser Subzone wurde auf Basis einer Fragebogenerhebung (n=5.388) doch immerhin ein knappes Drittel der Befragten zugerechnet); 1b) die Subzone atypischer Integration, der etwa die neuen »Selbstmanager« zugerechnet werden, die ihre atypische Beschäftigungssitu-

---

dem Politischen, welche die Frage nach der Integration der Desozialisierten aufwirft. Diese Frage scheint für Castel die Funktion eines – in Lacan'schen Begriffen – *sinthome*, d.h. eines problematischen Verknüpfungselements zu erfüllen, an dem gleichsam alles, d.h. die Gesellschaft in ihrer Gesamtheit zu hängen scheint.

Tabelle 1: (Des-)Integrationspotenziale von Erwerbsarbeit (nach Dörre 2005a: 60)

Zone der Integration	1a	Gesicherte Integration (»Die Gesicherten«)
	1b	Atypische Integration (»Die Unkonventionellen« oder »Selbstmanager«)
	1c	Unsichere Integration (»Die Verunsicherten«)
	1d	Gefährdete Integration (»Die Abstiegsbedrohten«)
Zone der Prekarität	2a	Prekäre Beschäftigung als Chance/ temporäre Integration (»Die Hoffenden«)
	2b	Prekäre Beschäftigung als dauerhaftes Arrangement (»Die Realistischen«)
	2c	Entschärfte Prekarität (»Die Zufriedenen«)
Zone der Entkoppelung	3a	Überwindbare Ausgrenzung (»Die Veränderungswilligen«)
	3b	Kontrollierte Ausgrenzung/ Inszenierte Integration (»Die Abgehängten«)

ation dennoch positiv erleben (wobei diese Gruppe mit nur 3,1 % veranschlagt wird); 1c) die Subzone unsicherer Integration, in der unbefristete Beschäftigung zwar noch positiv erlebt wird, Verunsicherung und Belastung aber schon deutlich zu spüren sind (12,9 %) und 1d) die Subzone der gefährdeten Integration, deren unbefristet beschäftigte »Bewohner« (sie stellen den höchsten errechneten Anteil von 33,1 %) bereits vom Abstieg in eine der drei Subzonen der Prekarität bedroht sind, in denen unsichere Arbeit bereits zum Dauerzustand wurde. Darunter 2a) die Subzone der »Hoffenden«, d.h. atypisch Beschäftigten, die Prekarität als Aufstiegschance in die Zone der Integration wahrnehmen, deren Frustration sich also in Grenzen hält (3,1 %); 2b) die Subzone der »Realistischen«, die sich trotz Frustrationen mit ihrer prekären Beschäftigungssituation dauerhaft arrangiert haben (4,8 %) und 2c) die Subzone der »Zufriedenen«, deren (z.B. durch Rente oder Erziehungsurlaub) entschärfte Prekaritätssituation kein anhaltendes Frustrationsgefühl aufkommen lässt (5,9 %). Nach »unten« schließen zwei unterscheidbare Subzonen der mit Arbeitslosigkeit verbundenen Entkoppelung an: 3a) jene der »Veränderungswilligen«, deren Ausgrenzung überwindbar scheint, und 3b) jene der »Abgehängten«, die die Hoffnung auf reguläre Erwerbsarbeit aufgegeben haben (zusammen werden beide Subzonen der Entkoppelung mit 1,7 % veranschlagt).

Was immer von solchen Typologien zu halten ist, sie besitzen immerhin den Vorteil, dass sie die Verschiedenartigkeit der Einstellungsformen zu Prekarität bzw. »Integration« erahnen lassen. Zugleich korreliert die Feststellung eines Anwachsens der Zone der Prekarität auf gut ein Drittel der abhängig Beschäftigten mit den Ergebnissen anderer Studien, die etwa ein Drittel der Beschäftigten dem Niedriglohnsektor zurechnen (vgl. Candeias 2007: 46). Doch habe darüber hinaus, so Dörre (2005b: 12), soziale Verunsicherung bereits die Zone der Integration, ja selbst den Typus der »Gesicherten« erreicht, steht diesen doch Prekarität und womöglich Entkoppelung als ständige Drohung vor Augen, sie könnten in eine der drei Subzonen der Prekarität abrutschen. So kann z.B. eine nur kleine Gruppe von Leiharbeitern die Disziplinierung der festangestellten Stammbelegschaft befördern, die ein »diffuses Gefühl der Ersetzbarkeit« (11) zu beschleichen beginnt. Durch diesen Rückkopplungseffekt restrukturiert also Prekarität auch die Normalitätsstandards der (noch) in reguläre und unbefristete Beschäftigungsverhältnisse Integrierten. Dennoch schrecken die Autoren der Studie vor einer, wie sie meinen, übergebührlichen Ausdehnung des Prekaritätsbegriffs zurück. Wo Prekarität etwa Phänomene von »unsteten Beschäftigungsverhältnissen über Unzufriedenheit mit der Arbeitstätigkeit bis hin zu Armut und sozialer Isolation« erfassen soll, dort werfe das Konzept zu viele Problem- und Lebenslagen in einen Topf und büße an analytischer Kraft ein. Zwar erweitern Brinkmann et al. den »engen« Begriff, wie er etwa in der Unterschichtsbedatte zu finden war, um Lebenslagen jenseits der Erwerbsarbeit, gehen dabei aber konsequent vom Beschäftigungssystem aus (Brinkmann et al. 2006: 18). So gesehen müsste jede Form der Prekarität immer auf prekäre Beschäftigungsverhältnisse (oder deren subjektive Wahrnehmung) rückgeführt werden. Wenn nun aber der Verdacht besteht, dass die Sphärengrenzen zwischen Produktion und Reproduktion, »Arbeit« und »Leben« zunehmend verschwimmen, ja dass Prekarisierung »überall ist« (Bourdieu) und sich in Phänomenen verselbständigt hat, die nur noch als Ausdruck einer zunehmenden *Dislozierung des Sozialen* (wir werden darauf zurückkommen) bezeichnet werden können, dann könnte sich selbst ein »weiter« Prekarisierungsbegriff gesellschaftsdiagnostisch als nach wie vor zu eng erweisen.[13] Denn zu erklären wäre

---

13 | Ausdruck dieser zu engen Sicht auf Prekarität scheint mir auch die Einschätzung der »Selbstmanager« durch Dörre, bzw. Brinkmann et al. (2006: 61) zu sein. Es mag zutreffen, dass ein geringer Prozentsatz »atypisch Integrierter« ihren beruflich flexibilisierten (und damit, wie ich im Unterschied zu Brinkmann et al. eben doch meinen würde: prekären) Status als Positivum erleben; diese positive Einstellung zur eigenen

dann die *umfassende* Prekarisierung des Sozialen, die mit einem Zonenmodell oder gar der Castel'schen These von der gesamtgesellschaftlichen (De-)Stabilisierungsfunktion einer einzelnen, wenn auch mediären Zone der Prekarität nicht hinreichend erklärt werden kann. Den theoretischen Erklärungsansätzen *umfassender* Prekarisierung, die in Kapitel 1 diskutiert werden sollen, ist – mit Ausnahme des ebenfalls durkheimianisch inspirierten Ansatzes Boltanskis und Chiapellos – die Vorstellung einer durch (nicht eingehegte oder »kontrollierte«) Prekarisierungsprozesse aus dem Gleichgewicht geratenen Gesellschaft, wie sie dem Durkheim'schen Modell Castels implizit zugrunde liegt, im wesentlichen fremd. Zwar stellen sie gleichfalls eine zunehmende Verunsicherung fest, verzichten aber auf ein Gleichgewichtspostulat und gehen davon aus, dass Gesellschaft *konstitutiv* aus dem Gleichgewicht geraten, d.h. *immer* von Widersprüchen und Antagonismen geprägt ist. Prekarisierung wäre dann eine spezifisch postfordistische Form sozialer Dislozierung, die ihre Dramatik vor allem aus dem Vergleich mit dem vorausgegangenen Stabilisierungsregime erhält.

Fassen wir kurz zusammen: Während die öffentliche Debatte einen engen Begriff von Prekarität zu favorisieren scheint, der von manchen Protestbewegungen aber öffentlich herausgefordert wird, ist in der sozialwissenschaftlichen Literatur ein enger von einem weiten und schließlich von einem umfassenden Begriff von Prekarisierung zu unterscheiden (vgl. Tabelle 2). Im engeren, in der öffentlichen Diskussion vorherrschenden Sinn impliziert Prekarität (in Abgrenzung vom allgemeineren Begriff atypischer Arbeitsverhältnisse) das weitgehende Herausfallen aus den sozialen Sicherungssystemen, welches zur Ursache das Herausfallen aus dem Arbeitsmarkt bzw. den Abstieg in die Gruppe der *working poor* zur Ursache hat und einhergehen kann mit rechtlicher wie sozialer Deprivation. In der massenmedial geführten Unterschichtendebatte wurde das Bild eines »abgehängten Prekariats« als neue Armuts- und Verelendungsfigur entworfen, was sich journalistisch an den Diskurs um Hartz IV und die vorangegangenen Proteste der Montagsdemonstrationen anschließen ließ. Dieser enge Begriff erweist sich jedoch als problematisch. Die diskursive Marginalisierung bis hin zu Verleugnung des Phänomens entspricht einer hegemonialen politischen Interessenlage. Sie hält einer genaueren Betrachtung nicht stand, denn selbst die ursprüngliche Studie, die eine mit 8 % veranschlagte Gruppe

---

Selbstunternehmer-Subjektivität ist aber gerade Merkmal des Subjektivierungsmodells eines umfassenden Prekarisierungsregimes, wie es etwa von den Gouvernementalitäts-studien oder vom Postoperaismus beschrieben wurde. Selbst diese winzige Gruppe von 3,1 % subjektiven »Prekarisierungsgewinnern« steht also keineswegs außerhalb des Prekarisierungsregimes. Zu ihr müßte, nebenbei gesagt, die Gruppe jener ambivalenten Selbstmanager aus IT- und Kreativindustrie addiert werden, die die eigene »Freiheit« zugleich als starke Belastung erleben und etwa – mit ihren jüngeren Kohorten – eine wesentliche Rolle in der prekarisierungskritischen EuroMayDay-Bewegung spielt.

Tabelle 2: Drei Begriffe von Prekarität (Quelle: eigene Darstellung)

Prekarisierungsgesellschaft (umfassender Prekarisierungsbegriff):

nur schwer eingrenzbares bestimmendes Merkmal
* des Postfordismus (Regulationstheorie)
* der Sicherheits- und »Prekarisierungsgesellschaft«
  (Gouvernementalitätsstudien)
* des Kognitiven Kapitalismus (Postoperaismus)
* des »neuen Geistes« des Kapitalismus (pragmatische Soziologie)
* der ggw. hegemonialen Gesellschaftsformation
  (Diskursanalytische Hegemonietheorie)

Prekarität als Zone der Gesellschaft (weiter Prekarisierungsbegriff):

eingrenzbares und an das Lohnverhältnis gekoppeltes Phänomen einer
sich ausweitenden »Zone der Verunsicherung« (Castel, Dörre et al.)

Prekarität als »Rand« der Gesellschaft (enger Prekaritätsbegriff):

Prekarität als sozialtechnologisch zu bewältigendes randständi-
ges Phänomen (»Unterschichtendebatte«, teilweise »Exklusionsdebatte«)

von abgehängten Prekariern konstatiert, hatte betont, dass Verunsicherung sehr
wohl auch von anderen »politischen Typen« erfahren wurde und in Ausbreitung begriffen war.[14] In einem schon bedeutend *weiteren* Sinn wird, besonders
im Anschluss an Castel, von einer *Zone* der Prekarität gesprochen, die etwa ein
Drittel der arbeitsfähigen Bevölkerung umfasst und ebenfalls in Ausdehnung
begriffen ist. Castel lokalisiert diese Zone aber bereits an einem neuralgischen
Punkt des Sozialen, nämlich der zugleich vermittelnden und trennenden
Schwelle zwischen Integration und Entkopplung. Auch wenn man den durkhei-
mianischen Subtext dieses letztlich auf Fragen von Integration, Gleichgewicht
und Anomie abzielenden Gesellschaftsmodells nicht übernehmen sollte, ohne

---

14 | Tatsächlich war auch diese Ebert-Studie von Castel inspiriert, tendierte also in
Richtung eines eher weiten Prekaritätsbegriffs.

ihn angemessen reartikuliert zu haben, kommt Prekarität hier doch alles ande-re als eine marginale Funktion zu. Von der dekonstruktiven Lektürestrategie Derridas (1983) lässt sich lernen, dass Konzepte, die eine solche Schwellen- oder Scharnierfunktion erfüllen, oft auf die tatsächlich entscheidende Bedingungs-lage einer Gesamtheit verweisen. Anders gesagt, Prekarität besäße aus dieser Perspektive gleichsam *symptomalen* Charakter, insofern ein (scheinbar) mar-ginales und offensichtlich doch die Stabilität der Gesamtheit subvertierendes Phänomen sich, so der Verdacht, als universalisierte Ermöglichungsbedingung ebendieser (prekären) Gesamtheit erweisen könnte.

An diesem neuralgischen Punkt setzen jene Theorien an, die unter Preka-risierung einen tendenziell die Gesamtheit sozialer Verhältnisse *umfassenden* oder diese *prägenden* Prozess verstehen. In diesem umfassenden Sinn mag Prekarität zwar *actualiter* auf eine bestimmte Zone begrenzt sein, *potentialiter* aber erfasst der Prekarisierungsstrom die gesamte Gesellschaftsformation (bzw. wird angetrieben von Kämpfen in und um diese hegemoniale Formation), was die grundlegende Verunsicherung eben nicht nur der meisten Arbeits-, sondern auch der meisten Lebensbereiche zur Folge hat. Bei allen Verschiedenheiten scheinen mir vier sozialtheoretische Ansätze dem Problemkomplex Prekarisie-rung mit einem solch umfassenden Konzept begegnen zu wollen. Die vier An-sätze scheinen mir aufgrund ihrer jeweils spezifischen Stärken in besonderem Maße geeignet, diese Frage zu beantworten: 1. die von Althussers strukturalem Marxismus ausgehende Regulationstheorie, 2. die von Foucault ausgehenden Gouvernementalitätsstudien, 3. die von den sozialen Kämpfen des Italien der 1960er- und 70er-Jahre ausgehenden Ansätze des Postoperaismus und schließ-lich 4. die pragmatische Soziologie des früheren Bourdieu-Mitarbeiters Luc Bol-tanski, wie sie zum Thema Prekarisierung vor allem in Kooperation mit Ève Chiapello entworfen wurde.

Wir werden im folgenden Kapitel diese Theorien einem wechselseitigen Ab-gleich unterziehen, der Stärken und Schwächen der jeweiligen Ansätze sichtbar machen soll, um sie in Kapitel 2 auf die Integrationsmatrix der diskursanaly-tischen Hegemonietheorie einzutragen, wie sie vor allem in der Tradition der Essex-School erarbeitet wurde. Es wird sich erweisen, dass die Triangulation dieser Theorien nicht zuletzt deshalb gerechtfertigt ist, weil ihre Zugehörigkeit zu einem im weitesten Sinne als postmarxistisch zu bezeichnenden Paradigma – bei allen Differenzen – wechselseitige kategoriale und theoretische Übersetz-barkeit gewährleistet. Es wird darum gehen, das Konzept der Prekarisierung als sozialtheoretisches und -analytisches Instrument mithilfe solcher Theorien, die ein umfassendes Prekarisierungskonzept vertreten oder stützen, inhaltlich so weit zu sättigen, dass Grenzziehungsfragen in Bezug auf den Prekarisierungs-begriff als sekundär im Verhältnis zu jenen diagnostischen Gewinnen erkenn-bar werden, die der Begriff der Prekarisierungsgesellschaft mit sich bringt. Wir werden das mithilfe einer Theorietriangulation (Denzin 1970) der erwähnten

Ansätze versuchen, die wir auf einer paradigmatischen Ebene als kompatibel erachten. Es wird dabei um ein doppeltes Ziel gehen: a) festzustellen, in welchen Punkten die jeweiligen Prekaritätsdiagnosen übereinstimmen; und b) in welcher Hinsicht sie einander ergänzen.[15]

Die so gewonnenen Ergebnisse werden – nach ihrem Abgleich mit der diskursanalytischen Hegemonietheorie in Kapitel 2 – den sozialtheoretischen Hintergrund für eine Fallstudie abgeben, deren diskursanalytische Teilergebnisse in Bezug auf den Prekarisierungsbegriff in Kapitel 3 präsentiert werden. Es handelt sich um die Fallstudie eines transnationalen Bewegungsnetzwerks, das sich aus der globalisierungskritischen »Bewegung der Bewegungen« entwickelt hat und die zunehmende Prekarisierung der Arbeits- und Lebensbedingungen zum Thema macht.

Diese sogenannte EuroMayDay-Bewegung unterscheidet sich von politisch traditionelleren Protesten gegen Prekarisierung, sofern nicht so sehr auf die Verteidigung fordistischer Arbeitsverhältnisse gezielt, sondern unter Prekarisierung ein ambivalentes Phänomen verstanden wird, das zu neuen Unterordnungs- und Ausbeutungsverhältnissen führt, zugleich aber auch neue Freiheitspotentiale birgt. Seit 2001 tritt die Bewegung jährlich zum 1. Mai mit sogenannten MayDay-Paraden an die Öffentlichkeit, die – mit ihrer Entwendung populärkultureller Kodes und ihren überbordenden performativen und medialen Protestpraktiken – als bewusste Alternative zu den traditionellen Demonstrationen der Arbeiterbewegung gedacht sind. Inzwischen haben, ausgehend von Mailand, EuroMayDay-Demonstrationen in mehr als 40 europäischen Städten, darunter Berlin, Barcelona, Kopenhagen, Hamburg, Helsinki, Liège, Maribor, Neapel, Paris und Wien, stattgefunden. In den Jahren 2007 und 2008 nahm Tokio das MayDay-Format auf. 2009 fanden »MondoMayDay«-Paraden bereits in 7 japanischen Städten und Toronto statt. Die Zahl der Teilnehmer rangierte zwischen bescheidenen 100 (Hanau, 2008) und mehr als 100.000 (Mailand, 2005).

Diese Bewegung kann stellvertretend für eine neuere Tendenz im Feld sozialer Bewegung gesehen werden, die für die Soziale Bewegungsforschung, sofern sie an der Konstruktion politischer und sozialer Identität im Bewegungshandeln interessiert ist, von Interesse sein muss. Diese Tendenz besteht in der prinzipiellen Ablehnung fixierter sozialer Identitätszuschreibungen, weshalb ich entsprechende Protestbewegungen – darunter die mexikanischen Zapatistas, das Queer Movement und die EuroMayDay-Bewegung als *postidentitäre*

---

15 | Dazu werden diese Ansätze auch vor dem Hintergrund der öffentlichen Debatte um Prekarisierung verortet, die im Rahmen unseres mehrjährigen Forschungsprojekts u.a. am Beispiel der sogenannten Unterschichtendebatte diskursanalytisch untersucht wurde, und von solchen Theorien unterschieden, die einen engen, und jenen, die einen zwar weiteren, jedoch keinen umfassenden Prekarisierungsbegriff verwenden.

soziale Bewegungen bezeichnen möchte. In Kapitel 4 werde ich, ausgehend von einer sozialtheoretischen Diskussion der materiellen Dimension von Diskursen, die anhand der medialen Apparate der MayDay-Bewegung bearbeitet wird, einige Beispiele für solch postidentitäre Selbstbefragungs-, ja Selbstinfragestellungsstrategien geben. Die Proteste der Prekären, die im Zentrum der Fallstudie standen, geben sich so als *prekäre Proteste* zu erkennen. Das Schlusskapitel ist den demokratiepolitischen Implikationen solch prekärer Proteste gewidmet. Denn, so die These, die jüngsten Proteste – insbesondere die Platzbesetzungen seit 2011 – sind nicht allein deshalb als Demokratisierungsproteste zu verstehen, weil sie auf die Demokratisierung der westlichen Demokratien drängen (oder, wie im Fall der Arabellionen, auf die Demokratisierung autoritärer Regime). Sie sind auch deshalb als Demokratisierungsprotest zu betrachten, weil sie ein zentrales Bestimmungsmerkmal von Demokratie in ihrer eigenen Praxis exemplarisch verwirklichen: die Befragung und Infragestellung der Gründe und Grenzen des Gemeinwesens.

1 Die Dislozierung des Sozialen

Vier sozialwissenschaftliche Perspektiven
auf Prekarisierung

1.1 REGULATIONSTHEORIE: POSTFORDISMUS UND REGULATIONSWEISE DER PREKARISIERUNG

Die folgende Evaluation der vier im Einleitungskapitel erwähnten Theorieperspektiven – Regulationstheorie, Gouvernementalitätsstudien, Postoperaismus und pragmatische Soziologie – wird uns eine gesellschaftstheoretische Ausgangsbasis für die weitere Untersuchung verschaffen. Mit dem Versuch einer Theorie-Triangulation soll ein mehrdimensionales Bild des bislang noch recht flachen und unscharfen Objekts Prekarisierung gewonnen werden. Dabei wird zu beobachten sein, dass die Diagnosen, die von diesen vier Ansätzen entwickelt wurden, in vielerlei Hinsicht konvergieren. Vor allem die Rede von Prekarisierung als Prozess der Entsicherung der gesamten Arbeits- und Lebensverhältnisse und damit die metaphorisch verdichtende Bezeichnung der gegenwärtigen Gesellschaftsformation als *Prekarisierungsgesellschaft* wird sich im Durchgang durch die erwähnten Theorien, so steht zu hoffen, als plausibel erweisen. Eine wesentliche Referenztheorie, deren Beschreibung des Postfordismus (bzw. der Krise des Fordismus) auch für andere Ansätze einschlägig wurde, ist die Regulationstheorie, die daher auch den Ausgangspunkt bilden soll. Ich werde kurz den konzeptuellen Rahmen vor allem der Pariser Regulationsschule vorstellen, um anhand der hegemonietheoretischen deutschen Erweiterung die Bedeutung dieses Ansatzes für ein gesellschaftstheoretisch durchdringendes Verständnis von Prekarisierung darzulegen.

Die zunächst in Frankreich entwickelte ökonomische Theorie (Aglietta 1979) postuliert, dass ökonomische, soziale und politische Veränderungen nur in ihrem wechselseitigen Konstitutionsverhältnis begriffen werden können (Röttger 2003: 19). Die Regulationstheorie versteht sich als wirtschaftswissenschaftliche Weiterführung der Althusser-Schule des strukturalen Marxismus.

Dieser hatte das Marx'sche Werk einer Relektüre unterzogen, um es gegen die stalinistische Dogmatik, gegen den ökonomischen Determinismus, gegen Humanismus und Subjektphilosophie zu verteidigen. Trotz gewisser rhetorischer Vorbehalte gegen den damals modischen Strukturalismus folgt der Althusserianismus dem strukturalistischen Grundgedanken: Das gesellschaftliche Ganze wird als ein relationales Ensemble gedacht, dessen Elemente ihre Bedeutung nur aufgrund ihres Verhältnisses zu allen anderen Elementen der Struktur gewinnen. Die Regulationstheorie schließt an diese Absetzbewegung von den dogmatischen Spielarten des Marxismus, wie sie von der Althusser-Schule eingeleitet wurde, an und treibt sie weiter (indem sie nicht zuletzt den bedeutenden Einfluss Gramscis, der von Althusser noch weitgehend verleugnet wurde, explizit macht und stärkt). Der Dogmatismus ging von einer ökonomischen »Basis« aus, bestehend aus – insbesondere technologischen – Produktivkräften und ihrem Entwicklungsgrad entsprechenden bzw. nachhinkenden Produktionsverhältnissen, worauf sich ein »Überbau« von Politik und Ideologie erhebt, der durch die Vorgänge in der Basis determiniert wird und diese umgekehrt mit Legitimation ausstattet. Der strukturale Marxismus wendet sich von diesem Modell weitgehend ab: Althusser zufolge ergibt sich die Gesamtheit einer Produktionsweise aus der Artikulation der drei Elemente oder Instanzen des Ökonomischen, des Politischen und des Ideologischen, doch determiniert die Instanz des Ökonomischen nicht länger die Instanzen des Ideologischen und des Politischen, sondern der Moment der Determination durch die Ökonomie wird auf die »letzte Instanz« verschoben (deren Stunde jedoch, Althusser zufolge, nie schlägt).[1]

Die Regulationstheorie wird einen vergleichbaren Schritt über den Althusserianismus hinausmachen und dennoch, wie auch der Postmarxismus Laclaus und Mouffes, auf den wir noch kommen werden, an einem wichtigen Merkmal strukturalistischer Theorie festhalten: ihrem *Relationismus*. Nach Alain Lipietz (1992: 44), einem Hauptvertreter der Pariser Regulationsschule, ist soziale

---

1 | Zu diesem Zweck wird eine Unterscheidung getroffen zwischen jener Determination in letzter Instanz durch das Ökonomische und der Dominanz einer bestimmten Instanz (und man geht davon aus, dass jedes komplexe Ganze von einer bestimmten Instanz dominiert wird), die in einer gegebenen Produktionsweise nicht unbedingt die Ökonomie sein muss: im Feudalismus etwa könnten auch Politik oder Religion die dominanten Instanzen stellen, was allerdings nichts an der Determination »in letzter Instanz« durch das Ökonomische ändert. Diese bloße Verschiebung des ökonomistischen Determinationsverhältnisses ins letzte Glied wurde daher durch den späteren Postmarxismus als unzureichend für eine Abkehr vom technologisch-ökonomistischen Determinismus kritisiert, da es sich nur um eine Verschiebung des Determinismus auf höhere Ebene – bzw. in eine schlechte Unendlichkeit – handle, nicht um dessen Dekonstruktion (vgl. Laclau und Mouffe 1991).

Wirklichkeit »ein Gewebe, eine Artikulation von relativ autonomen und spezifischen Verhältnissen«, die einander überdeterminieren. Damit dieses Netzwerk sozialer Verhältnisse (darunter ökonomische Verhältnisse wie etwa das Lohnverhältnis), aus welchem Gesellschaft gebildet ist, auf Dauer gestellt werden kann, muss es reproduziert werden. Bereits die Althusserianer hatten den marxistischen Begriff der Reproduktion ausgeweitet und darunter nicht nur die Reproduktion der Arbeitskraft verstanden, sondern die aller gesellschaftlichen Verhältnisse (vgl. Althusser 1995; Althusser/Balibar 1972: 268-365; Demirovic 1992: 136). Die strukturalistische Marx-Lektüre tendierte jedoch zur funktionalistischen Unterstellung, die Gesamtheit der Strukturen würde durch die Erfordernisse der Reproduktion in Gang gehalten. Dies schien aus zwei paradigmatischen Vorannahmen zu folgen: der strukturalistischen Vorannahme, strukturelle Verknüpfungen seien nur in ihrer Synchronizität zu beschreiben (während sich qualitative Veränderung jenseits bloßer Variation innerhalb einer strukturellen Gesamtheit innerhalb des strukturalistischen Paradigmas nur schwer denken ließe), sowie der spinozistischen Vorannahme, eine Struktur tendiere ihrer Bestimmung nach dazu, in ihrem Wesen zu verharren (vgl. Lipietz 1992: 45). So wurde der kapitalistische Produktionsprozess von Balibar vor dem Hintergrund der Reproduktion der Stellungen von Menschen – als den Trägern der Struktur – und Dingen innerhalb der synchronen Struktur der Produktionsweise analysiert: ihre jeweilige Funktion als Produzenten und Produkte sei durch die Erfordernisse der Reproduktion festgelegt. Damit wurde aber Reproduktion auf eine endogenen ökonomischen Gesetzen gehorchende Stabilisierungsfunktion reduziert. Laut regulationstheoretischer Kritik werde die Instabilität der Ausbeutungsverhältnisse innerhalb der kapitalistischen Produktionsweise übersehen (denn wird zum Beispiel zu viel Mehrwert abgepresst, gibt es nicht mehr genügend Kunden, so Lipietz 1992: 39). Die Althusser-Marxisten insistierten in einem Ausmaß auf der Funktion von Reproduktion, »dass sie dabei vergaßen, dass diese Verhältnisse widersprüchlich sind und dass sie in jedem Moment der Krise unterworfen sind« (Lipietz 1998: 15).

Die Regulationisten wollen einen Perspektivwechsel anregen und dem widersprüchlichen Charakter jeder elementaren Struktur des Kapitalismus wieder zu eigenem Recht verhelfen: Aufgrund der ursprünglichen Widersprüchlichkeit sozialer Verhältnisse funktioniere Reproduktion nie reibungslos, vielmehr sei »die Krise das Normale, der natürliche Zustand, und die Nicht-Krise ist ein eher zufälliges Ereignis« (Lipietz 1998: 13). Aus dieser Perspektive wird gerade die temporäre, scheinbare Überwindung des Normalzustands der Krise durch die (vorübergehend) stabile Reproduktion des Kapitalismus erklärungsbedürftig. Mit Hilfe des gegen das struktural-marxistische Konzept der Reproduktion in Stellung gebrachten Konzepts der *Regulation* soll erklärbar werden, »wie ungeachtet des widersprüchlichen Charakters der sozialen Verhältnisse und durch ihn hindurch eine Einheit von Verhältnissen reproduziert wird« (5). Das Kon-

zept füllt jene Leerstelle aus, die sich auftut, sobald nicht länger davon ausgegangen werden kann, dass sich der Kapitalismus auf Basis endogener Gesetzte
entfaltet und die Reproduktion sozialer Verhältnisse also nicht »von selbst« vor
sich geht, obwohl sie über lange Perioden – bis sie in eine große Krise gerät
– durchaus den Anschein erweckt, *als würde* sie von selbst vor sich gehen. So
lautet die Ausganghypothese des Regulationsansatzes: »Der Kapitalismus ist
eine Macht der Veränderung, die ihr Regulationsprinzip nicht in sich trägt«,
da dieses in der Kohärenz der sozialen Vermittlungen, i.e. Regulationen zu
suchen sei (Aglietta 2000:40). Um nun zu verstehen, wie dies vor sich geht
und wie die Regulationisten die spezifische Funktionsweise des Kapitalismus
bzw. Veränderungen in dessen Funktionsweise erklären, ist es erforderlich,
die Grundkategorien der Regulationstheorie darzustellen. Es geht den Regulationisten nämlich nicht darum, *den* Kapitalismus in seiner abstrakten Form
als Produktionsweise zu erklären. Dies wäre schon alleine deshalb unmöglich,
weil eine gegebene Gesellschaftsformation immer durch die Ungleichzeitigkeit
verschiedener Produktionsweisen bestimmt ist (»Reine Produktionsweisen gibt
es nicht«, so Lipietz 1992: 26, weshalb auch die Rede von *der* kapitalistischen
Produktionsweise eine im besten Fall abstrahierende Verkürzung darstellt). Sie
wollen vielmehr ein konkretes, über eine lange Periode wirksames historisches
»Entwicklungsmodell« erklären, welches sich aus – wiederum jeweils spezifischen – technologischen Paradigmen, bestimmten Akkumulationsregimes und
entsprechenden Regulationsweisen zusammensetzt. Was genau ist unter diesen Kategorien also zu verstehen?

Unter einem *industriellen Paradigma* wird ein Modell technischer und gesellschaftlicher Arbeitsteilung verstanden – wie etwa die Mechanisierung und
Taylorisierung von Massenproduktion. Der Begriff des *Akkumulationsregimes*
bezeichnet einen makroökonomischen »Modus systematischer Verteilung und
Reallokation des gesellschaftlichen Produktes« durch längerfristige Abstimmung von sich verändernden Normen der Produktion und der Nachfrage, also
durch Herstellung eines Entsprechungsverhältnisses zwischen »einerseits der
Transformation von Produktionsverhältnissen (Volumen des eingesetzten Kapitals, Aufteilung unter den Branchen und Produktionsnormen) und andererseits
der Transformation von Verhältnissen der tatsächlichen Konsumtion (Konsumtionsnormen der Lohnabhängigen und anderer sozialer Klassen, Kollektivaus-
gaben etc.)« (Lipietz 1998: 161).[2] Allerdings, und dies ist die wesentliche Pointe

---

2 | Dabei wird von mehreren Typen von Akkumulationsregimen ausgegangen: »die *ex-
tensive* Akkumulation (einfache, gleichmäßige Ausweitung der Produktionsabteilun-
gen), die *intensive* Akkumulation ohne Massenproduktion (bei der nur das Anschwellen
des konstanten Kapitals das Wachstum in der Abteilung zur Produktion von Produktionsmitteln validiert), die intensive Akkumulation mit steigendem Massenkonsum etc.«
(Lipietz 1998: 161).

der Regulationstheorie, ergibt sich keine automatische Konvergenz zwischen Produktions- und Konsumtionsnormen, sondern Übereinstimmungen im Sinne eines bestimmten Akkumulationsregimes werden erst durch verschiedene vermittelnde *Regulationsformen* gewährleistet, die sich zu einer *Regulationsweise* zusammenschließen, d.h. einer »Gesamtheit von Vermittlungen, die die von der Kapitalakkumulation hervorgerufenen Verwerfungen so eingrenzen, dass sie mit dem sozialen Zusammenhalt innerhalb der Nationen vereinbar sind« (Aglietta 2000: 11). Oder in der Definition von Lipietz (1998: 163): »Wir nennen *Regulationsweise* die Gesamtheit der institutionellen Formen, der Netze, der expliziten oder impliziten Normen, die die Kompatibilität der Verhaltensweisen im Rahmen eines Akkumulationsregimes in Übereinstimmung mit den jeweiligen sozialen Verhältnissen und durch die Widersprüche und den konfliktuellen Charakter der Beziehungen zwischen den Akteuren und gesellschaftlichen Gruppen hindurch gewährleistet.« Unter kapitalistischen Bedingungen erfordert das eine ganze Reihe von Regulationsformen: Es muss das Lohnverhältnis reguliert werden, indem zeitlicher Umfang, Intensität und Wert der Arbeit bestimmt, Arbeitsmärkte organisiert, Qualifikations- und Aufstiegswege festgelegt werden. Das Geld muss – qua Kapital- und Kreditsystem – in seiner Verwaltung, Emission, Zirkulation und Allokation für Produktionszwecke reguliert werden. Die Form und interne Organisation von Unternehmen wie auch deren wechselseitiges Verhältnis (Verbindung und Konkurrenz) muss reguliert werden. Die Rolle des Staates in Form von Interventionen und die Institutionalisierung von Kompromissen zwischen Arbeit und Kapital stellt eine wichtige Regulationsform dar, so wie auch das Arrangement der internationalen Beziehungen zwischen Staaten (Handel, zwischenstaatliche Abkommen etc.) (sh. Lipietz 1998: 163; Jessop 2007: 237).[3]

Damit die Akkumulation von Kapital innerhalb eines gegebenen Regimes auf längere Zeit gewährleistet werden kann, ist also die vermittelnde Intervention einer Reihe von Regulationsformen vonnöten. Obwohl, wie Lipietz (1992: 46) selbst eingesteht, auch die Regulationstheorie gelegentlich einem gewissen Funktionalismus erliegt, sofern »Regulation« in manchen Formulierungen einfach bezeichnet, »was nötig ist, damit die Reproduktion *trotzdem* funktioniert«, steht für Regulationstheoretiker fest, dass Akkumulationsregime und Regulationsweise in keinem natürlichen Entsprechungsverhältnis stehen. Transformiert sich ein Akkumulationsregime, wie etwa aufgrund fallender Profitraten, können Diskrepanzen gegenüber der vorherrschenden Regulationsweise auftreten, die nun nicht mehr als Garantin der Akkumulation, sondern womög-

---

3 | Daraus ergibt sich schließlich – »meta-ökonomisch« – das erwähnte »*Entwicklungsmodell*«, »wenn ein industrielles Paradigma, ein Akkumulationsregime und eine Regulationsweise sich gegenseitig so ergänzen, dass eine Zeit lang die Bedingungen für eine lange Welle kapitalistischer Expansion gewährleistet sind« (Jessop 2007: 238).

lich als Akkumulationshindernis verstanden wird. Es kommt zur Suche nach neuen Regulationsformen. Genau das geschah im Übergang vom Akkumulationsregime des Fordismus zu jenem des Postfordismus, der aus einer am Ende der 6oer-Jahre einsetzenden und Mitte der 7oer-Jahre kulminierenden großen Krise hervorging und zum historischen Ausgangspunkt der regulationstheoretischen Überlegungen wurde. Die neue Regulationsform der *Prekarisierung* entsteht als Antwort auf diese Krise des Fordismus. Was landläufig mit dem für den Postfordismus einschlägigen Begriff der »Deregulierung« gefasst wird, darf also keinesfalls als eine Art Selbstaufgabe von Regulation verstanden werden, vielmehr handelt es sich um eine *spezifische*, nämlich postfordistische Form von Regulation.

Was sind nun, aus regulationstheoretischer Sicht, die Charakteristika des Fordismus bzw. Postfordismus? Der Fordismus wurde am vielleicht bündigsten beschrieben als »ein intensives Akkumulationsregime mit Massenkonsumtion bei monopolistischer Regulation, das im ›Nordwesten‹ des Globus von 1950 bis 1970 vorherrschend war« (Lipietz 1998: 168). Es war gekennzeichnet durch eine zu Produktivitätszuwächsen führende Form der Arbeitsorganisation, die sich auf die Kurzformel »Taylorisierung + Mechanisierung« bringen lässt. Ein Teil des erzielten Profits wurde entsprechend der Zuwächse an die Lohnempfänger weitergegeben, was eine faktische Koppelung von Produktivitätszuwachs und Anstieg der Reallöhne bedeutete und wiederum den Massenkonsum antrieb. Daraus ergeben sich die folgenden Grundprinzipien fordistischer Regulation:

Das Herzstück der Regulation bestand in der Herstellung der Kohärenz zwischen den schnellen Produktivitätsfortschritten, der Expansion der Realeinkommen und der Stabilität ihrer Verteilung. Der Reallohn stieg regelmäßig, weil er auf das Wachstum der Arbeitsproduktivität abgestimmt war. Die funktionelle Verteilung des Gewinns zwischen Lohnabhängigen und Profiten blieb stabil mittels der Steigerung des Nominallohnes, die auf die Preisentwicklung abgestimmt war. [...] Zu dieser ersten Säule des Akkumulationsregimes – der Verteilung der Reichtümer – kommt eine weitere, die viele Facetten hat: das hohe Investitionsniveau, die allgemeine Ausweitung der Beschäftigung, die Stabilität der Beschäftigungsstrukturen und die niedrige Arbeitslosigkeit. Die positive Wechselwirkung zwischen der Verteilung der Einkommen einerseits, den Investitionen und der Produktivität andererseits, entsteht aus der Dynamik der Nachfrage. Dank der enormen Umverteilung der Erträge der Produktivitätsfortschritte unter den Lohnabhängigen gab eine gesellschaftliche Nachfrage, gegründet auf den Massenkonsum in einem städtischen und stadtnahen Rahmen, dem technischen Fortschritt Antrieb und Orientierung. (Aglietta 2000: 32f.)

Vor dem fordistischen Erwartungshorizont konnte man mit dem Ausbau des Wohlfahrtsstaates, mit steigenden Mindestlöhnen und der Verallgemeinerung von Tarifverträgen rechnen.[4] Das an die Parallelität von Warenproduktion und Nachfragewachstum gekoppelte Lohnverhältnis musste aber von den gesellschaftlichen Großinstitutionen gewährleistet werden, worauf der regulationstheoretische Begriff der *monopolitischen* Regulation abhebt. Es wurde ein Kompromissgleichgewicht zwischen Regierung, Gewerkschaft und Management institutionell etabliert, das zur weitgehenden Pazifizierung sozialer Kämpfe (vor allem von Arbeitskämpfen) beitrug.

Seit der zweiten Hälfte der 6oer-Jahre kommt es zur Schwächung des fordistischen Modells, das in eine Akkumulationskrise gerät. Die Produktivitätszuwächse und Profite sinken, Rentabilität und Reallohnsteigerungen gehen zurück, immer weniger Arbeitsplätze werden geschaffen, der Sozialstaat beginnt in Finanznot zu geraten, vor dem Hintergrund der Internationalisierung der Produktion und der Märkte gerät das nationale Kompromissgleichgewicht ins Wanken (Lipietz 1998: 19). Die Fäden der im Fordismus gewebten Relationenstruktur beginnen sich aufzutrennen und werden neu verknüpft. Michel Aglietta spricht von einem neuen, finanzgetriebenen Akkumulationsregime bzw. einem Akkumulationsregime des Vermögensbesitzes, das auf der Vorherrschaft von Konkurrenzbeziehungen, Unternehmenskontrolle durch institutionelle Anleger, die bestimmende Rolle der Geld- und Kapitalmärkte und hier vor allem auf Aktiengewinn als »Leitvariable für das Verhalten der Unternehmer« aufbaue (Aglietta 2000: 94). All diese Entwicklungen betreffen nicht zuletzt die veränderte Regulation der Arbeitsverhältnisse. So stellen Internationalisierung und der Übergang zu flexiblen Formen der Produktion die Probleme internationaler Wettbewerbsfähigkeit und Anpassungsleistungen an den Flexibilitätsimperativ ins Zentrum staatlicher Arbeits- und Sozialpolitik. Bob Jessop spricht diesbezüglich von einem Übergang vom keynesianischen Wohlfahrtsstaat zum »schumpeterschen Leistungsstaat« (Jessop 2007: 222). Letzterer korrespondiere mit dem Akkumulationsregime des Postfordismus durch seine flexibilitätsfördernde Intervention auf Angebotsseite (d.h. Unterstützung von Innovationen auf der Produkt- und Organisationsseite), wie auch durch ein workfare-Regime, dessen Arbeitsmarkt- und Arbeitskräfte-*policies* auf die Flexibilität der Arbeitskraft abheben.

Prekarisierung erweist sich nun als ein zentraler Regulationsmodus. Waren für den Fordismus unbefristete, auf kollektiven Branchenvereinbarungen gründende Beschäftigungsverhältnisse zumindest für den internen Arbeitsmarkt zumeist männlicher Arbeitskräfte typisch, so kommt es zur Wandlung dieser Arbeitsorganisation aufgrund von »Informatisierung der Arbeit, Globalisierung der Unternehmen und Auslagerung von Dienstleistungen, Mannigfaltigkeit

---

4 | Man wird bemerken, wie all das sich unter postfordistischen Bedingungen ins Gegenteil verkehrt und nun mit dem Abbau des Wohlfahrtsstaats, sinkenden Reallöhnen und der Durchlöcherung von Flächentarifverträgen gerechnet werden muss.

und Unbeständigkeit der Nachfrage, Druck der Aktionäre.«[5] In der Anpassung der Unternehmen an diese Zwänge des neuen Akkumulationsregimes sieht Aglietta den Hauptgrund für die Auflösung des Normalarbeitsverhältnisses. Nun beobachte man »eine Vielzahl von Arbeitsverträgen für Teilzeit, befristete Arbeit, Heimarbeit, die Verbindung von Haupt- und Zweitbeschäftigungen sowie Dienstleistungsbeziehungen nach Vereinbarung« (Aglietta 2000: 109). War im Fordismus »Prekarität an die Ränder der kapitalistischen Akkumulation gedrängt: die kleinen Subunternehmer, die Landwirtschaft und den Kleinhandel, die Länder der Dritten Welt« (30), so kommt es nun zu einer Prekarisierung der Normalarbeitsverhältnisse, die vielfältige Formen annehmen kann. Nicht nur wird Beschäftigungssicherung und Regelmäßigkeit des Einkommens für viele fraglich, auch die vormals klar definierten innerbetrieblichen Karrierewege und -regeln werden unwägbarer. Nicht nur die Löhne werden individualisiert, sondern auch die beruflichen Laufbahnen. Dies trägt zu der von vielen Prekarisierungstheorien konstatierten Dislozierung persönlicher wie sozialer Identität, bzw., wir werden darauf zurückkommen, zur Neurotisierung des Individuums und zur Psychotisierung des Sozialen bei: »Die Zerstörung der beruflichen Zugehörigkeiten produziert Individuen ohne Bindungen, Individuen, für die die soziale Identität zum Problem wird. [...] Das Unbehagen schleicht sich in die individuellen Psychen ein, wenn die Energie, die in der Arbeit aufgewertet worden war, sich in die Angst vor einer Zukunft verwandelt, die nicht mehr vorhersehbar ist« (Aglietta 2000: 55). Es würde allerdings zu kurz greifen, wollte man ausschließlich die repressive Seite der Prekarisierungsstrategien betonen, mobilisiert doch der Postfordismus zugleich die produktive Seite der Flexibilisierung tayloristischer Arbeitsprozesse, etwa durch Einbeziehung der Kreativitäts- und Subjektivitätsressourcen der Mitarbeiter oder durch flexible Formen des Teamwork (Lipietz 1998: 170).

Nun gestalten sich dieser Wechsel im Akkumulationsregime und die ihn begleitenden Verschiebungen nach Ansicht der Regulationsweise keineswegs friktionslos. Im Besonderen stellt sich die Frage nach der Natur bzw. den Ursachen des Übergangs zum Postfordismus, wenn dieser Übergang, wie gesagt, durch keine endogenen Gesetze der Ökonomie bestimmt wird. Die Regulationstheorie schließt jedes deterministische oder lineare Geschichtsverständnis aus: Nichts am Akkumulationsregime des Fordismus beinhaltet, gleichsam als Entelechie, bereits die Keime des zukünftigen Regimes des Postfordismus, so als müssten diese im Moment der Krise nur noch zur Entfaltung streben. Die Aufeinanderfolge von Strukturen wird von den Regulationisten, anders als im Althusserianismus, wo der ursprüngliche Widerspruch der sozialen Relationen zur Syn-

---

5 | Schon aufgrund der Diskrepanz zwischen den Interessen global agierender Unternehmen und jenen ihrer Herkunftsnation verlieren kollektive nationale Lohnverhandlungen an Bedeutung (Aglietta 2000: 46).

chronizität der Struktur versteinert wurde, ja nicht als bloße Variation gedacht, sondern als tatsächlicher Bruch, als »Explosion« und qualitativer Sprung aufgrund einer großen Krise des Bestehenden, die nicht ohne weiteres vorhersehbar war (Lipietz 1992: 34). Gegenüber der auf Kontinuität bedachten Theorie der Reproduktion nimmt der Regulationismus die Möglichkeit radikaler *Diskontinuität* zwischen Produktionsweisen ernst und versucht zu zeigen, »daß es ein wahres Wunder (ein ›glücklicher Fund‹) ist, daß sich eine Regulationsweise hat etablieren können, um über eine längere Periode diese Widersprüche aufzulösen« (31). Bereits bei der Herausbildung der monopolistischen Regulationsweise des Fordismus hatte es sich um eine nicht-intentionale Erfindung durch Theoretiker des Keynesianismus, reformistische Gewerkschaften und auf sozialen Konsens bedachte Regierungen gehandelt, die erst später bewusst konsolidiert wurde (52f.) und deren kontingente Ursprünge nach erfolgreicher Verallgemeinerung »vergessen« wurden (35). Lipietz zufolge konnten die Untersuchungen des regulationistisch orientierten Pariser Instituts CREMAP empirisch zeigen, dass die Genealogie der Elemente, die gemeinsam das kapitalistische Entwicklungsmodell des Fordismus definierten (also Taylorismus, die Herausbildung eines Wohlfahrtsstaats etc.) »heterogen, unsicher war und keineswegs auf die Einrichtung des ›Fordismus‹ angelegt« (36), da eine Vielzahl sozialer Kräfte um die Lösung der Widersprüche, die sich in der Weltwirtschaftskrise von 1930 offenbart hatten, kämpften. Nichts anderes gilt für den Übergang vom Fordismus zum Postfordismus. Es kommt zur Neuverknüpfung von Elementen, die durch die Krise des Fordismus freigesetzt wurden und nun untereinander wie auch mit neu hinzukommenden Elementen reartikuliert werden, denn »man gleitet nicht unbemerkt von der einen Produktionsweise in die andere; jeder Anfang ist ein *glücklicher Fund*: die neue Produktionsweise muß Elemente in der Auflösung der vorhergehenden ›finden‹« (29).

In dieser Betonung des Moments der Kontingenz, ja des – wenn man so will – *kairos*, besteht die entscheidende Radikalisierung des struktural-marxistischen Relationismus, und erst ein solcher Kontingenzbegriff garantiert eine grundlegende theoretische Kompatibilität der Regulationstheorie mit der poststrukturalistischen Dekonstruktion des Marxismus, wie sie in der diskursanalytischen Hegemonietheorie Laclaus und Mouffes zu finden sein wird. Auch das Phänomen der Prekarisierung wird demgemäß als ein neuartikulierter Regulationsmodus verstanden werden müssen, der seinerseits einen »glücklichen Fund« darstellt (wie wir sehen werden, wird Prekarisierung besonders von Boltanski/Chiapello als ein kontingentes Fundstück beschrieben) – auch wenn dieser Fund nichts mit dem größtmöglichen »Glück« der größten Zahl zu tun haben mag. Selbstverständlich bedeutet Kontingenz nicht Arbitrarität. Die Offenheit einer historischen Situation bewährt sich immer vor dem Rahmen struktureller Zwänge, die diese Offenheit begrenzen. Nicht alle Optionen stehen in einer gegebenen Situation offen, und dennoch bleibt der – selbst wiederum nur vorübergehende – Ausgang der Situation kontingent, sofern er erst durch die *sozialen Kämpfe*, die um deren Definition und Lösung kreisen, bestimmt wird. Denn um »die Lücke zu schließen, die das Geheimnis des Endes von großen Krisen darstellt, muss man offensichtlich soziale Kräfte einbringen samt ihren Vorschlägen und Kämpfen – ob bewusst oder unbewusst – für einen Ausgang aus der Krise, der allerdings nie genau der angestrebte ist« (Lipietz 1998: 40). Mit dieser konflikttheoretischen Wendung der Regulationstheorie wird Kontingenz (»Offenheit« einer krisenhaften Situation) in einen unaufhebbaren Zusammenhang mit Konflikt (sozialen Kämpfen) und schließlich Kompromiss (als vorläufiger Aufhebung des Konflikts) gestellt:

> Bei jeder großen Krise gibt es Auseinandersetzungen und die Menschheit sucht nach neuen Beziehungen, neuen Kompromissen. Bei jeder großen Krise ist die Richtung offen: Geschichte ist offen. Ich will damit nicht behaupten, dass Geschichte völlig offen ist, denn natürlich schränken die Last der Vergangenheit, das vorhandene Set von Verhältnissen und die vorhandenen Produktivkräfte ein, was getan werden kann. Doch innerhalb dieser Grenzen ist es ausschließlich der Klassenkampf, der ideologische Kampf, der politische Kampf, der den Ausweg aus einer großen Krise zeigt. (Lipietz 1998: 18)

Diese, wie man sagen könnte, »trinitarische Formel« von Krise, Konflikt und Kompromiss findet ihr Vorbild in der Hegemonietheorie Antonio Gramscis (1991ff.), von der auch der Begriff des Fordismus entlehnt ist. Hegemonietheoretisch lässt sich die zentrale, die Analysebestrebungen der Regulationstheorie motivierende Frage folgendermaßen reformulieren: Auf welche Weise gelingt es einer Klasse bzw. Allianz von Gruppen und Klassenfraktionen, die Einheit einer überdeterminierten und von Antagonismen durchkreuzten Gesellschaftsformation (im Unterschied zum ökonomischem Abstraktum einer Produktionsweise) qua Repräsentation ihrer *Allgemeinheit* zu inkarnieren und in Form eines, sei es auch mehr oder weniger instabilen Konsenses vorübergehend zu stabilisieren?

Nun war, wie gesagt, bereits von den Regulationisten im Anschluss an Gramsci und den althusserianisch-gramscianischen Staatstheoretiker Nicos Poulantzas geltend gemacht worden, dass es Aufgabe der *politischen Hegemonie* sei, eine solch konsensuale Einheit durch Herstellung (wiederum vorübergehender) institutionalisierter Klassenkompromisse zu gewährleisten. Ein noch recht enger Hegemoniebegriff wird bereits von Lipietz entwickelt, wenn dieser betont, Akkumulationsregime und Regulationsweisen müssten sich in eine »*Dreiecksbeziehung*« (Lipietz 1998: 163) mit solchermaßen artikulierten *hegemonialen Blöcken* zusammenschließen.[6] Aus Sicht ihrer deutschen Kritiker – die,

---

6 | In Perioden, in denen eine weitgehende Entsprechung der Elemente dieses Dreiecks herrscht, so Lipietz (1998: 163), sei »das Akkumulationsregime die Grundlage

neben Bob Jessop, den gramscianisch-hegemonietheoretischen Aspekt der Regulationstheorie ausbauten[7] – vertritt die französische Regulationstheorie damit einen zu eng gefassten Hegemoniebegriff; Demirovic (1992: 133) sieht hierin sogar einen der Schwachpunkte des Regulationsansatzes, sofern die Verbindung von Ökonomie und sozialen Kämpfen theoretisch nicht ausreichend bestimmt werde. Tatsächlich umschließt das regulationstheoretische Konzept der *Regulationsweise* zuvorderst Phänomene, die man aus politisch-hegemonietheoretischer Perspektive dem Bereich der Ökonomie im engeren Sinne zuschlagen würde: das Lohnverhältnis, die Organisation des Arbeitsmarktes, des Geldes, der Unternehmen etc. Obwohl, wie manche Regulationisten nahelegen, eine Regulationsweise auch die Lebensweise der Menschen umfassen soll, lasse sich eine Lebensweise unter dem Gesichtspunkt der Ökonomie nicht nur ökonomisch-politisch bestimmen, müsse doch »die Gesamtheit der kollektiven Lebensformen und sozialen Verhältnisse berücksichtigt werden« (138). Wenn etwa Aglietta, so Candeias (2004: 27), von Lebensverhältnissen spricht, so bezieht er sich damit ausschließlich auf gesellschaftliche Konsumnormen, verwendet also diesen Begriff als ökonomische Kategorie, während bereits Gramsci in seiner Fordismusanalyse demonstriert habe, dass Lebensverhältnisse u.a. auch Denkformen oder die Form von Partnerschaftsbeziehungen beinhalten. Solche Aspekte von Hegemonie würden von der Regulationstheorie außeracht gelassen. Hegemonie müsse breiter gefasst werden und umfasse die Ausbildung und Verallgemeinerung »kollektiver Lebensformen im intermediären Bereich der Zivilgesellschaft«, wo »vielfältige kulturelle, intellektuelle und diskursive Herrschaftsbeziehungen« organisiert würden (Demirovic 1992: 135). Joachim Hirsch, der den Regulationsansatz im deutschsprachigen Raum wohl am bündigsten zu einer an Gramsci und Poulantzas orientierten allgemeinen Theorie entwickelt hat, weitet folgerichtig den Begriff der Regulationsweise über die von den Regulationstheoretikern als wesentlich erachteten Fragen der Waren- und Lohnverhältnisse hinaus aus: Für Hirsch werden Regulationsbeziehungen durch die – gramscianisch konzeptualisierten – institutionellen Apparate der Zivilgesellschaft definiert: »zum institutionellen System der Regulation gehö-

---

der materiellen Existenz eines hegemonialen Blocks [...], der seinerseits eine Regulationsweise gewährleistet, die ihrerseits die Reproduktion des Akkumulationsregimes steuert. Die Kohärenz dieses Dreiecks, das ich hier ›hegemoniales System‹ nennen werde, realisiert sich in *strukturellen Formen*, die die Kristallisation von *institutionalisierten Kompromissen* [...] sind, deren wichtigste Form zugleich Archetyp und Garant des Weiterbestehens der anderen in letzter Instanz der Staat ist.«

7 | In Deutschland führte die »Entdeckung« der Regulationstheorie, die das marxistische Erkenntnisinteresse auf das wechselseitige Konstitutionsverhältnis von Ökonomie und Politik umgelenkt hatte, laut Röttger (2003: 18), zu einem »Aha-Erlebnis« (sh. dazu auch Becker 2003).

ren die Unternehmen und ihre Verbände, Gewerkschaften, Wissenschafts-und Bildungseinrichtungen, Medien, die gesamte Apparatur des politisch-administrativen Systems und nicht zuletzt die Familie als Ort der Reproduktion der Arbeitskräfte. Es umfasst ein komplexes Netzwerk sozialer und kultureller Milieus, in denen sich die bestimmenden gesellschaftlichen Ordnungs- und Entwicklungsvorstellungen herausbilden« (Hirsch 2002: 56).

In welcher Hinsicht müsste unser Verständnis von Fordismus bzw. Postfordismus nach Übernahme eines umfassenden Hegemoniebegriffs modifiziert werden; bzw. welche Folgen besäße eine solche Modifikation vor allem für unser Verständnis von Prekarisierung als der maßgeblichen postfordistischen Regulationsform? Folgende Antwort drängt sich auf: So wie ein enger von einem umfassenden Begriff von Regulation unterschieden werden muss, so muss auch ein enger von einem umfassenden Begriff von Prekarisierung unterschieden werden. Beinhaltete der soziale Kompromiss, der den Fordismus stützte, im *engeren* Sinn die Etablierung von Normalarbeitsverhältnissen (u.a. des Normalarbeitstags und einer klaren Trennung zwischen Arbeitszeit und Freizeit als Reproduktions- und Konsumzeit), so implizierte der Kompromiss im *umfassenden* Sinn, wie er schon von Gramsci analysiert wurde, eine bestimmte Figuration der lebensweltlichen Beziehungen, die bis in die intimsten Aspekte der Subjektivierung hineinreichte. Dasselbe lässt sich *mutatis mutandis* vom Postfordismus sagen. Begrenzt man die Analyse also auf die Ebene der Arbeitsverhältnisse, wird man konstatieren können, dass sich die fordistische »Arbeitnehmergesellschaft« zunehmend in eine »»Unternehmergesellschaft‹ von Arbeitskraft- und Kleinunternehmern sowie mehr oder weniger (Schein)-Selbstständigen transformiert« (Hirsch 2002: 187), die alle dem Flexibilitätsimperativ unterworfen sind. In diesem engen, nach wir vor gültigen Sinn werden vor allem die Arbeitsbeziehungen durch Prekarität neu reguliert. Aber in einem umfassenden, hegemonietheoretisch reformulierten Sinn von Regulation durchdringt ein Regime wie das des Fordismus oder des Postfordismus *die gesamte Lebensweise* der Akteure, und Prekarisierung führt zur Fragmentierung und Heterogenisierung nicht nur der Arbeitsverhältnisse, sondern der gesamten Gesellschaftsstruktur und aller sozialen Lagen (Hirsch/Roth 1986: 136).

Fassen wir den regulationstheoretischen Beitrag zur Erklärung von Prekarisierung zusammen, bevor wir zum nächsten Erklärungsansatz übergehen: Die durch Prozesse der Kapitalakkumulation hervorgerufenen sozialen Krisen, Konflikte und Verwerfungen führen nach Annahme der Regulationstheorie allein deshalb nicht zum Auseinanderbrechen der Gesellschaft, weil sie durch eine je historisch spezifische Regulationsweise eingegrenzt werden (Aglietta 2000, 11). Unter letzterer ist ein Ensemble aus Normen, Werten und Institutionen (sozialpartnerschaftliche Verbände, Unternehmen, staatliche Administration und Medien) zu verstehen, durch welches auftretende Konflikte vorübergehend pazifiziert und konsensual reguliert werden, wodurch sozialer Zusammenhalt

auch unter Krisenbedingungen zumeist garantiert bleibt. Erst durch solch institutionelle und kulturelle Regulationsweisen reproduziere sich ein »soziales
Verhältnis trotz und wegen seines konfliktorischen und widersprüchlichen
Charakters« (Lipietz 1985: 109). Allerdings ist dieses Ensemble selbst wiederum
umkämpft. Eine der zentralen Erkenntnisse der Regulationsschule lautet nun,
dass die Krise des Fordismus mit einer Änderung der hegemonialen Regulationsweise einhergeht. Die sozialen Konfliktachsen verschieben sich und verlieren ihre korporative Gestalt, während die Beschäftigungsverhältnisse stark
von Tendenzen zur Entformalisierung und Prekarisierung geprägt sind (Hirsch
2002: 177). So lässt sich im engen Sinn unter Prekarisierung eine der Regulationsformen der Regulationsweise des postfordistischen Akkumulationsregimes verstehen, im umfassenden Sinn aber ein *die gesamte* Lebensweise im
Postfordismus imprägnierendes Phänomen.

Der regulationstheoretische Ansatz ermöglicht aus meiner Sicht eine Reihe
von Erkenntnissen, an denen auch für die weitere Untersuchung festgehalten
werden soll: Der Ansatz schreibt sich erstens ins Paradigma eines *radikalen Relationismus* ein, womit das Soziale nicht als Substanz, sondern als Verhältnis
gedacht und zugleich – dies der Schritt über den Relationismus des strukturalen Marxismus hinaus – das Moment der unaufhebbaren Kontingenz sozialer
Verhältnisbildung berücksichtigt werden kann; zweitens wird ein Begriff von
Ökonomie entwickelt, der die Grenze zwischen Akkumulation und Regulation
und damit die Vorstellung einer in sich abgeschlossenen und endogenen Gesetzen gehorchenden Sphäre des Ökonomischen zunehmend brüchig werden
lässt (womit zugleich die althusserianische Idee einer Determination in letzter
Instanz durch die Ökonomie hinfällig wird); da die Grenze zwischen Akkumulationsregime und Regulationsweise nicht eindeutig gezogen werden kann,
muss der Postfordismus drittens als eine Akkumulation wie Regulation *umfassende* hegemoniale Formation beschrieben werden, in der zwar die Regulationsform der Prekarisierung (von Arbeitsverhältnissen) eine wichtige Funktion
besitzt, im weiteren, hegemonietheoretischen Sinn aber die gesamte Textur des
Sozialen (also auch jenseits der Arbeitsverhältnisse) Prekarisierungsprozessen
unterworfen ist. Wir werden nach dem folgenden Durchgang durch weitere integrale Erklärungsansätze von Prekarität – namentlich Gouvernementalitätsstudien, Postoperaismus und pragmatische Soziologie – auf zwei weitere wichtige
Merkmale bzw. Erkenntnisse der Regulationstheorie zurückkommen: nämlich
erstens die bedeutende Rolle von Medien und Kommunikation im Übergang
zum Postfordismus, und zweitens die Konflikttheorie der Regulationstheorie,
die ein Primat sozialer Kämpfe bzw. Bewegungen nahelegt.

1.2 GOUVERNEMENTALITÄTSSTUDIEN: SUBJEKTIVIERUNG UND UNSICHERHEITSDISPOSITIV

Obwohl die vom Althusser'schen strukturalen Marxismus ausgehende Regulationstheorie durchaus mit den an Foucault anschließenden Gouvernementalitätsstudien komplementär ist (Schwarz 1994), wurde doch mehrfach kritisch festgestellt, dass innerhalb der Regulationstheorie mögliche Anschlüsse an Foucaults Konzept der Gouvernementalität bislang verpasst wurden (Demirovic 2003: 50f.; Peter 2003; Hirsch 2002). Aus diesem Grund blieben die entscheidende Rolle des Subjekts und die Funktion von Subjektivierungsprozessen weitgehend unterbestimmt. Mithilfe der an Foucault (2004) anschließenden *governmentality studies* oder Gouvernementalitätsstudien (Burchell et al. 1991; Barry et al. 1996) lässt sich diese Lücke füllen. Es sollte allerdings vorangeschickt werden, dass die Regulationstheorie sehr wohl nach einem Subjektbegriff sucht, der ihr erlauben würde, über das strukturalistische Modell der Reproduktion einerseits und das voluntaristische des klassischen Begriffs intentionaler Subjektivität andererseits hinauszugehen. Ein Ausweg aus dem Strukturalismus besteht, wie gesagt, in der Einfügung eines starken Begriffs von Kontingenz, denn wenn die Reproduktion kapitalistischer Gesellschaften »weder schicksalhafte Notwendigkeit noch absichtsvolle Möglichkeit« (Jessop 2007: 249) ist, dann erklärt das Konzept der »glücklichen Fundsache« zumindest Verschiebungen und Spielräume in und zwischen Strukturen, die nicht durch die Erfordernisse der Reproduktion vorgegeben oder gar determiniert sind. Was zu beantworten bleibt, wäre dann die Frage nach der Handlungsmacht der Akteure bzw. die Funktion eines Subjekts, das auf keine von Strukturen determinierte Subjektposition reduzierbar wäre. Besonders die Arbeiten von Lipietz sind um eine Antwort auch auf diese Frage bemüht, wobei Lipietz auf das Bourdieu'sche Habitus-Konzept zurückgreift, um die Abstimmung zwischen Akkumulationsregime und den von einer Regulationsweise bestimmten individuellen Erwartungen und Verhaltensweisen zu erklären.[8] Auch in der deutschen Debatte wurde vorgeschlagen, den postfordistischen Subjektbildungsprozess der Verinnerlichung von Marktzwängen in Alternative zum Gouvernementalitätsansatz mit Bourdieus Habitusbegriff zu konzeptualisieren (Dörre 2003: 27). Allerdings wurde

---

8 | Bereits bei Bourdieu ist das Konzept des Habitus dazu gedacht, zwischen Struktur und Handlung zu vermitteln, ohne dass dabei die Struktur einfach nur habituell reproduziert würde. Bei Lipietz (1998: 91) heißt es analog: »Der Habitus ist kein Programm, das das Individuum dazu bestimmt, sich auf triviale Weise den Erfordernissen der Reproduktion anzupassen. Der Habitus ist eine innere Bereitschaft, das Spiel zu spielen, jedoch entsprechend den eigenen Absichten – und sogar das Spiel aufzugeben, wenn sich Möglichkeit und Interesse bieten. In diesem Sinne reproduziert der Habitus nicht einfach nur die Wirklichkeit: Er transformiert sie, er bringt sie sogar hervor.«

gegen diesen Vorschlag der Einwand erhoben, dass das Habitus-Konzept nicht geeignet sei, um alle Aspekte von Subjektivierung abzubilden. So wurde von Demirovic (1992: 140) eingeworfen, dass sich mit diesem Konzept »ständige Veränderungen der sozialen Verhältnisse und dadurch bewirkte Krisenprozesse, individuelle und soziale Ungleichzeitigkeiten, die Formierung sozialer Interessen und ihre antagonistische Verschränktheit, aktiv getragene Bündnisse zwischen sozialen Kollektiven, die Ausbildung gemeinsamer Denkformen und Wissenstransfers«, wie sie die Bildung von Regulationsweisen durch Konflikte und Kompromisse bestimmten, nur schwer analysieren ließen. Auf Basis seiner Kritik an einem zu kurz gegriffenen Subjektivierungsmodell schlägt Demirovic vor, auf Foucaults Begriff der Selbstsorge zurückzugreifen (Demirovic 1992: 139).

In der Tat hat sich eine ganze Schule um dieses Konzept des späten Foucault und dem unmittelbar zuvor entwickelten Konzept der Gouvernementalität entwickelt. Unter letzterem wird die Gesamtheit jener Institutionen, Verfahren, Analysen und Berechnungen (Foucault 2000a: 64) verstanden, welche seit dem 18. Jahrhundert einerseits die »Regierung« des statistischen Gesamtobjekts »Bevölkerung« zum Ziel hat und andererseits die Regierung der Denk- und Verhaltensweisen der einzelnen Individuen. Der Staat im engeren Sinn wird dabei – ähnlich wie in der Regulationstheorie – nur als eine besondere Form des Regierens verstanden, die den umfänglichen Bereich gouvernementaler Planungen und soziotechnokratischer Eingriffe keineswegs ausschöpft (Miller/ Rose 1994: 57). Foucaults berühmtes Diktum, er wolle auf eine Staatstheorie verzichten wie auf eine schwer verdauliche Mahlzeit (Foucault 2006: 114; 2000: 69), folgt aus seinem nominalistischen Ansatz, der es verbietet, nach einem Wesen *des* Staates zu suchen. Stattdessen wird der Staat – gleichsam von unten, d.h. von den ihn konstituierenden Macht- und Regierungstechnologien her – definiert als »die Wirkung, das Profil, der bewegliche Ausschnitt einer ständigen Staatsbildung oder ständiger Staatsbildungen, von endlosen Transaktionen, die die Finanzierungsquellen, die Investitionsmodalitäten, die Entscheidungszentren, die Formen und Arten von Kontrolle, die Beziehungen zwischen den lokalen Mächten und der Zentralautorität usw. verändern, verschieben, umstürzen oder sich heimtückisch einschleichen lassen«. Aus dieser Perspektive präsentiert sich der Staat schließlich nur noch »als der bewegliche Effekt eines Systems von mehreren Gouvernementalitäten« (2006: 115). Solch gouvernementale Technologien setzen sich bis in die kleinsten Verästelungen des Alltagslebens, der Populärkultur und der Medien durch. Aus Perspektive der *governmentality studies* beschreibt Prekarität somit kein bloß ökonomisches Faktum, sondern eine von den einzelnen Subjekten in vielfältigen Formen der Selbstregierung und der »Technologien des Selbst« *gelebte* gouvernementale Technologie.

Sehen wir also, wie vor einem von Foucault inspirierten Theoriehintergrund erklärt werden kann, wie die gouvernementalen Strategien der Prekarisierung mit neoliberalen Subjektivierungsformen ineinandergreifen. Foucault entwickelt seine Analyse des Neoliberalismus – in dessen Doppelgestalt eines deutschen Ordoliberalismus der »Wirtschaftswunderzeit« und eines US-amerikanischen Anarcholiberalismus – in seinem Seminar am *Collège de France* des Jahres 1979 (Foucault 2006), also noch vor Übernahme der Regierungsmacht durch Thatcher in Großbritannien und Reagan in den USA. Der deutsche Ordoliberalismus dürfe nicht als bloße Verlängerung des Liberalismus verstanden werden. War es Ziel des letzteren, einen Raum wirtschaftlicher Freiheit zu erzeugen, der durch den Staat eingegrenzt werden sollte, so drehen die Ordoliberalen dieses Prinzip um. Sie wollen »die Freiheit des Marktes als Organisations- und Regulationsprinzip einrichten, und zwar vom Beginn seiner Existenz an bis zur letzten Form seiner Interventionen. Anders gesagt, es soll sich vielmehr um einen Staat unter der Aufsicht des Marktes handeln als um einen Markt unter der Aufsicht des Staates« (Foucault 2006: 168). Dabei werde von der Regierung durchaus aktives Einwirken (und nicht bloßes *laissez faire*) auf die Struktur der gesamten Gesellschaft verlangt. Ziel dieser Eingriffe ist die Etablierung des Marktprinzips zur Regelung der Gesellschaft. Es geht dem Neoliberalismus darum, dass »die Wettbewerbsmechanismen in jedem Augenblick und an jedem Punkt des sozialen Dickichts die Rolle eines regulierenden Faktors spielen können« (207). Der Markt wird zum Prinzip des Staates und zugleich zum »regulativen Prinzip« der Gesellschaft. Die Ausdehnung des Agonismus marktförmigen Wettbewerbs (ein tradiertes Motiv des 19. Jahrhunderts) wird dabei als eine *unendliche Aufgabe* imaginiert, nicht etwa als bereits erreichtes oder bald erreichbares Faktum.[9] Wenn die Marktwirtschaft auf diese Weise jene Regel auferlegt, der gemäß alles Regierungshandeln auszurichten sei, dann stehen Markt und Staat nicht länger in einem wechselseitigen Begrenzungsverhältnis: »Es wird kein Spiel des Marktes geben, das man unbeeinflußt lassen soll, und dann einen Bereich, in dem der Staat zu intervenieren beginnen wird, weil eben der Markt oder der reine

---

9 | Vor dem Hintergrund der Beziehung einer Reihe von Ordoliberalen zur Philosophie Husserls (vor allem die persönliche Beziehung Walter Euckens zu seinem Freiburger Kollegen Husserl ist einschlägig) könnte man aus Foucaults Interpretation den Schluss ziehen, man müsse Husserl lesen, will man den Ordoliberalismus verstehen, denn der »Wettbewerb ist ein Wesen, er ist ein *eidos*« (Foucault 2006: 173). Das bedeutet zugleich, dass, wie Foucault in seiner Lektüre ordoliberaler Programme unterstreicht, »der reine Wettbewerb also keine elementare Gegebenheit ist. Er kann nur das Ergebnis einer langen Bemühung sein, und eigentlich wird der reine Wettbewerb niemals erreicht. Der reine Wettbewerb soll und kann nur ein Ziel sein, ein Ziel, das folglich eine äußerst aktive Politik verlangt. Der Wettbewerb ist also ein geschichtliches Ziel der Regierungskunst und kein Naturgegebenheit, die es zu beachten gälte« (Foucault 2006: 173). Die formale Struktur des Wettbewerbs impliziert also unermüdliche Bemühungen zu seiner Herstellung.

Wettbewerb, der das Wesen des Marktes ist, nur dann in Erscheinung treten kann, wenn er hergestellt wird, und zwar von einer aktiven Gouvernementalität« (174).

Aus dieser Perspektive ließe sich Prekarisierung als eine gouvernementale Technologie definieren, die am langfristigen Ziel der Ausbreitung marktförmiger Regulierungslogiken auf alle gesellschaftlichen Bereiche ausgerichtet ist und damit auf das Gesamt der Gesellschaft zielt. Zu diesem Zweck scheint die neoliberale Gouvernementalität eine »Kultur der Gefahr« (Foucault 2006: 102) zu errichten, die, bei allen Unterschieden, an jene des Liberalismus des 19. Jahrhunderts erinnert, die von Foucault bereits analysiert wurde. Schon der damalige Liberalismus setzte seine zentrale Kategorie der Freiheit nicht einfach voraus, sondern die liberale Regierungskunst war darauf ausgerichtet, Freiheit entstehen zu lassen und zu produzieren. Damit waren jedoch Kosten verbunden, die durch komplementäre Sicherheitsstrategien bewältigt werden sollten. Kollektive wie individuelle Interessen mussten gegen Gefahren wie Unfall, Krankheit oder Alter abgesichert werden. Diese Absicherung, d.h. die Produktion von Sicherheit im Dienste einer »neuen gouvernementalen Vernunft« und einer »Ökonomie der Macht« des Liberalismus (Foucault 2006: 100), war überhaupt Möglichkeitsbedingung der Produktion von Freiheit. Andererseits werden die Lebensbedingungen des 19. Jahrhunderts mit den Regierungstechnologien des Liberalismus von einer Devise ergriffen, die Foucault mit dem Motiv des *vivere periculosamente* beschreibt: Lebe gefährlich! Der liberale Anreiz zur Gefahr bedeute, dass »die Individuen fortwährend in eine Gefahrensituation gebracht werden oder daß sie vielmehr darauf konditioniert werden, ihre Situation, ihr Leben, ihre Gegenwart, ihre Zukunft usw. als Träger von Gefahren zu empfinden« (101). Es handelt sich hier nicht so sehr um die spektakulären Gefahrenbilder früherer Zeiten, sondern, wie man sagen könnte, um einen Proto-Prekarisierungsdiskurs des Liberalismus, der Gefahr in den alltäglichen Lebensverhältnissen verortete: »Die apokalyptischen Reiter verschwanden, und statt dessen vollzog sich das Erscheinen, das Auftauchen, die Invasion alltäglicher Gefahren, die ständig von dem belebt, aktualisiert und in Umlauf gesetzt wurden, was man die politische Kultur der Gefahr des 19. Jahrhunderts nennen könnte« (101). So begleiteten im 19. Jahrhundert Gefahren- und Panikkampagnen die Produktion von Freiheit und Sicherheit – zu den von Foucault erwähnten Kampagnen zählen solche für Sparkassen, für Hygiene und zur Abwehr bestimmter Krankheiten, gegen die sexuelle oder »rassische« »Entartung« des Individuums oder der Gemeinschaft. Überall sei »diese Aufstachelung der Angst vor der Gefahr, die gewissermaßen die Bedingung, das psychologische und innere kulturelle Korrelat des Liberalismus ist« (102), zu beobachten.

Der Liberalismus stellt also Freiheit, Gefahr und Sicherheit in ein Verhältnis wechselseitiger Artikulation, das durch frühere Mitarbeiter Foucaults besonders an der historischen Entwicklung und Verbreitung von Versicherungstechnologien untersucht wurde. Wie vor allem Jacques Donzelot betont, hatte dieses Projekt pazifizierende Wirkungen auf eine von Klassenkämpfen durchfurchte Gesellschaft. Durch Verfahren der Versicherung (gegen Arbeitsrisiko, Unfallrisiko, Krankheitsrisiko etc.) konnte zwischen Individuen und sozialen Klassen ein »Bündnisband« errichtet werden, »das jedermanns wechselseitige Abhängigkeiten greifbar macht, selbst da, wo die Produktionsstrukturen soziale Klassen zu dem Gedanken verleiten, sie stünden in einem unüberwindbaren Gegensatz zueinander« (Donzelot 1994: 122-3). Ein solch quer zu Klassengrenzen liegendes Band kollektiver Solidarität erlaubte es, soziale Kämpfe zu befrieden oder zumindest zu besänftigen. Versicherungstechnologien umschließen das »Kontinuum einer Bevölkerung, die sich nach Risiken unterscheidet, die durch Alter, Geschlecht, Beruf etc. bestimmt sind, nicht aber durch antagonistische Spaltungen«, wie Thomas Lemke (1997: 212f.) die entsprechenden Studien der Foucault-Schüler zusammenfasst:

Der Sozialstaat ist das Ergebnis von sozialen Kämpfen, seine strategische Bedeutung besteht jedoch gerade umgekehrt in einer »Depolitisierungspolitik«, die Kämpfe überflüssig machen soll. Das Soziale ist weniger das Produkt oder das Instrument des Politischen als dass es eine vollkommene Veränderung des Politischen mit sich bringt. Mit der Einführung des Sozialen wurde eine allmähliche Subsumtion des Politischen unter das Soziale und die Stillstellung politischer Kämpfe eingeleitet, die Raster wie »Sieg« oder »Niederlage« immer oberflächlicher erscheinen läßt. (223)

Zweifelsohne schließt der Neoliberalismus an dieses Modell an und führt es fort, jedoch mit einer folgenschweren Modifikation: Unter neoliberalen Bedingungen des Abbaus des Wohlfahrtsstaates kommt es zur Privatisierung der Versicherungsmechanismen (Foucault 2006: 206), die mit einem Wandel der Gouvernementalitätstechnologien einher geht. Angehalten wird nun zur Rückübernahme von vormals solidargemeinschaftlich getragenen Vorkehrungspflichten durch aktive und selbstverantwortliche Individuen.[10] Wie Niklas Rose untersucht hat, werden unter Bedingungen dieser strategischen Wende im Sicherheitsdispositiv (Zukunfts-)Ängste geschürt, um den Einzelnen dazu anhalten zu können, »die Verantwortung für seine soziale Sicherung und die seiner Familie zu übernehmen, sich also gegen die Kosten einer Erkrankung mit einer privaten Krankenversicherung zu schützen, zur Altersvorsorge eine private Rentenversicherung abzuschließen und sich in Eigeninitiative gegen alle

---

10 | So stellt Lemke (1997: 253f.) fest: »Die Krise des Keynesianismus und der Abbau des ›Wohlfahrtsstaates‹ bedeuten nicht die Rückkehr zu frühliberalen Politikmodi, sondern ein Umcodieren der Sicherheitspolitik, das die Entwicklung von interventionistischen Technologien ermöglicht, die Individuen führen und anleiten, ohne für sie verantwortlich zu sein.«

möglichen Gefährdungen des einmal erreichten Lebensstandards abzusichern« (Rose 2000: 98). Zu diesem Zweck wird eine Unzahl maßgeschneiderter Versicherungsprodukte von einer »Risikoindustrie« angeboten, deren Geschäftsbasis die diskursive Konstruktion immer neuer Gefahrenherde darstellt.[11] Die Mechanismen, so Rose, »durch die der Einzelne wieder für das Management der ihn bedrohenden Risiken verantwortlich gemacht wird, eröffnen ein Feld, dessen Kennzeichen Unsicherheit, Unübersichtlichkeit und Angst sind und das infolgedessen förmlich dazu einlädt, beständig neue Probleme zu konstruieren und neue Lösungen marktgerecht zu präsentieren« (99). Das Sicherheitsdispositiv, das immer schon mit Angstproduktion einherging, wandelt sich in ein, wie man es wohl nennen müsste, *Prekarisierungsdispositiv*. Die gouvernementalen Strategien dieses Dispositivs zielen auf die Subjektivierungsformen und verwandeln den »heteronomen« tayloristischen Arbeiter in einen »autonomen« Manager seines Risikos. Dabei konstruiert sich Prekarität, immer noch Rose zufolge, in doppelter Weise: einerseits in den Selbsttechnologien der Eingegliederten, die sich um Selbstverwirklichung, Selbstdarstellung und Selbstlenkung, drehen, wobei die »autonome« Subjektivität des freigesetzten Arbeitsindividuums als die eigentliche ökonomische Ressource betrachtet wird (Miller/Rose 1994: 101; s. vor allem die Studien von Bröckling 1999, 2007); und andererseits in den »Anti-Gemeinschaften« der Marginalisierten (wie etwa den Arbeitslosen).[12]

Betrachten wir zunächst jene gouvernementalen Prekarisierungstechnologien, die, wie Rose (2000: 103) es ausdrückt, mit dem »Management des Elends« beschäftigt sind. Neue Separationsmechanismen entstehen, »um bestimmte ›verrufene‹ Personen, Sektoren und Orte als Objekte spezieller Fürsorge zu problematisieren: die Unterklasse, die Ausgeschlossenen und die Randständigen« (100). Hier bestehen gewisse Überschneidungen mit der deutschen Exklusionsdebatte, wiewohl die Pointe der Gouvernementalitätsstudien eine andere ist. Denn die Gouvernementalitätsstudien interessiert vor allem der Umstand, dass die Exkludierten nicht alleine gelassen werden – weshalb auch nicht einfach von einem Abbau des Wohlfahrstaates die Rede sein kann, der eine Wüste oder ein Vakuum hinterlassen würde –, sondern sie werden im selben Atemzug sozialarbeiterisch und schließlich *managerial* inkludiert: Da die Gruppe der Marginalisierten und Prekarisierten intern differenziert, ja fragmentiert ist, wird eine Vielzahl von Spezialisten damit beauftragt, deren jeweilige Probleme oder Prob-

---

11 | Damit ist noch nichts darüber gesagt, wie »real« diese Gefahren tatsächlich sind.

12 | Man könnte sagen, dass letztere durch private wie öffentliche Wohlfahrts- und Weiterbildungsbürokratien eher zum *Objekt* gouvernementaler Technologien gemacht würden, wären nicht auch sie zunehmend den Subjektivierungsimperativen einer »aktivierenden« Arbeitsmarktpolitik ausgesetzt und damit auf paradoxe Weise zum Subjekt-Sein verurteilt.

lemtypen zu bearbeiten: »Weiterbildungsangebote für diejenigen, die durch die Arbeitslosigkeit aus der Bahn geworfen wurden; besondere Sozialdienste, die sich um Behinderte kümmern, Reha-Maßnahmen für Drogenabhängige durch spezielle Suchttherapeuten; Unterricht für allein stehende Obdachlose, denen Sozialerbeiter soziale Fähigkeiten beibringen; spezielle Heime für misshandelte Frauen, für Alkoholiker etc.« (102). All diese marginalisierten »Anti-Gemeinschaften« werden zum Gegenstand gouvernementaler Technologien, die nicht unbedingt vom Wohlfahrtsstaat selbst ausgehen, sondern schon lange an private oder halb-private Einrichtungen ausgegliedert wurden, die mit dem Management dieser Anti-Gemeinschaften beauftragt sind. Im Fall etwa der Gruppe der Arbeitslosen übernimmt diesen Auftrag eine Fortbildungsindustrie, die als outgesourceter Zulieferbetrieb eines reduzierten Wohlfahrtsstaats fungiert.

Wesentlich an dieser Diagnose ist die Erkenntnis, dass Prekarität ihrer gouvernementalen Bearbeitung nicht etwa als naturwüchsiges Phänomen vorausgeht, sondern durch staatliche sowie gouvernementale Strategien überhaupt erst erzeugt wird. In einer kurzen Passage seiner Vorlesung untersuchte Foucault selbst anhand der zur damaligen Zeit von Giscard favorisierten neoliberalen Idee einer negativen Steuer die Logik der Produktion prekarisierter Arbeit. Durch eine solche Steuer würde eine Schwelle der Armut definiert werden, die unterstützenswerte Arme von der Mehrheit der Nicht-Unterstützten trennt. Eine gewisse Sicherheit wäre für jene, die unter diese Schwelle absinken, zwar garantiert, aber nur um alle oberhalb der Schwelle dem Risiko ungesicherter Konkurrenz auszusetzen. Das heißt, die sozialpolitischen Maßnahmen des Neoliberalismus setzen nicht länger, wie noch zu Zeiten des Keynesianismus, auf Umverteilung des gesellschaftlichen Reichtums und Verringerung der Armutsschere, sondern auf Minimalsicherung derer, die unterhalb einer Schwelle absoluter Armut leben, die aber nur Sicherung finden, so ließe sich das Foucault'sche Argument verallgemeinern, damit oberhalb der Schwelle ein Prozess umfassender Prekarisierung in Gang gesetzt werden kann, der sich an der Universalisierung der Marktlogik und des Wettbewerbs ausrichtet. Dies führt, nach Aufgabe des Ziels der Vollbeschäftigung, zur Produktion einer, so Foucaults Terminus, »flottierenden Bevölkerung«, die »oberhalb und unterhalb der Schwelle schwebt« (Foucault 2006: 289) als eine je nach Marktlage einsetzbare Reservearmee des Prekarisierungsdispositivs.[13]

---

13 | Dass Foucault davon ausgeht, dass diese Bevölkerung nicht zur Arbeit gezwungen oder diszipliniert wird, sondern nur als Arbeitskraft-Pool unterstützt, zeigt, dass diese Analyse vor der Verbreitung von *workfare*-Regimen, wie man sie unter New Labour und in Deutschland unter der Regierung Schröder eingeführt hat, entwickelt wurde. Man mag heute deutlicher sehen als zu Zeiten von Foucaults Vorlesung, dass selbst die »flottierende Bevölkerung« weder von Disziplinierungsmaßnahmen eines solchen *workfare*-Re-

Zugleich, und damit erfassen die gouvernementalen Technologien die Eingegliederten in ihrer Subjektivität, kann oberhalb der Schwelle eine Gesellschaft nach
dem allgemeinen Modell des Unternehmens formiert werden. Worauf die neoliberalen Interventionen nämlich abzielen, ist nicht so sehr eine Warengesellschaft als
eine »Unternehmensgesellschaft« (208). Es gehe im neoliberalen Regime darum,

ein soziales Gebilde herzustellen, in dem die Basiseinheiten eben die Form eines Unternehmens haben, denn was ist das Privateigentum anderes als ein Unternehmen? Was
ist ein einzelnes Haus anderes als ein Unternehmen? [...] Mit anderen Worten, es geht
darum, die Unternehmensform, die gerade nicht in Form entweder von Großunternehmen im nationalen oder internationalen Maßstab oder von Großunternehmen vom Typ
des Staats konzentriert sein sollen, zu verallgemeinern, indem man sie so weit wie möglich verbreitet und vervielfacht. Es ist diese Vervielfachung der Unternehmensform innerhalb des Gesellschaftskörpers, die, glaube ich, den Einsatz der neoliberalen Politik
darstellt. Es geht darum, aus dem Markt, dem Wettbewerb und folglich dem Unternehmen etwas zu machen, das man die informierende Kraft der Gesellschaft nennen könnte. (Foucault 2006: 210f.)

So wie bei den ineinander verschränkten Technologien der Angst-, Sicher-
heits-, Disziplinierungs- und Prekarisierungsdispositive handelt es sich hierbei,
wie Foucault betont, um ein die Gesamtheit sozialer Verhältnisse *umfassendes*
Projekt, d.h. um die »Gestaltung der Gesellschaft [...] nach dem Modell des
Unternehmens« (226). Dass diese Unternehmensform auch auf die Subjekte
selbst auszudehnen sei, legt nicht zuletzt die vom US-amerikanischen Neoliberalismus entwickelte Humankapital-Theorie nahe, der zufolge der Arbeiter
als ein Unternehmen zu betrachten ist, das in sich selbst – z.B. in Form von
Fortbildung – investiert, sich gegen andere Unternehmen am Markt bewährt
und zugleich in eine »Vielheit verschiedener verschachtelter und miteinander
verschränkter Unternehmen« (333) einfügt. Der *homo oeconomicus* des neoliberalen Modells ist nach Foucault nicht länger der Tauschpartner der klassischen Theorien des Liberalismus, sondern es ist der »Unternehmer seiner
selbst«, der »für sich selbst sein eigenes Kapital ist, sein eigener Produzent,
seine eigene Einkommensquelle« (314). In Deutschland sind es vor allem die
Analysen von Ulrich Bröckling (2007), in denen diese Subjektivierungsform
des Unternehmers seiner selbst u.a. anhand einschlägiger Texte der Manage-
ment-Literatur untersucht wurde. Bröckling kam zu dem Ergebnis, dass mit der
auf Konkurrenzfähigkeit getrimmten Firma »Ich & Co«, wie sie emblematisch
in der Förderung sogenannter »Ich-AG's« auftritt, die betriebswirtschaftliche
Rationalisierung des gesamten eigenen Lebenszusammenhanges vorangetrie-

---

gimes noch von der Zumutung, ihr eigenes Elend zum Gegenstand autonomen Selbst-
managements zu machen, verschont bleibt.

ben werde. Selbstmanagement erfordert dieselben Fähigkeiten wie die Führung eines Unternehmens.[14] Ebenso haben Peter Miller und Niklas Rose (1994: 55) darauf hingewiesen, dass die Selbstregierungsfähigkeiten der Subjekte heute zu den »Schlüsselressourcen der modernen Regierungsformen« zählen. Mithilfe der von Foucault beschriebenen gouvernementalen Technologien werden Herrschaftsmechanismen etabliert, die gerade das Autonomiepotential frei handelnder und unternehmerisch denkender Subjekte befördern und als Produktivitätsressource anzapfen sollen. Durch solch unmittelbare Selbstreg(ul) ierungsleistungen der Individuen könnten »›freie‹ Individuen und ›private‹ Bereiche ›beherrscht‹ werden, ohne ihre formelle Autonomie zu brechen« (86). Das Resultat ist, dass die flexibilisierten und prekarisierten Arbeitsverhältnisse des neoliberalen Regimes – und die damit verbundene Subjektivierungsform des Unternehmers seiner selbst, der sich dem Markgeschehen und seinen Risiken ausliefert – in Form der positiv kodierten Erfahrung von Kreativität und Selbstverwirklichung bis tief hinein in die Psyche jedes einzelnen vordringen:

Die Annäherung der Selbstaktualisierung des Arbeiters an die Wettbewerbsvorteile der Gesellschaft ermöglicht eine gemeinsame Ausrichtung der Arbeitstechnologien und der Technologien der Subjektivität. Für die Unternehmerpersönlichkeit ist Arbeit nicht länger notwendig eine Einschränkung der Freiheit des Individuums, seine oder ihre Möglichkeiten durch Streben nach Autonomie, Kreativität und Verantwortung zu erfüllen. Arbeit ist ein wesentliches Element auf dem Weg der Selbstverwirklichung. Es gibt keine Schranke mehr zwischen dem Ökonomischen, dem Psychologischen und dem Sozialen. Die Regierung der Arbeit durchdringt jetzt das psychologische Erfüllungsstreben eines jeden Individuums. (Miller/Rose 1994: 102f.)

Man sieht, wie die durch die Individualisierung der Sicherungssysteme auf jeden einzelnen übertragene Verantwortung, mit sozialen und beruflichen Risiken selbst umgehen zu müssen, durch subjektivierende Strategien implementiert wird, die solche Risiken als Bereicherung und prekarisierte Arbeitsbedingungen als Freiheit zur Selbstverwirklichung erfahrbar machen. Wiederum zeigt sich, dass Prekarisierung nicht allein von einem »Management des Elends« und der Exklusion begleitet wird, sondern auch die oberhalb der »Schwelle« beheimateten Inkludierten erfasst, während zugleich die soziale Absicherung der in den Bereich unterhalb der »Schwelle« Verstoßenen heute zunehmend zurückgezogen wird. Sofern die entsprechenden Prekarisierungstechnologien die gesamte Gesellschaft, d.h. alle Ebenen vom Staat über die Familie bis zum

---

14 | Auch Prekarisierte müssen keine Ausnahme von dieser Regel bilden. So kommt Bröckling zu dem Schluss: »Die prekäre Variante des Arbeitskraftunternehmers schließlich bildet das wachsende Heer der Kleinselbständigen, die sich arbeitsagenturgefördert oder ohne staatliche Anschubfinanzierung durchschlagen« (Bröckling 2007: 49).

Individuum erfassen, wäre es wohl aus Perspektive der Gouvernementalitätsstudien gerechtfertigt, die von Foucault beschriebene »Sicherheitsgesellschaft«
(Foucault 2004: 26), in der wir uns heute befinden, zugleich als *Prekarisierungsgesellschaft* zu bezeichnen. Die beiden Aspekte widersprechen einander nicht.
Die Bedeutung der Sicherheitsdispositive nimmt unter Bedingungen der Prekarisierung von Beschäftigungsverhältnissen durchaus zu, wenn auch in Form
der Privatisierung der Vorkehrungs- und Absicherungsstrukturen. So wurde
vonseiten der Gouvernementalitätsstudien bereits vorgeschlagen, nicht allein
von Sicherheitsdispositiven, sondern auch von komplementären Dispositiven
der *Unsicherheit* zu sprechen (Lemke 2004). Die heutige »Sicherheitsgesellschaft« wäre, so betrachtet, nichts als die *andere*, die *notwendig komplementäre*
Seite der Prekarisierungsgesellschaft.

Neben diesem umfassenden Konzept von Prekarisierung, das sich auf Basis
der Foucault'schen Gouvernementalitätsstudien entwickeln lässt, können drei
weitere Erkenntnisse dieses Ansatzes festgehalten werden, die sich mit Ergebnissen der anderen besprochenen Ansätze decken: Auch die Gouvernementalitätsstudien, dies vorneweg, schreiben sich dem Paradigma eines radikalen
Relationismus ein, der den Strukturalismus hinter sich gelassen hat. Weiters
gehen sie davon aus, dass die Vielzahl gouvernementaler Technologien (im Umgang mit Arbeitslosigkeit, Armut, Delinquenz) keinem Masterplan gehorcht,
sondern experimentell erprobt wurde und sich in ihrer Zusammensetzung als
»glücklicher Fund« erweist, bzw. dass es, in den Worten von Miller und Rose
(1994: 58), »keinen glatten Pfad der Entwicklung oder Ausübung von Politik
gibt, sondern daß dauerhafte Erfindungen oft auf überraschende und aleatori-
sche Weise entstanden sind und in Bezug auf scheinbar nebensächliche oder
verborgene Schwierigkeiten im sozialen oder ökonomischen Dasein«. Darüber
hinaus greifen die gouvernementalen Technologien, die das Prekarisierungsdispositiv bilden, tief in die Verästelungen des Alltags und der Lebenswelt ein,
so wie sie schließlich die Subjektivierungsform der Individuen umfassen, die
ihrerseits aktiv an ihrer eigenen Subjektivierungsweise arbeiten.

1.3 POSTOPERAISMUS:
FABBRICA DIFFUSA UND KOGNITIVER KAPITALISMUS

Auch in der Traditionslinie des italienischen Postoperaismus wird das Auftauchen neuer Subjektivierungsformen und eines neuen Typus unternehmerisch
tätig werdender intellektueller Arbeiter und Arbeiterinnen konstatiert (Lazzarato 1998a: 51). In der postfordistischen Ökonomie werde aktive, autonome,
flexibel-ungebundene Subjektivität, ihrerseits Resultat der Prekarisierung von
Arbeits- und Lebensbedingungen, zum »Rohmaterial« im Produktionsprozess
(Lazzarato 1998b: 57; Virno 2004: 151). Die Postoperaisten schließen mit diesen

Thesen nicht zuletzt an die Foucault'schen Arbeiten zu Gouvernementalität und Biopolitik an; zugleich integrieren sie Erkenntnisse der Regulationsschule bezüglich des Entstehens eines neuen, postfordistischen Akkumulationsregimes. Das Spezifikum der postoperaistischen Untersuchungen findet sich in ihrer Hauptthese, der Ort der Arbeit habe sich durch organisatorische Dezentralisierungs- und Computerisierungsprozesse von der Fabrik über die gesamte Textur des Sozialen und Kulturellen hinweg ausgedehnt (die Rede ist, wie wir noch sehen werden, von einer »fabbrica diffusa«, Lazzarato 1998a: 45). Wie in empirischen Studien zu den Regionen Paris und Norditalien aufgewiesen (Corsani et al. 1996; Negri et al. 1998), wird der Arbeitsprozess von Individuen und Projektgruppen (etwa der Werbe-, IT- oder Modeindustrie) wesentlich durch deren horizontale Vernetzung *außerhalb* des Unternehmens gestützt. Im Arbeit wie Freizeit umfassenden kulturell-gesellschaftlichen Zusammenhang dieses sogenannten »Bassins immaterieller Arbeit« finden sich Individuen und Gruppen über Projekte zu kleinsten, nach Erreichung des Projektziels wieder auflösbaren Produktionseinheiten zusammen. Angestoßen wurde der postoperaistische Ansatz zur Erklärung dieser Veränderungen durch die Erfahrung der sozialen Kämpfe Nachkriegsitaliens, an denen die meisten postoperaistischen Theoretiker aktiv beteiligt waren. Nach postoperaistischer Lesart antwortete das Kapital auf die Kämpfe gegen die fordistischen Arbeitsbedingungen und das Disziplinarregime in den Fabriken – Kämpfe, die vom Streik bis zu Sabotage und anderen Formen der Arbeitsverweigerung bis hin zu Dienst-nach-Vorschrift reichen konnten[15] –, mit einer Umstrukturierung und Dezentralisierung der Industrie, die schließlich zur *fabbrica diffusa,* zur in der Gesellschaft aufgegangenen Fabrik führte: »In den Zentren des Kapitalismus, in denen dreißig Jahre Arbeitsverweigerung zur Auslagerung der Produktion oder zum Abbau der großen, in beherrschbaren Fabriken zu massiver Arbeitslosigkeit geführt haben, wird die Arbeit diffus. Sie durchdringt alle Bereiche menschlicher Tätigkeiten« (Moulier Boutang 1998: 9). Der fordistische Massenarbeiter der Industrie wird zum (gesamt-)gesellschaftlichen Arbeiter *(operaio sociale),* zugleich kommt es, wiederum in Anlehnung an die Marx'sche Terminologie zur »reellen Subsumtion der Gesellschaft unter das Kapital«, d.h. zur zunehmenden Inwertsetzung aller, selbst scheinbar außerökonomischer Lebensbereiche.

---

15 | Unter dem operaistischen Begriff der Arbeitsverweigerung wird eine ganze Reihe – offener wie verdeckter – Praktiken des Arbeitskampfes subsumiert, darunter »[o]ffizielle Streiks, individuelle Arbeitsvertragsbrüche oder Massendesertion, Flucht aus den großen Unternehmen in den tertiären Sektor oder die Selbstständigkeit, kleiner Absentismus, Nebenjobs oder Schwarzarbeit, Diebstähle von Material oder Sabotage« (Moulier Boutang 1998: 10).

Die postoperaistische Interpretation dieser Entwicklung wurde wesentlich durch die Entdeckung und Relektüre des sogenannten Maschinenfragments, einer Passage aus den Marx'schen *Grundrissen*, inspiriert:

Die Natur baut keine Maschinen, keine Lokomotiven, Eisenbahnen, electric telegraphs, selfacting mules etc. Sie sind Produkte der menschlichen Industrie; natürliches Material, verwandelt in Organe des menschlichen Willens über die Natur oder seine Betätigung in der Natur. Sie sind *von der menschlichen Hand geschaffne Organe des menschlichen Hirns*; vergegenständlichte Wissenskraft. Die Entwicklung des capital fixe zeigt an, bis welchem Grade das allgemein gesellschaftliche Wissen, knowledge, zur *unmittelbaren Produktivkraft* geworden ist und daher die Bedingungen des gesellschaftlichen Lebensprozesses selbst unter die Kontrolle des general intellect gekommen und ihm gemäß umgeschaffen sind. Bis zu welchem Grade die gesellschaftlichen Produktivkräfte produziert sind, nicht nur in der Form des Wissens, sondern als unmittelbare Organe der gesellschaftlichen Praxis; des realen Lebensprozesses. (Marx 1983, MEW 42: 602)

Marx nimmt an dieser Stelle nach postoperaistischer Lesart die These vorweg, die für die Produktion notwendige Arbeit könnte in Zukunft marginal werden und abstraktes, gesellschaftliches Wissen sich zur grundlegenden Produktivkraft entwickeln. Marx verwendet für dieses Wissen den Begriff des *general intellect*, worunter Postoperaisten die »Gesamtheit an epistemischen Paradigmen, künstlichen Sprachen und begrifflichen Konstellationen« fassen, »die die gesellschaftliche Kommunikation und die Lebensformen durchziehen,« (Virno 2005: 123).[16] In den 70er-Jahren war das Marx'sche Maschinenfragment gleichsam zur »Kriegsflagge« der Postoperaisten geworden, verhieß es doch den Arbeitern eine Zukunft, in der ihre Arbeitskraft nicht mehr auf eine Ware reduziert sein würde. In den 90er-Jahren schien sich dann aus postoperaistischer Sicht die Marx'sche Prophezeiung erfüllt zu haben, jedoch unter Abzug der erwarteten revolutionären Effekte. Stattdessen wurde Arbeitszeit nach wie vor abgepresst, und das ausgerufene Ende der Arbeitsgesellschaft wurde zur

---

16 | Die Postoperaisten weichen damit in einem wesentlichen Punkt von der ursprünglichen Marx'schen Version der These ab. Der General Intellect sei nicht vollständig, wie von Marx vorgeschlagen, mit dem fixen Kapital, d.h. dem Maschinensystem ident: »Die Verbindung von Wissen und Produktion erschöpft sich nicht im System der Maschinerie, sondern artikuliert sich notwendigerweise in konkreten Subjekten. [...] Zum General Intellect gehören artifizielle Sprachen, Informatik und Systemwissenschaften, die ganze Palette kommunikationellen Wissens, lokales Wissen, informeller ›Sprachspiele‹ wie auch gewisse ethische Überlegungen. Innerhalb der zeitgenössischen Arbeitsprozesse existieren Begriffskonstellationen, die selbst als produktive ›Maschinen‹ funktionieren, ohne einen mechanischen Körper oder eine kleine elektronische Seele nötig zu haben« (Virno 2004: 153f.).

»Bühne unbarmherziger Antinomien und verwirrender Paradoxien« (Virno 2004: 151). Während die Zeit der »Nicht-Arbeit«, der These zufolge, eigentliche Quelle des Reichtums sei und ein emanzipatorisches Potential berge, werde sie im hegemonialen System – etwa in Form von Arbeitslosigkeit oder Kurzarbeit – als »verlorene Zeit«, als Mangel definiert. Es kommt zur Erfindung von Disziplinar- und Kontrollmechanismen zur Überwachung jener, die nicht länger an das Fabrikregime gekettet sind. Nach Virno (2004: 151) wird im Postfordismus der gesamte Pool der Arbeit tendenziell den Bedingungen einer »industriellen Reserveearmee« unterworfen. Dieser Prozess aber erfordert den Umbau des Mentalitäts- oder Subjektivierungsregimes. Die Subjekte müssen sich an Mobilität gewöhnen, den Umgang mit permanenter Veränderung eintrainieren, sich an umfassende Flexibilitätserfordernisse anpassen:

Diese Anforderungen sind nun nicht mehr das Ergebnis der industriellen Disziplinierungsmechanismen, sondern vielmehr das Resultat einer Sozialisierung, die ihren Mittelpunkt *außerhalb der Arbeit* hat. Die tatsächlich nachgefragte und angebotene »Professionalität« besteht in Fähigkeiten, die über ein längeres Verweilen in einem der Arbeit vorausgehenden oder prekären Stadium erworben werden. In der Erwartung einer Beschäftigung werden sozusagen jene allgemeinen sozialen Qualifikationen und jene Gewohnheit entwickelt, sich nichts dauerhaft zur Gewohnheit zu machen, die später, wenn man tatsächlich Arbeit gefunden hat, als Werkzeuge im strengen Sinne des Wortes dienen. Das postfordistische Unternehmen setzt diese Gewohnheit, keine Gewohnheiten zu haben, diese Einübung in die Prekarität und in die ständige Wandelbarkeit der Umstände gezielt für sich ein. (Virno 2005: 118f.)

Der Umbau des fordistischen Akkumulationsregimes zum postfordistischen basiert unter anderem auf dieser *Einübung in die Mentalität der Prekarität.* Prekarität ist also nicht einfach ein das Subjekt von außen ereilendes Schicksal: Auch Prekarität will gelernt, erprobt und eingeübt sein. Zu jenen *skills*, die zwar außerhalb der Fabrik angeeignet werden, aber zunehmend innerhalb der Fabrik an Bedeutung gewinnen, zählt allen voran die Fähigkeit zu sozialer Kooperation. So kann Arbeit nach Lazzarato (1998a: 41f.) heute nachgerade als die Fähigkeit definiert werden »eine produktive Kooperation in Gang zu setzen oder auch anzuleiten«. Den Arbeitern fällt die Aufgabe zu, als »aktive Subjekte« zu agieren und die verschiedenen Funktionen im Produktionsprozess zu koordinieren – letztlich eine Form unternehmerischer Kompetenz.[17] Subjektivität wird zum Einsatz selbst für proletarische Arbeit, sobald diese mit EDV-Kompetenz

---

17 | Der kooperative Aspekt der immateriellen Arbeit wird, was betont werden sollte, allerdings »nicht von außen aufgezwungen oder organisiert, wie es in früheren Formen von Arbeit der Fall war, sondern *die Kooperation ist der Arbeitstätigkeit vollkommen immanent*« (Hardt/Negri 2002: 305).

oder Entscheidungskompetenz innerhalb kooperativer Abläufe ausgestattet wird. Aus diesem Zwang zur Kooperation leitet sich nun auch ein Zwang zur *Kommunikation* ab. Um aktiver Teil einer Arbeitsgruppe zu sein, müssen die Subjekte kommunizieren können: »Seid Subjekte der Kommunikation«, laute die Parole des Management (43).

Das Gesicht der Arbeit wandelt sich damit vollständig: dominant wird, was die Postoperaisten als *immaterielle Arbeit* bezeichnen. Darunter verstehen sie ein gesellschaftliches Verhältnis, in dem weniger »materielle« als »immateriel-le« Waren produziert werden: Dienstleistungen, Information, Kommunikation, Symbole, Wissen. Merkmale der postindustriellen Ökonomie finden sich ver-dichtet in den klassischen Formen der immateriellen Produktion wie Marke-ting, Mode, Softwareentwicklung und künstlerisch-kultureller Betätigung (46), wobei Lazzarato zufolge zu unterscheiden sei zwischen der »informationellen Seite« und der »kulturellen Seite« der immateriellen Ware.[18] Die informatio-nelle Seite erfordert im Produktionsprozess Fähigkeiten des Umgangs mit Informationen und Kommunikation; die kulturelle spielt »auf eine Reihe von Tätigkeiten an, die in der Regel nicht als Arbeit wiedererkannt werden, also mit anderen Worten Tätigkeiten, die im Bereich kultureller und künstlerischer Normen operieren, die auf Moden, Geschmack und Konsumgewohnheiten Einfluss nehmen oder die, strategisch gesprochen, die öffentliche Meinung be-arbeiten« (39f.). Da diese zur Produktion immaterieller Güter erforderlichen intellektuellen Fähigkeiten nicht länger in den Händen einer kleinen Gruppe von Intellektuellen und Spezialisten konzentriert sind, sondern dazu tendieren, sich auf das gesamte Arbeitskräftepotenzial auszudehnen (Hardt 2004: 183), sprechen die Postoperaisten auch von *Massenintellektualität* – eine Weiterent-wicklung des Marx'schen *general intellect*. Dieser Begriff referiert gerade nicht ausschließlich auf die Berufsgruppen der sogenannten Kopfarbeiter, sondern

---

18 | Ein weiterer Teilaspekt immaterieller Arbeit wird von den Postoperaisten als *af-fektive Arbeit* beschrieben. Der Begriff bezieht sich auf die Herstellung affektiv be-setzter zwischenmenschlicher Kontakte: »Gesundheitsdienste beispielsweise bauen auf fürsorgliche und affektive Arbeit, aber auch in der Unterhaltungsindustrie stehen die Erzeugung und Handhabung von Affekten in ähnlicher Weise im Mittelpunkt. Diese Arbeit ist immateriell, auch wenn sie körperlich und affektiv ist, insofern als ihre Pro-jekte unkörperlich und nicht greifbar sind: ein Gefühl des Behagens, Wohlergehen, Be-friedigung, Erregung oder Leidenschaft. Begriffe wie *in-person services* oder *services of proximity*, also persönliche Dienstleistungen und fürsorgliche Arbeit, werden häufig verwendet, um diese Art der Arbeit zu kennzeichnen. Doch im Grunde geht es um die Erzeugung und Handhabung von Affekten. Im Allgemeinen wird der affektive Austausch, die affektive Produktion und Kommunikation mit dem zwischenmenschlichen Kontakt in Verbindung gebracht, doch dieser Kontakt kann tatsächlich auch virtuell sein, wie in der Unterhaltungsindustrie beispielsweise« (Hardt/Negri 2002: 304).

auf »eine Qualität und ein auffälliges Merkmal der gesellschaftlichen Arbeit im Postfordismus – in der Epoche also, in der Information und Kommunikation in jedem verborgenen Winkel des Produktionsprozesses eine entscheidende Rolle spielen, in der Epoche, in der die Sprache selbst Arbeit, Lohnarbeit geworden ist« (Virno 2004: 154). Massenintellektualität ist das Produkt jener Tätigkeiten, die vormals der Bourgeoisie zugerechnet wurden und sich inzwischen durch soziale Kämpfe universalisiert haben: »Massenintellektualität: Das sind die neu in der Industrie Eingestellten, die ausgebildet und sozialisiert sind, bevor sie die Fabrik betreten; es sind die Studenten, die die Universität blockieren und durch ihre Initiativen und Experimente die gesellschaftliche Form der Produktivkräfte in Frage stellen; es sind die Immigranten, für die der Kampf um Einkommen untrennbar ist von der Konfrontation und vom Konflikt auf der Ebene der Sprache, der Lebensform und des Ethos« (Virno 2004: 154). Von sozialen Kämpfen angetrieben wurde Massenintellektualität zum heute maßgeblichen Moment kapitalistischer Akkumulation.

Der in postoperaistischer Tradition arbeitende französische Ökonom Yann Moulier Boutang beschreibt diese tief greifende, von den neuen Informationstechnologien angestoßene Transformation des Kapitalismus, die spätestens Mitte der 70er-Jahre erkennbar wird, als Übergang zum *kognitiven Kapitalismus.* Sie umfasse, in regulationstheoretischer Terminologie, sowohl Regulationsweise als auch Akkumulationsregime (2003: 252). Diese Wende von einem »zweiten« zu einem »dritten Kapitalismus« sei nur noch vergleichbar mit der Wende, die den Horizont der (europäischen) Welt zwischen 1492 und 1660 ausgeweitet habe. Nach Moulier Boutang dominiert im »ersten«, dieser Zeitperiode entsprechenden Kapitalismus – dem Handelskapitalismus – die Akkumulation durch Handel, Finanzen und Staat. Der zweite Kapitalismus – der Industriekapitalismus – basierte auf der Akkumulation von Sachkapital, dem industriellen Fabrikregime und Massenproduktion. Der heutige kognitive Kapitalismus schließlich beruhe auf der Akkumulation »immateriellen Kapitals« und werde durch die Verbreitung von Wissen angetrieben.[19] »Die Ökonomie der physischen Produktion wird abgelöst durch eine immaterielle Ökonomie der Information, dominiert vom quartären Sektor, der insbesondere die Finanz-und Kommunikationsdienstleistungen für die Unternehmen, entsprechend den Anforderungen der Produktion in den globalen Städten, neu ordnet« (Moulier Boutang 1998: 13). Mit der radikalen Transformation vom zweiten zum dritten Kapitalismus verschwindet natürlich die materielle Industrieproduktion nicht – sie wird durch den kognitiven Kapitalismus reorganisiert. Die in Netzwerken organisierte direkte Kooperation, zumeist projektförmig strukturiert, wird zur hauptsäch-

---

19 | Dennoch sollte der Begriff des kognitiven Kapitalismus nicht auf den der Wissensökonomie reduziert werden, denn er verweist auf die Kommodifizierung von »allen Arten des Wissens, sei es künstlerisch, philosophisch, kulturell, sprachlich« (Corsani 2004: 158).

lichen Form der Arbeitsteilung. Aus diesem Grund gehe es in diesem Regime weniger um die Kontrolle von Produktionsstandorten und -kapazitäten als um die Kontrolle und die Kreation von Wissen, wie auch um die Etablierung umfassender Kommunikationssysteme (2003: 225f.). So schlägt Moulier Boutang schließlich folgende Kurzdefinition des Kognitiven Kapitalismus vor (vgl. auch Tabelle 3):

Mit Kognitivem Kapitalismus bezeichnen wir ein Akkumulationsregime, bei dem der Gegenstand der Akkumulation hauptsächlich vom Wissen gebildet wird, das zur Hauptressource des Werks und damit auch zum wichtigsten Ort des Inwertsetzungsprozesses wird. Dieses Regime zeigt sich empirisch an dem hervorragenden Platz, welcher der Forschung, dem technischen Fortschritt und der Bildung (der Qualifikation der Gesamtbevölkerung) eingeräumt wird, neben dem Zirkulieren der Information, den Kommunikationssystemen, der Innovation, der Aneignung von Organisationskenntnissen und dem strategischen Management von Organisationen. Auf Seiten der Nachfrage ist der Konsum ebenfalls auf Technik ausgerichtet, maßgeblich auf geistige Techniken, das heißt auf jene, die die geistigen Fähigkeiten über die Interaktion mit den neuen technischen Geräten umsetzen: Video, Computer, Internet, Spielkonsolen etc. (Moulier Boutang: 2003: 255)

Das alte Regime der Arbeitskraft ist mit den neuen, wissensbasierten Formen der Akkumulation, Moulier Boutang zufolge, nicht mehr vereinbar. Dennoch könne von einer Krise der Lohnarbeit nur aus fordistisch-keynesianischer Perspektive die Rede sein, denn in Wahrheit entstehen neue Formen der Lohnabhängigkeit, all jene nämlich, die wir unter dem Titel der prekären Arbeitsverhältnisse gefasst haben – worunter auch die formal autonome Arbeit der neuen Selbständigen fällt. Die arbeitsweltlichen Erscheinungsformen solch neuer Selbständigkeit sind uns wohlbekannt: netzwerkförmiges Arbeiten, in dem die Grenze zwischen Freizeit und Arbeitszeit immer schon unbestimmt bleibt, besonders in den zentralen Sektoren der immateriellen Produktion; die Zurückstellung sozialer Absicherung mit dem Verweis auf größere individuelle Freiheit; eine Arbeitsmoral, die unter beruflicher und zugleich persönlicher Selbstverwirklichung vor allem freiwillige Selbstausbeutung versteht etc. Noch die scheinbar selbstbestimmtesten Formen immaterieller metropolitaner Arbeit sind zugleich gekennzeichnet durch prekäre Beschäftigung, Hyperausbeutung, hohe Mobilität und hierarchische Abhängigkeiten (Lazzarato 1998a: 47).
Der Soziologe Sergio Bologna geht diesen Erscheinungsformen neuer Selbständigkeit seit Jahren in empirischen Untersuchungen nach.[20] Er schlägt da-

20 | Auch Bologna macht den Hauptbestandteil der selbständigen Arbeitsleistung in jener über die jeweilige in Anspruch genommene Dienstleistung scheinbar hinausgehenden Kooperationstätigkeit aus, die er als *relationale Arbeit* bezeichnet. Ähnlich der Hausarbeit der Frauen ist relationale Arbeit gesellschaftlich nicht als Mehrwert schöp-

Tabelle 3:
Die Ökonomie des Kognitiven Kapitalismus (nach Moulier Boutang 2003: 275)

Aspekte der Arbeitsteilung	Ökonomie des 2. Kapitalismus	Ökonomie des 3. Kapitalismus
Bedeutung	von ihr geht Machtverteilung aus (Smith, Marx)	von der Kooperation abgeleitet (G. Tarde)
Variable der Evolution	Größe des Markts	Größe des Netzwerks
Organisationsmodell	Markt/Hierarchie/Staat	Netz und Vernetzung mit anderen Netzen
Charakteristik der dominanten Wirtschaftsgüter	Ausschließlichkeit, Rivalität, private Verfügbarkeit und ihre Ausübung	Wirtschaftsgut Information und Wirtschaftsgut Wissen, Aufmerksamkeit des Gehirns, Netzwerk
Haupteffekt	Ökonomie der Massenproduktion	Ökonomie der Lernprozesse (System degressiver Kosten), Abschöpfung positiver Externalitäten des Netzes
Bevorzugtes Wirtschaftsinstrument	spot Pricing, abnehmende Grenzerträge	Vermögensglobalisierung, wachsende Erträge bei innovativer Verwendung
Rechnungswesen	Matrix input/output homogener Produkte	Wirtschaftsgut vierteilt: Hardware/Software/Wetware/Netware
Externalitäten	marginal, außer bei öffentlichen Gütern	dominant, auch für Güter der Privatwirtschaft

fende Arbeit anerkannt und kann folglich nicht in der Leistungsbilanz aufscheinen. Es sind aber gerade diese unabgegoltenen, »privaten« Tätigkeiten, die die eigentliche Quelle der Wertschöpfung darstellen.

bei vor, eher vom Begriff eines Statuts »selbständiger Arbeit« auszugehen, da
Konzepte wie das des »Unternehmers seiner selbst«, des »Ein-Mann-Betriebs«
oder des »Solo-Unternehmens« (in Deutschland würde man an dieser Stelle
auch von Ich-AG oder vom Arbeitskraftunternehmer sprechen) terminologisch
widersinnig seien. Man solle nicht versuchen, selbständige Arbeit kategorial
der Unternehmensform anzugleichen, da der Begriff des Unternehmens in der
Trennung von Kapitalbesitz und Arbeit gründe. Trotz möglicher Variationen
(wie etwa im Fall des Familienbetriebs) wurde das Unternehmen, durch eine
erkennbare Differenzierung der drei Rollen des Investors, des Managements
und der Lohnarbeit geformt, wie sie besonders die Aktiengesellschaft auszeichnet. Demgegenüber werden im Statut der selbständigen Arbeit diese drei Rollen
zu einer einzigen Figur verschmolzen, die nun die Arbeitsmittel in Form von
Fixkapital einbringen muss (z.B. als PC am eigenen Küchentisch), sowie den
Arbeitsprozess entwerfen, planen und schließlich ausführen (60). Aufgrund
der mit dieser Verschmelzung verbundenen Freiheits- und Autonomieeffekte
besitzt selbständige Arbeit ein gewisses Potential, womöglich sogar ein politisches Potential, es vereinigt aber auch, wie man aus Bolognas Darlegungen wohl
schließen muss, alle mit den drei Rollen verbundenen Risiken: Denn gehen die
Geschäfte schlecht, kann man das investierte Kapital in den Wind schreiben
(Investitionsrisiko), muss womöglich Konkurs anmelden (Unternehmerrisiko)
und verliert damit zugleich seine Arbeit (Arbeitsplatzrisiko). Betrachten wir
einige der Charakteristika selbständiger Arbeit am Fall »unabhängiger Mikro-
unternehmen« (15) genauer, da Bologna ein sehr eindringliches Porträt jener
Prekarisierungsformen zeichnet, wie sie die »Mittelschicht« – und eben nicht
nur diese – zunehmend erfährt.

So lässt sich auf der unmittelbar räumlichen Achse von einer *Verhäuslichung*
des Arbeitsplatzes durch Heimarbeit, Telearbeit etc. sprechen. Selbst bei aufrecht bleibender räumlicher Trennung zwischen Wohnen und Arbeiten, wird
das häusliche Privatleben – wie ja auch das außerhäusliche Alltagsleben der
Freizeit – von Arbeit (und eben nicht nur von Reproduktionsarbeit, wie dies
immer schon der Fall war) durchdrungen (14). Auf der zeitlichen Achse der
Arbeitsorganisation beobachtet Bologna einen grundlegenden Unterschied zwischen selbständiger Arbeit und Lohnarbeit: letztere ist geregelt, erstere nicht.
Da der Lohn nicht länger nach Zeiteinheiten (Arbeitsstunden, -tage, -monate)
errechnet wird, sondern nach dem Resultat der erbrachten Arbeit – denn festgelegt werden nur noch Produkt und Zeitpunkt der Ablieferung – komme es
zur Intensivierung der Arbeitszeit bis hin zu einem schrankenlosen Arbeits-
tag. Folglich verändere sich auch die Form der Entgeltung; die Lohnform werde
durch die Rechnung oder das Honorar ersetzt. Bologna vermutet dahinter »die
bedeutendste Revolution innerhalb des gesellschaftlichen Status der Arbeit«
(25), werde auf diese Weise doch das grundlegende Prinzip der Subsistenzga-
rantie abgeschafft. War die Lohnform noch an den Anspruch der existenziellen

Erhaltung der Arbeitskraft geknüpft, die durch den indirekten Lohn durch den Staat auch bei vorübergehendem oder dauerndem Verlust der Arbeitsfähigkeit im Fall von Kündigung, Krankheit oder altersbedingtem Ausscheiden aus dem Berufsleben garantiert wurde, so wird dieses Modell vom Modell des existenziellen Risikos abgelöst. Die aus der Prekarisierung der Arbeit folgende Prekarisierung des Lebens macht Existenzsicherung riskant und verunmögliche längerfristige Lebensplanung. Ja dieses Lebensrisiko wird aufgrund der zunehmenden Unterwerfung aller Lebensbereiche unter die Marktlogik zu einer Spielart des Marktrisikos, wie man es in der Welt der Lohnarbeit so nicht gekannt hat. Die selbständig Arbeitenden sind »*permanent auf dem Markt*«, und sie verlieren ihren Status als Angestellte erst nach Abgabe des fertigen Produkts oder nach Fertigstellung der Dienstleistung: »Sie können über lange Zeit ohne Einkünfte bleiben und leben von ständig zu schaffenden Rücklagen, um den ›Leerzeiten‹ in der Arbeit zu begegnen. Der Begriff ›Risiko‹ ist der Mentalität der unabhängigen Arbeit eingeschrieben, weshalb die Leistung immer auch einen Werbeaspekt enthält, über den die unabhängig Arbeitenden entweder die Fortsetzung des geschäftlichen Verhältnisses zum Auftraggeber oder die Erschließung neuer Geschäftsbeziehungen zu gewährleisten versuchen« (38). Bologna zeichnet ein eindrucksvolles Psychogramm des »latenten Psychosezustand(s)« (51), der eintritt, sobald »die permanent prekäre Lage zur Selbstverständlichkeit« (52) geworden ist:

Das immanente Risiko eines wirtschaftlichen Scheiterns ist für das Statut der selbständigen Arbeit konstitutiv, das Gefühl, sich auf eine Gratwanderung zu begeben, mit der Gefahr, vom Wohlstand der Mittelschichten schnell ins Elend abzugleiten. Die Armutsgefährdung produziert bei den unabhängigen ArbeiterInnen eine »sozialpsychischen« Habitus, dessen herausragendes Merkmal die Unmöglichkeit, auf längere Sicht zu planen, ist. Es genügt eine Krankheit oder ein Unfall, der die betroffene Person ein halbes Jahr zur Untätigkeit verdammt, eine ausstehende Rechnung über einen größeren Betrag, eine Schadenersatzforderung von Seiten des Auftraggebers in beträchtlicher Höhe, der Konkurs – ob selbstverschuldet oder nicht – eines Auftraggebers oder Zulieferers, um den eigenen Ruin und den der MitarbeiterInnen zu besiegeln. Das Gefühl der Unsicherheit, verursacht durch die Marktmechanismen und das vollständige Fehlen einer Abfederung ökonomischer Schwierigkeiten, führt zu Verhaltensweisen der Vorsorge (des »Sparens für alle Fälle«), die die Selbständigen dazu bringen, immer mehr anhäufen zu wollen. (22-3)

Halten wir am Ende dieser Kurzdarstellung des postoperaistischen Ansatzes fest, dass auch aus dessen Perspektive von einer *Universalisierung* solcher Risikosubjektivierungen auszugehen ist. Zugleich verweist der operaistische Begriff der *fabbrica diffusa* auf den *umfassenden* Charakter der oben dargestellten Entwicklungen, sofern er das »unmittelbare Produktivwerden der gesamten

Gesellschaft« bezeichnet. Da Verschmelzung von Produktion und Reproduktion im Kapitalverhältnis mit der Prekarisierung der bisherigen Arbeits- und Lebensbedingungen einhergeht, muss zugleich vom umfassenden Charakter der entsprechenden Prekarisierungsphänomene ausgegangen werden. Dabei sollte man sich vor den Missverständnissen, die ein herkömmlicher Arbeits- und also auch Prekaritätsbegriff begünstigt, in Acht nehmen: So wie Prekarität zugleich Merkmal hochbezahlter EDV-Arbeit und schlechtbezahlter migrantischer Arbeit sein kann, so läuft das Konzept immaterieller bzw. prekärer Arbeit quer zur traditionellen Unterscheidung von Hand- und Kopfarbeit.[21] Zwar sollte die Besonderheit der Ausbeutungsverhältnisse im Niedriglohnsektor nicht ignoriert werden, man darf aber – im Unterschied zur traditionellen Armutsforschung oder zur deutschen Exklusionsdebatte – die Augen auch nicht vor den Gemeinsamkeiten hoch- und niedrigqualifizierter, gut- und schlechtbezahlter prekärer Arbeit verschließen. Paolo Virno hat dafür folgende Formel gefunden:

Es stellt sich die Frage, was Software-EntwicklerInnen, ArbeiterInnen bei Fiat und prekär Beschäftigten gemein ist. Man muss den Mut haben, darauf zu antworten: *kaum etwas*, wenn es um die Tätigkeiten, die beruflichen Fertigkeiten und die Charakteristika des Arbeitsprozesses geht. Aber auch: *alles*, was die Sozialisierung der einzelnen Individuen außerhalb der Arbeit betrifft. Gemeinsam sind ihnen also die Stimmungen, die Haltungen und Vorlieben, die Mentalitäten, die Erwartungen. Bloß dass dieser homogene *Ethos* [...], während er in den avancierten Sektoren Teil der Produktion ist und berufliche Leitlinien vorgibt, bei denjenigen, die in den traditionellen Sektoren beschäftigt sind, sowie für die *GrenzgängerInnen*, die zwischen Arbeit und Beschäftigungslosigkeit hin- und herpendeln, vielmehr die »Lebenswelt« durchwirkt. (Virno 2005: 150)

Darüber hinaus wird von den Post-Operaisten durchaus gesehen, dass eine neue Arbeitsteilung *innerhalb* der immateriellen Produktionsprozesse entsteht, insofern die Ausdehnung wissensbasierter »Kreativjobs« oder von Jobs in der Symbol- und Kommunikationsindustrie mit einer ebensolchen Ausdehnung von weniger qualifizierten, von Routinen bestimmten Arbeiten einhergeht (wie etwa Text- und Dateneingabe oder Arbeit im Callcenter) (Hardt/Negri 2002: 303). Aufgrund der Verbreitung des Computers zum Universalgerät ist dessen Bedienung schon seit langem kein Privileg einer gutbezahlten Info-Elite. Und schließlich besitzt auch jener Aspekt immaterieller Arbeit, der als *affektive*

---

21 | Auch Wissen, wie hinzuzufügen ist, mag zwar »immateriell« sein, es ist als Gut aber keineswegs leicht zu haben, sondern durchaus teuer in der – teilweise *materiellen* – Produktion. Es verbraucht nach Boutang (2003: 268) vier Komponenten: »Sachgüter (Maschinen), Immaterialgüter (Programme und elektronische verarbeitbare Informationen) sowie immaterielle und lebendige Dienstleistungen (die Aktivität und Aufmerksamkeit des Gehirns sowie Netzwerke).«

Arbeit bezeichnet wird und in der Erzeugung der »immateriellen« Ware *Gefühl*
besteht, ein durchaus im Dienstleistungssektor anzutreffendes proletarisches
Gesicht, selbst wenn dieses sich hinter »service with a smile« versteckt.
Auf eine grundsätzliche Stärke des postoperaistischen Ansatzes sei abschließend hingewiesen (wie in den vorangegangenen Fällen wollen wir auch im Fall
des Postoperaismus die ausführlichere Diskussion der zentralen Rolle sozialer
Kämpfe noch ein wenig aufschieben). Diese Stärke besteht in seiner Akzeptanz
des durch und durch ambivalenten Charakters der Passage zum Postfordismus.
Bologna und andere Postoperaisten unterstreichen, dass diese Entwicklung
zwischen dem Zwang zur Produktivitätssteigerung und dem Freiheitsversprechen (scheinbar) nicht-entfremdeter Arbeit changiert, ohne dass der Ausgang
des Prozesses vorherbestimmt wäre. Einerseits kann die postfordistische Ver-
nutzung der Subjektivität der Arbeitenden totalitärere Ergebnissen zeitigen als
noch das alte fordistische Fabrikregime, das ja immerhin noch einen Feierabend
kannte. Der Kooperations-, Kommunikations- und Kreativitätsdiskurs kann eine
durchaus autoritäre Wendung nehmen, sobald man ihm nicht mehr entkommt:
»Man *muß* sich ausdrücken und sich äußern, man *muß* kommunizieren, und
kooperieren. Der ›Ton‹ ist derselbe geblieben, wie er unter den tayloristischen
Kommando vorherrschte, es hat sich lediglich der ›Inhalt‹ verändert.« (Lazzarato 1998a: 43). Doch andererseits sind die spezifischen Artikulationsformen der
Entwicklung nicht determiniert, sie darf folglich nicht ausschließlich negativ
bzw. pessimistisch beurteilt werden: »Die Aufhebung der normierten Arbeitszeit und deren autonome Organisation haben für ein bedeutendes Segment der
modernen Gesellschaft einen neuen Freiheitssinn geschaffen, eine neue Geis-
teshaltung gegenüber den Institutionen und Prozessen der Disziplinierung,
sie haben die Grenzen der Demokratie verschoben und dem Individuum eine
Autonomie in Bezug auf die eigene Existenz verschafft, die dazu im Stande sein
sollte, bessere Lebensformen als jene der Lohnarbeit hervorzubringen« (Bologna 2006: 23). Vom paradoxen Effekt der Ausweitung kapitalistischer Akkumulation, zu der die Kämpfe der Massenarbeiter gegen das Fabrikregime führten,
bis hin zur ambivalenten Kombination von Freiheit und Zwang im Fall der selbständigen Arbeit, der Postoperaismus unterstreicht die Kontingenz, Offenheit
und damit auch Veränderbarkeit gesellschaftlicher Prozesse.

1.4 PRAGMATISCHE SOZIOLOGIE: DER »DRITTE GEIST« DES KAPITALISMUS UND DIE PROJEKTBASIERTE POLIS

Der frühere Mitarbeiter Bourdieus, Luc Boltanski hat gemeinsam mit der So-
ziologin und Ökonomin Ève Chiapello eine Theorie des gegenwärtigen Kapitalismus vorgelegt, die an die französische und deutsche Soziologie wie an

Erkenntnisse der Regulationstheorie anschließt und Überschneidungspunkte
mit Fragestellungen der politischen Theorie aufweist. Boltanski und Chiapello
unterscheiden zwischen dem Kapitalismus als einem sich ständig revolutio-
nierenden Prozess der Akkumulation (eine mit Marx und Schumpeter geteilte
Inspiration) einerseits – definiert als »*Forderung nach unbegrenzter Kapitalakkumulation durch den Einsatz formell friedlicher Mittel*« (Boltanski/Chiapello 2003:
39) – und dem »Geist des Kapitalismus« andererseits (eine Unterscheidung,
die nicht nur an die regulationstheoretische Unterscheidung von Akkumulationsregime und Regulationsweise erinnert, sondern auch von Max Webers
Untersuchung der protestantischen Wirtschaftsethik und nicht zuletzt seiner
Methode der Konstruktion von Idealtypen inspiriert ist). Unter »Geist des Kapitalismus« verstehen Boltanski/Chiapello eine Ideologie, also eine, nach ihrer
Definition, Gesamtheit gemeinsamer Glaubenssätze, die das Engagement für
den Kapitalismus rechtfertigt (43). Sie ist dazu in der Lage, das Denken einer
Epoche »in seiner Gesamtheit zu durchdringen«. Der Geist des Kapitalismus
»trägt die politischen und gewerkschaftlichen Argumentationsformen, liefert
Journalisten und Wissenschaftlern Rechtfertigungswelten und Denkmuster
und sorgt für seine so diffuse wie auch allgegenwärtige Präsenz« (92). Dies sei
deshalb notwendig, weil zum einen dem bloßen Akkumulationsimperativ des
Kapitalismus seine Rechtfertigung nicht immanent ist und zum anderen sein
an der Produktion beteiligtes menschliches Personal keine intrinsische, anth-
ropologische Neigung aufweist, der kapitalistischen Akkumulation dienlich
zu sein. Die Beteiligung am Kapitalismus ist arbeitsmotivational keineswegs
selbstverständlich: Weder reicht es allein aus, dass diese Produktionsweise die
elementaren Bedürfnisse seines Personals effizient befriedigt, noch stellen Sys-
temzwänge hinreichende Beteiligungsmotive dar, denn die Arbeitenden müssen zur aktiven Mitwirkung, wenn nicht zum *Engagement* bewegt werden, wozu
offener Zwang kein probates Mittel abgibt. Also muss Zwang von den Individu-
en verinnerlicht werden. Da Ideologie aber nicht im behavioristischen Sinne auf
Indoktrination reduziert werden kann, ergibt sich dabei für den Kapitalismus –
dem, bei aller Repression, im Unterschied zu einer Sklavenhaltergesellschaft ja
nur formell friedliche Mittel zu Verfügung stehen – ein Rechtfertigungs- und
Begründungsproblem. Vor dem Hintergrund der von der, schumpeterisch aus-
gedrückt, »schöpferischen Destruktion« des Kapitalismus aufgeworfenen Un-
sicherheitsstruktur müssen Antworten auf drei Grundfragen gegeben werden,
müssen Möglichkeiten gefunden werden, »die Ungewissheiten auszuräumen«,
die diese Fragen aufwerfen:

- Inwiefern ist die Mitwirkung an dem kapitalistischen Akkumulationsprozess eine
  Quelle der Begeisterung, auch und gerade für diejenigen, die nicht zwangsläufig die
  größten Nutznießer der erwirtschafteten Gewinne sind?

- In welchem Maße können diejenigen, die am kapitalistischen Kosmos mitwirken, auf eine minimale Sicherheit für sich und ihre Kinder bauen?
- Wie lässt sich die Beteiligung an dem kapitalistischen Unternehmen gegenüber dem Allgemeinwohl rechtfertigen und der gegen seine Organisation und seine Leitung erhobene Vorwurf der Ungerechtigkeiten entkräften? (54)

Da dem Kapitalismus kein Legitimationsprinzip immanent ist, kapitalistische Akkumulation aber zugleich sozial destruktive Kräfte freisetzt, müssen diese Fragen immer wieder aufs Neue beantwortet werden, was den notwendigen Rückgriff auf externe Rechtfertigungen impliziert. Die Stabilität der Akkumulation hängt davon ab, dass die kapitalistischen Akkumulationsformen eine gewisse Attraktivität ausstrahlen, man könnte das den Abenteureraspekt des Kapitalismus nennen, aber auch allgemein rechtfertigungsfähig sind, d.h. ihre Gemeinwohldienlichkeit begründen, indem sie auf eine »Gesamtheit von Glaubenssätzen« rekurrieren, »die mit der kapitalistischen Ordnung verbunden sind und zur Rechtfertigung dieser Ordnung, zur Legitimation und mithin zur Förderung der damit zusammenhängenden Handlungsweisen und Dispositionen beitragen« (46). Dieser *Geist* des Kapitalismus stellt also Gerechtigkeitsnormen und Prinzipien bereit, die der Kapitalismus von selbst nicht anbieten kann und die daher von *externen* Rechtfertigungsordnungen bezogen werden müssen. Boltanski und Chiapello bezeichnen eine solche Ordnung als *Polis (cité).* Bei einer *Polis* handelt es sich um den Idealtypus allgemeinwohlorientierter Konventionen und Normen, die universelle Gültigkeit beanspruchen und den Akteuren Handlungsmodelle für Rechtfertigungssituationen liefern. Boltanski und Chiapello unterscheiden sechs herkömmliche Rechtfertigungslogiken oder Polis-Formen, in denen eine je spezifische Definition von »Größe« und Wertigkeit Geltung beansprucht. In der *erleuchteten Polis* kommt Größe dem Heiligen oder dem Künstler zu, die in einen Zustand der Erleuchtung oder der Eingebung erhoben werden (religiös-künstlerisch kodierte Grundwerte wie Kreativität oder Authentizität entstammen diesem Polis-Modell); in der *familienweltlichen Polis* leitet sich Wertigkeit oder Größe (etwa des Vaters oder des Ältesten) aus der jeweiligen Stellung innerhalb eines hierarchisch geordneten Systems und der damit einhergehenden persönlichen Abhängigkeitsverhältnisse her; in der *Reputationspolis* ergibt sich die Wertigkeit und Größe einer Person aus der Meinung Dritter; in der *bürgerweltlichen Polis* ist Größe das Attribut einer Person, die als Repräsentant des Allgemeinwillens gelten kann; in der *marktwirtschaftlichen Polis* ist groß, wer »die auf einem Wettbewerbsmarkt begehrten Güter anbietet, sich dadurch bereichert und sich insofern als Kaufmann bewährt« (63); in der *industriellen Polis* schließlich gründet Wertigkeit auf Effizienz und der Hierarchie professioneller Kompetenzen.

Der Kapitalismus bezieht Legitimationsfiguren nun aus den Rechtfertigungsordnungen dieses Reservoirs, die in spezifischen Kombinationen und Mischungs-

Tabelle 4:
Die drei Formen des »Geistes des Kapitalismus« (nach Boltanski/Chiapello 2002)

	Erster »Geist« Ende des 19. Jh.	Zweiter »Geist« 1940-1970	Dritter »Geist« Seit 1980
Formen der Akkumulation	• Kleine Familienbetriebe	• Vorherrschaft der Manager • Große Industrieunternehmen	• Vernetzung der Unternehmen • Internet und Biotechnologie
	• bürgerliches Unternehmertum	• Massenproduktion • Makroökonomische Wirtschaftspolitik	• Globalisierung der Finanzen • Variable Produktionen
Anreiz	• Befreiung der Lokalgemeinden	• Karrierechancen • Machtpositionen	• Zunahme autoritärer Führungskräfte • Undurchschaubare Organisationsstrukturen
	• Fortschritt	• Effizienz im Einklang mit der freien Welt	• Innovation und Kreativität • Ständiger Wechsel
Gerechtigkeit	• Lokale und Marktgerechtigkeit	• Effizienzbestimmte Meritokratie • Zielorientierte Steuerung	• Neue Formen der Meritokratie, die Mobilität belohnt sowie die Fähigkeit, Netzwerke zu etablieren • Jedes Projekt wird zur Gelegenheit, ein Netzwerk zu entwickeln
Sicherheit	• Persönliches Eigentum • Persönliche Beziehungen • Fürsorge • Paternalismus	• Langfristige Planung • Karriere • Wohlfahrtsstaat	• Für die Mobilen und Anpassungsfähigen • Die Unternehmen liefern die »coachs« und Mittel zur Selbststeuerung

verhältnissen den jeweiligen *Geist* des Kapitalismus bestimmen. Dabei gehen Boltanski und Chiapello von drei historischen Stadien des kapitalistischen Geistes aus (vgl. Tabelle 4): Der *erste Geist* des Kapitalismus hatte die Funktion, zur Allgemeinwohlorientierung die Rechtfertigungsmuster der familienweltlichen mit jenen der marktwirtschaftlichen Polis in ein Kompromissgleichgewicht zu bringen, im *zweiten* Geist musste dieser Kompromiss vor allem zwischen der Industriepolis und der bürgerweltlichen Polis erzielt werden (und teils mit der familienrechtlichen), der *dritte Geist des Kapitalismus* jedoch, mit dem wir heute konfrontiert sind, lasse sich auf Basis der sechs bisher vorgestellten Poleis nicht hinreichend beschreiben. Boltanski/Chiapello sehen sich daher gezwungen, eine siebte Polis idealtypisch zu entwerfen, deren Modell sie aus einer umfassenden Textanalyse des Managementdiskurses der 90er Jahre gewinnen. Aus zwei Korpora von jeweils rund 60 Texten aus den 60er und den 90er Jahren destillieren sie komparativ die Schlüsselideen dieses neuen Geistes: An die Stelle des klassischen Hierarchieprinzips in der Arbeitsorganisation treten Werte wie Flexibilität, Innovation, Kompetenz, Teamarbeit. Die Orientierung auf Risiko und Wandel verdrängt die frühere Orientierung auf Sicherheit. Als Leitmetapher aber dient der Begriff des *Netzes*. Er dient »zur Bezeichnung der verallgemeinernden Arbeitsformen in autonomen Teams ohne zeitliche oder geographische Einheit, die ihrerseits ›vernetzt‹ arbeiten« (126). Die Idealbilder sind die »*schlanke* Unternehmen, die mit einer Vielzahl an Beteiligten *vernetzt* arbeiten, eine Arbeitsorganisation in *Team-* bzw. *Projektform*, die auf einer Befriedigung der Kundenbedürfnisse abzielt, und eine allgemeine Mobilisierung der Arbeiter der *Visionen* ihrer Vordenker« (112).

Dieser dritte Geist des Kapitalismus, dem nicht länger der Markt, sondern das Netzwerk als Leitmetapher dient, bezieht sich auf eine Rechtfertigungsordnung, der Boltanski und Chapiello den Namen *projektbasierte Polis* geben. Die Entwicklung einer »konnexionistischen Welt und das allmähliche Entstehen einer projektbasierten Polis, durch die sich diese Welt einer Gerechtigkeitsnorm beugen muss, bilden die wesentliche normative Basis, auf der der neue Geist des Kapitalismus beruht« (205). Das Projekt fungiert hier als das formierende Konnexions- und Selektionsprinzip in einer Welt, in der das soziale Leben aus »unzähligen Begegnungen und temporären, aber reaktivierbaren Kontakten mit den unterschiedlichsten Gruppen« über soziale, berufliche, räumliche oder kulturelle Distanz hinweg besteht:

Für eine befristete Zeit führt es die unterschiedlichsten Personen zusammen und präsentiert sich über eine relativ kurze Periode hinweg als ein *Teilbereich des Netzwerkes in hohem Aktivitätsstatus*. Gleichzeitig können damit dauerhafte Verbindungen aufgebaut werden, die anschließend in den Hintergrund treten, aber weiterhin verfügbar bleiben. Die Projekte ermöglichen die Produktion und die Akkumulation in einer Welt, die, wenn sie lediglich aus Konnexionen bestünde, ohne Halt, ohne Zusammenschlüsse und ohne feste Formen ständig im Fluss befindlichen wäre. Alles würde von dem steten Strom der Bahnungen dahin gerissen, die angesichts ihrer Fähigkeit, alles miteinander in Verbindung zu bringen, unablässig verteilen und auflösen, was sich in ihnen verfängt. Bei dem Projekt handelt es sich genau genommen um eine Ansammlung aktiver Kontakte, aus denen Formen entstehen, d.h. Objekte und Subjekte durch die Bildung unauflöslicher Beziehungen existieren können. (149)

Das Projekt wird zur modellhaften, netzwerkförmigen Ordnungsstruktur der gesamten Gesellschaft (Boltanski und Chiapello gehen so weit, von »einer projektbasierten, allgemeinen Gesellschaftsorganisation« (150) zu sprechen), die ein dem Modell des Projekts entsprechendes neues Wertesystem instituiert.[22] In diesem System wird die Wertigkeit einer Person an ihrer *Aktivität* gemessen, wobei Aktivität als Fähigkeit definiert werden kann, Projekte ins Leben zu rufen bzw. sich Projekten anderer anzuschließen. Der Aktivitätspegel lässt sich nicht zuletzt an der Zahl unterschiedlicher Projekte messen, in die eine Person gleichzeitig involviert ist. Das bedeutet, dass die Erhöhung der Kontaktzahl durch die Erweiterung des Netzwerks in Form von einander ablösenden oder simultan ausgeführten Projekten anzustreben ist.[23] Aktivität als genereller Wertmaßstab der projektbasierten Polis unterscheidet sich deutlich vom Wertmaßstab einer an Produktivität – gewonnen durch die Verwertung von Arbeitskraft – ausgerichteten industriellen Rechtfertigungsordnung, denn im Unterschied zur industriellen Polis »überwindet die Aktivität in der projektbasierten Polis die Oppositionsbildungen zwischen Arbeit und Nicht-Arbeit, zwischen einem stabilen und einem instabilen Arbeitsverhältnis, zwischen Lohnarbeiterschaft und Nicht-Lohnarbeiterschaft, zwischen finanzieller Beteiligung ehrenamtlicher Tätigkeit, zwischen dem, was sich in Begriffe der Produktivität übersetzen lässt, und dem, was sich jeder bezifferbaren Bewertung entzieht« (155). Folglich beinhaltet dieses neue Modell zugleich eine veränderte Einstellung zur Arbeit und eine veränderte Einstellung zu Freizeit und Privatleben. Wie auch von Bologna festgestellt, ändern sich die Bezahlungsmodalitäten, da der Normalarbeits-

---

22 | So deuteten, Boltanski/Chiapello zufolge, mehrere Indizien darauf hin, »dass die Netzmetapher allmählich eine neue, allgemein gültige Gesellschaftskonzeption darstellt. Die Problematik des Kontakts, der Relation, der Begegnung, des Bruchs, des Verlusts, der Isolierung, der Trennung als Vorspiel zum Aufbau neuer Kontakte, zur Bildung neuer Projekte und die Betonung der stets aufs Neue reaktivierten Spannung zwischen dem Autonomieerfordernis und dem Wunsch nach Sicherheit steht deswegen auch im Mittelpunkt unserer eigenen, sich wandelnden Lebenswirklichkeit, eines veränderten Zusammenlebens mit Freunden und Familie.« (187)

23 | Zugleich bilden sich polis-spezifische Gerechtigkeitsformen und Ehrenregeln, etwa jene, dass in der projektbasierten Polis Wertigkeitsträger ihre Kontakte nicht monopolisieren (168)

tag keine zeitliche Bezugsgröße mehr bildet. Entlohnungsformen wie die der Honorarzahlung nehmen an Bedeutung zu. Und an die Stelle »des leitenden Vollzeitangestellten sicherer Lebensstellung in einem großen Unternehmen, wie er für den zweiten kapitalistischen Geist typisch ist, tritt nunmehr der Mitarbeiter in befristeter Anstellung« (209) (an dieser Stelle beginnen die beruflichen Prekarisierungserfahrungen einzusetzen).[24]

Zugleich kommt es zu einer Kolonisierung der Lebenswelt durch das Projektmodell: Das Leben selbst wird »als eine *Abfolge* von Projekten aufgefasst, die umso wertvoller sind, je deutlicher sie sich voneinander unterscheiden« (156). Zum Beispiel wird Elternschaft zu einem Projekt, nämlich zu einem, wie Boltanski (2007) es nennt, »Projekt Kind«: »Der Prekarität der beruflichen Situation entspricht immer öfter die Prekarität der persönlichen Situation. Die als traditionell bezeichnete Form des emotionalen und sexuellen Lebens im Rahmen der Ehe wird zunehmend durch eine projektbasierte Organisation des Privatlebens abgelöst, die sich durch einen ständigen, aber komplexen Wechsel zwischen Zölibat, Zusammenleben, Ehe, Scheidung etc. auszeichnet.« Die Passage von einer Beziehung zur nächsten wird zu einer dem Wechsel von einem Projekt zum nächsten (auf dessen Suche man möglicherweise ist) homologen Prüfung. Schließlich resultiert die gesamte soziale Identität und Wertigkeit der Akteure aus der Konstellation der projektförmig artikulierten Konnexionen: »Jeder ist nur deswegen er selbst, weil er das Beziehungsgeflecht bündelt, das ihn darstellt« (172), und jeder »existiert mehr oder weniger je nach Zahl und Wert der Verbindungslinien, die über ihn verlaufen« (173). Wer keine Verknüpfungen aufweisen kann, verliert seine Sichtbarkeit und mithin seine soziale Existenz.[25] Somit werden in der projektbasierten Polis all jene in die »Zone der Entkoppelung« (Castel) verbannt, denen es – aus welchen Gründen auch immer – an Projekten mangelt, mit deren Hilfe sie Knotenpunkte in Netzwerken bilden könnten.

Nun ist dieser Prozess zwar umfassend, er ist aber auch durchaus zweischneidig. Denn wenn schlechthin alles in den Stand eines Projektes erhoben werden kann, so ein erster, unmittelbarer Verdacht, dann können dies auch *kapitalismusfeindliche* Initiativen (157). Dies gilt nicht allein für die projektbasierte Polis. Ziel jeder Polis ist ja, den Akteuren Handlungsmodelle und normative Wertemuster zu Verfügung zu stellen, auf die sie in Konflikt- und Rechtferti-

---

24 | Zur Wandlung des »Arbeiters« zum »Mitarbeiter« in Folge der Kritik von 1968 vgl auch Strath (2002) und unsere Diskussion in Kapitel 3.

25 | Diese Identität tendiert wiederum zu einer inneren Ambivalenz. Man könnte sagen, dass Projektakteure eine schizophren *ironisch-authentische* Identität entwickeln, welche die konkurrierenden Ansprüche von Authentizität (oder vollem Engagement) und Netzwerk (oder flexiblem »multi-tasking«) zu balancieren in der Lage ist: »one proves one's worth by being able to fully engage in projects while being aware that they are transitory and while remaining flexible« (Boltanski 2002: 14).

gungssituationen zurückgreifen können. Diese Wertigkeitsordnungen können aber nun ihrerseits zum Gegenstand von Streitfällen werden, entweder indem die Rechtfertigungsmuster einer Ordnung gegen diese selbst gewandt werden, oder indem Muster anderer Ordnungen gleichsam ins Spiel der Streitfälle geworfen werden. Indem der Kapitalismus nun Strategien der Rechtfertigung des Akkumulationsprozesses durch Diskurse der Gemeinwohlorientierung benötigt, da er ja über keine intrinsische Rechtfertigung verfügt, kann er unmöglich die potentielle Verselbständigung dieser Diskurse und ihre kritische Rückwendung gegen ihn selbst verhindern. Rechtfertigung und Kritik sind zwei Seiten derselben Medaille. Einerseits muss der Geist des Kapitalismus »der Forderung nach Selbstrechtfertigung gerecht werden, vor allem um vor der antikapitalistischen Kritik Bestand zu haben«, weswegen er »auf allgemeingültige Konventionen, die klären, was überhaupt gerecht bzw. ungerecht ist,« (65) Bezug zu nehmen gezwungen ist; andererseits können diese moralischen Werte, die der Kapitalismus sich zu eigen gemacht hat, wiederum zum Ansatzpunkt kapitalismusfeindlicher Kritik werden. Der Kapitalismus beantwortet Kritik durch Bezug auf ihm äußerliche Rechtfertigungsordnungen, und die Kritik bezieht sich auf dergestalt inkorporierte »kapitalistische« Normen, indem sie diese gegen den Kapitalismus selbst wendet. Auf diese Weise ist der Kapitalismus zur ständigen Anpassung und Adaptierung seiner Rechtfertigungsstruktur verdammt, ja er wäre von Anfang an nie in der Lage gewesen, solche Strukturen auszubilden ohne Hilfe der Kritik:

Auch wenn der Kapitalismus nicht ohne eine Allgemeinwohlorientierung als Quelle von Beteiligungsmotiven auskommen kann, ist er aufgrund seiner normativen Unbestimmtheit doch nicht dazu im Stande, den kapitalistischen Geist aus sich selbst heraus zu erzeugen. Er ist auf seine Gegner angewiesen, auf diejenigen, die er gegen sich aufbringt und die sich dem widersetzen, um die fehlende moralische Stütze zu finden und Gerechtigkeitsstrukturen in sich aufzunehmen, deren Relevanz er sonst nicht einmal erkennen würde. (68)

Der Kapitalismus bezieht seine Widerstandskraft, so Boltanskis und Chiapellos These – bezeichnen wir sie als ihr *Inkorporationsargument* –, gerade aus der gegen ihn gerichteten Kritik, die er produktiv wendet und damit zugleich entschärft. Gerade diese »partielle Verinnerlichung der Kritik« (68), zu der sich der Kapitalismus gezwungen sieht, um die Unterstützung seines zu Desertion neigenden Personals sicherzustellen, habe zur Entschärfung der antikapitalistischen Kritik und zur erstaunlichen Überlebensfähigkeit des Kapitalismus beigetragen.[26] Boltanski und Chiapello zeichnen den jüngsten, zur projektbasier-

---

26 | Umgekehrt erweise sich der Kapitalismus dann als besonders brüchig, wenn die Kritik abflaut und Herausforderer sich zurückziehen.

ten Polis führenden Fall der Inkorporation ursprünglich kapitalismuskritischer Werte am Fall der *Künstlerkritik* nach (vgl. ursprünglich Chiapello 1998), die sie von *Sozialkritik* unterscheiden. Letztere wird aus Empörung über Verarmung bzw. die Diskrepanz zwischen Armut und Reichtum gespeist. Sie bezieht sich im Wesentlichen auf den Wertekanon des Egalitarismus und wendet sich gegen eine Gesellschaft, in der Partikularinteressen der Vorzug gegenüber Allgemeininteressen gegeben wird. Zugleich geht sie eine Allianz mit Wissenschaft, Technologie und Industrie im Dienste des Fortschritts ein (2002: 6), was schon zeigt, dass sie – wie jede Kritik – wichtige Überschneidungsbereiche mit dem von ihr Kritisierten aufweist.

Die Empörung der Künstlerkritik speist sich ihrerseits nicht nur aus bürgerlicher Unterdrückung, sondern darüber hinaus aus der durch den Kapitalismus angetriebenen Entzauberung, Massifizierung und Standardisierung der (Waren-)Welt. Diesen Prozessen der »Entfremdung« und »Verdinglichung« stellt sie ein aus bohemistischen Lebensformen gewonnenes individualistisches Normensystem entgegen (im Frankreich der 50er Jahre entwickelt durch Avantgarden wie *Socialisme ou barbarie* und die *Situationistische Internationale*), indem sie eintritt »für die Freiheit des Künstlers, für dessen Weigerung, die Ästhetik moralisch zu binden, und seine Ablehnung jeglicher Form der zeitlich-räumlichen Unterordnung sowie – in seinen radikalsten Erscheinungsformen – jegliche Art von Arbeit überhaupt« (82). Ihre diskursive Struktur ist um die Oppositionspaare von Gebundenheit/Ungebundenheit bzw. Stabilität/Mobilität organisiert: dem mit seinem Besitz verwachsenen Bürgertum wird der bindungslose, flanierende und sich den Produktions- und Akkumulationsimperativen entziehende Künstler (und Intellektuelle) entgegengestellt, der, wie der *Dandy* des 19. Jahrhunderts, »die Nicht-Produktion und die Kultur der Ungewissheit zu den höchsten Idealen stilisierte« (82). Mit ihrer Kritik am Autoritarismus und Paternalismus des tayloristischen Fabriksystems gewinnt die Künstlerkritik, wenn auch in Artikulation mit der Sozialkritik, erstmals an beutender politischer Resonanz und Sichtbarkeit – wohl nicht zuletzt, weil sie stärker als die Sozialkritik radikal die Werte des Kapitalismus infrage stellen und sogar für den Ausstieg aus dem kapitalistischen System plädieren kann.[27] Dennoch kommt es zur Vereinnahmung ihrer Forderungen. Die *Autonomieforderung* wurde der-

---

27 | Es sind selbstverständlich Mischungsverhältnisse der verschiedenen Kritikformen möglich. Wie Boltanski und Chiapello spezifizieren, sind beide, Künstlerkritik wie Sozialkritik, in modernistischen und anti-modernistischen Varianten in Umlauf: »die Künstlerkritik ist antimodernistisch, wenn sie den Entzauberungsaspekt hervorhebt. Sie ist modernistisch, wenn sie sich mit Emanzipationsbelangen auseinandersetzt. [...] Demgegenüber ist die Sozialkritik eher modernistisch, wenn sie die Ungleichheiten in den Mittelpunkt stellt. Sie ist eher antimodernistisch, wenn sie die mangelnde Solidarität in den Blick nimmt und als Individualismuskritik auftritt.« (84)

gestalt erfüllt, dass den Arbeitern erweiterte Kompetenzen und Verantwortung im Produktionsprozess zugesprochen wurde und sie auf diese Weise wieder in die Unternehmensstrukturen integriert werden konnten; die vor allem von den besser Ausgebildeten erhobene *Kreativitätsforderung* wurde erfüllt, »als deutlich zu erkennen war, dass ein wachsender Teil der Unternehmensgewinne aus der Mobilisierung der Ressourcen Erfindungsgabe, Fantasie, Innovationsfreudigkeit im Bereich der neuen Technologien erzielt werden würde und vor allem in dem stark expandierenden Dienstleistungs- und Kultursektor« (375); die vor allem gegen Standardisierung und »Entfremdung« gerichtete *Authentizitätsforderung* wurde durch eine Diversifizierung und (scheinbare) Individualisierung der Produktpalette (etwa in Form »authentischer« Produkte »aus biologischem Anbau«) beantwortet; die *Emanzipationsforderung* schließlich verlor, so Boltanski/ Chiapello, ihre kritische Stoßrichtung, als die vormals kritisierten bürgerlichen Tabus fielen und zur Verwertung – etwa in der Sexualgüterindustrie – freigegeben wurden.

Die uns inzwischen wohlbekannten Phänomene der Prekarität können nun als, Weber'sch gesprochen, unbeabsichtigte Nebenfolge einer vom Kapitalismus vereinnahmten Künstlerkritik identifiziert werden. Die bereits von der Künstlerexistenz des 19. Jahrhunderts gelebte Aufhebung der Grenze zwischen Arbeit und Nicht-Arbeit, zwischen privaten und professionellen Beziehungen, werde nun auf immer größere Gruppen von Arbeitnehmern ausgedehnt (453). Autonomie tritt als Wert, selbst wenn sie den Akteuren geradezu abgezwungen wird, an die Stelle von Sicherheit, ja das Selbstverwirklichungspotenzial der Akteure wird in der projektbasierten Polis zu einem wichtigen Wertigkeitsmaßstab. Der situationistische *dérive* wird universalisiert zu einem Modell umfassender Mobilitäts- und Flexibilitätsanforderungen. Umgekehrt werden dann paradoxerweise »Ortsgebundenheit, Firmentreue und Verlässlichkeit *Prekaritäts*faktoren und werden im übrigen zunehmend auch als solche empfunden« (402). Es breitet sich eine Stimmung der Angst aus, womöglich an Mobilität zu verlieren und »Verbindungen« im Netzwerk zu verlieren. In Anlehnung an den Durkheim'schen Anomiebegriff, der ja auch für Castel von zentraler Bedeutung ist, machen Boltanski und Chiapello verschiedene Anomieindikatoren aus. Diese Indikatoren (darunter die Selbstmordstatistiken) verweisen »auf ein Unbehagen als Folge der Ungewissheiten einer ›Emanzipation‹, die [...] Autonomie und berufliche Unsicherheit eng miteinander verknüpft und dadurch eine ›Zukunftsplanung‹ erschweren dürfte. Man kann darin aber auch einen Beleg dafür sehen, daß über den Wert der Strukturen und Konventionen (Familienbeziehungen, Diplome, Erlangung eines Arbeitsvertrages, sozioprofessionelle Kategorien usw.), die für die alte Welt bestimmend waren, Ungewissheit herrscht« (453).[28]

---

28 | Darüber hinaus verwiesen diese Anomieindikatoren auf einen paradoxen Effekt von Emanzipation: »Während immer mehr Menschen in einer Angstsituation leben, be-

Wie muss man sich diesen Prozess der Einverleibung der Kritik durch den Kapitalismus nun konkret vorstellen? Die Arbeitskämpfe der 60er und frühen 70er-Jahre führten zuallererst zu legistischen und korporativen Zugeständnissen an die Arbeiter, deren Kosten allerdings – ähnlich wie auch von den Postoperaisten beschrieben – die Firmenvorstände sehr bald zur Suche nach arbeitsorganisatorischen Innovationen veranlassten, die einerseits auf die Kritik reagierten und ihr andererseits den Wind aus den Segeln nahmen, ja sie produktiv zu wenden versuchten. Dieser Prozess der Reorganisation der Arbeit folgte keinem Masterplan, sondern entwickelte sich evolutiv über eine »Anhäufung von Mikroevolutionen und Mikroverschiebungen« (255), die in der Praxis dazu führten, dass arbeitsrechtliche und soziale Errungenschaften ausgehebelt wurden, ohne formal außer Kraft gesetzt zu werden. In den 80er-Jahren war die Prekarisierung der Arbeitsverhältnisse bereits deutlich sichtbar, ohne dass es zu einem spektakulären »roll back« rücksichtsloser Dereglementierung gekommen wäre:

> Das wäre der Fall gewesen, wenn die meisten Maßnahmen der frühen 70er Jahre schlicht rückgängig gemacht worden wären. Die Wiedererlangung der unternehmensinternen Kontrolle wurde über den Umweg zahlloser partieller bzw. lokaler »Innovationsmaßnahmen« – wie es in der Sprache der Unternehmensberatung heißt –, die im Trial-and-error-Verfahren aufeinander abgestimmt wurden, erreicht sowie mittels einer Reihe von Verschiebungen morphologischer (z.B. Standortverlagerung, Ausbau des Zuliefersystems), organisatorischer (Just-in-Time-Produktion, Polivalenz oder kürzere Hierarchieketten) bzw. rechtlicher Natur (z.B. Einsatz von Führungspersonal mit Zeitverträgen und einer größeren lohnpolitischen Flexibilität, zunehmende Bedeutung des Handelsrechts gegenüber dem Arbeitsrecht). (248)

Die »Erfindung« solch vielfältiger Transformationen entsprang anfänglich einem kontingenten Prozess des Experimentierens, der erst später bewusst konsolidiert, intern abgestimmt und mit einer mehr oder weniger stimmigen Ideologie versehen wurde. Dazu konnte der Kapitalismus genau auf die Kräfte der Kritik zurückgreifen, die ihn in Bedrängnis gebracht hatten. Themen und Einstellungen der linken Protestkultur, insbesondere ihre Selbstverwaltungsforderungen, konnten mit den Managementnormen kompatibel gemacht werden: »Die Hoffnungen, die an die Selbstverwaltung geknüpft wurden, konnten Anfang der 80er Jahre zumindest teilweise auf die Flexibilität, die Dezentralisierung der sozialpartnerschaftlichen Beziehungen und die neuen Managementformen übertragen werde« (252). Das »Neomanagement«, dessen Personal selbst zum Teil aus der ehemaligen linken Szene rekrutiert wurde, reagiert auf

---

obachtet man parallel dazu Autonomiegewinne, so dass es fast den Anschein hat, als hätte sich das Selbstverwirklichungsversprechen nicht für alle bewahrheitet« (455).

Künstlerkritik und den Wunsch nach Authentizität und Freiheit. Die Ideolo-
geme, die Boltanski und Chiapello in den von ihnen untersuchten Texten der
Managementliteratur ausfindig machen, leiten sich aus der Vorstellungswelt
der Künstlerkritik her. So seien etwa »Eigenschaften, die in diesem neuen
Geist eine Erfolgsgarantie darstellen – Autonomie, Spontanität, Mobilität, Dis-
ponibilität, Kreativität, Plurikompetenz [...], die Fähigkeit, Netzwerke zu bilden
und auf andere zuzugehen, die Offenheit gegenüber Anderem und Neuem,
die visionäre Gabe, das Gespür für Unterschiede, die Rücksichtnahme auf die
je eigene Geschichte und die Akzeptanz der verschiedenartigen Erfahrungen,
die Neigung zum Informellen und das Streben nach zwischenmenschlichen
Kontakt –, direkt der Ideenwelt der 68er entliehen« (143f.). Dennoch, und der
Hinweis darf an dieser Stelle nicht fehlen, wäre es irrig, dem Kapitalismus ein
unbeschränktes Potential an Absorptions- und Neutralisierungsfähigkeit zuzu-
schreiben. Es wäre eine Fehlinterpretation des Inkorporationsarguments, wollte
man behaupten, jede emanzipatorische Kritik wäre zwecklos und Wasser auf
die Mühlen des Kapitalismus. Prekarisierung mag ein *umfassendes* Phänomen
sein, aber (schon aus strukturellen Gründen) kann sie weder *total* sein, noch
kann die Integration von Protest vollständig gelingen. Marianne Pieper hat diese Tatsache, aus einer stärker Foucault und dem Postoperaismus verpflichteten
Perspektive, folgendermaßen beschrieben:

Der gegenwärtige Kapitalismus kann als ein historisches System gelesen werden, das
versucht, die Bewegungen des Begehrens, der Bedürfnisse und der Dissidenz zu rein-
tegrieren und sie zur eigenen Expansion zu entwenden. Dieses expansive Projekt ist
zugleich durch konstitutive Instabilitäten und die Dauerpräsenz von Krisen und Kämpfen gekennzeichnet, in denen auch die Möglichkeit liegt, dass die entfalteten und freigesetzten Potenziale nicht umstandslos in den Akkumulationsprozess zurückgebunden
werden können, sondern ein Reservoir widersetzlicher Praxen bilden. (Pieper 2007:
233)

1.5 KONVERGENZEN UND DIVERGENZEN: DER PRIMAT DES PROTESTS UND DIE MEDIEN

Die Untersuchungen der pragmatischen Soziologie bestätigen das Merkmalsregister von Prekarisierung, wie es sich bereits aus den anderen diskutierten
Ansätzen herausgebildet hat. Als *umbrella term* für jene Beschäftigungsformen,
deren Bezeichnung als »atypisch« zu kurz griffe, besitzt der Prekarisierungsbegriff den Vorteil, den gemeinsamen ökonomisch-hegemonialen Hintergrund
benennbar zu machen, vor dem die so heterogenen Erscheinungsformen von
»flexibler«, (schein-)selbständiger, »intermittierender« oder befristeter Arbeit –
etwa in Form von Leih- und Zeitarbeit, Ein-Euro-Jobs, Praktika, Projektarbeit

etc. – an Bedeutung gewinnen. Trotz unterschiedlicher disziplinärer Interessen der vorgestellten Theorie- und Analyseansätze, so handelt es sich etwa bei der Regulationstheorie um eine ökonomische Theorie, beim Ansatz von Boltanski und Chiapello um Soziologie, während der Postoperaismus ökonomische Theorie und Soziologie verbindet und die Gouvernementalitätsstudien sich auf die Thesen des späten Foucault berufen, weisen die Merkmalsregister, mit denen diese neuen Arbeitsverhältnisse beschrieben werden (so etwa der allen gemeinsame Hinweis auf das Verschwinden der Grenze zwischen dem Raum der Produktion und dem vormals privaten Raum der Reproduktion) erstaunliche Übereinstimmungen auf.

Zu den wesentlichsten Übereinstimmung zählt wohl die Rehabilitierung des *kontingenten Charakters* jener historisch-sozialen Entwicklungen, von denen die Prekarisierung des Sozialen ihren Ausgang nahm bzw. vorangetrieben wurde: So denken Regulationstheoretiker die Herausbildung einer neuen Regulationsweise in ihrem Verhältnis zu einem Akkumulationsregime als eine »glückliche Fundsache«; die Gouvernementalitätsstudien beschreiben genau die im Sinne ihrer Machtbasiertheit kontingente historische Verschiebung hin zu gouvernementalen Prekarisierungsstrategien; die Postoperaisten beschreiben die ganze Ambivalenz zwischen Freiheitsversprechen und Produktivitätssteigerung im Übergang zum Postfordismus als einen Prozess, dessen Ausgang nicht vorherbestimmt war; und Boltanski/Chiapello beschreiben die Verwandlung der Forderungen der Künstlerkritik in neue Managementstrategien als Ergebnis eines kontingenten Trial-and-Error-Prozesses, in welchem Unternehmer Kritik inkorporierten und zu ihren Gunsten wendeten. Wie wir noch sehen werden, hat diese deutliche Betonung der Kontingenz zu tun mit der Abkehr von dem im marxistischen Theoriehorizont, vor dem all diese Theorien entwickelt wurden, tonangebenden ökonomischen Determinismus (weshalb alle vier Ansätze als *post*-marxistisch bezeichnet werden können). Das Konzept der Kontingenz durchkreuzt nämlich jede Vorstellung von endogenen ökonomischen Entwicklungsgesetzen, während umgekehrt auf diese Weise die Veränderungskraft sozialer Kämpfe hervorgehoben wird. Differenzen bestehen eher in unterschiedlich orientierten Foci, die einander allerdings durchaus ergänzen können: So zeigen Gouvernementalitätsstudien und Postoperaismus großes Interesse an den *Subjektivierungsformen* der »Prekären« und adressieren die Frage nach der Funktion der Subjekte im Regulationsprozess. Die Regulationisten machten hierin bereits ein Desiderat der eigenen Unternehmung aus, die aufgrund ihres strukturalistischen und damit objektivistischen Erbes den Subjektivierungsprozessen ursprünglich keinen hinreichend prominenten Platz im Theoriebau zugestanden hatte.

Vor allem ist den vier besprochenen Zugängen ihre *umfassende* Definition des Phänomens der Prekarisierung gemeinsam. Neu an dem Problemkomplex ist, dass Prekarisierung »in zunehmendem Maße zur hegemonialen Form von

Produktivität und Beschäftigung in den gegenwärtigen postfordistischen Gesellschaftsformationen wird« (Pieper 2007: 231). Sofern aber der Produktivitätsimperativ – und damit der Prozess der Prekarisierung – in die Alltagsformationen der Lebenswelt ausgreift und die Differenz zwischen »privat« und »Beruf«, zwischen Produktion und Reproduktion verschwimmt, sind auch jene sozialen Verhältnisse, die man einstmals von Arbeitsverhältnissen unterschieden hätte, von Prekarisierung bedroht. Ob wir nun das postfordistische Akkumulationsregime bzw. die Regulationsweise, die Dispositive der Sicherheits- und Prekarisierungsgesellschaft, die in der Gesellschaft aufgelöste *fabbrica diffusa* oder schließlich den »neuen Geist« des Kapitalismus betrachten: zusammen mit den neuen Regulations- und Subjektivierungsmodellen diffundieren auch die neuen Phänomene der Prekarisierung in die Gesamtheit sozialer Beziehungen. Daraus ergibt sich, einstimmig von allen Ansätzen diagnostiziert, die – in gouvernementalitätstheoretischer Terminologie – Universalisierung eines *Angstdispositivs*, das sich immer stärker sowohl in den individuellen Psychen wie auch in den sozialen Verhältnissen in Form von »Flexibilisierung«, »Privatisierung« und »Entgarantierung« ehemaliger Absicherungsstrukturen verkeilt. Es kommt, wie man sagen könnte, zur Neurotisierung des Individuums und zur Psychotisierung des sozialen Bandes. In den Worten Michel Agliettas (2000: 55): »Die Zerstörung der beruflichen Zugehörigkeiten produziert Individuen ohne Bindungen, Individuen, für die die soziale Identität zum Problem wird. [...] Das Unbehagen schleicht sich in die individuellen Psychen ein, wenn die Energie, die in der Arbeit aufgewertet worden war, sich in die Angst vor einer Zukunft verwandelt, die nicht mehr vorhersehbar ist«. Paolo Virno wiederum spricht – in Anlehnung an die Heidegger'sche Unterscheidung der Begriffe – von einem Zusammenfallen der »Stimmungen« von Angst und Furcht unter Bedingungen der Prekarisierung. Eine These, die sich psychoanalytisch wohl dahingehend übersetzen ließe, dass individuelle Angstneurosen und die Psychotisierung des Sozialen in der Prekarisierungsgesellschaft zusammenfallen, ja sich wechselseitig bedingen. Aufgrund der Psychotisierung des Sozialen werden einstmals mit einem klaren Selbstverortungsbewußtsein und relativ stabilen Identitäten (stabilisiert durch ein relativ klar definiertes Bezugsraster) ausgestatte Teilmengen von Klassen und sozialen Gruppen disloziert zu einer, wie der späte Foucault sagen wird, »flottierenden Bevölkerung«. Andererseits werden auf der Ebene der individuellen psychischen Verarbeitung dieser Situation angstneurotische Symptome endemisch – Resultat der Drohung, die von der Aufhebung ehemaliger Garantien und Sicherheiten ausgeht. Denken wir zurück an jene Kaskade angstbesetzter Fragen, die den Ausgangspunkt unserer Untersuchung bildete: »Gibt es einen Folgeauftrag? Wird mein Vertrag verlängert? Wird das Weihnachts- oder Urlaubsgeld gestrichen? Lande ich bei Hatz IV? Reicht das Geld – für den Urlaub, für die Ausbildung der Kinder, fürs nackte

Überleben? Was passiert, wenn ich krank oder alt bin? Wenn ich ein Pflegefall werde oder jemand aus der Verwandtschaft?« (Hauer 2007: 33).

Auf Basis dieser Diagnose herrscht weitgehende Übereinstimmung unter den vier diskutierten Ansätzen, dass Prekarisierung in einem *umfänglichen* Sinn gefasst werden muss. Darin unterscheiden sie sich von etwa an die öffentliche »Unterschichtendebatte« angekoppelten Theorien und Diskussionen, wie jener um die »Ausgeschlossenen«, die einem engen Begriff von Prekarität bzw. des Prekariats als einer prozentual kaum maßgeblichen sozialen Gruppe den Vorzug geben. Die These, dass Prekarisierung kein Randphänomen, sondern vielmehr das »Zentralphänomen« der heutigen Gesellschaft darstellt, setzt sich natürlich dem eingangs bereits gestreiften Vorwurf der ungebührlichen Überdehnung des Konzepts aus, denn: Wenn alles prekär ist, dann – so könnte man vulgärdialektisch vermuten – ist nichts prekär. Tatsächlich dürfen die Differenzen, die etwa migrantische, womöglich illegalisierte Hausarbeit von hochbezahlter Projektarbeit in der IT-Branche unterscheidet, nicht übersehen und müssen untersucht werden. Zugleich muss allerdings die Frage gestellt werden, was beide Arbeitsformen miteinander teilen. Virnos (2005: 150) scheinbar paradoxe Antwort: *kaum etwas, und dennoch alles*, trifft den Punkt. Denn während Prekarisierung für verschiedene Gruppen je nach ihrer Position in der Sozialstruktur unterschiedlich dramatische Folgen annimmt, was sich nicht zuletzt in der subjektiv erfahrenen jeweiligen Balance aus Angst- und Freiheitskomponenten niederschlagen wird, können diese Folgen doch nur vor dem gemeinsamen Hintergrund der umgreifenden hegemonialen Verschiebungen von fordistischen zu postfordistischen Arbeits-, Regulations- und Subjektivierungsnormen analytisch sinnvoll eingeordnet werden. So relativiert sich auch der Hinweis auf die nach wie vor große statistische Bedeutung der sogenannten Normalarbeitsverhältnisse. Einem solchen Hinweis würde die soziale Entgarantierung, die im Fall des Arbeitsplatzverlustes auch den Normalarbeiter trifft (und als Drohung für diesen Fall gleichsam in das Normalarbeitsverhältnis hinein ausstrahlt), genauso entgehen wie jene faktische Kraft des Normativen, die sich darin äußert, dass der Wandel der Norm (und des »normativ«, d.h. hegemonial Wünschenswerten) vom Normalarbeitsverhältnis zum flexiblen Unternehmer seiner selbst verschoben wurde. Selbst der entlassene unqualifizierte Arbeiter des Niedriglohnsektors oder der Industrie-Normalarbeiter, der sich einstmals einer Arbeiter- und Gewerkschaftsaristokratie zugehörig fühlte, sieht sich bei seiner zu erfolgenden »Wiedereingliederung« in den Arbeitsmarkt der Anrufung ausgesetzt, nun als *Unternehmer* seiner eigenen, freigewordenen Arbeitskraft zu agieren. Nicht anders verhält es sich mit dem altersbedingten Ausscheiden aus dem Arbeitsmarkt in den Ruhestand, das gleichfalls die rechtzeitige Subjektivierung als (Selbst-)Vorsorgeaktionär zur Bedingung hat.

An die obige Verteidigung eines umfassenden Prekarisierungsbegriffs schließt sich eine zweite Beobachtung an. Übereinstimmend wird die große

Bedeutung von Kommunikation und Medien von Postoperaisten, Regulationisten und pragmatischen Soziologen hervorgehoben. Sie folgt aus den jeweiligen Kernthesen dieser Ansätze. Boltanskis und Chiapellos These, die gegenwärtige Gesellschaft sei weniger durch die Form des Marktes als durch die des Netzwerks bestimmt, führt sie zur Schlussfolgerung, dass die Fähigkeit zur Kommunikation zur entscheidenden Voraussetzung für das Knüpfen von Kontakten in einer Netzwerkwelt wird (Boltanskis/Chiapellos 2003: 158). Nicht zuletzt aus diesem Grund erhöht sich die Bedeutung technischer Kommunikationsmedien, denn in »einer Welt, in der die Herstellung von Kontakten wesentlich ist, kann es nicht weiter verwundern, wenn die neuen, informatikgestützten Kommunikationstechnologien (*Internet, Interface* usw.) stark vertreten sind« (164). Medienwissenschaftlich relevant ist auch die regulationstheoretische Beobachtung der zunehmenden Dominanz der Informations- und Kommunikationstechnologien, wofür von Hirsch (2002: 173) der Begriff »Infocom-Kapitalismus« vorgeschlagen wurde. Auch von Jessop (2003) wurde der mit den neuen Technologien assoziierte Diskurs der »wissensbasierten Ökonomie« als herausragendes ökonomisches Narrativ des Postfordismus ausgemacht. In der zur postfordistischen Regulation gehörigen »ökonomischen Vorstellungswelt‹ *(economic imaginary)*« (97) spiele Wissen als Produktionsfaktor im Arbeitsprozess eine herausragende Rolle.[29] Demgemäß würden im Arbeitsvorgang, Aglietta (2000: 54) zufolge, zunehmend Fähigkeiten der Konzeptualisierung, Symbolisierung, Information und Kommunikation verlangt. Der Dienstleistungssektor werde revolutioniert durch den »Aufschwung der intellektuellen Arbeit über Konzepte, Symbole, Formen: technisches und finanzielles Engineering, Design, Know-how, Information, Kommunikation« (Aglietta 2000: 41). Nach Boes (2003: 136) fungiert besonders die IT-Industrie als Kristallisationspunkt innerhalb der hegemonialen Definitionskämpfe um Arbeit und Arbeitssub-

---

29 | Die medienwissenschaftliche Relevanz, von der hier die Rede ist, sollte nicht zu einem technologischen Determinismus hin überbetont werden (Marchart 2004). Gerade die Regulationstheorie tritt bewusst gegen den technologischen Determinismus an, wie er in der marxistischen Tradition in Form der Annahme einer verselbständigten Produktivkraftentwicklung auftritt. Die Entwicklung der technologischen Produktivkräfte kann deswegen nicht als »Motor« (dazu Lipietz 1992: 19) gesellschaftlicher Entwicklung fungieren, weil diese immer schon einer bestimmten Regulationsweise eingeschrieben sind: »Natürlich gibt es wissenschaftliche Entdeckungen, doch die Art und Weise, wie sie dann faktisch in Industrie oder Landwirtschaft eingesetzt werden, drückt die vorhandenen gesellschaftlichen Verhältnisse aus. Die Steigerung der Produktivkräfte – sogar die Gestalt dieses Wachstums – ist also nichts anderes als der Ausdruck einer bestimmten Anordnung sozialer Verhältnisse am Arbeitsplatz, in der Familie, auf den Feldern. Wir sollten sagen, dass die Produktionsverhältnisse die Produktivkräfte determinieren – nicht umgekehrt« (Lipietz 1998: 17).

jektivität: Im Gewand der »New Economy« oder »Netzwerkökonomie« sei sie zum »Mekka der Mythen zur Zukunft von Produktion und Arbeit« geworden. Vom Postoperaismus schließlich werden diese Diagnosen bestätigt, wenn nicht radikalisiert. Der Postoperaismus verortet Kommunikation nicht nur in tele-technologisch vermittelten Praxen der »Infocom«-Industrie. Kommunikation als solche wird – wie Kreativität und Subjektivität – vom Kapitalismus in Wert gesetzt. Kommunikation wird gleichsam zum Rohstoff nicht nur der Symbol- und Dienstleistungsindustrien, sondern aller Industrien, in denen Teamwork und Projektarbeit Einzug halten – d.h. selbst am Arbeitsplatz der postfordisti-schen Automontage: »Zeichnet sich der Fordismus durch die Integration der Konsumtion in den Zyklus der Kapitalreproduktion aus, so integriert der Post-fordismus die Kommunikation« (Lazzarato 1998b: 53).

Aber auch dieser Exkurs zu Kommunikation und Medien – in Kapitel 4 wer-den wir uns dem *medialen (ideologischen Staats-)Apparat* wie den bewegungs-eigenen *Protestmedien* noch im Detail widmen – führt letztlich wieder zum Primat der Proteste zurück. Denn wie Bob Jessop beobachtet hat, ist der Kom-munikationsraum der neuen, postfordistischen Ökonomie – so *virtuell* er sein mag – selbst Terrain sozialer Kämpfe:

Es geht um den komplexen, multidimensionalen kybernetischen Raum, der Möglichkei-ten für die Verortung von Myriaden Entitäten und Beziehungen bietet. Doch der Cyber-space ist kein neutraler, dritter Raum zwischen Kapital und Arbeit, Markt und Staat, Öffentlichem und Privatem: er ist ein neues Terrain, auf dem Konflikte zwischen diesen Kräften, Institutionen und Domänen ausgefochten werden. (Jessop 2007: 269)

In welcher Hinsicht lässt sich also von einem Primat des Protests oder jeden-falls des Konflikts sprechen?[30] Die Regulationstheorie geht davon, dass eine ge-gebene Regulationsweise die Antagonismen, die eine Gesellschaft zu zerreißen

---

30 | Eine Randstellung nehmen in dieser Hinsicht die Gouvernementalitätsstudien ein. Doch obwohl sie zu einem gewissen Apolitizismus tendieren, konvergieren selbst in Fou-caults Augen rechte wie linke Positionen der 70er Jahre in der Kritik des Sozialstaats, weshalb die Krise des allgemeinen Dispositivs der Regierung, die Foucault als Teil der offensichtlicheren ökonomischen Krise der 70er Jahre verortet, nicht zuletzt durch So-ziale Bewegungen angetrieben wurde. Rechte wie linke Elemente der Wohlfahrtsstaats-kritik werden vom neoliberalen Projekt reartikuliert aufgegriffen: »Kritisiert wird nicht nur die fehlende Souveränität des Staates, seine Abhängigkeit von Partikularinteressen und die wachsende Bürokratisierung, sondern auch die mangelnde Autonomie, die Fort-setzung patriarchal-autoritärer Gesellschaftsstrukturen und die Koppelung von Sicher-heit und Abhängigkeit. Für Foucault ist die ökonomische Krise daher nicht zu trennen von politischen Desintegrationsprozessen und dem Auftreten neuer sozialer Bewegun-gen« (Lemke 1997: 240).

drohen, in Form von Kompromissen bändigt. Aus dieser postmarxistischen Perspektive stehen Klassenantagonismen und systemische Reproduktionszwänge also in keinem Verhältnis der Äußerlichkeit, sondern die Kompromisse, die sich in den Regulationsformen niederschlagen, wurden selbst durch das Medium des sozialen Kampfes hindurch ausgehandelt. Lipietz (1998: 172) spricht sogar von einer »gewaltigen gesellschaftlichen Schlacht, bei der es darum geht, einen neuen sozialen Kompromiss zwischen der Einbindung der Arbeiter und der Aufteilung neuer Produktivitätszuwächse auszuhandeln«. Selbstverständlich impliziert diese Vorstellung einen sehr weiten Politikbegriff, denn weder handelt es sich bei den Kämpfen, von denen hier die Rede ist, um reine Arbeitskämpfe, noch handelt es sich um politische Kämpfe, wie sie sich etwa in der Arena repräsentativer demokratischer Institutionen entfalten. Da die Regulationsweise den gesamten Raum des Sozialen – und nicht nur den der politischen Institutionen – umfasst, sind Mikroregulationen des Alltagslebens von solchen Kämpfen betroffen. So muss aus regulationstheoretischer Sicht ein Verständnis dafür entwickelt werden, »in welchen vielfältigen Formen sich die Kämpfe abspielen – nicht allein politische, sondern vor allem soziale Kämpfe, die so häufig als alltägliche Verzweiflung, Enttäuschung, Entmutigung, Ärger, Mut, als Mobbing, Schikane, Druck, als Verweigerung, Absentismus, selbst Ermutigung, freundschaftliche Gespräche, Rumhängen zur Geltung kommen« (Demirovic 2003: 52). Gerade solche Formen des versteckten Widerstands gegen das fordistische Fabrikregime und die Einbindung der Arbeiter in den fordistischen Klassenkompromiss wurden mit den neuen sozialen Bewegungen der 70er-Jahre auf eine explizite Ebene gehoben (Hirsch 2002: 74) und stießen nach regulationstheoretischem Verständnis die Passage zum Postfordismus an.[31] Daraus folgt aber nichts anderes als die Annahme, »dass die Kämpfe der gegen das System gerichteten Kräfte eine entscheidende Rolle in den Veränderungen des Systems selbst spielen« (Lipietz 1998: 27). Die Kämpfe tragen bei zur Etablierung eines neuen Kompromissgleichgewichts. Lipietz, der vielleicht in dieser Hinsicht konsequenteste Regulationist, geht noch einen Schritt weiter: »Wir würden sogar so weit gehen zu sagen, dass der Kompromiss zwischen den

---

31 | Denn hatten die Gewerkschaften im Fordismus (und in defensiver Art noch heute) darauf ab, automatische Lohnsteigerung und wohlfahrtsstaatliche Rechte innerhalb des fordistischen Modells zu etablieren, so widersetzten sich die Lohnabhängigen immer stärker der fordistischen Arbeitsorganisation: »Um diesen Tendenzen entgegen zu treten, haben die Unternehmer versucht, die Stufenleiter der Produktion zu erhöhen, die Automatisierung zu beschleunigen (innere Strategie nach fordistischer Logik), aber auch die Produktion in Länder mit für den Profit günstigeren Regulationsweise zu verlagern, der sozialen Gesetzgebung durch die ›Dualisierung‹ des Arbeitsmarktes gegenzusteuern; das ist die Form der Aufkündigung der institutionalisierten fordistischen Kompromisse durch Flucht« (Lipietz 1992: 53).

gesellschaftlichen Kräften die Art und Weise determiniert, wie die sozialen Verhältnisse wirken. Dieser Kompromiss determiniert die Regulationsweise, das
Muster der Industrialisierung, das Akkumulationsregime – nicht umgekehrt«.
Daraus zieht Lipietz ganz explizit den Schluss vom Primat des Protests: »Zuerst
also die Politik« (Lipietz 1998: 17).[32]

Im Postoperaismus findet sich eine durchaus analoge Einschätzung des
durch soziale Kämpfe angetriebenen Übergangs zum Postfordismus. Die Auflösung der Fabrik in der Gesellschaft qua Dezentralisierung und Auslagerung
müsse als ein indirektes Resultat der Kämpfe der Arbeiter gegen die Fabrikdisziplin begriffen werden. Nach postoperaistischer Ansicht dienten die neuen
sozialen Bewegungen, die sich in Italien unter dem nachträglichen Schlagwort
der »Bewegung von 77« formiert hatten, als Transmissionsriemen, der die früheren Kämpfe der Massenarbeiter qua Allianz mit den Kämpfen der Studierenden und der Frauen zugleich erweiterte und in die Gesellschaft hinein diffun-
dierte. Die Ausweichbewegungen des Kapitals, das auf die Arbeitsverweigerung
in der Fabrik reagierte, machte also immer weitere Bereiche der gesamten Gesellschaft zu Orten der Produktion und Abschöpfung des Mehrwerts, was aber
nur gelingen konnte, weil das Kapital dort zugleich auf ein aktives Begehren
nach autonomeren, wenn auch prekäreren Arbeits- und Lebensverhältnissen
stieß, wie es sich mit den neuen sozialen Bewegungen Bahn brach. So kommt
Paolo Virno (1998: 87) zu dem Schluss, dass prekäre Beschäftigungsverhältnisse im Rahmen des kollektiven Exodus aus der Fabrik *bewusst* eingegangen
wurden: »Die Kämpfe von 77 nutzten die Flexibilisierung des Arbeitsmarkts
für sich, indem sie sich dort sozial organisierten und ihrer Stärke entwickelten.
Der mobile Wechsel zwischen verschiedenen Jobs, zwischen Arbeit und Nicht-
arbeit determinierte eine gemeinsame Praxis und kollektive Haltungen (viel
mehr, als er sie unterbrach), die sowohl Subjektivität in die Konflikte formten.«
In gewisser Hinsicht hatten auch die Kämpfe von 77 ihre Ursache in früheren Kämpfen, denn die Kämpfe der Massenarbeiter hatten nicht nur das alte,
tayloristische Fabrikregime in die Krise gestürzt, sondern auch die mit diesem
Regime letztlich komplizitären Gewerkschaften und traditionellen Arbeiterpar-
teien: Die verschiedenen Strategien korporatistischer und politischer Repräsentation griffen unter den neuen Bedingungen des Arbeiterkampfes nicht mehr
(was die Betonung der *Arbeiterautonomie* durch die Operaisten erklärt), und ihre
Desintegration bot wiederum Ansatzpunkte für die Kämpfe der Neuen Sozialen
Bewegungen. Stärker noch als die Regulationisten gehen Postoperaisten also

---

32 | Wiederum muss betont werden, dass Lipietz (1998: 17) Politik an dieser Stelle
nicht auf die Institutionen und Praktiken des politischen Systems reduziert: »Selbstverständlich meinen wir damit nicht die Tagespolitik, sondern eine Typus langfristiger
Politik, eine Abfolge von großen Kompromissen, die die Geschichte für eine Generation
bilden.«

vom Primat des Protests aus. Somit entfernen sie sich vom ökonomistischen Balast der Marx-Interpretationen, die ihren theoretischen Ausgangspunkt bildete. Zum Prinzip und Ausgangspunkt schon Mario Trontis wurde der proletarische Klassenkampf. Obwohl für viele (Post-)Operaisten der proletarische Klassenkampf inzwischen um die vielfältigen Kämpfe der *multitude* erweitert wurde – geblieben ist die These vom *Primat* der Kämpfe.

Zu einer analogen Schlussfolgerung führt Boltanskis und Chiapellos These von Kritik als »Motor« der Veränderungen des kapitalistischen Geistes. Kritik – in Hirschmans Verständnis von *voice* (bzw. in unserem Verständnis von Protest) – bildet für Boltanski/Chiapello das »Hauptmoment« bei der Ausbildung und Veränderung des kapitalistischen Geistes, weil sie den Kapitalismus zur Rechtfertigung drängt und somit die Reartikulation von Gerechtigkeitsstrukturen und Allgemeinwohldefinitionen erzwingt. Kritik wirkt dabei allerdings nicht direkt auf die kapitalistische Akkumulation ein, sondern indirekt, indem sie den Kapitalismus zwingt, die zentralen Bewährungsproben in seinem Organisationsgefüge immer schneller anzupassen, um der Kritik zu entgehen. Die Veränderung des kapitalistischen Geistes und seiner Rechtfertigungsmuster kann nun auf die Akkumulation rückwirken, indem sie etwa zu deren Selbstbeschränkung aufgrund bestimmter als gültig angesehener Gerechtigkeitsnormen führt.[33] Dieser Spielart von Kritik als verbaler Protestbekundung wird

---

33 | Genau genommen sprechen Boltanski und Chiapello von einer *dreistufigen* Wechselbeziehung zwischen *Kritik, Kapitalismus* (definiert durch die Form der Arbeitsorganisation und der Gewinnerzielung) und dem durch einen bestimmten *Geist* »gefesselten« *Kapitalismus*, der in seinen Akkumulationsbestrebungen einen Kompromiss mit den geltenden Gerechtigkeitsnormen eingehen muss. Diese Wechselbeziehung wirke wie ein Seismograph, Resonanzkörper oder »Schmelztiegel zur Bildung neuer Kompromisse« (2003: 71, man bemerke das nahezu gramscianische Vokabular), wobei jeder dieser »dreistufigen Oppositionspole« Veränderungen unterworfen ist: »Die Kritik kann ihre Stoßrichtung ändern, an Schärfe gewinnen oder verlieren; der Kapitalismus kann seine Akkumulationsstrukturen vorführen oder modifizieren; er kann sie aber auch zu Gunsten einer größeren Gerechtigkeit verbessern oder die bis dahin gegebenen Sicherheitsgarantien abbauen. Wenn die Kritik sich erschöpft hat, wenn sie geschlagen ist oder an Schärfe verliert, kann der Kapitalismus seine Gerechtigkeitsstrukturen lockern und ungestraft seine Produktionsprozesse verhindern. Eine Kritik, die dagegen an Schärfe und Glaubwürdigkeit gewinnt, zwingt den Kapitalismus seine Gerechtigkeitsstrukturen zu konsolidieren. Bei günstigen politisch-technologischen Rahmenbedingungen könnte sie andererseits auch einen Anreiz bilden, Transformationsprozesse einzuleiten und dadurch die Spielregeln unkenntlich zu machen. Die Veränderung der kapitalistischen Akkumulationsstrukturen bringt eine zeitweilige Lähmung der Kritik mit sich. Mittelfristig führt sie allerdings höchst wahrscheinlich auch zu einem neuen kapitalistischen Geist. Nur so lässt sich nämlich die Leistungsbereitschaft der Arbeitnehmer wiederge-

eine weitere Spielart zur Seite gestellt, die sich direkter auf die Profitmargen auswirkt, nämlich die *exit*-Kritik, die sich etwa in Form von Boykott, Kaufverweigerung oder Verweigerung von Dienstleistungen ausdrückt. Folglich kann die Entwicklung des Kapitalismus gar nicht anders verstanden werden denn als permanentes Spiel zwischen der Kritik, Reintegration der Kritik und schließlich Reformulierung der Kritik oder Aufkommen neuer Kritikmuster. An dieser Darstellung ist interessant, dass Boltanski und Chiapello zwischen der Annahme eines Primats des Protests (in ihrer Bezeichnung der Kritik als »Motor« des kapitalistischen Geistes) und der Annahme der Gleichursprünglichkeit von Kritik und Kapitalismus schwanken: »Wenn der Kapitalismus nicht von Anfang an mit kritischen Gegenkräften großen Ausmaßes konfrontiert gewesen wäre, würde sich die Notwendigkeit, Rechtfertigungen für den Kapitalismus zu liefern und ihn attraktiv erscheinen zu lassen, nicht mit solcher Dringlichkeit stellen. In der Tat ist der Antikapitalismus genauso alt wie der Kapitalismus selbst« (2003: 79).

Das Schwanken mag durch die Binnendifferenzierung zwischen *Kapitalismus* und *Geist des Kapitalismus* erklärbar sein (*Primat* in Bezug auf den Geist des Kapitalismus, *Gleichursprünglichkeit* mit dem Kapitalismus). Wenn die Grenze zwischen – in analoger regulationstheoretischer Formulierung – Akkumulationsregime und Regulationsweise aber theoretisch brüchig, ja womöglich unhaltbar wird, dann wird auch die Entscheidung zwischen Primat und Gleichursprünglichkeit hinfällig. Eine Diskussion nach dem Modus »Henne oder Ei« (Kritik oder Kapitalismus), so unsere Vermutung, wäre daher fehlgeleitet, besteht doch der Hauptgewinn der Theorie Boltanskis und Chiapellos darin, gerade jedes Verhältnis der *Äußerlichkeit* zwischen Protest und Objekt des Protests zu unterlaufen. Erst auf Basis eines solchen Dualismus ließe sich eine Entscheidung zwischen Primat und Gleichursprünglichkeit treffen. Was aber, wenn Gesellschaft als ein *Immanenzfeld* sozialer Kämpfe vorgestellt wird, eine bestimmte soziale Ordnung also nicht *von außen* angegriffen wird, sondern immer schon in ihrem Inneren umkämpft ist? Alain Lipietz hat gegen eine, gewiss traditionelle, operaistische Lesart des Primats des Protests eingewandt, sie würde von einem einfachen Nebeneinander getrennter Dynamiken ausgehen. Aus dieser Perspektive treibe der Arbeiterkampf die kapitalistische Dynamik *von außen* an: »Das Kapital hat einen Kopf und die Klasse ein Projekt, und sie geraten in einen Titanenkampf miteinander, wobei Angriffe und Gegenangriffe einander ablösen [...]. Der Versuch, die Geschichte der Arbeiterbewegung in die Geschichte des Kapitals einzubauen, bleibt unabgeschlossen und äußerlich« (Lipietz 1998: 42). Hingegen seien gegenhegemoniale Kämpfe zugleich *innen und außen*. So könne die Arbeiterbewegung, Lipietz zufolge (56)

---

winnen, denen im Laufe dieser Entwicklung der Bezugsrahmen abhandengekommen ist, mit dem sie zuvor auf ihre Arbeitswelt Einfluss nehmen konnte« (70f.).

»an der Seite der Frauenbewegung, der nationalen anti-imperialistsichen Befreiungsbewegungen und der Ökologiebewegung die menschliche Geschichte schreiben, ohne aus ihr aussteigen zu können«, während es doch zugleich die Ablehnung der bestehenden Ordnung sei, die sie fortschreiten lasse. Wenn man diese Ansicht teilt, dann kann zwischen Protest und Ordnung keine äußerliche Beziehung bestehen, sondern nur eine Beziehung der Transformation und Wandlung innerhalb desselben Immanenzsystems. Daher wird weder der Zugriff auf ein *Außen* dieses Systems noch der – und sei es historisch-rekonstruktive – Rückgang zu einem *status quo ante* möglich sein, also zu einem Punkt, an dem sich die Entscheidung zwischen Henne und Ei treffen ließe.

Der Rückgriff auf die im Folgenden zu besprechende diskursanalytische Hegemonietheorie Laclaus und Mouffes, auf deren integrative Matrix wir die bisherigen Ergebnisse eintragen wollen, wird uns erlauben, diese Frage nochmals aus hegemonietheoretischer Perspektive zu beleuchten. Vorerst sei festgehalten, dass die – recht verstandene – These vom Primat des Protests von entscheidender Bedeutung für den Fortgang unserer Argumentation ist. Unter Protest wird hier kein der hegemonialen Ordnung *äußerliches* Verhältnis gefasst, sondern die adaptiven Transformationen einer hegemonialen Ordnung werden *innerhalb eines gemeinsamen Terrains von hegemonialer Ordnung und Kritik (bzw. Protest)* vornehmlich, so unsere These, von letzterer in einem Ausmaß angetrieben, das eine genaue Unterscheidung zwischen den aus Akkumulationsprozessen resultierenden Dislozierungen und den aus politischen Kämpfen resultierenden Dislozierungen (die sich auf die hegemonialen Legitimationsprinzipien in ihrem Protest notwendig beziehen müssen), mithin eine exakte Trennung des Terrains der Ökonomie und des Terrains der Politik unmöglich macht. Neben der umfassenden Reichweite des Prekarisierungsbegriffs und der großen Bedeutung von Medien und Kommunikation stellt die so gefasste These vom Primat des Protests eines der drei zentralen Ergebnisse unseres Theorieabgleichs dar. In den folgenden Kapiteln muss es vor allem darum gehen, die hegemonietheoretischen, medienwissenschaftlichen und bewegungstheoretischen Implikationen der These von der Prekarisierungsgesellschaft herauszuarbeiten. Denn gesteht man zu, dass der *umfassende* Begriff von Prekarität sowohl den *Primat des Protests* als auch die *unumgehbare Bedeutung medialer Apparate* impliziert, dann ergibt sich das dringende Desiderat einer Untersuchung sowohl der *Medien des Protests*, als auch des *Protests als Medium sozialer Veränderung*.

2. Hegemonie und integrale Ökonomie

Die diskursanalytische Hegemonietheorie
als integrierende Matrix

2.1 LACLAUS UND MOUFFES »POSTMARXISMUS«: VIER VERSCHIEBUNGEN IN DER DEBATTE

Wurden im vorangegangenen Kapitel vier sozialwissenschaftliche Ansätze zur Erklärung des Problemkomplexes Prekarisierung vorgestellt, so soll es nun darum gehen, diese Ansätze – deren wechselseitige Affinität bereits mehrfach herausgestrichen wurde – auf eine integrale Theoriematrix zu übertragen, die den theoretischen und methodologischen Erklärungshintergrund für unsere weiteren Analysen der aktuellen Prekarisierungsproteste bilden soll. Ein solcher Integrationsversuch wäre bei allzu heterogenen sozialwissenschaftlichen Ansätzen wohl aussichtslos. Wenn dieser Versuch im Fall der ökonomischen Regulationstheorie, der an Foucault anschließenden Gouvernementalitätsstudien, des italienischen Postoperaismus und der pragmatischen Soziologie hingegen erfolgversprechend ist, dann vor allem aus folgendem Grund: Alle genannten Ansätze schreiben sich einem gemeinsamen Paradigma ein, das als *Postmarxismus* bezeichnet werden kann. Das heißt, alle vier Ansätze gehen – freilich in unterschiedlichem Ausmaß – erstens von der historischen Erfahrung der Desintegration des Theoriehorizonts des Marxismus aus und wenden sich zweitens von substantialistischen Sozialontologien ab, bzw. einem *radikalen Relationismus* zu, wie er untrennbar mit Eigennamen wie Althusser, Foucault und Bourdieu verbunden ist. In unterschiedlichem Ausmaß entwickelten alle vier Ansätze ihren Relationismus, der ja nebenbei gesagt bereits bei Marx selbst in nuce erkennbar war (worauf die Althusserianer abhoben), aus dem Strukturalismus, der nun aber um die grundlegende Bestimmung der *Kontingenz* radikalisiert wurde. Die Radikalisierung des Relationismus um das Merkmal der Kontingenz erlaubt diesen Ansätzen, traditionellere marxistische Vorstellungen eines unidirektionalen Determinationsverhältnisses zwischen ökonomischer Basis und politisch-ideologischem Überbau zu überwinden. Das Soziale wird nun nicht mehr im Sinne eines topographischen Ebenenmodells konzipiert, sondern als ein von Relationsverhältnissen kontingent strukturierter Teilbereich,[1] der nicht länger klar von einem Raum bzw. einer Ebene »der Ökonomie« unterschieden werden kann.

Die übereinstimmende Diagnose eines Merkmalkatalogs der Dislozierung vormals stabiler (oder stabil erachteter) Verhältnisse, den wir abkürzend in der Kategorie der *Prekarisierungsgesellschaft* gebündelt haben, basiert also auf dem theoretischen Modell eines relationalen, nicht-determinierten sozialen Raumes. Allen vier Ansätzen wird die Trennungslinie zwischen Ökonomie und Politik/ Ideologie/Staat/Gesellschaft brüchig. Daher darf die heuristische Differenzierung zwischen Akkumulationsregime und Regulationsweise oder zwischen Kapitalismus und »Geist« des Kapitalismus nicht länger im Lichte der klassischen Basis/Überbau-Dichotomie gelesen werden. So ist der »Geist des Kapitalismus« für Boltanski/Chiapello (2003: 65) schon deshalb *kein Überbau*, der die kapitalistische Akkumulation auf direkte Weise legitimieren würde, weil die dort verhandelten Legitimationen und mobilisierenden Wertestrukturen die Akkumulation durchaus *hemmen* können, sofern Gewinn und Bereicherung keineswegs unter allen Umständen als legitim gelten. Kapitalistische Akkumulation wird notwendigerweise durch normative Strukturen (oder in der Regulationstheorie: durch eine Regulationsweise bzw. ein gesellschaftliches Paradigma) überformt, die sie befördern und zugleich behindern können. Auch die vielfach diagnostizierte Aufhebung der Trennung von produktiven und reproduktiven Tätigkeiten, von öffentlich und privat, trägt nicht nur zur Diffusion der »Fabrik« in die Gesellschaft (bzw. bei Foucault: in die Subjektivierungsformen), sondern auch zur Diffusion politischer Kämpfe in die Ökonomie bei. Denn unter den Prämissen einer *fabbrica diffusa* macht es keinen Sinn, den politischen Kampf auf einen ontologisch privilegierten Ort (die Fabrik) oder eine ontologisch privilegierte Ebene des Sozialen (die ökonomische »Basis«) zu beschränken, denn wenn »die Fabrik« das Soziale in seiner Gesamtheit zu infiltrieren beginnt, müssen auch die sozialen Kämpfe auf die gesamte Gesellschaft ausgeweitet werden (wo sie nicht diese Infiltration gerade selbst betrieben haben). Ebensowenig wird sich verhindern lassen, dass Normen und Normalitätsvorstellungen, die vormals dem »ideologischen Überbau« zugerechnet worden wären, in den Bereich der Ökonomie einsickern. Kurzum, das Ökonomische herrscht nicht einfach über die Gesellschaft, sondern der Kapitalismus muss »Formen bieten, die mit

---

1 | Wobei, es muss ein weiteres mal betont werden, kontingent hier keineswegs mit »beliebig« verwechselt werden darf. Kontingent bedeutet, dass die Verbindungen zwischen Elementen auch anders hätten geknüpft werden können, dass sie also durch keine ihnen äußerliche oder zugrunde liegende Instanz determiniert werden. Das heißt aber nicht, dass alle Verknüpfungen gleichermaßen wahrscheinlich oder möglich wären, da jede Verknüpfung auf einem durch ungleiche Machtverhältnisse verformten Terrain stattfindet und niemals auf Basis einer tabula rasa.

dem Stand der sozialen Welt, in die er eingebunden ist, und mit den Wün-
schen derjenigen Mitglieder der Gesellschaft kompatibel sind, die ihre Stimme
mit dem größten Nachdruck erheben« (Boltanski/Chiapello 2003: 215), habe
er doch unter anderem deshalb überdauert, weil er sich »auf eine Reihe von
handlungsanleitenden Vorstellungen und gängigen Rechtfertigungsmodellen
stützen konnte, durch die er als eine annehmbare oder sogar wünschenswerte,
allein mögliche bzw. als beste aller möglichen Ordnungen erschien« (46).

Dafür gibt es einen einschlägigen postmarxistischen Begriff, der allerdings
über den engen weberianischen Begriff der Legitimation, der für die pragmatische Soziologie maßgeblich ist, hinausführt: Antonio Gramscis Begriff der
Hegemonie.[2] Darunter lässt sich im klassischen Sinne ein Verhältnis der Sicherung massenhaften Konsenses und freiwilliger Zustimmung zu einer bestimmten sozialen Formation verstehen, die von einem Bündnis unterschiedlicher
Klassen und/oder Klassenfraktionen getragen wird. Die Begriffe »Konsens«
und »freiwillige Zustimmung« deuten schon darauf, dass bloßer Zwang zur Absicherung einer hegemonialen Formation nicht ausreicht. Diese Annahme wird
von den vier besprochenen Ansätzen geteilt, selbst wo der Bezug auf Gramsci
nicht explizit wird. So beschreibt Foucault, um nur ein Beispiel zu geben, kaum
etwas anderes als den Effekt von Hegemonie (ohne den Begriff zu verwenden
oder gar auszutheoretisieren), wenn er das Einschwenken der deutschen Sozialdemokratie auf den ordoliberalen Konsens der »sozialen Marktwirtschaft« beschreibt, wie er am Godesberger Kongress von 1959 abgesegnet wurde (Foucault
2006: 128-133). Dabei hatte es sich, wie Foucault betont, nicht einfach um einen
Verrat am Forderungskatalog der marxistischen Parteitradition gehandelt, sondern um die »Annahme dessen, was sich schon als wirtschaftlich-politischer
Konsens des deutschen Liberalismus vollzogen hatte« (132). Die Selbsteingliede-
rung in einen breiteren Konsens (bzw. aus Perspektive der hegemonialen liberalen Seite: die Transformation dissensualer Politiken in den eigenen Konsens)
ist aber immer Effekt und bestimmendes Merkmal von Hegemonie. Es wird im
Folgenden darum gehen, dieses Konzept, das dem Theorieansatz von Foucault

---

2 | Unter anderem würde sich ein gramscianisches Verständnis von Hegemonie von
einem eng gefaßten von Legitimation darin unterscheiden, dass Rechtfertigungsmodel-
le in das heterogene Ensemble des Alltagsverstands (*senso comune*) eingegangen sind
und nicht notwendigerweise, wie Boltanski und Chiapello (2003: 46) annehmen, »auf
einer hinreichend soliden Argumentation beruhen« müssen – denn, so deren Vermutung: »Nur so können sie von einer ausreichend großen Zahl von Menschen als selbstverständlich hingenommen werden und Verzweiflung oder Nihilismus begrenzen bzw.
überwinden«. Diese Annahme besitzt zwar den auch für unseren Ansatz noch produktiv
zu machenden Vorteil, die Spezialdiskurse der politischen Theorie auf solche Rechtfer-
tigungsmodelle hin befragen zu können. Dabei liegt aber wiederum die Gefahr nahe, den
Alltagsverstand und die Alltagsdiskurse des *ordinary life* unbefragt zu lassen.

und Boltanski/Chiapello implizit ist und von der Regulationstheorie und (gelegentlich) dem Postoperaismus explizit gemacht wird, für die konkrete Analyse der Prekarisierungsgesellschaft fruchtbar zu machen, ohne dabei die Fäden, die von unserer Diskussion unterschiedlicher Erklärungsansatz bereits gesponnen wurden, aus den Fingern zu verlieren. Die von Laclau und Mouffe entwickelte poststrukturalistische und diskursanalytische Weiterführung der Hegemonietheorie Gramscis bietet sich dazu als Integrationsmatrix an, da sie mit den vier besprochenen Ansätzen den radikalen Relationismus, die Betonung der Bedeutung sozialer Kämpfe wie auch die Überwindung der strikten Trennung zwischen Ökonomie und Gesellschaft gemeinsam hat.

Gehen wir aber von der Hegemonietheorie in ihrer ursprünglichen Formulierung durch Antonio Gramsci aus. Gramsci übernimmt den Begriff der Hegemonie aus dem Vokabular der russischen Sozialdemokratie, wo er ein rein äußerliches Bündnis zwischen Klassen unter der Führung der Arbeiterklasse bezeichnet, das insofern einem Nullsummenspiel gleichkommt, als die in eine Allianz eintretenden Klassen ihre Identität unabhängig von dieser Allianz beibehalten. Zum »gramscianischen Wendepunkt« kommt es, wie Laclau und Mouffe darlegen (1991: 109), sobald Gramsci das Konzept hegemonialer Verknüpfung über das eines rein manipulativen Klassenbündnisses hinaus erweitert. Eine hegemoniale Allianz besteht nun nicht aus Klassen, deren Identität immer schon vorgeben ist, sondern diese Identität muss politisch konstruiert werden. Gramsci spricht diesbezüglich von der Notwendigkeit der Konstruktion eines *kollektiven Willens*, der eine Vielzahl von Positionen zu einem gemeinsamen politischen Projekt artikuliert, das sich keineswegs automatisch aus deren Klassenzugehörigkeit ergibt. Hegemonie bezeichnet diesen politisch-ideologischen Artikulationsprozess. Es handelt sich folglich um ein *Verhältnis* von heterogenen Elementen, das über den Aufbau eines »Kollektivwillens« auf dem Terrain der Zivilgesellschaft artikuliert wird. Unter Zivilgesellschaft versteht Gramsci jenen dem Staat im engeren Sinn vorgelagerten Bereich »privater« Organisationen, die nicht direkt unter Verwaltung des Staates stehen, also z.B. Erziehungsinstitutionen, Universitäten, die Massenmedien, private Vereine und selbst Gewerkschaften. In den entwickelten Staaten des Westens hatte sich die Zivilgesellschaft, wie Gramsci anmerkt, zu einer sehr komplexen Struktur entwickelt, die gegenüber ökonomischen Krisen und Depressionen genauso widerstandsfähig war wie gegenüber politischen Revolutionsversuchen: »Im Osten war der Staat alles, die Zivilgesellschaft war in ihren Anfängen und gallertenhaft; im Westen bestand zwischen Staat und Zivilgesellschaft ein richtiges Verhältnis, und beim Wanken des Staates gewahrte man sogleich eine robuste Struktur der Zivilgesellschaft. Der Staat war nur ein vorgeschobener Schützengraben, hinter welchem sich eine robuste Kette von Festungen und Kasematten befand« (Gramsci 1991ff.: 874). An anderer Stelle (1589) vergleicht Gramsci die Zivilgesellschaft mit den Grabensystemen des ersten Weltkriegs. Das Terrain,

auf dem die hegemoniale Auseinandersetzung geführt wird, muss als ein hochgradig in sich verkeiltes, komplexes System zivilgesellschaftlicher Institutionen
vorgestellt werden. Der Kampf innerhalb dieses Systems wurde von Gramsci,
immer noch in Anlehnung an das Bild der Grabenkämpfe des ersten Weltkriegs, metaphorisch als *Stellungskrieg* bezeichnet. Im Unterschied zum *Bewe-
gungskrieg* übernimmt eine politische Kraft im Fall des Stellungskriegs nicht mit
wehenden Fahnen die Staatsmacht, sondern kämpft sich gleichsam von Graben
zu Graben vor, wobei aus der Innenperspektive des Grabensystems oft unklar
bleibt, wo überhaupt die Frontlinie verläuft. Die Komplexität und Unübersichtlichkeit dieses Terrains impliziert, dass große Spielräume für politische Strategie und Taktik bleiben.

Gramscis Betonung der Funktion der Zivilgesellschaft verleitet ihn gewiss
nicht dazu, die Rolle des Staates im herkömmlichen Verständnis zu unter-
schätzen. Durch die analytische Trennung von ziviler Gesellschaft einerseits
und »politischer Gesellschaft« (der Staat im herkömmlichen Sinn: Regierung,
Justiz, Polizei, Militär) andererseits gelingt es ihm die beiden Funktionen von
Hegemonie und Zwang sowohl zu differenzieren als auch unter dem gemeinsamen Dach eines »erweiterten« oder »integralen Staates« zu verbinden. Die
einschlägige Formel lautet: »Staat = politische Gesellschaft + Zivilgesellschaft,
das heißt Hegemonie, gepanzert mit Zwang« (783). Eine hegemoniale Allianz
kann ihre Herrschaft auf Dauer nur sichern, wenn sie sich auf beide Aspekte – Zwang, ausgeübt durch die »politische Gesellschaft«, und Hegemonie, ausgeübt in der »Zivilgesellschaft« – stützen kann. Dabei ist die auf dem Terrain
der Zivilgesellschaft ausgeübte Hegemonie, im Unterschied zum staatlichen
Zwang, charakterisiert durch das Bemühen, einen Zustand des allgemeinen
Konsenses und der *freiwilligen* und eben nicht erzwungenen *Zustimmung* zum
eigenen hegemonialen Projekt zu erzielen. Unter dieser Perspektive ist Hegemonie der Name für die Organisation von Zustimmung. Die Zwangsmittel der
»politischen« Staatsapparate sind nicht zureichend für dauerhafte Herrschaft,
muss doch freiwillige Zustimmung zu einem gegebenen Status quo auch
in den Köpfen des Personals dieser Zwangsapparate hergestellt werden.[3] Herrschaft kann nur als gesichert gelten, solange die beiden Seiten »des Zwangs und
des Konsenses, der Autorität und der Hegemonie, der Gewalt und der Kultur«
(1553) integriert sind.

---

3 | Sobald der Konsens auf breiter Front zerrüttet ist und auch Polizei und Militär er-
fasst hat, kann es – scheinbar plötzlich – ohne weiteres dazu kommen, dass im Moment
einer popularen Erhebung das Personal der Zwangsapparate seine Posten verlässt und
zu den Aufständischen überläuft, womit das Schicksal jedes Regimes besiegelt ist. Dem
Verlust der Herrschaft über die politische Gesellschaft geht folglich der Verlust der Hegemonie in der Zivilgesellschaft voraus.

Hegemonie besteht im engeren Sinn also in der Erzeugung eines Konsenses und freiwilliger Zustimmung auf dem komplexen Terrain der Zivilgesellschaft – und zwar durch Strategien der *moralischen und intellektuellen Führung (direzione)*. Es geht somit nicht allein um *politische* Führung innerhalb einer Klassenallianz, sondern es geht um ideologische Überzeugung und »Erziehung«, nicht zuletzt um Hegemonie als »pädagogisches Verhältnis« (vgl. Sternfeld 2009). Anders gesagt, es geht jeder hegemonialen Anstrengung um die Reartikulation kultureller Vorstellungsmuster in Richtung eines neuen oder zum Zwecke der Beibehaltung eines bestehenden Konsenses. Als das »Medium« oder, wenn man so will, das »Rohmaterial« dieser Anstrengung fungiert der *Alltagsverstands (senso comune)* der Menschen. Ihn zeichnet zuallererst eine grundsätzliche Inkohärenz und »heteroklite« Natur aus, was ihn von der Philosophie unterscheidet und mit der Religion verbindet. Im Alltagsverstand finden sich »Elemente des Höhlenmenschen und Prinzipien der modernsten und fortgeschrittensten Wissenschaft, Vorurteile aller vergangenen, lokal bornierten geschichtlichen Phasen und Intuitionen einer künftigen Philosophie, wie sie einem weltweit vereinten Menschengeschlecht zueigen sein wird« (Gramsci 1991ff.: 1376). Aufgrund seines inkohärenten Charakters ist der Alltagsverstand reaktiven wie progressiven Artikulationen gegenüber offen. Hegemonie ist u.a. der Kampf um die Aktivierung bestimmter Elemente des Alltagsverstands, ihre Verknüpfung mit dem eigenen hegemonialen Projekt, und um die Desaktivierung anderer. Der hegemoniale Stellungskrieg findet also wesentlich auf dieser kulturellen Ebene des Alltagsverstands und um den Alltagsverstand statt. Hier entscheidet sich, ob eine bestimmte Version des Konsenses mit dem Anschein von Plausibilität ausgestattet werden kann. Gelingt das, so wird sie zur »organischen Ideologie«, die unterschiedliche Klassen und Strata der Bevölkerung wie durch Zement aneinander bindet. Das Ergebnis ist, in Gramscis Terminologie, ein »historischer Block« oder, in moderner Terminologie, eine *hegemoniale Formation*. Diese umschließt sowohl die ökonomische Basis als auch den sogenannten Überbau, womit sich Gramsci vom ökonomischen Determinismus der Orthodoxie weit entfernt hat und Erkenntnisse der Regulationstheorie vorwegnimmt. Denn eine Gesellschaftsformation wird nicht etwa durch ökonomische Gesetze vereinheitlicht, sondern durch die Konstruktion eines »Kollektivwillens«, der sich zu einem historischen Block verallgemeinert. Und genauso wie ein Kollektivwille die korporative Identität einer einzigen Klasse oder Klassenfraktion übersteigt, so geht Gramscis Konzept von Ideologie als dem »Zement« eines »historischen Blocks«, in welchem Institutionen und Apparate zu einem organischen Ganzen artikuliert sind, über die traditionelle Basis/Überbau-Unterscheidung hinaus in Richtung einer Theorie hegemonialer Artikulation im Medium der Zivilgesellschaft und des Alltagsverstands.

Mit ihrem 1985 erschienenen und 1991 ins Deutsche übersetzten Buch *Hegemonie und radikale Demokratie* erweiterten und aktualisierten Ernesto Laclau und Chantal Mouffe die Hegemonietheorie Gramscis in vielerlei Hinsicht.[4] Sie selbst bezeichnen ihr Projekt als Postmarxismus. Was genau hat man sich unter diesem Titel vorzustellen? Seit den 1980er Jahren wird der Begriff Postmarxismus in keiner genau geregelten Weise verwendet und beschreibt mehr eine Tendenz als eine Schule. Lechte (1994: 175-200) fasst unter der Eintragung Postmarxismus aus so unterschiedlichen Traditionen stammende PhilosophInnen wie Theodor Adorno, Hannah Arendt, Jürgen Habermas, Ernesto Laclau und Alain Touraine zusammen. Selbst der aus dem amerikanischen Pragmatismus schöpfende Cornel West bezeichnet seine Arbeit gelegentlich als postmarxistisch. Neben dieser losen Verwendung des Begriffs Postmarxismus wurde der Begriff als programmatischer Titel von Laclau und Mouffe eingeführt. Ihr Postmarxismus unterscheidet sich von einem Ex-Marxismus, sofern der Bruch mit dem Marxismus auf bestimmte, vor allem ökonomistische Traditionslinien beschränkt bleibt – historisch beginnend mit der zweiten und dritten Internationale bis hin zu den verschiedenen gegenwärtigen Engführungen wie z.B. jenen der ökonomistischen Wertkritik. Worin somit Laclau und Mouffe mit ihrer postmarxistischen Aufnahme und Radikalisierung der Ökonomismuskritik Gramscis brechen, ist nicht »der Marxismus«, der ohnehin nur als abstrakter Allgemeinbegriff existiert (Marchart 2009), sondern bestimmte metaphysische Engführungen innerhalb des marxistischen Traditionszusammenhangs.

Dabei argumentieren sie aus einer ambivalenten Position heraus, die gleichermaßen innerhalb wie außerhalb des Marxismus lokalisiert ist. So findet die von ihnen angestrebte Dekonstruktion des Marxismus im doppelten Modus der Destruktion *und* Konstruktion statt: die Totalitäts- und Determinationsvorstellung des Marxismus wird destruiert, während das Soziale und die Politik als diskursive Räume neu konzeptualisiert und damit hegemonialer Artikulation aufgeschlossen werden. Laclau und Mouffe betonen diese Doppelgesichtigkeit des Namens Post-Marxismus: »Wenn jedoch unser intellektuelles Projekt in diesem Buch *post*-marxistisch ist, dann ist es augenscheinlich ebenso post-*marxistisch*« (Laclau/Mouffe 1991: 37). Die Betonung dieses Chiasmus unterscheidet Postmarxisten von Ex-Marxisten und ermöglicht eine Reihe produktiver theoretischer und politischer Verschiebungen der marxistischen Debatte. Hinsichtlich unserer Leitfrage nach der hegemonialen Formation der Prekarisierungsgesellschaft sei auf zumindest vier dieser Verschiebungen innerhalb der marxistischen und, allgemeiner, sozialwissenschaftlichen

---

4 | Unter anderem wirkte ihre diskurstheoretische Reformulierung des Ansatzes Gramscis weit hinein in Demokratietheorie, *New Social Movement*-Forschung und Regulationstheorie (Scherrer 1995).

Debatte hingewiesen, die mit *Hegemonie und radikale Demokratie* angestoßen wurden.[5]

Erstens kommt es über die Stärkung der gramscianischen Tradition innerhalb des Marxismus zu einer Schwächung marxistischer Determinismen. So kritisieren Laclau und Mouffe im politisch-historischen Teil von *Hegemonie und radikale Demokratie* am Marxismus vor allem der zweiten und der dritten Internationale dessen Totalitätsanspruch, Klassenreduktionismus, Revolutionismus, sowie dessen historischen und ökonomistischen Determinismus. Kritisiert werden also jene Marxismen, die den Anspruch erheben, die Totalität der gesellschaftlichen Phänomene zu erklären, indem sie letztere auf ökonomische Basisprozesse zurückführen (ökonomischer Determinismus) bzw. einer historischen Teleologie einschreiben (im Sinne eherner »Gesetze der Geschichte«), der zufolge eine einzige Klasse aufgrund ihrer ökonomischen Position dazu bestimmt sei (Klassenreduktionismus), die Menschheit qua Revolution ein für allemal zu befreien (Revolutionismus). Es mag eingewandt werden, dass jene kruden Reduktionismen, die »Überbauphänomene« – darunter das Politische – als reine Widerspiegelungen ökonomischer Interessen gemäß der Stellung der Akteure im Produktionsprozess deuten, nicht dekonstruiert werden müssten, da sie kaum noch vertreten werden. Doch Laclau und Mouffe machen einen ähnlichen Reduktionismus auch im aktuelleren strukturalen Marxismus Louis Althussers aus, dem Ökonomie nur mehr in jenem Ausmaß als Determinante gilt, in dem sie einer gegebenenfalls außerökonomischen Instanz die Funktion der Dominante zuweist. Obwohl diese Theorie selbst als Kritik des klassischen Ökonomismus und der Hegel'schen expressiven Kausalität auftritt, breche die bloße Verschiebung der Determination ins letzte Glied noch keineswegs vollständig mit den reduktionistischen Annahmen älterer Modelle. Erst ein erweitertes Hegemoniekonzept erlaube es, Laclau und Mouffe zufolge, die strenge topographische Ebenenunterscheidung zwischen Basis und Überbau zu unterlaufen. Hegemonie wird zum zentralen Konzept einer Gesellschaftstheorie, der ihr Gegenstand – »Gesellschaft« als objektive Totalität – abhanden gekommen ist, weshalb sie nun die kontingenten politischen Bemühungen um die partielle Konstruktion von Gesellschaftseffekten beschreiben muss (vgl. Marchart 2013b). So verfolgen Laclau und Mouffe in Kapitel I und II ihres Buches die Genealogie des Hegemoniebegriffs von der russischen Sozialdemokratie bis zu Gramsci, um in Kapitel III ihre eigene Hegemonietheorie zu entwickeln. Hegemonie, nunmehr konzeptualisiert als Logik des Politischen, lässt sich nicht länger auf ein bestimmtes Feld oder eine Ebene von Gesellschaft reduzieren, sondern wird verstanden als strategisches Terrain hegemonialer Artikulation,

---

5 | Als eine weitere Verschiebung kann der Import poststrukturalistischer Theorien in die marxistische Debatte bzw. – umgekehrt – die hegemonietheoretische Politisierung des Poststrukturalismus gewertet werden (s. dazu Critchley/Marchart 2004).

das alle Bereiche der Zivilgesellschaft, der Ökonomie wie auch des Staates im engeren Sinne umfasst.

Zweitens, und daran anschließend, wird die privilegierte Rolle der Ökonomie im Marxismus durch den *discursive turn* dekonstruiert, der von Laclau und Mouffe innerhalb der marxistischen Debatte angestoßen wurde. Das Soziale gilt nun als gleichumfänglich mit dem Diskursiven, Gesellschaftstheorie wird zu Diskurstheorie, politische Analyse zu Diskursanalyse (und umgekehrt). Dahinter verbirgt sich keineswegs ein weiterer Reduktionismus, denn Diskurs bei Laclau und Mouffe – ähnlich wie das Konzept des Dispositivs bei Foucault – ist kein bloßer Teil des ideologischen Überbaus, sondern umfasst sowohl linguistische wie nicht-linguistische Praxen, inklusive ihrer Verfestigung in soziale Institutionen, Strukturen und Funktionen. Diskurs – und darin eingeschlossen: Macht – ist deshalb nicht länger als eine »Ebene« sozialer Wirklichkeit zu verstehen, sondern wird zum eigentlichen »Medium«, worin gesellschaftliche Wirklichkeit verhandelt und fixiert wird. Auf diese Weise erheben Laclau und Mouffe den Hegemoniebegriff Gramscis nicht nur zum Schlüsselkonzept einer allgemeinen Sozialtheorie, sondern operationalisieren Hegemonie zugleich diskursanalytisch. Das bringt weder Ökonomie noch Staat zum Verschwinden, wie von traditionsmarxistischer wie regulationstheoretischer Seite gelegentlich unterstellt; es erzwingt allerdings die theoretische Rekonzeptualisierung von Ökonomie und Staat als Schnittmengen einer Vielzahl von Diskursen (Rechnungs-Diskursen, Informations-Diskursen, Autoritäts-Diskursen, technischen Diskursen), die jene traditionellen Unterscheidungen von Basis und Überbau wie auch von Staat und Gesellschaft durchkreuzen, ja quer zu ihnen liegen. Schließlich wird das Phantasma von ökonomischen Zwangsgesetzen endgültig verabschiedet, denn wenn Ökonomie (und dasselbe gilt für den Staat im engen Sinn), letztlich wie jede andere »Sphäre« der Gesellschaft diskursiv strukturiert ist, dann wird auch sie zum Terrain politischer und mithin hegemonialer (Re-) Artikulation. Die Konsequenzen für Gesellschaftstheorie in der marxistischen Tradition, das soll nochmals hervorgehoben werden, sind dramatisch. Da für Laclau und Mouffe das Diskursive eben immer hegemonial geformt wird, da es also keinen Diskurs gibt, der nicht zugleich Ausdruck hegemonialer Artikulation wäre, bleibt Hegemonie der Name für die jetzt *diskurstheoretisch* zu fassende operative Logik des Politischen und werden Hegemonietheorie, Diskurstheorie und Gesellschaftstheorie auch reformulierbar im Sinne einer allgemeinen Theorie des Politischen (Mouffe 2005, Marchart 2010b). Die genaueren Umrisse der hegemonietheoretischen Diskurstheorie werden in Kapitel 3 nachgezeichnet.

Drittens führt die Kritik am Klassenreduktionismus orthodoxer Marxismen zu einer neuen Sensibilität gegenüber politischen Kämpfen, die nicht aus den scheinbar objektiven Bedingungen der Klassenlage ableitbar sind. Wenn das Politische auf keiner tieferen Instanz gegründet ist, wenn es – umgekehrt –

konstitutiv in bezug auf das Soziale ist, dann wird kein einziger sozialer Akteur eine »ontologisch« privilegierte Rolle in der Gesellschaft in Anspruch nehmen können. Als politischer Akteur verliert »Klasse« ihr ontologisches Privileg gegenüber anderen Akteuren.[6] Stattdessen sind wir mit einer potentiell endlosen Kette sozialer Akteure konfrontiert, die ihre Identitäten – wie Geschlechtsidentität, »Ethnizität« oder sexuelle Orientierung – nicht notwendigerweise um einen Klassenkern artikulieren. War es in der marxistischen Linken Tradition, alle gesellschaftlichen Kämpfe ausschließlich unter der Perspektive ihres Klassencharakters zu beurteilen, so wurde es mit der Desintegration der Klassenparteien und dem vermehrten Auftreten eigensinniger Kämpfe politisch unmöglich, diese umstandslos auf Nebenwidersprüche zurückzuführen bzw. einem Hauptwiderspruch zu subsumieren:

Der unbefriedigende Begriff »neue soziale Bewegungen« faßt eine Reihe höchst unterschiedlicher Kämpfe zusammen: urbane, ökologische, anti-autoritäre, anti-institutionelle, feministische, anti-rassistische sowie ethnische, regionale oder sexuelle Minderheiten. Ihr gemeinsamer Nenner wäre ihre Unterscheidung von Arbeiterkämpfen als »Klasse«-kämpfen. Es ist sinnlos, auf der problematischen Natur dieses letzteren Begriffs zu bestehen: Er verschmelzt eine Reihe ganz unterschiedlicher Kämpfe auf der Ebene der Produktionsverhältnisse, die sich von den ›neuen Antagonismen‹ dadurch unterscheiden, daß sie nur allzu deutlich das Beharren eines Diskurses enthüllen, der auf dem privilegierten Status der »Klassen« beruht. Was uns also bei diesen neuen sozialen Bewegungen interessiert, ist nicht die Vorstellung ihrer willkürlichen Zusammenfassung zu einer der Kategorie der Klasse entgegengesetzten Kategorie, sondern die *neue* Rolle, die sie in der Artikulation dieser schnellen Verbreitung sozialer Konfliktualität auf immer zahlreichere Verhältnisse spielen, die für fortgeschrittene Industriegesellschaften heute charakteristisch sind. (Laclau/Mouffe 1991: 219-20)

Die neuen sozialen Bewegungen sind darin neu, »daß sie neue Formen der Unterordnung in Frage stellen« (220). Während Laclau und Mouffe natürlich nicht die einzigen waren, die in den späten 1970er und frühen 1980er Jahren das Phänomen der neuen sozialen Bewegungen »entdeckten«, waren sie doch sicherlich jene, die am präzisesten und schlüssigsten die Konsequenzen dieses Phänomens für ein gegenhegemoniales Projekt der Linken ausbuchstabierten. Denn mit dem Auftreten äußerst diverser Kämpfe wurde die Notwendigkeit und zugleich Schwierigkeit deutlich, sie einer gemeinsamen gegenhegemonialen Artikulation zuzuführen, ohne der einen oder anderen Gruppe ein ontologisch abgesichertes Führungsprivileg zuzugestehen. Laclau und Mouffe be-

---

6 | Zugleich verliert die Partei ihr epistemologisches Privileg als Akteur, der um die »Gesetze der Geschichte« weiß, in denen sich das ontologische Privileg der Klasse niederschlug.

gegneten dieser Schwierigkeit, indem sie im letzten Kapitel ihres Buches das Projekt einer »radikalen und pluralen Demokratie« vorschlugen. In Kapitel 4 und im Fazit werde ich im Rahmen der Diskussion postidentitärer sozialer Bewegungen darauf zurückkommen.

Viertens wird also unter dem Titel einer radikalen und pluralen Demokratie ein gegenhegemoniales emanzipatorisches Projekt formuliert. »Radikal« wird dieses Projekt genannt, weil eines seiner Ziele in der Ausweitung egalitärer Verhältnisse auf immer weitere Arenen des sozialen Lebens besteht. »Plural« wird es genannt, weil die relative Autonomie der Forderungen einzelner Gruppen akzeptiert und zu einer breiteren gemeinsamen Bewegung – zu einer Äquivalenzkette – artikuliert werden muss. Als »demokratisch« schließlich kann das Projekt gelten, weil »die Umwandlung der liberal-demokratischen Ideologie zum ›common sense‹ westlicher Gesellschaften die Grundlage für diese immer weiter gehende Herausforderung des hierarchischen Prinzips bildete, die Tocqueville ›Angleichung der Bedingungen‹ nannte« (220). Seit der von Claude Lefort (1990) im Anschluss an Tocqueville so bezeichneten *demokratischen Revolution* hat sich der Diskurs der Demokratie zu einem unübersteigbaren imaginären Horizont erweitert, an den neu auftretende emanzipative Projekte anschließen können und müssen, wollen sie hegemoniefähig sein. Von diesem Punkt aus wird Chantal Mouffe in einer Reihe von Büchern (vgl. Mouffe 1992, 2008) das Projekt radikaler Demokratie im Verhältnis zum politischen Liberalismus weiterentwickeln, während Ernesto Laclau (2002) in die Debatte um radikale Demokratie mit einer Reflexion auf die Geschichte und Theorie der Emanzipation sowie auf das Verhältnis zwischen Partikularismus und Universalismus eingreifen wird. Die demokratietheoretischen Implikationen sozialer Bewegungen werde ich im Schlusskapitel sichtbar zu machen versuchen.

Wie leicht zu sehen ist, verweisen die vier erwähnten Verschiebungen aufeinander. Weder wäre ein klassistischer und ökonomistischer Marxismus in der Lage, das Auftreten neuer sozialer Bewegungen analytisch zu fassen, noch würde ein gegenhegemoniales Projekt auf Basis einer klassenreduktionistischen Politik heute irgendeine Aussicht auf Erfolg haben. Schließlich gibt uns die diskurstheoretische Reformulierung der Hegemonietheorie Gramscis die analytischen Instrumente an die Hand, um hegemoniale Formationen angemessen beschreiben zu können, denn als Diskurstheorie geht sie weder von überkommenen Ebenenunterscheidungen noch von der essentialistischen Annahme präkonstituierter politischer Subjekte aus, ist doch die Identität dieser Subjekte so wie die Struktur hegemonialer Formationen selbst Produkt diskursiver Artikulation, nicht umgekehrt. Damit geht es nun aber darum, die Konstitution sozialer Akteure und politischer Projekte im Medium des Diskurses zu verfolgen und nicht etwa aus scheinbar objektiven, außer-diskursiven Bedingungen abzuleiten.

2.2 JENSEITS DES TOPOGRAPHISCHEN MODELLS VON GESELLSCHAFT: *INTEGRALE ÖKONOMIE* UND *INTEGRALE POLITIK*

Nun wurde Laclau und Mouffe gelegentlich vorgeworfen, ihr postmarxistischer Ansatz würde über das Ziel einer Dekonstruktion des Primats der Ökonomie hinausschießen und Ökonomie überhaupt ignorieren. Obwohl die Hegemonie-theorie in der Tradition der Essex-School zumeist tatsächlich eher an politischen Diskursen im engeren Sinn interessiert ist, hängen solche Vorwürfe einem überkommenen Verständnis von Ökonomie an. Denn die Vorstellung, Öko-nomie sei ein »selbst-regulierter, endogenen Gesetzen unterworfener Raum« (Laclau/Mouffe 1991: 134), ist mit den Prämissen der Diskurstheorie unverein-bar. Das Objekt »Ökonomie« muss anders gefasst werden, wenn es durch keine endogenen Gesetze definiert wird. Zum ersten ist der Raum der Ökonomie, so befremdlich dies aus ökonomistischer Perspektive klingen mag, genauso dis-kursiv verfasst wie alle anderen gesellschaftlichen Bereiche (wir werden noch sehen, was dies im Genaueren bedeutet), zum anderen vertreten Laclau und Mouffe die mit der Regulationstheorie – wie auch mit den drei weiteren, im vorangegangenen Kapitel diskutierten Ansätzen – durchaus kompatible Über-zeugung, »daß der Raum der Ökonomie selbst als ein politischer Raum struk-turiert ist und daß in ihm wie auf jeder anderen ›Ebene‹ der Gesellschaft jene Praktiken, die wir als hegemonial gekennzeichnet haben, voll wirksam sind« (123). Dies zeige sich schon daran, dass Arbeitskraft keineswegs nur eine Ware sei, die man kauft und verkauft; Arbeitskraft müsse – dies eine an Boltanskis und Chiapellos Ausgangsannahme erinnernde Einsicht – *aktiviert* werden. Der Arbeitsprozess sei daher notwendigerweise in Herrschaftsverhältnisse einge-gliedert, weshalb kapitalistische Arbeitsorganisation beides sein muss: »eine Technik der Produktion und eine Technik der Herrschaft« (126). Indem etwa der Taylorismus Arbeit durch die Trennung von Planung und Ausführung entqualifiziert, gibt er sich als Mittel der Beherrschung der Arbeiter und der Kontrolle des Arbeitsprozesses zu erkennen. Zum Zwecke der Entwicklung der Produktivkräfte bestand also für die Kapitalisten die Notwendigkeit, ihre »Herr-schaft mitten im Herzen des Arbeitsprozesses auszuüben« (125), weshalb der Arbeitsprozess als »Ort eines Kampfes« (126) verstanden werden müsse.

Damit beziehen sich Laclau und Mouffe explizit auf den Operaismus der 6oer-Jahre (namentlich auf Tronti und auf Panzieri), der gezeigt habe, »wie die Kapitalentwicklung, weit davon entfernt, blind ihre Logik der Arbeiterklasse aufzuerlegen, dem Kampf der letzteren untergeordnet ist« (127).[7] Zusammen-

---

7 | Die den operaistischen Arbeiten gemeinsame Idee sei, so Laclau und Mouffe (1991: 127-8), »daß die spezifischen historischen Formen der kapitalistischen Kontrolle als Teil der allgemeinen sozialen Verhältnisse untersucht werden müssen, da die sich ver-

setzung und Herrschaftsformen des Kapitals wurden durch Arbeiterkämpfe zu Modifikationen gezwungen, so z.b. zum Übergang vom absoluten zum relativen Mehrwert aufgrund der durch Arbeiterkämpfe errungenen zeitlichen Begrenzung des Arbeitstags: »Arbeiterkämpfe, so verstanden, können offensichtlich nicht durch eine endogene Logik des Kapitalismus erklärt werden, da ihre starke Dynamik nicht unter die ›Warenform‹ der Arbeitskraft subsumiert werden kann« (128) (was in weiterer Folge auch die These von der Neutralität der Produktivkräfte hinfällig werden lässt). Auf der anderen Seite treiben die Kapitalstrategien, die auf die Arbeiterkämpfe antworten, durch z.b. Bildung eines dualen Arbeitsmarktes ihrerseits wiederum tiefe Spaltungen in die Arbeiterklasse. Deren Segmentierung ist das Resultat von Kämpfen, in denen nicht zuletzt die Gewerkschaften eine wichtige Rolle spielen, z.b. durch ihre Exklusionspolitik gegenüber »ausländischen« Arbeitnehmern oder durch ihre langjährige Ignoranz gegenüber nicht dem Normalarbeitsverhältnis entsprechenden Formen prekärer Beschäftigung. Aufgrund ihrer inneren Heterogenität ist der traditionelle, letztlich am vorgeblich »objektiven« Kriterium der Stellung im Produktionsprozess gewonnene Begriff der »Arbeiterklasse« wenig hilfreich für eine Analyse hegemonialer Formationen. Und wenn die Arbeiterkasse nun tatsächlich »von einer Vielzahl schwach integrierter und häufig widersprüchlicher Subjektpositionen beherrscht wird« (132), dann wird es notwendig sein, »die Pluralität der verschiedenen und häufig sich widersprechenden Positionen zu analysieren und die Idee von einem vollkommen einheitlichen und homogenen Agenten der ›Arbeiterklasse‹ des klassischen Diskurses aufzugeben« (133).[8] Eine analoge Schlussfolgerung muss für den Begriff des Kapitalismus selbst gezogen werden, denn mit einer an die Regulationstheorie erinnernden Bewegung verweist Laclau auf die notwendig extraökonomischen Bedingungen kapitalistischer Akkumulation, die es unsinnig erscheinen lassen, von einem »kapitalistischen System« auszugehen, das nur oberflächliche Varianzen ausbildet, während es in seinem Wesenskern mit sich selbst identisch bleibt. Das veranlasst Laclau zu folgender Schlussfolgerung: *Es gibt keinen Kapitalismus*. Es gibt nur kapitalistische Verhältnisse, die in hegemoniale Formationen eingebettet sind:

ändernden Organisationsformen des Arbeitsprozesses nicht nur in der Form der Differenz zwischen absoluten und relativen Mehrwert verstanden werden können«.

8 | Nicht allein aus analytischen Gründen, sondern auch aus politischen, wenn nämlich unter der Arbeiterklasse ein potentiell politisches Subjekt verstanden werden soll, sei dies dringend geboten: »Der Widerstand der Arbeiter gegen bestimmte Herrschaftsformen wird davon abhängen, welche Position sie innerhalb des Ensembles der sozialen Verhältnisse insgesamt besetzen, und nicht nur innerhalb der Produktionsverhältnisse« (Laclau/Mouffe 1991: 133).

The conditions of existence of capitalist accumulation are provided by a set of factors which correspond to complex balances of forces – partly economic, of course, but also political, institutional and ideological. [...] In that case, the myth of a separate and definable ›economic instance‹ must be abandoned. What exists is not an essentially homogeneous entity – the capitalist system – which merely allows for empirical and accidental variations in different historical and geographical contexts. Instead, there are global configurations – historical blocs, in the Gramscian sense – in which the »ideological«, »economic«, »political« and other elements are inextricably fused and can only be separated for analytical purposes. There is therefore no »capitalism«, but rather different forms of capitalist relations which form part of highly diverse structural complexes. (Laclau 1990: 25f.)

Laclau These – »there is no ›capitalism‹« – besitzt ein exaktes regulationstheoretisches Äquivalent in der nicht minder pointierten These von Lipietz: »*Die* ›kapitalistische Produktionsweise‹ existiert nicht« (Lipietz 1985: 18). *Was* existiert, das sind immer nur instabile (Un-)Gleichgewichtsverhältnisse zwischen Akkumulationsregimen und Regulationsweisen oder, wie Laclau und Mouffe sagen würden, zwischen dem Ökonomischen und dem Politischen, wobei keine *substantielle* Trennlinie zwischen den beiden Bereichen verläuft. Wo eine solche Trennung gemacht werden soll, kann man sich auf keine apriorisch gegebenen Merkmale der jeweiligen Sphäre berufen. Dies scheint mir die für Gesellschaftsanalyse entscheidende Schlussfolgerung nahezulegen, dass nur aus analytischen Gründen *dieselben Strukturen* jeweils *als* ökonomische oder *als* politische perspektivierbar sind. Je nach Erkenntnisinteresse wird die Analyse einer hegemonialen Formation dabei stärker auf deren ökonomische oder auf deren politische Artikulationen abheben. Die Trennung zwischen den beiden Ebenen kann also nur im theoretischen und analytischen Zugriff, d.h. diskursiv gezogen werden, so wie auch deren *Einheit* – entgegen den Annahmen des Ökonomismus – theoretisch und analytisch sehr wohl postuliert werden kann. Obwohl sich Laclau und Mouffe zu Fragen der Methodologie kaum äußern, wird diese Annahme durch folgendes Zitat, wie mir scheint, gestützt:

Die Alternative ist klar: Entweder findet die Trennung zwischen dem Politischen und dem Ökonomischen auf einer außerdiskursiven Ebene statt, die sie a priori befestigt, oder aber diese Trennung ist das Resultat diskursiver Praxen, womit es nicht möglich wäre, sie a priori gegen jeden ihre Einheit konstruierenden Diskurs zu immunisieren. [...] Von daher kann man sagen: Das Ökonomische *ist* und *ist nicht* im Politischen präsent und umgekehrt; die Beziehung ist nicht eine buchstäblicher Differenzierungen, sondern instabiler Analogien zwischen beiden Begriffen. (Laclau/Mouffe 1991: 175)

Somit sind etwa die ökonomischen Verknüpfungen eines Ensembles an keinem gesellschaftstopographisch identifizierbaren »Ort« der hegemonialen Formation zu suchen, sondern erschließen sich nur aus der einem bestimmten Untersuchungsdesign geschuldeten Differenzierungsleistung, denn entscheidend am hegemonietheoretischen Zugang ist, dass sich der soziale Raum aus den eben angeführten Gründen nicht in substantiell oder funktionell vorgegebene Regionen oder gar Stockwerke – wie im Basis/Überbau-Modell – unterteilen lässt, ist das relationale Ensemble des Sozialen – selbst in dessen institutionellen (sei es staatlichen, sei es ökonomischen) Verdichtungen – doch als Produkt hegemonialer Auseinandersetzungen zu verstehen, die eine bestimmte hegemoniale Formation in ihrer Gesamtheit ausbilden, und das nicht nach dem Modell eines Baukastensystems. Je nachdem, ob eher die ökonomischen, die staatlich-institutionellen oder die politisch-bewegungstheoretischen Aspekte in einer Untersuchung in den Vordergrund rücken, wird sich der Blick auf den Untersuchungsgegenstand perspektivisch verschieben und diesen in Begriffen einer *integralen Ökonomie*, eines *integralen Staats* oder einer *integralen Politik* (einschließlich der Politik sozialer Proteste) analysieren. Doch entscheidend bleibt, dass von keiner im Sozialen selbst ontologisch oder empirisch vorgegebenen Unterscheidung ausgegangen werden darf: Weder gibt es *die* Ökonomie, noch *den* Staat, noch *die* sozialen Kämpfe als unterscheidbare soziale Tatsachen oder Regionen jenseits ihrer theoretisch-analytischen Artikulation als ebensolche. Aus diesem Grund stehen die in wesentlichen Punkten auf Gramsci zurückgehenden Ansätze der Regulationstheorie, des Postoperaismus, der Staatstheorie (in der Nachfolge von Poulantzas), der diskursanalytischen Hegemonietheorie und selbst der Cultural Studies in der Birmingham Tradition (Marchart 2008a) in einem potentiell produktiven Ergänzungsverhältnis zueinander.

Sollen die wesentlichen Thesen der im letzten Kapitel diskutierten Ansätze nun diskurstheoretisch reformuliert werden, so sind dabei ihre historischen und ihre analytischen Dimensionen auseinanderzuhalten. Die These, dass, wie vom Postoperaismus beobachtet, eine *fabbrica diffusa* entstanden sei, die im Postfordismus die ganze Gesellschaft umfasst, geht aus einer historischen Analyse hervor. Ohne Zweifel besitzt diese Analyse theoretische Implikationen, denn sie machte in den 1970er Jahren ein striktes innertheoretisches Festhalten an der traditionellen Basis/Überbau-Unterscheidung immer schwieriger, doch ist zu vermuten, dass die traditionsmarxistische Theorie einer Trennung zwischen determinierender ökonomischer Basis und politisch-ideologischem Überbau – und damit ein topographisches Ebenenmodell des Sozialen – bereits im Fall der fordistischen Gesellschaft, wenn nicht jeder Gesellschaft in die Irre führt.[9] Schon Gramsci hatte in seiner Fordismus-Analyse den Abschied von

---

9 | Ich tendiere zu einer quasi-transzendentalistischen Lesart des Verhältnisses zwischen mit Allgemeingültigkeitsanspruch auftretenden theoretischen Annahmen und den historischen Entstehungsbedingungen dieser Annahmen. Obwohl Gesellschaftstheorien bestimmte historische Entstehungsvoraussetzungen haben, müssen sie not-

diesem theoretischen Modell eingeleitet. So spricht man heute in der neogram-
scianischen, an Poulantzas anschließenden Staatstheorie nicht nur vom *integralen oder erweiterten Staat*, der die staatlichen Zwangsapparate der »politischen
Gesellschaft« und die scheinbar nicht-staatlichen Institutionen der Zivilgesellschaft umfasst und relationistisch als »formbestimme Verdichtung von Kräf-
tegleichgewichten im politischen Kampf« (Jessop 2007: 209) definiert wird,
sondern auch, mit Rückbezug auf die Regulationstheorie, von einer *integralen
Ökonomie*.[10] Der Regulationstheorie gehe es mit der kombinierten Analyse von
Akkumulationsregime und gesellschaftlicher Struktur der Akkumulation um
die Ökonomie in einem erweiterten Sinn, d.h. um die »integrale Ökonomie«
(209), ausgehend von der These, dass der, wie Gramsci sagt, entscheidende ökonomische Kern »immer und notwendigerweise gesellschaftlich eingebettet und
gesellschaftlich reguliert« (ebd.) ist. Vor diesem Hintergrund schlägt Jessop,
und die deutsche Lesart der Regulationstheorie folgt ihm darin, die gegenseitige
Ergänzung von Regulations- und neogramscianischer Staatstheorie vor:

> So untersucht Gramsci die gesellschaftliche Einbettung und gesellschaftliche Regu-
> lation staatlicher Macht, der Regulationsansatz untersucht die gesellschaftliche Ein-
> bettung und gesellschaftliche Regulation der Akkumulation. Für Gramsci beinhaltet
> dies die Analyse der Modalitäten politischer Macht (Hegemonie, Zwang, Herrschaft,
> Führung), die es einem historisch spezifischen Machtblock ermöglichen, Macht über
> die Grenzen des Staates hinaus zu entwerfen und die Bedingungen politischer Klassen-
> herrschaft sicher zu stellen. Entsprechend bedeutet dies für die Regulationstheoretiker
> die Erforschung der Modalitäten ökonomischer Regulation (Lohnverhältnis, Geld und
> Kredit, Konkurrenzformen, internationale Regimes und Staat), die die Kompatibilität
> zwischen mikroökonomischem Verhalten und der erweiterten Reproduktion des Kapi-
> talkreislaufes in spezifischen historischen Verhältnissen sichern. (Jessop 2007: 210)

---

wendigerweise allgemeingültige Modelle entwerfen, die selbstverständlich nicht allein
in Bezug auf die Periode ihrer Entstehung Gültigkeit beanspruchen (vgl. dazu Marchart
2010a).

10 | Dieser erweiterte Staat müsse, in den Worten Bob Jessops (2007: 217): »sowohl
als ein komplexes Ensemble von Institutionen, Netzwerken, Prozeduren, Kalkulati-
onsmodi und Normen wie auch deren miteinander verbundenen Muster strategischen
Verhaltens aufgefasst werden.« Jessop verweist auch auf die Spezifik staatlicher En-
sembles im Verhältnis zu ökonomischen Verhältnissen (obwohl die Beschreibung dieser
Spezifik mit dem Begriff der »relativen Autonomie« noch zu sehr der althusserianischen
Phase einer nur unvollständigen Ablösung vom Traditionsmarxismus verhaftet bleibt):
»Staat muss vielmehr sowohl ein Gegenstand als auch ein Akteur der Regulation sein.
Die spezifische Form des staatlichen Ensembles gibt jedoch der politischen Sphäre ihre
›relative Autonomie‹ und bewirkt, dass man Politik nicht einfach als ›konzentrierte Öko-
nomie‹ behandeln kann‹« (ebd.).

Durch Kombination lässt sich auf die jeweiligen Stärken der Ansätze zurückgreifen, ihre Defizite lassen sich durch die jeweils anderen Ansätze beheben: So werde der neogramscianische Ansatz durch seine »bloß andeutende Behandlung des ›entscheidenden ökonomischen Kerns‹ der Hegemonie beeinträchtigt«, weshalb die Regulationstheorie hilfreich sein könne, diesen Mangel auszugleichen. Seinerseits sei der Regulationsansatz wiederum für seine Vernachlässigung des Staates bekannt: »Dies legt nahe, dass neogramscianische Theorie und Regulationstheorie kommensurabel sind und dass es fruchtbar wäre, sie zu kombinieren« (Jessop 2007: 210). Auch die diskursanalytische Hegemonietheorie, der immer wieder die Vernachlässigung sowohl der Ökonomie als auch des Staates angelastet wird, könnte von beiden Ansätzen profitieren. Sie selbst allerdings trägt ihrerseits den Begriff einer Politik im erweiterten Sinne bei, einer Politik also, die nicht auf das politische System beschränkt ist. Denn auch mit ihrem Politikbegriff lässt die Hegemonietheorie das topographische Gesellschaftsmodell hinter sich und beschreibt im Anschluss an Gramsci, wie die *politische Logik* der Verallgemeinerung einer partikularen Position zu einem universalen Horizont letztlich jeder hegemonialen Artikulation – unabhängig von ihrer Verortung im Sozialen – zugrunde liegt. Ich schlage vor, diese das gesamte soziale Terrain umfassende Logik von Politik als *integrale Politik* zu bezeichnen.

Wie ist nun diese von Laclau entworfene politische Artikulationslogik, die unserem Konzept der integralen Politik zugrunde liegt, zu fassen? Kehren wir nochmals zu Gramsci zurück. Hegemonie besteht, wie bereits angedeutet, in der Erringung moralischer und intellektueller Führung auf dem komplexen Terrain der Zivilgesellschaft, wobei der politische Akteur, in dem moralische und intellektuelle Führung zu einer höheren Synthese findet, nicht mehr eine einzelne Klasse ist, sondern ein »Kollektivwille«. Und so wie das politische Subjekt über das bloße Klassensubjekt hinausgeht, so gehen Gramscis Begriffe von Ideologie als »organischem Zement« und das artikulatorische Prinzip des »historischen Blocks«, in dem Institutionen und Apparate zu einem organischen Ganzen artikuliert sind, über die traditionelle Basis/Überbau-Unterscheidung hinaus: »Für Gramsci sind politische Subjekte strenggenommen keine Klassen, sondern organische ›Kollektivwillen‹; entsprechend haben die ideologischen Elemente, die durch eine hegemoniale Klasse artikuliert werden, keine notwendige Klassenzugehörigkeit.« Gramscis Position sei diesbezüglich eindeutig: »der Kollektivwille ist ein Resultat der politisch-ideologischen Artikulation verstreuter und fragmentierter historischer Kräfte« (Laclau/Mouffe 1991: 111). Die Grundvoraussetzung für hegemoniale Artikulation besteht dabei nach Gramsci – wie nach Laclau und Mouffe – im Überschreiten der rein korporativ-ökonomischen Interessen einer bestimmten sozialen Gruppe (bzw. bei Laclau und Mouffe: in der Überschreitung des eigenen Partikularismus hin zum politisch Verallgemeinerbaren). Zur Erinnerung sei hier die entscheidende Strecke aus den Gefängnisheften Gramscis, die der Laclau'schen Logik der Hegemonie zum Vorbild dient, vollständig zitiert:

Das erste Moment, das elementarste, ist das ursprünglich ökonomische: ein Kaufmann fühlt, daß er solidarisch mit einem anderen Kaufmann ist, ein Fabrikant mit einem anderen Fabrikanten usw. aber der Kaufmann fühlt sich noch nicht solidarisch mit dem Fabrikanten; gefühlt wird also die homogene Einheit der Berufsgruppe, aber noch nicht der gesellschaftlichen Gruppierung. Ein zweites Moment ist dasjenige, in dem das Bewußtsein der Interessensolidarität zwischen allen Mitgliedern der gesellschaftlichen Gruppierung erlangt wird, aber erst auf rein ökonomischem Gebiet. In dieser ökonomisch-politischen Phase stellt sich die Staatsfrage, jedoch auf dem Terrain der elementaren politischen Gleichheit, da das Recht eingefordert wird, bei der Verwaltung und bei der Gesetzgebung mitzuwirken und sie innerhalb der vorhandenen allgemeinen Rahmenbedingungen zu modifizieren, sie zu reformieren. Ein drittes Moment, ist dasjenige, in dem das Bewußtsein erlangt wird, daß die eigenen »korporativen« Interessen in ihrer gegenwärtigen und künftigen Entwicklung den »korporativen« Umkreis, also den der ökonomischen Gruppierung, überschreiten und zu Interessen anderer untergeordneter Gruppen werden können und müssen; dies ist die eigentlich »politische« Phase, die den klaren Übergang von der bloßen Struktur zu den komplexen Superstrukturen bezeichnet, es ist die Phase, in der die zuvor aufgekeimten Ideologien in Kontakt kommen und in Kontrast treten, bis eine einzige von ihnen, oder zumindest eine einzige Kombination derselben, dazu tendiert, das Übergewicht zu erlangen, sich durchzusetzen, sich über das gesamte Gebiet zu verbreiten, über die ökonomische und politische Einheit hinaus auch die intellektuelle und moralische Einheit determinierend, auf einer nicht korporativen, sondern universellen Ebene der Hegemonie einer gesellschaftlichen Hauptgruppierung über die untergeordneten Gruppierungen. (Gramsci 1991ff.: 495f.)

Was die später von Laclau diskursanalytisch beschriebene Logik der Hegemonie bzw. integralen Politik auszeichnen wird – die Erweiterung der berufsgruppenspezifischen bzw. korporativen Interessen hin zu einer »universellen Ebene« der Repräsentation von Allgemeinheit – ist hier bereits angesprochen.[11] Aller-

---

11 | In *Emanzipation und Differenz* hat Laclau aus dieser Logik der Hegemonie eine Art negative Dialektik zwischen Partikularität und Universalität destilliert. Er kann sich dabei wiederum auf Gramsci stützen, der an einer Stelle der Gefängnishefte selbst davon spricht, dass im hegemonialen Verhältnis »das ›Partikulare‹ zu ›Universellem‹ erhoben wird« (Gramsci 1991ff.: 771). Laclau geht jedoch auch hier über Gramsci hinaus, indem er dieses Verhältnis dekonstruktiv als notwendig und doch zugleich prinzipiell unmöglich fasst. Laclau wird in der Unüberbrückbarkeit des Spalts zwischen dem Partikularen und dem Universellen die eigentliche Bedingung der (Un-)Möglichkeit des hegemonialen Verhältnisses erkennen. Das Universelle besitzt keinen notwendigen Inhalt, und es wird nie ein partikularer Körper gefunden werden können, der sich als wahrer Körper

dings werden Laclau und Mouffe Gramsci nur mit gewissen Vorbehalten folgen, denn für sie sind die Reste des Ökonomismus, der sich in dem obigen Zitat spiegelt, aus zumindest drei Gründen nicht länger tragbar: Zum ersten muss es sich – spätestens nach der Erfahrung der neuen sozialen Bewegungen – bei korporativen Interessen nicht unbedingt allein um ökonomische Interessen handeln, sondern unter »korporativen Interessen« können alle Formen des Partikularismus und der identitären Selbstabschließung (etwa in Form von *identity politics*) verstanden werden. Die Bewegung hegemonialer Politik ist also nicht notwendigerweise mit dem »Übergang von der bloßen Struktur zu den komplexen Superstrukturen« identisch. Zum zweiten werden Laclau und Mouffe (1991: 196) Gramscis Vorstellung zurückweisen, hegemoniale Subjekte würden notwendigerweise auf der Ebene der beiden fundamentalen Klassen konstituiert. Gramscis eigentlich anti-ökonomistische Position werde durch diese letzte Inkohärenz beeinträchtigt, wodurch das Spiel der Hegemonie eingeschränkt bleibe. Der »verborgene essentialistische Kern« (114) der Position Gramscis besteht in der Annahme, trotz des relationalen und artikulatorischen Charakters einer hegemonialen Formation müsse es »in jeder hegemonialen Formation immer ein *einziges* vereinheitlichendes Prinzip geben, und dies kann nur eine fundamentale Klasse sein. Demgemäß sind zwei Prinzipien der sozialen Ordnung – die Einzigartigkeit des vereinheitlichenden Prinzips und sein notwendiger Klassencharakter – nicht das kontingente Resultat eines hegemonialen Kampfes, sondern der notwendige strukturelle Rahmen für jeden Kampf« (113). Selbst bei Gramsci handelt es sich letztlich um ein Nullsummenspiel zwischen der Hegemonie der Bourgeoisie und der potentiellen Hegemonie der Arbeiterklasse, wodurch der hegemonialen Logik der Kontingenz durch eine letzte Bastion der Notwendigkeit Schranken gesetzt bleiben. Laclau und Mouffe werden diesen letzten Klassenkern, der im Wandel hegemonialer Artikulation für Gramsci noch identisch blieb, aus der Hegemonietheorie entfernen. Erst mit dieser entkernten Version wird das ganze Potential des Hegemoniebegriffs freigesetzt, und mit dem *discursive turn* wird das Terrain der Klassenanalyse endgültig verlassen. Denn die grundlegenden Analyseeinheiten sind nun nicht mehr sozial objektivierte und ihrer hegemonialen Artikulation vorausgehende (Klassen-)Identitäten, sondern immer erst *zu artikulierende* und im Artikulationsprozess ihre Identität verändernde Diskursformationen. Und drittens werden

---

des Universellen erwiese; stattdessen »wetteifern verschiedene Gruppen miteinander, um ihren Partikularismen eine Funktion universeller Repräsentation zu geben« (Laclau 2002: 64). Dieser Prozess ist prinzipiell unabstellbar, denn der Spalt zwischen Partikularität und Universalität bleibt auf Dauer unüberbrückbar. Das Universelle (einer ein für allemal errichteten hegemonialen Ordnung) wird so zu einem unmöglichen Objekt, das letztlich nicht erreichbar ist, dennoch aber notwendig bleibt als leerer Ort, um den der politische Kampf tobt.

Laclau und Mouffe ein weiteres essentialistisches Element des gramscianischen Denkens zurückweisen, das Postulat nämlich, »daß mit Ausnahme von Inter-regna organischer Krisen jede Gesellschaftsformation sich um ein einfaches hegemoniales Zentrum herum strukturiert« (ebd.). Gesellschaftsformationen würden von einer Vielzahl von Antagonismen sozialer Kämpfe durchkreuzt, die jede »Gesellschaft« konstitutiv dezentrieren (was natürlich keinesfalls bedeutet, dass es überhaupt keine hegemonialen Verdichtungen, keine Zentren im Plural mehr gibt – in deren Herstellung besteht ja gerade die Aufgabe hegemonialer Artikulation).

Der im Kern schon von Gramsci formulierte soziale Relationismus müs-se somit diskursanalytisch gewendet und radikalisiert werden: »Hegemonie ist ganz einfach ein politischer *Typus von Beziehung*, eine *Form*, wenn man so will, von Politik, aber keine bestimmbare Stelle innerhalb einer Topographie des Gesellschaftlichen« (Laclau und Mouffe 1991: 198). Im Sinne dieser *integralen* Form von Politik wird das Soziale, statt in hierarchisch organisierte Ebe-nen oder in selbstregulierte Teilsysteme differenziert zu sein, hegemonial *zu diskursiven Formationen artikuliert*, die quer zu jeder topographischen System- oder Ebenenunterscheidung liegen. Was solche Trennungslinien überquert, ist gewissermaßen die Universalisierungstangente integraler, d.h. hegemonialer Politik, die – in Laclau'scher Reformulierung des obigen Gramsci-Zitats – in der Übernahme der Aufgabe der Repräsentation eines abwesenden Universellen durch einen partikularen Akteur besteht, der dieser Aufgabe nie gerecht werden kann, weshalb das Spiel integraler Politik sich als unabstellbar erweist.[12] Mit dieser (letztlich immer notwendig scheiternden) Dialektik von Partikularismus und Universalismus ist Laclau eine Neubeschreibung der hegemonialen Logik gelungen, die eine Perspektivierung des Sozialen unter politischen Gesichts-punkten erlaubt. Was eine hegemonietheoretische Diskursanalyse über diese allgemeine Bestimmung des hegemonialen Verhältnisses hinaus im jeweils ge-gebenen Fall zu beschreiben hat, sind jene diskursiven Strategien, durch die die Kohärenz einer bestimmten hegemonialen Diskursformation gewährleistet wird. Die allgemeine Perspektive der diskursanalytischen Hegemonietheorie Laclaus und Mouffes lässt sich somit zur Frage verdichten: *Wie wird soziale und politische Bedeutung innerhalb relationaler Ensembles von Kräfteverhältnissen durch*

---

12 | Ernesto Laclau hat sowohl die Logik des leeren Signifikanten als diskursivem Ko-härenzgaranten einer diskursiven Formation als auch das hegemoniale Verhältnis zwi-schen dem Partikularen und dem Universellen in *Emanzipation und Differenz* (2002) dargestellt. Für eine ausführlichere Zusammenfassung der Hegemonietheorie Laclaus und Mouffes gerade auch hinsichtlich des Verhältnisses von Partikularismus und Uni-versalismus, die an dieser Stelle aus Platzgründen nicht geleistet werden kann, vgl. die Beiträge in Critchley/Marchart (2004), sowie Marchart (1994; 1998) und Stäheli (2001).

politische Kämpfe geformt? Oder exakter: *Wie wird eine gegebene hegemoniale Formation auf einem konstitutiv von Antagonismen durchfurchten Terrain diskursiv artikuliert?* Unter einer »hegemonialen Formation« wird nun jede Diskursformation verstanden, die hinsichtlich des *antagonistischen Terrains* ihrer Konstitution analysiert wird, also hinsichtlich jener Antagonismen oder sozialen Kämpfe, die sie durchfurchen und dabei zugleich formen (195).

Wiederum sind zwei Ebenen zu unterscheiden: die allgemein-theoretische, die uns über die Konstitutionslogiken hegemonialer Formationen aufklärt, und die konkret-historische der Analyse spezifischer Formationen. Die diskursanalytische Wende der Hegemonietheorie erlaubt es, sowohl die allgemeine Konstruktionslogik hegemonialer und darin diskursiver Formationen zu beschreiben (also die Artikulationslogik der Vereinheitlichung relationaler Ensembles) und zugleich ein methodologisches Instrumentarium zur Analyse jeweils konkreter Formationen zu gewinnen. Auf diese Weise wird die gerade angerissene Dialektik von Partikularismus und Universalismus diskurstheoretisch und -analytisch operationalisiert. Im Anschluss an Saussure wird das Soziale als ein Feld von Bedeutung und damit von Differenzen verstanden (denn die Bedeutung eines diskursiven Elements stellt sich nur her qua relationaler Differenz zu anderen Elementen), wobei zu klären bleibt, wie diese Differenzen miteinander verknüpft, d.h. artikuliert werden. Diese Erklärung liefert Laclaus und Mouffes Konzept des *Antagonismus*, das die wohl zentrale Stelle im Theoriebau der diskursanalytischen Hegemonietheorie einnimmt. Da erst im nächsten Kapitel die Diskurstheorie genauer vorgestellt wird, muss vorerst die folgende Erklärung ausreichen: Eine vorübergehende Verknüpfung relationaler Elemente stellt sich her durch deren gemeinsame Abgrenzung gegenüber einem antagonistischen Außen. Dieses Außen stellt keine weitere Differenz dar, d.h. kein weiteres »positives« Element, denn dann wäre es ja Teil des Felds der Differenzen und nicht dessen Außen. Es muss vielmehr als rein negativer Bezugspunkt gedacht werden, dem gegenüber sich die Differenzen zu einem gemeinsamen Ensemble – einer »Äquivalenzkette« – zusammenschließen. Als das *ganz Andere* der Differenz präsentiert sich der Antagonismus dem Feld der Differenzen gegenüber somit als *Prinzip von Äquivalenz*. Insofern jedes relationale (=differentielle) Ensemble aber konstitutiv auf eine Instanz verwiesen bleibt, die ihm notwendigerweise entkommt (=ein negatorisches Außen), wird es immer von seinem Gegenteil (dem Prinzip der Äquivalenz) subvertiert, welches es zugleich konstituiert.[13]

---

13 | Man sieht, wie der Begriff des Antagonismus für Laclau und Mouffe eine dem Derrida'schen *Supplement* völlig analogen Status besitzt: Die Bedingung der Möglichkeit sozialer Bedeutung, d.h. die Bedingung eines gewissen Systematisierungseffekts hegemonialer Formationen verunmöglicht zugleich die Herstellung »voller Bedeutung« bzw. die Schließung eines hegemonial geformten Sozialen zu einer imaginär geschlossenen Totalität von »Gesellschaft«. So folgern Laclau und Mouffe (1991: 1994), »daß Hege-

Was hier noch allzu abstrakt wirken mag, wird seine Erklärungskraft an der diskursanalytischen Durchführung im nächsten Kapitel erweisen. Jetzt schon lässt sich aber vorhersagen, dass eine genauere Qualifizierung der These vom Primat des Protests möglich wird. Wenn Protest vor allem für den Postoperaismus und die pragmatische Soziologie als »Motor« kapitalistischer Entwicklung und Veränderung wirken, so wird diese Antriebsfunktion – wenn auch vorerst auf abstrakt-theoretischer Ebene – mithilfe von Laclaus und Mouffes Kategorie des Antagonismus theoretisch fassbar. Die Funktion integraler Politik ist auf die *Antagonisierung* relationaler Ensembles zum Zwecke der Universalisierung eines bestimmten Projekts angewiesen. Zugleich sticht ein wesentlicher Unterschied ins Auge, denn unter den Begriff des Antagonismus, bzw. konkreter: der sozialen Kämpfe, fallen nicht allein Protest und Kritik. Der Begriff des Antagonismus ist breiter gefasst und inkludiert hegemoniale wie gegen-hegemoniale Artikulationen. Eine hegemonietheoretische Analyse darf demzufolge nicht alleine die Kämpfe der Arbeiter bzw. der *multitude* berücksichtigen – wozu der Postoperaismus tendiert –, sondern muss auch die Kämpfe *anderer Hegemonie anstrebender Projekt,* ja auch den hegemonialen Kampf »von oben« in die Analyse mit einbeziehen.[14] Auch die Verschiebungen zwischen Protest bzw. Kritik auf der einen und hegemonialen Artikulation auf der anderen Seite, d.h. die Transformationen *in beide Richtungen* müssen berücksichtigt werden. Es wird sich zeigen, dass aus Sicht eines integralen Politikkonzepts das Soziale ein von vielfältigen Antagonismen durchkreuztes Feld darstellt, das keiner binären Logik von »Protest« versus »System« oder von »Kritik« versus »Kapitalismus« gehorcht. Stattdessen müssen die vielfältigen Transformationen untersucht werden, die an unterschiedlichsten Stellen diverse Antagonismen unablässig verschieben. Denn, so Laclau und Mouffe:

> Die Logik der Äquivalenz [i.e. des Antagonismus, O.M.] ist jedoch nur die abstrakteste und allgemeinste Existenzbedingung jeder Formationen. Um von hegemonialer Formation sprechen zu können, müssen wir einen anderen Umstand einführen, der durch unsere vorherige Analyse geliefert wurde: nämlich diese fortwährende Neudefinition der sozialen und politischen Räume und jene beständigen Prozesse der Verschiebung der inneren Grenzen, die die für gegenwärtige Gesellschaften eigentümliche soziale Spaltung formen. Nur unter diesen Bedingungen erlangen die durch die Logik der Äquivalenz gebildeten Totalitäten ihren hegemonialen Charakter. (Laclau/Mouffe 1991: 204)

---

monie auf einem kreuz und quer von Antagonismen durchzogenen Feld auftaucht und deshalb Äquivalenzphänomene und trennende Grenzeffekte voraussetzt [...] Die beiden Bedingungen einer hegemonialen Artikulation sind also einmal die Präsenz antagonistischer Kräfte und zum zweiten die Instabilität der sie trennenden Grenzen.«

14 | Es muss kaum erwähnt werden, dass der Ausdruck der Hegemonie »von oben« auf kein topographisches Gesellschaftsmodell hinweisen soll.

2.3 Umstrittene Vorherrschaft: Der Neoliberalismus als Hegemonialprojekt

Dass die Entwicklung hegemonialer Formationen nicht allein sozialen Protestbewegungen geschuldet sein kann, sondern aus der vielfältigen (antagonistischen) Konstitution unterschiedlicher »Kollektivwillen« hervorgeht, zeigt sich
am Projekt des Neoliberalismus. Die Prekarisierungsgesellschaft ist mindes-
tens so sehr Produkt des neoliberalen Hegemonialprojekts wie sie Produkt
der Künstlerkritik und der Arbeiterkämpfe der 70er-Jahre ist. Wird zu sehr auf
den Primat des *Protests* abgehoben, wie etwa im Postoperaismus, so besteht die
Gefahr, dass die hegemonialen Kämpfe »von oben«, die die Prekarisierungsgesellschaft als hegemoniales Projekt vorantreiben, unterschätzt werden. Erst
durch die Konvergenz scheinbar unvereinbarer Hegemonial-, Protest- und Kri-
tikprojekte – von »oben« wie von »unten« – wurden jene tiefgreifenden hegemonialen Verschiebungen möglich, die in einem Prozess, der sich über Jahrzehnte zog, das keynesianische gesellschaftlich-politische Imaginäre, das linke
(kommunistische, sozialistische) wie konservative Kräfte miteinschloss, in den
universellen Diskurs des Marktfatalismus und der vorgeblichen Machtlosigkeit
von »Politik« verwandelte. Diese hegemoniale *Horizontverschiebung*, die einhellig von allen diskutierten Autoren und Autorinnen konstatiert wird, zog sich
über die gesamten 70er Jahre hin, wurde punktiert von diktatorischen Einfüh-
rungsexperimenten in Lateinamerika und kulminierte politisch in den neoliberalen Wahlerfolgen von Thatcher in Großbritannien, Reagan in den USA und
(abgemildert) in der »geistig-moralischen Wende« Kohls in der BRD, bis sie
schließlich von den sozialdemokratischen Parteien Europas internalisiert wurde. Aus hegemonietheoretischer Perspektive sind gerade die bescheidenen, ja
völlig marginalen Ursprünge dieses Projekts interessant, wurden doch die neoliberalen Ökonomen ursprünglich (vor dem Intellegibilitätshorizont des Keynesianismus) als eine marktradikale Sekte angesehen. Doch die 1947 gegründete
Mont Pelerin Society der Neoliberalen entwickelte sich zu einem globalen Netzwerk aus *think tanks*, Universitätsinstituten und Lobbying-Organisationen, das
in mobilen Allianzen mit unterschiedlichen politischen Kräften zunehmend
hegemoniale Geländegewinne verzeichnen konnte, die zu Beginn des Projekts
niemand hätte vorhersehen können (vgl. dazu ausführlich Walpen 2004). In gewisser Hinsicht begann der Neoliberalismus daher als ein *gegen*-hegemoniales
Projekt, als Projekt nämlich, das – wiewohl von Eliten formuliert – sich gegen
die fordistisch-keynesianische Hegemonie der Nachkriegszeit richtete.

Aus gramscianischer Perspektive stellt sich die vom Neoliberalismus errun-
gene Hegemonie als kontingentes Verdichtungsprodukt unterschiedlicher gesellschaftlicher Kräfte und Tendenzen dar, die einander verstärkt haben mögen,
die aber keinesfalls von irgendeiner Stelle zentral gesteuert wurden (Candeias
2004: 256). Auch das Netzwerk neoliberaler Institutionen sollte unter keinen

Umständen als eine Art »Strippenzieher« porträtiert werden, an dessen Fäden die Regierungen und gesellschaftlichen Großorganisationen – Medien, Parteien, Gewerkschaften – wie Marionetten hängen. Das neoliberale Projekt war von Rückschlägen, mehr oder weniger erfolgreichen Probeläufen und schließlich national spezifischen Beschränkungskonstellationen geprägt, so dass die reine neoliberale Lehre nirgendwo umgesetzt werden konnte. Einerseits erweist sich der Neoliberalismus als von großer Anpassungsfähigkeit, die aber andererseits neoliberale Lösungen – aufgrund der ungleichmäßigen zeitlichen wie geographischen Ausbreitung des Neoliberalismus und seiner immer nur partiellen Implementierung – oftmals als Provisorien erscheinen lässt, so David Harvey (2007: 23). Im konkreten Fall werde die Entwicklung des Neoliberalismus immer durch »das komplexe Zusammenspiel von politischen Kräften, historischen Traditionen und eingeführten institutionellen Strukturen« bestimmt. Candeias (2004: 103) weist darauf hin, dass jede Übertragung »eines theoretischen Programms in ein populäres praktisch-politisches Programm, das die Kräfte bündelt, und zu einer durchsetzungsfähigen Strategie ausarbeitet«, Kompromisse mit politischen und sozialen Kräften bzw. der Bevölkerung eingehen müsse und also nur als ein konstanter Reartikulationsprozess funktionieren könne. Ralf Ptak (2008: 73) zufolge beinhalte die politische Praxis des Neoliberalismus daher »die permanente Suche nach einer politischen und institutionellen Strategie und Taktik zur Durchsetzung der Marktgesellschaft«, der kein strategischer Schlachtplan zugrunde liege, sondern eine Strategie modularer Adaption neoliberaler Kernideologeme: Deregulierung, Liberalisierung, Privatisierung, Flexibilisierung und Freihandel. Diese »bieten gewissermaßen einen modularen Baukasten, aus dem sich die Politik neoliberaler Modernisierung bedient. Das bedeutet Abbau von Schutzrechten und Marktbeschränkungen (Deregulierung), von Zöllen nichttarifären Handelshemmnissen (Freihandel), die Erosion der öffentlichen Daseinsvorsorge (Privatisierung), die Schaffung immer neuer Märkte (Liberalisierung) und die erzwungene Anpassung der Individuen an den Marktmechanismus (Flexibilisierung)« (Ptak 2008: 83f.).

Dass aber das neoliberale Projekt in welch modularisierter Form auch immer Halt gewinnen konnte, dafür kann eine Reihe von Vorbedingungen ausgemacht werden. Die wohl wesentlichste Vorbedingung ist die bereits im vorangegangenen Kapitel ausführlich diskutierte Desintegration wesentlicher Eckpfeiler der hegemonialen Formation des Fordismus, wie sie durch die Überakkumulationskrise der 70er-Jahre und die Abschaffung der festen Wechselkurse zu Beginn des Jahrzehnts beschleunigt wurde. Aus hegemonietheoretischer Perspektive lässt sich der überraschende Aufstieg des Neoliberalismus damit erklären, dass es ihm gelang, in dieser Krisensituation einen Diskurs zu Verfügung zu stellen, in den sich ein zur dislozierten Ordnung des Fordismus alternatives politisches

Ordnungsprojekt einschreiben konnte.[15] Dem Neoliberalismus gelang es, ein neues Plausibilitätsregime zu errichten, das die Dislozierungserfahrungen mit einer Erklärung versah und einen Lösungsvorschlag anbot. Nach und nach wurde der dislozierte Horizont des Fordismus verschoben und schließlich – wenn auch natürlich nicht vollständig – durch einen postfordistischen und neoliberalen Intelligibilitätshorizont ersetzt. Das erforderte freilich eine umfassend und langfristig angelegte Mobilisierung zivilgesellschaftlicher Großakteure:

Starken politischen Einfluss übten die Unternehmen und die Medien aus sowie zahlreiche Institutionen, die in ihrer Summe die Zivilgesellschaft ausmachen, also Universitäten, Schulen, Kirchen und Berufsverbände. Der »lange Marsch« der neoliberalen Ideen durch diese Institutionen, von dem Hayek schon 1947 gesprochen hatte, die Gründung von Thinktanks – unterstützt und finanziert durch die Unternehmen –, die Eroberung gewisser Bereiche der Medien und schließlich die Bekehrung vieler Intellektueller zu neoliberalen Anschauungen – all dies trug zu einem Meinungsklima bei, in dem der Neoliberalismus als einziger Garant der Freiheit galt. Vollends abgesichert wurde dieser Prozess durch die Eroberung der politischen Parteien und am Ende der staatlichen Macht. [...] Und wenn die neoliberale Wende erst einmal auf staatlicher Ebene vollzogen war, konnte der Staatsapparat sein Überzeugungs-, Kooptations-, Bestechungs- und Drohpotenzial einsetzen, um das Klima der Zustimmung zu bewahren, in dem er sich an der Macht halten kann. (Harvey 2007: 53)

---

15 | Harvey zufolge stellt sich die reale ökonomische Bilanz des Neoliberalismus, jedenfalls was dessen Fähigkeit zur Stimulierung der Kapitalakkumulation betrifft, als keineswegs so beeindruckend dar wie seine massenmedial angepriesene Erfolgs-Story: »In den 1960er-Jahren lagen die jährlichen Wachstumsraten der gesamten Weltwirtschaft bei etwa 3,5 Prozent, und selbst in den krisenhaften 1970er-Jahren gingen sie auf lediglich 2,4 Prozent zurück. Dann aber fielen sie in den 1980er und 1990er-Jahren auf 1,4 bzw. 1,1 Prozent (bis 2004 kamen sie kaum über die Ein-Prozent-Grenze hinaus)« (2007: 191). Der wirkliche ökonomische »Erfolg« bestehe in jener »Akkumulation durch Enteignung«, die zu einem signifikanten Umverteilungseffekt von unten nach oben führe: »Zu diesen Instrumenten gehören: die Verwandlung von Grund und Boden in Ware und die Privatisierung von Landbesitz, was zur gewaltsamen Vertreibung der bäuerlichen Bevölkerung führt [...]; die Umwandlung verschiedener Arten von Eigentumsrechten (Gemeinde-, Kollektiv- oder Staatseigentum) in die exklusive Form von Privateigentum (am krassesten in China); die Abschaffung der Nutzungsrechte an Gemeindeland; die Verwandlung der Arbeitskraft in eine Ware und die Auslöschung alternativer (indigener) Formen der Produktion und Konsumtion; koloniale, neokoloniale und imperiale Methoden der Aneignung von Vermögenswerten (einschließlich natürlicher Ressourcen); Tarifierung des Austauschs und der Besteuerung vor allem von Grundbesitz; Sklavenhandel (der vor allem in der Sexindustrie weiter existiert); Zinswucher, Staatsverschuldung und vor allem das Kreditsystem mit seinen extrem zerstörerischen Wirkungen« (197).

Obwohl vorangetrieben durch ein über Jahrzehnte in der Zivilgesellschaft vorbereitetes Hegemonialprojekt, das schließlich auf die Dislozierungssituation der 70er-Jahre stieß, sickerte der Neoliberalismus erst durch die Regierungsübernahme entsprechend sympathisierender *politischer* Projekte in die Staatsapparate ein und gewann an Ausbreitungsgeschwindigkeit. Zur experimentellen Vorbereitung unter diktatorischen Durchsetzungsbedingungen dienten autoritäre Regime Lateinamerikas, darunter das durch den Putsch 1973 an die Macht gekommene Regime der chilenischen Junta unter General Pinochet, das von den US-amerikanischen neoliberalen Ökonomen – den sogenannte »Chicago Boys« – beraten wurde. Nach 1975 wurden in Chicago ausgebildete chilenische Ökonomen in die Regierung Pinochets geholt, um die chilenische Wirtschaft in enger Zusammenarbeit mit dem IWF neoliberal zu restrukturieren. Dies beinhaltete u.a. die Rückgängigmachung von Allendes Verstaatlichungen, umfassende Privatisierungen und die Liberalisierung des Handels. Das chilenische Modell, so Harvey (17), bot samt seiner pragmatischen Wendung »hilfreiche Lehren, die einen Einfluss auf die neoliberale Wende der 1980er-Jahre in Großbritannien (unter Margaret Thatcher) und in den USA (unter Ronald Reagan) hatten. Nicht zum ersten Mal wurde damit ein brutales Experiment, das in einem Land der Peripherie durchgezogen wurde, zum Modell für die Ausgestaltung einer politischen Strategie im Zentrum der Weltwirtschaft«. Unter diesem Aspekt setzt sich der Neoliberalismus nicht alleine über die Herstellung von Konsens und freiwilliger Zustimmung, sondern auch durch den Einsatz staatlich organisierten Zwangs durch. Darüber hinaus sollte man nicht vergessen, dass die Aufkündigung des fordistischen Klassenkompromisses und die Entmachtung der Gewerkschaften keineswegs so schleichend vor sich ging, wie dies retrospektiv erscheinen mag, sondern ein explizites Ziel sowohl der Reagan- als auch der Thatcher-Revolution war, das im erfolgreichen Kampf Reagans gegen die Fluglotsengewerkschaft PATCO 1981 und in Thatchers Niederschlagung des Streiks der Bergarbeiter 1984 gipfelte.[16]

---

16 | Es wurde oft bemerkt, dass eine gewisse Affinität zu Demokratieskepsis und Autoritarismus bereits in der Philosophie des Neoliberalismus angelegt sei (vgl. etwa Lösch 2008; Butterwegge 2008). Diese Affinität scheint mir vor allem aus der entscheidenden Differenz zum Liberalismus klassischen Zuschnitts zu resultieren. Dessen emanzipatorisches Potential, das sich zwar in einem am Konkurrenzmodell des Marktes ausgerichteten Individualismus ausdrückt, zugleich aber liberal-demokratisch gegen staatlichen Autoritarismus gewendet werden kann, wird vom Neoliberalismus tatsächlich doppelt gekappt: Denn einerseits wird substantielle Demokratie als Hindernis für die Ausbreitung marktförmiger Verhältnisse betrachtet (der auf Angebot und Nachfrage wie auf individuellen Konsumtionsentscheidungen basierende Markt stelle ohnehin die bessere, wenn nicht die eigentliche Demokratie dar), andererseits bedient sich der Neoliberalismus als Projekt »zur Auflösung der politisch organisierten Gesellschaft« (Ptak 2008: 51)

Das politische Projekt Thatchers ist für die Analyse der Durchsetzung neoliberaler Hegemonie besonders instruktiv. Es wurde zeitgleich zu Thatchers Aufstieg bereits von Stuart Hall und anderen Vertretern der Birmingham Cultural Studies hegemonietheoretisch analysiert (die diskursanalytische Seite dieser Untersuchung wird im nächsten Kapitel genauer ausgeführt). So gründen Hall et al. (1978) ihre Studie des gesellschaftlichen Kontexts des Thatcherismus auf einer umfassenden Analyse der organischen Krise, die den hegemonialen Konsens, der mit dem Aufbau des Wohlfahrtsstaates in den unmittelbaren Nachkriegsjahren einhergegangen war, erfasst hatte. Eine organische Krise kann sich Gramsci zufolge über Jahrzehnte erstrecken und immer neue Stabilisierungsversuche nach sich ziehen. Sie ist gekennzeichnet durch eine Akkumulation sozialer, politischer und ökonomischer Widersprüche, sowie durch den zunehmenden Legitimitäts- und Autoritätsverlust der politischen Führung, die das hegemoniale Bündnis zwischen dominanten und subordinierten Sektoren der Gesellschaft nur mit Mühe aufrechterhalten kann. Genau das war nach Ansicht der Autoren in Großbritannien der Fall. Bereits nach Macmillans Wahlsieg 1959 begann der Konsens zu bröckeln und wurde Mitte der 60er Jahre durch eine ernste Budgetkrise weiter in Mitleidenschaft gezogen. Zwischen 1972 und 1976, im Zuge der weltweiten Wirtschaftskrise, kam es zur rapiden Verschlechterung der wirtschaftlichen Position Großbritanniens, zu Inflation und einer wachsenden Zahl von Arbeitslosen. Auf diese sich vertiefende Krise, die Ökonomie, Politik und Kultur zu erfassen drohte, wurde mit einer Restrukturierung des hegemonialen Diskurses geantwortet.

Diese Restrukturierung war nicht allein das Werk der »eisernen Lady«, doch hatte sich mit der Übernahme der Tory-Party durch Thatcher eine besonders extreme Ausformung des neuen Artikulationsprinzips eines großen Parteiapparats bemächtigt. Nach ihrer Wahl zur Premierministerin gelang es Thatcher durch eine Vielzahl von Privatisierungen, Einschnitte in die öffentlichen Ausgaben und die Bekämpfung der Gewerkschaften, das Paradigma staatlicher Politik in Richtung Neoliberalismus zu verschieben. Wie nachhaltig dies gelang, zeigt sich daran, dass Tony Blair – dessen Politik gelegentlich als »Thatcherism with a

---

zugunsten einer gesellschaftsumfassenden Implementierung von Marktverhältnissen ungeniert der staatlichen (Zwangs-)Apparate. Zur angepeilten »Entthronung der Politik« durch den Markt ist der Staat durchaus erforderlich: »Der neoliberale Staat bezieht sich nicht auf die Zerstörung der staatlichen Macht als solcher, sondern will die Neuausrichtung der staatlichen Aufgaben durchsetzen. Es ist noch nicht einmal gesagt, dass der neoliberale Wettbewerbsstaat insgesamt weniger Aktivitäten entfaltet, denn mit der in Kauf genommenen Zuspitzung gesellschaftlicher Widersprüche steigen Aufwand und Kosten zur Sicherung der Einkommens- und Eigentumsverhältnisse« (67). Die Frage, in welchem Ausmaß diese Politik autoritär sein muss, erscheint hinsichtlich des höheren Ziels einer durchgehend marktförmigen Gesellschaft dann zweitrangig.

human face« beschrieben wurde – sich nach Übernahme der Regierungsmacht auf einem signifikant veränderten hegemonialen Terrain bewegen musste. Die von Stuart Hall (1988), von dem der Begriff Thatcherismus geprägt wurde, vorgelegten und bis heute maßgeblichen Analysen beschreiben Thatchers Projekt eines *autoritären Populismus*, der darauf zielte, »das Gravitationszentrum in Gesellschaft und Staat dem ›autoritären‹ Pol der Regulation näherzurücken« (84): Kontrolle, Strafe, Überwachung und die Suche nach Sündenböcken wurden zu zentralen politischen Strategien. Populistisch waren diese Strategien, weil sie darauf abzielten, einen Widerspruch zwischen den popularen Klassen und dem Machtblock zu artikulieren.[17] Dazu rief der Thatcherismus radikal-populare Gefühle aus einer Position innerhalb des Machtblocks an und dirigierte sie gegen einen Gegner wie »die Bürokratie« des keynesianischen Wohlfahrtsstaats, womit zugleich die potentielle Sprengkraft dieser Affekte neutralisiert werden konnte. Im Unterschied zu revolutionären Formen des Populismus führe eine solche Artikulation, so Hall, nicht zu einem *popularen Bruch,* also zur Konstruktion eines Antagonismus zwischen popularen Klassen und Machtblock, sondern zur Konstruktion der *popularen Einheit* des gesamten »Volkes« – natürlich unter Ausschluss »der Bürokratie«, aller »Sozialschmarotzer« und nicht zuletzt der als sozialistisch diffamierten Labour-Politik.

Was der politischen Hegemoniefähigkeit der ursprünglichen neoliberalen Theorie entgegenkam, war mit Sicherheit ihr in gewisser Hinsicht »universalistischer« Anspruch. Wie Ptak (2008: 14) nachweisen konnte, war der Machtanspruch des Neoliberalismus total und universell zugleich: »total im Sinne einer umfassenden Entpolitisierung des Gesellschaftlichen und universell im Hinblick auf seinen globalen Geltungsanspruch.« Er zielte also, gramscianisch reformuliert, weit über die *korporativ-ökonomische* Phase im Aufbau eines Kollektivwillens hinaus auf die marktförmige Reartikulation der sozialen Verhältnisse in ihrer Gesamtheit. Allerdings ist umstritten, in welchem Ausmaß ihm die Erringung von Hegemonie letztlich gelang. Wie umfassend ist der Intellegibilitätshorizont des Neoliberalismus wirklich? Gelingt es ihm tatsächlich, die zur

---

17 | Hall bezieht sich damit auf die frühe Populismustheorie Laclaus (1981), der argumentiert hatte, populistische Diskurse würden keine intrinsische Klassenzugehörigkeit besitzen, sondern könnten aus sehr unterschiedlichen Diskurselementen zusammengesetzt sein. Diese werden als populistisch definiert, weil mit ihrer Hilfe ein »populares« politisches Subjekt im Antagonismus gegenüber dem »Machtblock« konstruiert wird. Besonders in Zeiten organischer Krise werden Diskurselemente aus einer nicht länger gefestigten hegemonialen Formation freigesetzt und für populistische Reartikulationen verfügbar. So kann ein populares Subjekt *gegen* den »Machtblock« artikuliert werden, es kann aber, worauf Hall hinweist, auch *mit* dem Machtblock artikuliert werden, z.B. in Form eines »großen nationalen Kreuzzugs, um ›Britannien wieder zur alten Größe zu verhelfen‹« (Hall 1988: 49).

Hegemoniebildung notwendige freiwillige Zustimmung zu rekrutieren oder hält er sich nur über den Einsatz von Zwangs- und Überwachungsstrategien? Auf der einen Seite stehen Theoretiker, die von der Existenz einer veritablen neoliberalen Hegemonie ausgehen, und unsere bisherige Darstellung tendierte ebenfalls in diese Richtung. Nach Candeias (2008: 302) könne der Neoliberalismus als hegemonial gelten, weil er die gesamte Gesellschaft nach den Kriterien betriebswirtschaftlicher Nutzenkalküle und der Wettbewerbsorientierung reorganisiert. Damit würden die gesellschaftlichen Kräfteverhältnisse nachhaltig verschoben, was nicht zuletzt bedeute, dass man sich die Zurückweisung neoliberaler Prinzipien »nur bei Strafe des persönlichen Untergangs oder gesellschaftlicher Marginalisierung« leisten könne. Die Kriterien von Effizienz, Wettbewerb und Flexibilität sickern in die Gesamtgesellschaft ein, und die »neoliberale Anrufung des Individuums als Herrn seines Geschicks, das doch unterworfen bleibt unter eine höhere Ordnung (Gott, Natur, Markt, System), die sich unserer beschränkten Rationalität entzieht, darf auf eine relativ verbreitete Zustimmung setzen« (2004: 103). Doch Candeias scheint seiner eigenen These nicht ganz zu trauen, da trotz aller Subjektivierungserfolge hin zur Leitfigur des »unternehmerischen Selbst« die spürbaren Prekarisierungseffekte neoliberaler Umstrukturierung solche Zustimmung permanent untergraben:

Prekarisierung, Überausbeutung, gesellschaftliche Polarisierung, schwindende Perspektiven und Planbarkeit des eigenen Lebensentwurfes stellen gesellschaftliche Individuen vor Zerreißproben; mangelnder Einfluss, Dauerreformen und unzureichende Möglichkeiten zum Ausdruck der Unzufriedenheit etablieren eine Kultur der Unsicherheit und lassen den aktiven Konsens bröckeln. Diese doppelte Prekarisierung von Arbeit und Reproduktion ist Teil der Kämpfe um die Durchsetzung und Sicherung einer transnationalen Produktions- und Lebensweise sowie der neoliberalen Hegemonie.« (Candeias 2008: 307)

Folglich sei eine Krise des Neoliberalismus zu verzeichnen, sofern der klassische Neoliberalismus inzwischen als Projekt der Umverteilung von unten nach oben identifizierbar ist und der moderatere sozialdemokratische Neoliberalismus nach erfolgten »Reformen« signifikant an Glaubwürdigkeit eingebüßt habe. Zwar wird mit dieser Beobachtung zugestanden, dass der Neoliberalismus an Überzeugungskraft verloren habe und sich »Risse in der hegemonialen Apparatur« andeuteten, diese dürften aber keineswegs mit einem »Hegemonieverlust« (2008: 308) des Neoliberalismus gleichgesetzt werden. Zu einer ähnlichen Einschätzung kommt Ulrich Brand, der gleichfalls davon ausgeht, dass neoliberale Diskurse erfolgreich in den Alltagsverstand und die Subjektivierungstechnologien eingegangen seien, worin »eine der zentralen Stabilitätsreserven des neoliberalen Kapitalismus« bestehe (Brand 2005: 40). Andererseits würden gerade die Proteste sozialer Bewegungen – allen voran die globalisierungskritische »Bewegung der Bewegungen« – symptomatisch auf »Risse in hegemonialen Konstellationen« (2008: 325) verweisen. Damit könnte ein Indikator des Konsensverlusts benannt sein bzw. einer, wie Brand es nennt, »Dyshegemonie« (324), die das Ergebnis misslingender Regulation sei.

Auf der anderen Seite wurde besonders von Alex Demirovic die These von der Hegemonie des Neoliberalismus offen angezweifelt. Demirovic bestreitet, dass der Neoliberalismus nach wie vor die Universalisierung des Projekts des Bürgertums betreibe. Viel eher konstituiere er die bürgerliche Klasse neu, indem er sie aus dem fordistischen Klassenkompromiss herauslöse und erneut eine ökonomisch-korporative Phase durchlaufen lasse. Die unmittelbaren Gewinninteressen würden nunmehr nahezu ohne Zugeständnisse verfolgt (2008: 18), die als zu kostenintensiv betrachtet werden. Stattdessen vollziehe sich Herrschaft »eher mit ökonomischen Sachzwängen, also dem stummen Zwang der ökonomischen Verhältnisse, mit der Kontingenz und den Ängsten vieler Menschen«, also qua Prekarisierung, sowie durch »Rückgriffe auf private und öffentliche Sicherheitsdispositive und zeitlich, räumlich und sozial flexibel gehandhabte Ausnahmezustände« (ebd.). Der Neoliberalismus verzichte so freiwillig auf Hegemonie – und damit auf Universalisierung, Konsens- und Kompromissbildung, sowie das Generieren von Zustimmung –, indem er gleichsam die Abkürzung über den Zwang nehme, bzw. über Herrschaft in Form von »Dominanz, Angst und *Governance*« (29). Demirovic bringt vor allem drei Argumente ins Spiel, die in seinen Augen dagegen sprechen, dass der Neoliberalismus hegemonial ist. Sie hängen mit der Art und Weise zusammen, in welcher der Neoliberalismus viele andere ideologische Elemente in seine Äquivalenzkette eingliedert. So verbinde sich erstens der Neoliberalismus mit anderen Ideologien »offenkundig nur ›mechanisch‹, oberflächlich und punktuell, weshalb sich die Verbindungen schnell wieder auflösen« (22). Zweitens gehe der Neoliberalismus keinen Kompromiss mit den subalternen Klassen und ihren Ideologemen ein, d.h. er verbinde sich nicht zu einem ideologischen neuen Ganzen, sondern sei »im Gegenteil eine Kampfansage an alle, die kein Eigentum an Produktionsmitteln haben, eine Ideologie der Zumutungen an die Beherrschten, die auf Verzicht, Verarmung, verschärfte Ausbeutung, Unterwerfung und Botmäßigkeit in allen Aspekten des Lebens zielt«. Drittens sei der Neoliberalismus »eher durch ein mechanisches Verhältnis zu den anderen Ideologien der Herrschenden gekennzeichnet«, die einander äußerlich blieben und sich nur in manchen Aspekten wie der gemeinsamen Kritik an Gewerkschaften und Wohlfahrtsstaat träfen, während »[z]ahlreiche Umfragen belegen, dass es Mehrheiten für starke Gewerkschaften, die Beibehaltung der Mitbestimmung und den Fortbestand des Wohlfahrtsstaates gibt« (ebd.). Eigentlichen Rückhalt besitze der Neoliberalismus nur bei seinen eigenen Kohorten, den Unternehmern und Managern, also innerhalb der bürgerlichen Klasse selbst.

Es ist hier kein Raum – und auch nicht der Ort –, um diese Diskussion im Detail zu führen. Ein Teil der Beobachtungen von Demirovic können sicher eine gewisse Plausibilität in Anspruch nehmen. Die supplementäre Festigung der neoliberalen Ideologie durch Angst-, Disziplinar- und Überwachungsdispositive, also letztlich durch einen Aspekt des *Zwangs* ist unbestreitbar, allerdings ist fraglich, ob es je eine hegemoniale Formation gab, die nicht auf diesen Aspekt zurückgriff. Bereits mit der Formel Gramscis von »Hegemonie gepanzert mit Zwang« wird ja die Untrennbarkeit dieser beiden Seiten von Herrschaft postuliert. Zugleich wird man Demirovic zustimmen, dass Jahrzehnte neoliberaler Diskurshoheit über die Massenmedien, in deren Polit-Talk-Shows kaum noch andere als neoliberale Reformpositionen zu Wort kamen, sich als mäßig erfolgreich erwiesen haben, wenn es darum geht, bei der Bevölkerung breite Zustimmung zum Abbau sozialer Sicherungssysteme zu rekrutieren. Man könnte vermuten, dass das Elitenprogramm neoliberaler *think tanks* tatsächlich einer behavioristischen und damit fehlgeleiteten Propagandathese aufsitzt, wenn geglaubt wird, die Vereinnahmung der Eliten, d.h. intellektueller Multiplikatoren, und die »Steuerung« der Bevölkerung »von oben« wären hinreichend zur Rekrutierung von Konsens und Zustimmung.[18] Eine die These von der Hegemonie des Neoliberalismus anzweifelnde Position könnte darüber hinaus zurecht geltend machen, dass Gramsci zufolge auch ökonomische Zugeständnisse an die Massen notwendig sind, um Hegemonie zu gewinnen. Davon ist bei sinkenden Reallöhnen und der Privatisierung von Vorsorgeleistungen, die dem Einzelnen zunehmende finanzielle Anstrengungen abverlangen, immer weniger die Rede. Es könnte also durchaus zutreffen, dass der Neoliberalismus Konsens und freiwillige Zustimmung in geringerem Ausmaß produziert, als man es aufgrund seiner Diskurshoheit annehmen möchte. Doch stellt sich andererseits die Frage, ob die neoliberale Hegemonie sich nicht womöglich in diffizilerer Weise ausdrückt. Denn Bestandteil der hegemonialen Formation sind Subjektivierungstechnologien, die kaum jemanden unberührt lassen und auf dieser Ebene der Subjektivierung einen wohl viel nachhaltigeren »Sickereffekt« haben, als ihn Umfragen zur Einstellung der Bevölkerung zu neoliberalen Reformen je abfragen könnten. Die unablässigen neoliberalen Anrufungen – und zwar nicht nur in den Massenmedien, sondern im Alltag der Menschen, in der Werbung, in den Lebensratgebern etc. – würden auf der Ebene der Selbstsubjektivierung durchaus eine Form unbewusster Zustimmung erzeugen.

Obwohl manche Aspekte von Demirovic' Kritik plausibel scheinen, wird die Kritik letztlich dadurch relativiert, dass sie auf einem *eingeschränkten Hegemo-*

---

18 | Nach Ptak (2008: 77) werde in der Strategiebildung der Neoliberalen den »Lehrer/innen, Journalist(inn)en, Fernseh- und Radiomoderator(inn)en, Geistlichen, Schriftsteller/innen, Künstler/innen und Schauspieler/innen« die Aufgabe zugewiesen, »die neoliberalen Botschaften unters Volk zu bringen.«

niebegriff beruht. Denn nach Demirovic sei mit Hegemonie gemeint, »dass das Bürgertum darauf zielt, sich zu verallgemeinern« (18). Nur wenn man einen restriktiven Hegemoniebegriff anlegt, mit dem Hegemonie als exklusive Politikform einer bestimmten Klasse definiert wird, lässt sich das Verhältnis von Hegemonie und Zwang als Nullsummenspiel zwischen den beiden wesentlichen Herrschaftsstrategien des Bürgertums beschreiben. Wird Hegemonie hingegen als für alle Spieler gültige allgemeine »Logik« integraler Politik verstanden, dann ist die Gleichung komplizierter und enthält wesentlich mehr Variablen, die nicht notwendigerweise von der Kategorie der sozialen Klasse erfasst werden. Erst ein solch verallgemeinerter Hegemoniebegriff könnte erklären, weshalb eine bestimmte hegemoniale Formation aus – unbeabsichtigten – Konvergenzen zwischen z.b. gegenhegemonialer Sozial- und Künstlerkritik, einem neoliberalen Hegemonialprojekt und vielen anderen Faktoren hervorgeht, die erst in ihrer Gesamtartikulation die hegemoniale Formation in – wenn auch immer brüchigen – Zement gießen. Aus Perspektive der diskursanalytischen Hegemonietheorie beschriebe »Hegemonie« nicht die Politikweise eines bestimmten Akteurs innerhalb dieser Gleichung, sondern die politische Artikulationsform (die »unmögliche« Dialektik von partikularem Projekt und universalem Anspruch), die die Handlungen aller beteiligten Akteure bestimmt. Somit wäre die Seite des »Zwangs« oder der Strafe auch nicht als *Gegensatz* zu Hegemonie bestimmt, sondern vielmehr als Supplement eines integralen Politikbegriffs.

Wenn ein auf das bürgerliche Klassenprojekt beschränkter Hegemoniebegriff verfolgt wird, dann ist dies einem problematischen Historizismus geschuldet, der die heute maßgebliche Logik von Politik nach wie vor von ihrem bescheidenen historischen Inzeptionsmoment her konzeptualisiert. Denn natürlich lässt sich argumentieren, dass Hegemonie (im Sinne der Erringung von Konsens und freiwilliger Zustimmung) die präferierte Politikform des Bürgertums in der frühen Phase seiner – mit Gramsci gesprochen – *Staatswerdung* war, also der Phase der Durchsetzung des bürgerlichen Herrschaftsanspruchs zuerst in der Zivilgesellschaft und dann in den politischen Staatsapparaten. In diesem Prozess »übernimmt« das Bürgertum nicht etwa den (erweiterten oder integralen) Staat, sondern es *wird* Staat. Damit ist aber nicht gesagt, dass nach Aufgehen des Bürgertums in Zivilgesellschaft und Staat, d.h. nach gelungener Universalisierung des eigenen Projekts, die Politikform der Hegemonie exklusiv bürgerlich bliebe. Hegemonie wird, wenn man so will, zu *the rule of the game* aller Politik, d.h. zugleich: jeder politischen Artikulationsform innerhalb *und außerhalb* des politischen Systems. Die Voraussetzung für diese Ausweitung von Hegemonie zur universalen Politikform wird von Laclau und Mouffe nun an zwei historischen Entwicklungen festgemacht: die eine, »innerpolitische« Voraussetzung besteht in der »demokratischen Revolution« und der Etablierung des Prinzips politischer Gleichheit/Äquivalenz als imaginärer Horizont der westlichen Gesellschaften; die andere, quasi-ökonomische besteht in den dislozierenden Auswirkungen kapitalistischer Akkumulation auf traditionale Sozialverhältnisse, was einstmals traditional fixierte Elemente politisch verfügbar macht und den Spielraum für hegemoniale Reartikulationsversuche enorm erweitert. Die Diskussion dieser beiden historischen Voraussetzungen von Hegemonie als integraler Politikform wird es uns ermöglichen, die Frage nach der Genealogie der Prekarisierungsgesellschaft aus diskurstheoretischer Perspektive neu in den Blick zu bekommen und so das Verhältnis von Prekarität und Protest als Verhältnis von Dislozierung und integraler Politik schärfer zu bestimmen.

2.4 ZUR GENEALOGIE DER PREKARISIERUNGSGESELLSCHAFT: DEMOKRATISCHER HORIZONT UND KAPITALISTISCHE DISLOZIERUNG

Mit der »demokratischen Revolution«, worunter von Laclau und Mouffe im Anschluss an Claude Lefort (1990) bzw. Tocqueville die französische Revolution von 1789ff. zu verstehen ist, wurde ein imaginärer legitimatorischer Ansatzpunkt für die Ausweitung und Pluralisierung sozialer Kämpfe und damit der Logik von Hegemonie als maßgeblicher Politikform etabliert. Die demokratische Revolution läutete das Ende einer Gesellschaft ein, in der, idealtypisch beschrieben, die hierarchische und nicht-egalitäre Struktur gesellschaftlicher Ordnung in einem transzendenten göttlichen Willen gegründet schien. Das Bild dieser Gesellschaft war das einer Totalität aus differentiellen Positionen von Individuen, die an ihren Platz gebunden waren, was auch das Politikverständnis bestimmte. Denn »solange eine holistische Art und Weise der Einrichtung des Sozialen vorherrschte, konnte Politik nicht mehr sein als die Wiederholung hierarchischer Verhältnisse« (Laclau/Mouffe 1991: 214). Mit der demokratischen Revolution brach sich eine entscheidende Veränderung des politischen Imaginären Bahn, die zur zunehmenden Dislozierung dieser fixierten Differenzstruktur beitrug.

Dabei handelte es sich um einen Vorgang diskursiver, Claude Lefort würde sagen: symbolischer Natur. Lefort zufolge fand im Moment der demokratischen Revolution – als das monarchische Dispositiv zum »demokratischen Dispositiv« wurde – eine Mutation auf der Bühne der Macht statt. Im monarchischen Dispositiv verwies die Macht »auf einen unbedingten, außerweltlichen Pol«, während der König den »Garanten und Repräsentanten der Einheit des Königreichs« darstellte (Lefort 1990: 292). Der König war in der Lage, diese Rolle auszufüllen, da er – so Lefort mit Bezug auf Kantorowicz' (1957) Darstellung der mittelalterlichen Theorie von den beiden Körpern des Königs – mit *zwei Körpern* ausgestattet war. Das *Ancien Régime* repräsentierte sich im Bild des Körpers des Monarchen, der in Analogie zum *corpus Christi* gedacht wurde, als geteilt in einen irdischen, sterblichen Körper und einen himmlischen, unsterblichen, kollektiven Körper, der die Einheit des Königreichs legitimierte. Seine beiden Körper erlaubten es dem Monarchen, zwischen der Sphäre der Immanenz (der »Erde« bzw. Gesellschaft) und jener der Transzendenz (der göttlich verbürgten Legitimität der sozialen Ordnung) zu vermitteln. Einerseits gehörte der Körper des Monarchen einer Sphäre *außerhalb* der Gesellschaft an, andererseits lag hierin der Grund, warum Gesellschaft ihre imaginäre »organische« Einheit auf seinen Körper projizierte. Dieser stand – als Synekdoche – für den Körper der mystischen Gemeinschaft des gesamten Königreichs. Die durch die zwei Körper des Königs ermöglichte Verknüpfung zwischen dem Irdischen und dem transzendenten Legitimationsgrund von Gesellschaft wird im Moment der Disinkorporation des Königs gekappt. Mit der Guillotinierung von Louis XVI wurde daher nicht nur die Köpfung seines irdischen Körpers, sondern auch und besonders die Disinkorporation seines mystischen, transzendenten Körpers inszeniert. Sie wird den symbolischen Ort der Macht leer hinterlassen und das Band zwischen der Gesellschaft und ihrem transzendenten Legitimationsgrund durchtrennen.[19]

Damit von Demokratie die Rede sein kann, muss die Leere des Ortes der Macht *institutionell* anerkannt werden. Das demokratische Dispositiv muss einen institutionellen Rahmen bereitstellen, der Akzeptanz bezüglich der Grundlosigkeit des Sozialen garantiert. Diese Entleerung des Ortes der Macht wird, Lefort zufolge, begleitet von der Entknüpfung der Sphären der Macht, des Rechts und des Wissens. Die ent-ortete Macht ist auf dauernder Suche nach ihrer eigenen Legitimationsbasis, da auch die Prinzipien der Gerechtigkeit und des Wissens (Wahrheit), nicht länger von der Person des Herrscher inkorporiert werden (1988: 17-18). Die Grenzen zwischen den Handlungssphären der Macht, des Rechts und des Wissens, die im Zuge ihrer Autonomisierung ihre eigenen Normen und Legitimitätsprinzipien entwickelt haben, werden daher im demokratischen Dispositiv anerkannt. Dies wird nicht zuletzt ermöglicht durch die Abtrennung einer Zivilgesellschaft vom Staat. In einem weiteren Schritt entsteht in dem auf diese Weise gerissenen Spalt zwischen Zivilgesellschaft und Staat ein öffentlicher Raum, in dem keine Monarchen, Mehrheiten oder Richter entscheiden können, welche bestimmte Debatte als legitim und

---

19 | Doch obwohl Macht in diesem Augenblick von jedem positiven oder substantiellen Inhalt befreit wird, verschwindet sie nicht als eine Dimension des Sozialen: »Vielmehr ist sie weiterhin jene Instanz, kraft derer die Gesellschaft sich in ihrer Einheit erfaßt und sich in Zeit und Raum auf sich selbst bezieht. Allerdings wird die Machtinstanz nicht mehr auf einen unbedingten Pol zurückbezogen. In diesem Sinne markiert sie eine Spaltung zwischen dem gesellschaftlichen *Innen* und *Außen*, die zugleich deren Beziehung begründet. Stillschweigend gibt sie sich so als rein symbolische Instanz zu erkennen« (Lefort 1990: 293).

welche als nicht-legitim gilt. Demokratie sei auf der Legitimität der Debatte um das Legitime bzw. Illegitime gegründet (1988: 39). Dass diese Debatte, die den öffentlichen Raum formt, unabstellbar ist, das wurde nun durch die Erklärung der Menschenrechte sichergestellt (Gauchet 1991).

Der Begriff der Menschrechte deutet auf ein Territorium, das aufgrund der Entknüpfung von Macht, Recht und Wissen jenseits des Einflussbereiches der Macht angesiedelt ist. Die Menschenrechte werden innerhalb und durch die Zivilgesellschaft selbst erklärt und sind Bestandteil ihrer Autoinstitutionalisierung. Sie konstituieren keinen neuen transzendenten Fixpunkt und bestehen aus keiner angebbaren Reihe prä-etablierter ewiger Prinzipien, sondern sind auf charakteristische Weise inhaltsoffen. Obwohl die universelle Instanz der Menschenrechte alle partikularen, bereits etablierten positiven Rechte potentieller Kritik und Revision aussetzt, garantiert sie doch, dass *ein* Recht nicht in Frage gestellt wird: das *Recht, Rechte zu haben*, wie Lefort (1986: 258) in Anlehnung an Hannah Arendt formuliert. Einmal anerkannt, erlauben es die Menschenrechte immer mehr sozialen Gruppen, ihr Recht auf Rechte einzufordern. Leforts Pointe ist, dass die Ausweitung des Einzugsgebiets der Menschenrechte auf immer weitere Gruppen für die Existenz von Demokratie von unabdingbarer Notwendigkeit ist. Der andauernde Ruf nach Inklusion weiterer Gruppen (man denke an die heutigen Kämpfe, etwa um die Rechte von Homosexuellen, Arbeitslosen oder Papierlosen) in die Kategorie des Rechts auf Rechte generiert Demokratie immer aufs Neue. Dieses generative Prinzip des Kampfes um weitere Inklusionen in einen sich ausdehnenden Raum, der ursprünglich durch die Erklärung der Menschenrecht eröffnet worden war, ist offensichtlich konfliktorischer Natur und wird daher von der *Institutionalisierung des Konflikts* in der Demokratie begleitet (Lefort/Gauchet 1990).

An diesem Punkt setzen Laclau und Mouffe an, indem sie das Lefort'sche Modell um die diskursanalytische Kategorie der Äquivalenz erweitern: Es sei die über den demokratischen Diskurs und den Diskurs der Menschenrechte ins Spiel gebrachte Logik der Äquivalenz, die es unterschiedlichen Gruppen erlaube, gegen Ungleichheiten anzugehen, etwa indem sie demokratische Gleichheit nicht ausschließlich als Gleichheit zwischen männlichen Wahlbürgern definieren (Mary Wollstonecrafts Forderung nach Einschluss der Frauen in das Prinzip demokratischer Äquivalenz ist hierfür eines der frühesten Beispiele, ein anderes wäre die »Verschwörung der Gleichen« Babeufs, die auf die Ausweitung bürgerlicher Gleichheit auf soziale und ökonomische Gleichheit zielte und damit zum Vorläufer sozialistischer und kommunistischer Diskurse wurde). Diese Kämpfe haben allerdings eine Voraussetzung. Es muss sich

zuerst das demokratische Prinzip der Freiheit und Gleichheit als neue Matrix des sozialen Imaginären durchsetzen beziehungsweise, in unserer Terminologie, einen fundamentalen Knotenpunkt in der Konstruktion des Politischen bilden. Diese entscheidende

Veränderung im politischen Imaginären westlicher Gesellschaften fand vor zweihundert Jahren statt und kann dahingehend bestimmt werden, daß die Logik der Äquivalenz in das grundlegende Instrument der Produktion des Sozialen transformiert wurde. (Laclau/Mouffe 1991: 214).

Diese Beobachtung schließt zwei für unsere Frage nach den historischen Wurzeln integraler Politik relevante Aspekte ein: Erstens wurde mit der Ausdehnung des demokratischen Prinzips der Äquivalenz zum allgemeinen Imaginären zugleich jene Politikform ausgedehnt, die wir als Hegemonie bezeichnet hatten. Denn im Kern besteht Hegemonie, wie gesagt, in der konflikthaften Errichtung eines (immer prekären) Entsprechungs- oder Inkarnationsverhältnisses zwischen einem partikularen Akteur und einem universellen Anspruch. Der Ort des Universellen bleibt aber gerade deshalb zwischen einer Vielzahl partikularer Hegemonialprojekte umkämpft, weil er legitimerweise von keinem einzelnen auf Dauer in Besitz genommen werden kann. Die durch das demokratische Dispositiv instituierte Entleerung des Ortes der Macht erweist sich somit als historische Vorbedingung für die Ausweitung der hegemonialen Logik. Darüber hinaus wird mit dem über die Menschenrechte abgesicherten Prinzip der demokratischen Gleichheit ein neues Legitimitätsprinzip instituiert, das politischen Akteuren auferlegt, ihre Partikularinteressen in verallgemeinerungsfähiger Form zu formulieren, was ebenfalls die Ausweitung der hegemonialen Logik begünstigt. Zweitens führt die Etablierung des demokratischen Prinzips der Äquivalenz zur Dislozierung traditionaler Sozialverhältnisse, die ja als weitgehend fixierte Differenzstrukturen definiert wurden. Die differentielle Logik, die den sozialen Raum in hierarchisch geordnete Kasten oder Stände unterteilte, wird durch das neue Prinzip der Äquivalenz subvertiert, wenn nicht offen in Frage gestellt. Im Zuge der demokratischen Revolution wird es immer schwieriger, »Unterordnungsverhältnisse als geschlossenes System von Differenzen zu konstituieren« (Laclau/Mouffe 1991: 216). Wenn sich im Zuge der französischen Revolution also der Dritte Stand selbst zur Gesamtnation erklärt, dann durchkreuzt er die Differenzstruktur des spätfeudalen Systems der Stände und übernimmt zugleich – in einer typisch hegemonialen Bewegung – als partikularer Akteur die Repräsentation der Universalität des gesamten Gemeinwesens.

Aus der gerade dargelegten Perspektive erscheint Dislozierung als Effekt eines Prozesses zunehmender Politisierung (d.h. der Ausweitung der Logik von Hegemonie), die ermöglicht wurde durch das »innerpolitische« Ereignis der demokratischen Revolution, in der sich selbstverständlich – soviel ist Demirovic zuzugestehen – der Emanzipationsprozess des Bürgertums symbolisch verdichtete. Zugleich konnte aber gezeigt werden, dass das Bürgertum die Effekte, die seine politische Emanzipation mithilfe der Prinzipien allgemeiner Freiheit und Gleichheit ausgelöst hatte, selbst nicht unter Kontrolle halten konnte. Sie wurden zum Ansatzpunkt für neu auftretende Kämpfe jenseits der kleinen Gruppe besitzender, männlicher Wahlbürger – ursprünglich vor allem der Frauen und der Arbeiter, später der neuen sozialen Bewegungen. Neben der Errichtung eines neuen politischen Imaginären fällt für Laclau nun ein zweiter Aspekt ins Gewicht: So wurde die Dislozierung traditionaler Verhältnisse, einer stärker der marxistischen Tradition verpflichteten These Laclaus zufolge, durch die kapitalistischen Verhältnisse selbst vorangetrieben. Besonders wird von Laclau die Ambivalenz der zwischen Destruktion und Emanzipation schwankenden Dislozierungseffekte des Kapitalismus – das Verdampfen alles »Ständischen und Stehenden« – betont, die bereits Marx diagnostiziert hatte. Auch sie führen zur Ausweitung des Spielraums von Politik. So wurden zwar das Leben und die Identität der Arbeiter im frühen Kapitalismus durch die Zerstörung traditionaler Gemeinschaften, die strenge Fabrikdisziplin, niedrige Löhne und Arbeitsunsicherheit disloziert, doch hätten sich die Arbeiter dem »unkontrollierten dislokatorischen Rhythmus des Kapitalismus« (Laclau 1990: 39) nicht passiv ergeben, sondern hätten Maschinen gestürmt, Gewerkschaften gegründet und gestreikt. Die elementaren Bedingungen des Überlebens erschienen nun als politisch erkämpft und nicht als durch eine traditionale Ordnung garantiert. Auf diese Weise wurde die Geschichtlichkeit und Konstruiertheit sozialer Bedingungen zunehmend bewußt: »Society appeared more and more like an order constructed by men« (39).

Eine ähnliche Teilrehabilitierung erfahren die berühmten apokalyptischen Reiter marxistischer Ideologiekritik: Kommodifizierung, Bürokratisierung und Entfremdung. Auch durch sie entstehen ambivalente Dislozierungseffekte, die neue Kämpfe anstoßen können und den Raum der Politik erweitern. Der klassischen Kommodifizierungsthese zufolge unterwirft der Kapitalismus immer weitere Bereiche des sozialen Lebens dem Warenverhältnis, was dazu führt, dass die Menschen seinem Zugriff immer ungeschützter ausgesetzt sind und die Arbeiterklasse in das System inkorporiert wird. Zwar stimmt Laclau der Einschätzung zu, dass das Kommodifizierungsphänomen vielen Dislokationen traditionaler Verhältnisse zugrunde liegt, er verweigert sich aber den pessimistischen Schlussfolgerungen etwa eines Adorno. Auf die negativen Folgen der Kommodifizierung reagieren nämlich eine Vielzahl lokaler wie nationaler Organisationen (etwa Konsumentenorganisationen), die für die Regulation oder die soziale Kontrolle der Märkte eintreten. Gegenüber vormodernen Verhältnissen geht mit allen negativen Aspekten von Kommodifizierung zumindest die positive Nebenfolge einher, dass soziale Verhältnisse als konstruiert und kontingent (also rekonstruierbar) erfahrbar werden:

Only a nostalgia for traditional social relations can maintain an exclusively pessimistic vision of this process. And it is worth remembering that the world broken up by capitalist expansion was far from idyllic and was the source of many relations of subordination.

More crucially still, a world organized around traditional social relations is one in which the possibilities of variation and transformation are strictly limited: human beings cannot choose and build their own life because it has already been organized for them by a pre-existent social system. The dislocation of social relations, on the other hand – generated by a phenomenon such as commodification – provokes acts of resistance which launch new social actors into the historical arena; and the new actors, precisely because they are moving on a dislocated terrain, must constantly reinvent their own social forms. (Laclau 1990: 52)

Ähnlich ambivalent ist die zunehmende administrative Kontrolle und bürokratische Rationalisierung heutiger Gesellschaften, wie sie nicht zuletzt von Max Weber diagnostiziert wurde. Einerseits errichtet sie jenes »stahlharte Gehäuse«, von dem schon bei Weber die Rede ist, andererseits disloziert bürokratische Rationalisierung ältere Machtverhältnisse, indem sie auf bewusste Weise in sedimentierte traditionale Praxen interveniert und damit deren Kontingenz und (Re-)Konstruierbarkeit sichtbar macht. Laclau geht so weit, sogar von einer »bürokratischen Revolution« zu sprechen (54). Wurde bürokratischer Rationalität zu Webers Zeiten aus diesem Grund noch geradezu Allmacht unterstellt, so wird sie heute von zwei gegenläufigen Entwicklungen in Frage gestellt, ja demystifiziert. Durch die Internationalisierung und Globalisierung der Ökonomien und politischen Strukturen werden nämlich die nationalstaatlichen Bürokratien geschwächt und können ihre Funktion als ein zentraler Machtknotenpunkt immer weniger ausfüllen. Darüber hinaus trifft Bürokratie auf soziale Kräfte, die sich ihr widersetzen, ohne dass diese auf internationalisiertem Terrain die Rückkehr zu traditionalen, »prä-bürokratischen« Ordnungsverhältnissen erzwingen könnten. Das führt zu einer Situation, in der sich ausgehend von einer Vielzahl von Machtzentren Spielräume für alternative Formen der Rationalisierung von Traditionen, Ritualen und Gewohnheiten eröffnen. Ist durch die »bürokratische Revolution« einmal ein neues Bewusstsein der Planbarkeit sozialer Abläufe entstanden, kann dieses nicht für immer von der Planbarkeitsvorstellung bürokratischer Rationalität monopolisiert werden; andere Formen der Planung, darunter demokratische und partizipatorische werden prinzipiell denkbar. Ebenso verhält es sich unter kapitalistischen Bedingungen mit der Entfremdung des unmittelbaren Produzenten von seinem Arbeitsprodukt. Durch die technologische Industrialisierung, so die traditionsmarxistische Ausgangsthese, wurden die Arbeiter von ihren Produkten und zugleich von ihren ursprünglichen Fähigkeiten und Kenntnissen entfremdet. Dass in den Großindustrien aber der Produktionsprozess von seiner Abhängigkeit vom direkten Produzenten befreit wurde (und ihm letztlich keine biologischen, sondern nur technologische Grenzen gesetzt sind), mache deutlich, dass der Produktionsprozess wiederum nicht naturgegeben ist, sondern von Entscheidungen gesteuert wird. Zwar würden diese Entscheidungen von Kapitalisten getroffen, *als Entscheidungen* könnten sie unter entsprechenden politischen Bedingungen aber auch auf Organisationsformen des sozialen oder demokratischen Managements des Produktionsprozesses übergehen. Zumindest potentiell könne die kapitalistische Befreiung von der Begrenztheit direkter Produktion auf die Gemeinschaft als ganze übergehen: »What the direct producer loses in individual autonomy, s/he more than gains as a member of a community« (55).

Alle drei Dislozierungsphänomene – Kommodifizierung, Bürokratisierung und Entfremdung – erweisen sich in ihren Effekten als zweischneidig, wobei Laclau durchgehend dazu tendiert, das emanzipatorische Potential von Dislozierung zu betonen. Denn es sind gerade diese kapitalistischen Dislozierungen, Hand in Hand mit der Etablierung eines demokratischen imaginären Horizonts, die emanzipatorischen Kämpfen neue Spielräume eröffnen und zugleich die Logik der Hegemonie als integraler Politikform auf immer größere Bereiche des Sozialen ausdehnen. Welche Schlüsse lassen sich daraus bezüglich der Frage nach der Genealogie der Prekarisierungsgesellschaft ziehen? Festgehalten werden muss, dass die erwähnten Dislozierungsphänomene für die demokratische bzw. die kapitalistische Moderne schlechthin maßgebend sind, weshalb sie kein Unterscheidungskriterium bereitstellen, das uns erlauben würde, die Spezifik der Prekarisierungsgesellschaft, von der ja erst seit der Desintegration des Fordismus zu sprechen ist, zu ermitteln. Zwar betreffen solche Phänomene wie das der Kommodifizierung auch die Prekarisierungsgesellschaft (womöglich in stärkerem Ausmaß als je zuvor), erforderlich wäre jedoch eine Beschreibung jener spezifischen Dislozierungen, die mit der Passage vom Fordismus zum Postfordismus einhergehen. Obwohl sich in den Arbeiten Laclaus und Mouffes hierzu relativ wenige Hinweise finden, lassen sich aus ihrer Fordismus-Analyse und aus Laclaus Diskussion der heutigen Phase eines »*disorganized capitalism*« die entsprechenden Spezifika extrapolieren.

Ihre Fordismus-Analyse lehnen Laclau und Mouffe eng an die Regulationstheorie Agliettas an, indem sie »vom ökonomischen Standpunkt aus« (Laclau/ Mouffe 1991: 220) die Entstehung der neuen hegemonialen Formation der Nachkriegszeit als »Artikulation zwischen einem um das halbautomatische Fließband herum organisierten Arbeitsprozeß und einer Konsumtionsweise, die durch den individuellen Erwerb von Waren, die im großen Umfang für die private Konsumtion produziert werden« (221), beschreiben. Dabei wird die Ambivalenz des keynesianischen Wohlfahrtsstaat von Laclau und Mouffe hervorgehoben, denn einerseits war er notwendig geworden, »um eine Reihe von Funktionen auszuführen, die von dem neuen kapitalistischen Akkumulationsregime verlangt wurden«, andererseits entsprang er einem Kompromiss zwischen Kapital und Arbeit und war folglich »das Resultat von Kämpfen gegen die vom Kapitalismus erzeugten Veränderungen in den sozialen Verhältnissen« (222). Auch in ihrer Fordismus-Analyse findet sich also eine doppelte Herleitung hegemonialer Formationen von einerseits politischen Kämpfen und andererseits kapitalistischen Akkumulationserfordernissen, wobei Laclau und Mouffe abermals die politisierende Wirkung der fordistischen Staatsinterventionen betonen. Indem immer weitere, ehemals als »privat« erachtete Verhältnisse neuen Überwachungs- und Regulationstechnologien unterworfen werden, verschiebt sich zugleich die Grenze zwischen dem Öffentlichen und dem Privaten und wird ihrerseits zum Ort sozialer Grenzziehungskämpfe.[20] So wurde auch der Fordismus zum Ausgangspunkt neuer Antagonismen. Daraus lässt sich schließen, dass Laclau und Mouffe – ähnlich wie die Postoperaisten oder Boltanski/Chiapello – sozialen Kämpfen eine wesentliche Rolle in der »Überwindung« oder zumindest Dislozierung des Fordismus zumessen.

Was viele Regulationstheoretiker als Postfordismus bezeichnen würden, wird von Laclau hingegen mit dem von Lash und Urry (1987) bzw. Claus Offe (Offe/Keane 1985) übernommenen Begriff »disorganized capitalism« beschrieben. Im Unterschied zum »organisierten Kapitalismus« des Fordismus ist der Kapitalismus in der Phase seiner »Desorganisation« durch die Internationalisierung und Dezentralisierung des Kapitals, flexible Organisationsformen, eine neue weltweite Arbeitsteilung, die Ausweitung des Dienstleistungssektors in den westlichen Ländern und die Auflösung korporatischer Verhandlungsstrukturen charakterisiert. Auch diese Abnahme der Organisierungs- bzw. Regulierungskapazität der Nationalstaaten eröffne emanzipatorische Chancen, indem sich neue, supranationale Räume für globale Protestbewegungen eröffneten (Laclau 1990: 59). Eine ausführlichere Darstellung des Postfordismus aus Perspektiv der Essex-School findet sich bei Torfing (1998), der durchaus konzediert, dass dem Studium der historischen Formen der Ökonomie bzw. der sozialen Reproduktion bislang in der Diskurstheorie zu wenig Aufmerksamkeit geschenkt wurde (Torfing 1999: 225). Nach Torfing geriet der Fordismus aus zwei Gründen an seine Grenzen: Einerseits traf er auf technologische Grenzen, die zu fallenden Wachstumsraten führten, andererseits wurde er in Form industrieller »Mikro-Konfliktualität« (238), also durch jene Arbeitskämpfe, die von den Operaisten so eindringlich beschrieben wurden, ausgehöhlt. Ausgehend von der regulationstheoretischen These Jessops von der Passage von einem keynesianischen *welfare regime* zu einem schumpeterianischen *workfare regime*, schlägt Torfing allerdings vor, die politische Logik hinter diesen Veränderungen noch schärfer als die Regulationstheorie zu fassen, um der Versuchung

---

20 | Sie habe beispielsweise »die Zerstörung des Netzwerkes traditioneller Solidarität kommunitären oder familiären Typs« den Staat gezwungen, mit »verschiedenen ›sozialen Dienstleistungen‹ für die Kranken, die Arbeitslosen, die Alten usw. zu intervenieren«, während anderswo der Staat unter dem Druck von Arbeiterkämpfen interveniert habe, »um eine neue Arbeitspolitik zu garantieren (Mindestlohn, Länge des Arbeitstags, Unfall-und Arbeitslosenversicherung und Soziallohn)« (Laclau/Mouffe 1991: 22).

des Ökonomismus zu widerstehen. Mithilfe der Diskursanalyse könne dies in konkreten Analysen gelingen, denn:

The actual shifts in the mode of regulation are guided by discursive changes which are brought about by social forces engaged in hegemonic struggles over the authoritative response to societal dislocation. People act upon discursive constructions of the ›real world‹ rather than upon the hard facts themeselves. Or, rather, they act upon what is constructed as facts in and through discourse. Moreover, our actions are not governed by a logic of consequence but rather by a logic of appropriates which is imbedded in discursive frameworks of meaning and knowledge as well as in sedimented forms of rules, norms and procedures. (Torfing 1999: 241)

Der Übergang vom Fordismus zum Postfordismus wird durch diskursive Kämpfe angeleitet, die konfligierende Antworten auf Dislozierungserfahrungen anbieten. Das schließt Versuche zur Rekodierung der Diskurse des Alltagsverstands und der Vorstellungen vom »guten Leben« ein: Vollbeschäftigung als sozial akzeptierte Wertigkeitsvorstellung wird ersetzt durch die »Unternehmergesellschaft«, »Solidarität« wird ersetzt durch individualistische Werte wie »Unabhängigkeit«. Voraussetzung für eine solche Reartikulation bleibt freilich die Dislozierung – aus welchen Gründen auch immer – der relational fixierten Bedeutung der Elemente des fordistischen Diskurses. Zugleich sollte man sich davor hüten, den Dislozierungen bereits eine ihrer diskursiven Konstruktion vorausliegende *Bedeutung* zuzumessen. Eine Dislozierung erscheint als Krise oder gesellschaftliches Problem aufgrund ihrer umstrittenen diskursiven Konstruktion *als Krise*. Wo der hegemoniale Horizont von Dislozierungen aufgewirbelte Diskurselemente nicht länger in seinem Sinne fixieren kann, können umgekehrt nicht-hegemoniale Diskurse mit ihren Reartikulationsversuchen ansetzen und neue Äquivalenzketten zu bilden versuchen:

Economic and political problems are manifested in an interdiscursive field in which competing social forces seek to interpret them in terms of failures and crises understood from their own distinctive perspectives. Events which cannot be domesticated by the traditional discourses on the welfare state will tend to dislocate the socioeconomic framework of meaning (consider the devastating impact of stagflation on the Keynesian orthodoxy). The dislocation of the hegemonic discourses produces a growing number of floating signifiers and intensifies the political struggles between social forces who seek to redefine the subjects, objects and sites of regulation; to propose alternative societal paradigms; and to enter negotiations over the terms of a new compromise. The hegemonic struggles at the level of political discourse will lead to the formulation of a more or less adequate response to what is perceived to be the major sources of crisis and dislocation (i.e. to the structural pressures which are constructed as objective causes of necessary economic and political changes). (240)

Diese Überlegungen verweisen bereits auf den Beitrag, den diskursanalytische Untersuchungen zur Erklärung des Übergangs vom Fordismus zum Postfordismus leisten können. Torfing sieht diesen Übergang, ähnlich wie die Postoperaisten oder Boltanski/Chiapello, angeleitet durch eine überdeterminierte Konvergenz von Diskursen der Rechten mit solchen der Linken: in der Passage zum Postfordismus fließt die rechte Kritik am Versagen des Sicherheitsstaates und die neoliberale an der Ineffizienz staatlicher Bürokratie zusammen mit der linken Kritik am Versagen des Wohlfahrtsstaates, soziale und ökonomische Gleichstellung zu garantieren, sowie der linken Kritik an den entmächtigenden Effekten der Bürokratie. Schließlich trägt das diskursive Bedrohungsszenario von »staatlicher Finanzkrise«, »öffentlicher Schuldenlast« und einer »alternden europäischen Bevölkerung« zur Aushöhlung des keynesianischen Wohlfahrtsstaats bei (Torfing 1999: 239).

Da wir im folgenden Kapitel die theoretischen und methodologischen Prämissen der Diskursanalyse klären und das umkämpfte Terrain des Postfordismus am Beispiel des Diskurses der sogenannten Prekarisierungsbewegung stichprobenartig untersuchen wollen, bleibt an dieser Stelle festzuhalten, was aus der bisherigen Darstellung des hegemonietheoretischen Ansatzes zu extrapolieren ist: In der Hegemonietheorie der Essex School findet sich, abseits von diskursanalytischen Untersuchungen, keine ausführliche Beschreibung der Genealogie der Prekarisierungsgesellschaft, wie man sie etwa bei Boltanski/Chiapello finden würde. Das mindert die Erklärungsrelevanz der Hegemonietheorie aber keineswegs, denn sie stellt uns ein Konzept bereit, das die Effekte von Prekarisierung auf einer höheren sozialtheoretischen Ebene zu erklären hilft: das Konzept der Dislozierung. Laclau zufolge habe die Entwicklung der kapitalistischen Verhältnisse im Übergang von der liberalen Phase des 19. Jahrhunderts zur organisierten des 20. Jahrhunderts u.a. die erwähnten Formen der Dislozierung hervorgebracht (Kommodifikation, Bürokratisierung und Entfremdung). Manche dieser Formen, so ist zu schließen, verstärken sich im Übergang zum »disorganisierten Kapitalismus« (so etwa Kommodifizierung), während andere aufgrund der zunehmenden Globalisierung und der Abnahme der Bedeutung des Nationalstaats desintegrierten oder zumindest ihr Gesicht verändern (Bürokratisierung). Der kumulierte Effekt der gesamten Entwicklung scheint für Laclau aber in einer mehr oder weniger kontinuierlichen Ausweitung der »Zonen der Dislozierung« zu bestehen, d.h. in der von uns sogenannten Psychotisierung des Sozialen, der Auftrennung oder »Flexibilisierung« vormals fixiert und stabil scheinender Konfigurationen, die in der Prekarisierungsgesellschaft zur Angstneurotisierung der Individuen führt.

Diese strukturelle Dislozierung des Sozialen steht nun in direkt proportionalem Verhältnis zur Ausweitung der integralen Form von Politik, denn die »hegemoniale Dimension von Politik entfaltet sich nur in dem Maße, wie der offene, nicht-genähte Charakter des Sozialen zunimmt« (Laclau/Mouffe 1991:

197). In einer vormodernen, vornehmlich *differentiell* – d.h. z.B. segmentär oder stratifikatorisch – fixierten Sozialordnung besteht kein oder nur geringer Raum für die hegemoniale Form politischer Artikulation:»Genau deshalb wird die hegemoniale Form von Politik erst zu Beginn der Moderne dominant, wenn die Reproduktion der verschiedenen sozialen Bereiche unter sich permanent verändernden Bedingungen stattfindet, die beständig die Konstruktion neuer Differenzsysteme erfordern« (ebd.). Damit ist eine wesentliche, ja womöglich konterintuitive Implikation der Hegemonietheorie angesprochen: Wenn es denn zutrifft, dass die postfordistische Prekarisierungsgesellschaft einen wesentlich höheren Grad an sozialer Dislozierung aufweist als die fordistische, dann muss sie zugleich einen höheren Grad an *Politisierbarkeit* aufweisen, da eine vergleichsweise höhere Anzahl diskursiver Elementen für politische Neuartikulationen verfügbar werden. Wie Laclau am Beispiel der Dislozierungsquellen Kommodifizierung, Bürokratisierung und Entfremdung aufweist, können diese zum Exempel der Konstruierbarkeit und Planbarkeit sozialer Verhältnisse werden, das von gegenhegemonialer Seite aufgenommen werden kann. Ihre Dislozierungseffekte wiederum können Proteste freisetzen, denn auf einem dislozierten Terrain »gehen die Bedingungen und die Möglichkeit reinen Fixierens von Differenzen zurück; jede soziale Identität wird zum Schnittpunkt für eine Vielzahl artikulatorischer Praxen, von denen viele antagonistischen sind« (197). Zwar ist entscheidend, dass auch die Dislozierungsquellen, selbst wo sie scheinbar nur innerökonomischen Gesetzen folgen, ihrerseits durch hegemoniale Kämpfe angestoßen wurden (darunter Kämpfe »von oben«, wie wir sie am Hegemonialprojekt des Neoliberalismus beobachtet haben), dass jedoch die Dislozierungseffekte, die ein Hegemonialprojekt (oder ein Gegenhegemonialprojekt) hervorruft, nie vollständig von diesem unter Kontrolle gehalten, die freigesetzten Elemente nie vollständig reabsorbiert werden können. Sie werden zum Ansatzpunkt für neue Kämpfe, weshalb die postfordistische Gesellschaftsformation, und umso mehr die Prekarisierungsgesellschaft, auch als Bewegungsgesellschaft bezeichnet werden kann.[21]

2.5 EIN DOPPELTER TRANSFORMISMUS: HEGEMONIETHEORIE ALS INTEGRATIVE ERKLÄRUNGSMATRIX

Unsere Darstellung des Ansatzes der Hegemonietheorie hat sich also zur These verdichtet, dass neue hegemoniale Formationen durch soziale Kämpfe – sei es »von oben«, wie im Fall des Neoliberalismus, oder »von unten«, wie im Fall der Proteste gegen das fordistische Fabrikregime – formiert werden. Die Frage, ob Henne oder Ei, d.h. ökonomisch verursachter Dislozierung oder Politik ein

---

21 | Zum Panorama der Bewegungsgesellschaft vgl. Kapitel 12 in Marchart (2013b).

Primat zukommt, ergibt auf dieser Ebene der Analyse keinen Sinn.[22] Sie erweist sich deshalb als falsch gestellt, weil die Hegemonietheorie sowohl von einer Vorstellung *integraler Politik* als auch von einer solchen *integraler Ökonomie* ausgeht und die Idee zurückweist, es handle sich hierbei um klar abgrenzbare Sphären. Wenn die Hegemonietheorie in der Tradition der Essex School dennoch der Analyse politischer Kämpfe den Vorzug gibt, so nicht aufgrund irgendeines ontologischen Privilegs der Politik, das nur das ontologische Privileg, das der traditionelle Marxismus der Ökonomie zugesprochen hatte, in sein Spiegelbild verkehren würde, sondern weil diskursiv strukturierte politische Makroformationen ihren präferierten Untersuchungsgegenstand darstellen, also aufgrund der spezifischen Perspektive der diskursanalytischen Hegemonietheorie.

Diese Überlegung ermöglicht uns abschließend, einige Ergebnisse der Theorie-Triangulation des vorangegangenen Kapitels in die Matrix der Hegemonietheorie einzutragen. Tatsächlich wird sich vor dem Hintergrund der diskursanalytischen Hegemonietheorie ein innerer Zusammenhang zwischen den Phänomenen herstellen, die von den vier diskutierten Ansätzen beobachtet wurden:

Erstens ließ sich aus den vier Ansätzen übereinstimmend ein *umfassender Prekarisierungsbegriff* gewinnen. Prekarisierung erfuhr einen erheblichen Verallgemeinerungsschub. Von einer partikularen, auf bestimmte Lohnbeziehungen begrenzten Regulationsform wurde sie, in regulationstheoretischer Begrifflichkeit: zu einem zentralen Aspekt der postfordistischen Regulationsweise bzw. des gesellschaftlichen Paradigmas; in gouvernementalitätstheoretischer Begrifflichkeit: zu einem allgemeinen Unsicherheitsdispositiv und einer ihm entsprechenden Subjektivierungsform; in postoperaistischer Begrifflichkeit: zu einer *fabricca diffusa* der prekarisierenden Inwertsetzung aller Lebensbereiche innerhalb des Kognitiven Kapitalismus; in der Begrifflichkeit Boltanski/Chiapellos: zum neuen kapitalistischen »Geist« der projektbasierten Polis. Anders gesagt, Prekarisierung umfasst nicht allein das Lohnarbeitsverhältnis, sondern zieht inzwischen die meisten anderen Lebensverhältnisse in Mitleidenschaft. Das würde zwar von Vertretern eines *weiten* Prekarisierungsbegriffs auch zugestanden, die Quelle des Problems – und damit auch seiner möglichen Lösung – würde aber an einem bestimmten topographischen Ort der Gesellschaft ausgemacht werden: letztlich in der Arbeitswelt, bzw. in der Flexibilisierung

---

22 | Sinn ergibt sie, wie man im folgenden Kapitel sehen wird, nur auf Ebene der quasi-transzendentalen Konstruktionslogik von Diskursen im allgemeinen, denn dort erweist sich die Äquivalenzlogik des Antagonismus (der als diskurslogische Kategorie nicht mit konkreten historischen Kämpfen verwechselt werden sollte, ähnlich wie die Kategorie des Politischen nicht mit jener der Politik verwechselt werden sollte, sh. Marchart 2010a) als *konstitutive Voraussetzung* für die Etablierung und zugleich unumgehbare Dislozierung von Signifikationssystemen schlechthin.

und Entsicherung des Lohnverhältnisses und dem entsprechenden Domino-effekt. Die hegemonietheoretische Perspektive geht hingegen davon aus, dass die Effekte verallgemeinerter Prekarisierung, haben sie einmal tendenziell alle sozialen Verhältnisse und die tiefsten Schichten der dominanten Subjektivie-rungsformen erfasst, sich gegenüber ihrem vermeintlichen Ursprung in der Regulierungsweise des Lohnverhältnisses verselbständigen. Es wäre daher zu kurz gegriffen, Prekarisierung als ein vornehmlich ökonomisches oder Verän-derungen in der Akkumulationsweise geschuldetes Anpassungsphänomen der Regulation zu untersuchen. Dagegen spricht nicht nur, dass es gesellschafts-diagnostisch zu kurz griffe und in lösungsorientierter Betrachtung eine sozial-politische bzw. sozialarbeiterische Adjustierung im wohlfahrtsstaatlichen Sinne kaum Erfolg verspräche. Zwei theoretische Gründe sprechen dagegen: der An-satz einer *integralen Politik* und die – wohlverstandene – These vom *Primat des Protests* bzw. der sozialen Kämpfe.

Denn legt man einen Ansatz *integraler Politik* an, verschiebt sich notwen-digerweise die Perspektive auf das Phänomen der Prekarisierung. Wurde das topographische Gesellschaftsmodell mit seiner strikten Trennung zwischen Ökonomie, Politik, Ideologie etc. erst einmal aufgegeben, erscheint es höchst problematisch, nach einem »Ursprung« der Prekarisierung in der Ökonomie zu suchen, sofern diese ja immer schon durch außerökonomische Kräfte über-determiniert war. Nicht umsonst stellt Laclau fest: »The conditions of existence of capitalist accumulation are provided by a set of factors which correspond to complex balances of forces – partly economic, of course, but also political, insti-tutional and ideological« (Laclau 1990: 25). Boltanski und Chiapello wiederum verweisen zu Recht auf den normativen Legitimationsbedarf jeder Form kapita-listischer Akkumulation. Und eine vergleichbare Einschätzung findet sich aus regulationstheoretischer Perspektive etwa bei Brand (2005: 36): »Der Markt ist zuvorderst ein Herrschaftszusammenhang, der untrennbar ökonomisch, poli-tisch *und* kulturell konstituiert ist«. So wie Akkumulation und Markt muss auch das Lohnverhältnis reguliert werden, sei es durch Stabilisierung oder durch Pre-karisierung, was dessen Einbindung in die Gesamtheit einer Regulationswei-se, einer normativen Rechtfertigungspolis und schließlich in die hegemoniale Formation eines gesellschaftlichen Paradigmas voraussetzt. Wenn sich letzte-res aber nicht aus dem Inneren der Ökonomie heraus gebildet hat, wäre also nicht der vermeintliche Ursprung des Prekarisierungsphänomens oder eine be-stimmte »Zone« (der Arbeitsverhältnisse) und deren Grenzgebiete zu untersu-chen, sondern die vielfachen Verschiebungen der Kräfteverhältnisse innerhalb der hegemonialen Gesellschaftsformation, die letztlich zu einer Verdrängung des fordistisch-keynesianischen Imaginären führten und ökonomische Verhält-nisse genauso erfassen wie alle anderen.

Eine hegemonietheoretische Analyse wird dazu die sozialen Kämpfe in den Blick nehmen, die solche Transformationen vorangetrieben haben, denn hegemoniale Projekte werden notwendigerweise gegen den Widerstand dominanter und konkurrierender Hegemonialprojekte formuliert. Von außen auftretende Dislozierungen der hegemonialen Formation – die, nebenbei gesagt, nicht nur von Akkumulationskrisen angestoßen werden müssen, sondern auch Resultat etwa von Krisen des politischen Regimes, von Seuchen oder von hereinbrechenden Umweltkatastrophen sein können – werden dabei *als* Krisen erst durch widerstreitende hegemoniale Artikulationsversuche definiert. Denn ob die Dislozierung einer bestimmten hegemonialen Formation als »Krise« dieser Formation erscheint oder – z.B. als »gerechte Strafe Gottes« – einfach absorbiert werden kann, ist an der bloßen Form von Dislozierung nicht abzulesen.[23] So erscheint es als folgerichtig, dass Regulationstheorie, Postoperaismus und pragmatische Soziologie (die Gouvernementalitätsstudien haben hierzu ein ungeklärtes Verhältnis) die Betonung auf die Definitionskämpfe legen, die den Übergang vom Fordismus zum Postfordismus angetrieben haben. Wie in unserer Diskussion des neoliberalen Hegemonialprojektes angedeutet, wäre vom hegemonietheoretischen Standpunkt eine Spezifizierung oder zumindest Verdeutlichung der diesbezüglichen Ansätze der Postoperaisten und Boltanskis und Chiapellos angebracht. Denn es ist offensichtlich, dass die Kämpfe, die hegemoniale Gesellschaftsformationen gleichsam über sich selbst hinaustreiben, nicht notwendigerweise emanzipatorischer Natur sind. Die Konzentration in der Analyse auf Arbeiterkämpfe und die Kämpfe von 77 bzw. die Kämpfe der Sozial- und Künstlerkritik könnte einen solchen Fehlschluss, der jedenfalls von der Theorie Boltanskis und Chiapellos nicht gedeckt wäre, nahelegen.

Als irreführend erweist sich vor allem die Vereinnahmungsmetaphorik, mit der das Verhältnis von Protest und hegemonialer Formation beschrieben wird. Am deutlichsten tritt sie in Virnos konzeptueller Gegenüberstellung von »Revolution« und »Konterrevolution« hervor: Der Postfordismus entstand in Italien aus dem Aufruhr der Bewegung von 77, die nach der Ölkrise und den Arbeitsniederlegungen der Fabrikarbeiter einer neuen Klassenzusammensetzung Ausdruck verschaffte. Der Antagonismus der sich in dieser Bewegung ausdrückte, wurde, Virno (1998: 85) zufolge, von der »Konterrevolution« umgekehrt und »in eine Rezeptur beruflicher Qualifikation verwandelt, in eine Zutat der Mehrwertproduktion, in den Sauerteig eines neuen kapitalistischen Akkumulationszyklus.« Die neuen Fähigkeiten und Eigenschaften der Protestierenden wurden sofort kapitalistisch verwertet: »Ihr Nomadentum, ihre Abneigung gegen feste Jobs, ihre Existenz, sogar ihr Hang zu individueller Autonomie und ihre Experimentierfreude wurden in der kapitalistischen Produktionsorganisation zusammengebracht« (96). Diese Form der Reartikulation mit dem Begriff der Kon-

---

23 | Man denke nur an die langjährigen Kämpfe, die notwendig waren, um die Immunschwächekrankheit AIDS gegen einen Diskurs der US-amerikanischen religiösen Rechten und einer untätigen Regierung schließlich *als Krise* zu definieren.

terrevolution zu beschreiben, ist irreführend, weil sie einen Dualismus zweier getrennter Terrains nahelegt (wie er auch schon von Lipietz kritisiert wurde), wobei die vom revolutionären Terrain ausgehenden Kämpfe unmittelbar vom konterrevolutionären »System« vereinnahmt werden.[24] In vergleichbarer Weise könnte Boltanski/Chiapellos These kritisiert werden, der Kapitalismus würde Kritik vereinnahmen, ja geradezu benötigen, wäre deren These nicht etwas komplizierter. Denn der Kapitalismus ist von einer grundsätzlichen Ambivalenz, gar Antinomie gezeichnet. Er muss für seinen Fortbestand »Unersättlichkeit *sowohl* stimulieren *als auch* bremsen«, weshalb der kapitalistische Geist eine »*ständige Spannung* zwischen der Stimulierung des Akkumulationsbegehrens und seiner Rückbindung an Normen« (520f.) beinhaltet. Er ist daher in Wertigkeitsordnungen eingebettet, die ihrerseits die kapitalistische Akkumulation und die Entwicklung des Kapitalismus einschränken können. Daraus ergibt sich eine grundsätzliche Ambivalenz des »kapitalistischen Geistes«, die seine eindeutige Zurechnung zur einen oder anderen Seite erschwert: »so liefert der kapitalistische Geist sowohl eine Rechtfertigung des Kapitalismus (im Unterschied zu radikalen Infragestellungen) als auch einen kritischen Bezugspunkt, mit dessen Hilfe die Diskrepanz zwischen den konkreten Akkumulationsformen und den normativen Konzeptionen der Sozialordnung angeprangert werden kann« (65).

Diesem Merkmal der Ambivalenz, das ja von allen diskutierten Ansätzen diagnostiziert wird, lässt sich mit keiner Vereinnahmungs- oder Inkorporationstheorie gerecht werden. Wieder erweist sich die Hegemonietheorie als hilfreich, um jene Responsivität des Kapitalismus gegenüber einer Kritik zu erklären, die mit den kapitalistischen Legitimationsstrukturen das Terrain jedenfalls streckenweise teilt. Zwar bleibt nach wie vor zwischen den Artikulationen, die eine hegemoniale Formation aufbauen oder sie perpetuieren, und gegenhegemonialen Artikulationen, die sie kritisieren oder ihr mit Protest begegnen, analytisch zu unterscheiden, aber diese Unterscheidung wird stark relativiert, sobald man die wechselseitigen Transformationen bedenkt, die in Artikulationsverhältnissen auftreten. Kein Element bleibt mit sich identisch, sobald es mit neuen Elementen reartikuliert wird, weshalb letztlich jedes an eine Dualität erinnernde Modell in die Irre leitet. Ein Konzept Gramscis, das Konzept des *Transformismus*, kann uns dabei behilflich sein, die Ambivalenz des Prekarisierungsphänomens zu erklären. Die vieldiagnostizierte Ambivalenz der Prekarisierungsphänomene könnte genau mit der *transformistischen* Logik von Hegemonie zu tun haben. Es wurde gesagt, dass für Gramsci eine dominante

---

24 | Immerhin unterstreicht Virno, dass die Vereinnahmung nicht total ist, sondern von fortgesetzten Kämpfen gestört wird: »Doch auch das Gegenteil ist wahr – die alte Geschichte sozialer Konflikte reicht bis in die Gegenwart und repräsentiert die andere Seite der postfordistischen Münze, die rebellische Seite« (Virno 1998: 86).

Klasse und ihre Verbündeten Macht über andere Klassen ausüben, indem sie diese teilweise in die eigene Formation einbinden.[25] Sobald wir mit Gramsci von der Vorstellung ablassen, hegemoniale Verschiebungen würden nach dem Muster des »Bewegungskriegs« vor sich gehen und stattdessen mit Gramsci Zivilgesellschaft als ein unübersichtliches Grabensystem verstehen, dann wird es keiner hegemonialen Anstrengung gelingen, die gesamte Zivilgesellschaft unter Kontrolle zu bringen. Selbst die Verteidigung und Übernahme weniger institutioneller Schanzen und Gräben, oder wie Gramsci auch sagt: »Festungen und Kasematten« (Gramsci 1991ff.: 873), wird nicht ohne Auswirkungen auf die hegemoniale Formation bleiben. Schließlich darf nicht vergessen werden, dass hegemoniale Kämpfe ein ausgesprochen langwieriger und letztlich unabschließbarer Prozess sind, denn »die Veränderungen in den Denkweisen, den Glaubensinhalten, den Meinungen treten nicht durch rasche, simultane und verallgemeinerte ›Explosionen‹ ein, sie treten fast immer durch ›sukzessive Kombinationen‹ nach äußerst disparaten und ›qua Autorität‹ nicht kontrollierbaren ›Formeln‹ ein« (2178). In hegemonialen Auseinandersetzungen kommt es daher selten zu revolutionären Ereignissen (»Explosionen«), sondern Hegemonie ist, so Gramscis relationistischer Ansatz, ein *molekularer* Prozess, der in der sukzessiven Kombination ideologischer Moleküle zu größeren Formationen besteht.

Der Name für den Versuch, gegenhegemoniale Verschiebungen und Brüche wieder dem hegemonialen Block einzuschreiben, lautet bei Gramsci Transformismus, ein Begriff, der von Gramsci aus der historiographischen Debatte um das italienische Risorgimento übernommen wird. Wie auch das analoge Konzept der »passiven Revolution« (nicht jedoch *Konter*revolution!) verweist er auf bestimmte molekulare Veränderungen, »die in Wirklichkeit die vorhergehende Zusammensetzung der Kräfte zunehmend verändern und folglich zur Matrix neuer Veränderungen werden« (1727). So absorbierte, im Fall der unterschiedlichen Versuche der Einigung Italiens, die Moderate Partei unter Cavour nach 1848 immer weitere Elemente ihrer Konkurrenz, der Aktionspartei. Ihr

25 | Damit eine bestimmte Gruppe oder Klasse ihre Herrschaft sichern kann, reicht es nicht aus, dass diese Klasse Gewalt über die staatlichen Zwangsapparate erringt (Polizei, Militär und das Kerker-Archipel mitsamt des angeschlossenen Justizapparats, deren Opfer Gramsci selbst wurde), sie muss zugleich die »kulturelle Hegemonie«, d.h. die Herrschaft über die Köpfe der Leute gewinnen, deren Alltagsverstand *(senso comune)* prägen und in ihrem eigenen Sinne re-definieren. Sie muss es schaffen, allgemeinen Konsens und freiwillige Zustimmung zu ihrer eigenen Herrschaft zu erzeugen, selbst wenn ihre Herrschaft nicht allein durch diese Zustimmung der Beherrschten gesichert wird, sondern durch den Zwang und die Gewalt der repressiven Staatsapparate »gepanzert« sein muss. Doch allein diese Panzerung reicht nicht aus, die Ebene der Hegemonie – also des Alltagsverstands, der Kultur (im weitesten Sinn) – bleibt unverzichtbar.

Ziel bestand in der »Absorption der aktiven Elemente, die aus den verbündeten Gruppen hervorgegangen sind und auch aus den gegnerischen, die unversöhnlich feindlich schienen« (1947). Die Absorption vor allem der Eliten der gegnerischen Gruppen führte einerseits zu deren Schwächung, andererseits veränderte sie die Zusammensetzung der moderaten Kräfte selbst, was wiederum neuen Veränderungen zur Vorgabe wurde. Übertragt man dieses Konzept auf die aktuellere diskursanalytische Fassung der Hegemonietheorie, auf die wir im folgenden Kapitel zu sprechen kommen werden, dann kann als Transformismus der Versuch einer hegemonialen Formation verstanden werden, gegenhegemoniale Diskurselemente zu integrieren und ihre potentiell disruptiven Effekte auf diese Weise zu neutralisieren. Dennoch lässt sich kein Bruch vollständig verkitten; nichts kann restlos absorbiert werden. Eine gegenhegemoniale Kanonverschiebung, hat sie einmal stattgefunden, schreibt sich in die hegemoniale Formation ein. Denn haben sich die Koordinaten des Feldes einmal verschoben, dann ist diese Verschiebung nicht rückgängig zu machen, sondern kann nur durch eine weitere Verschiebung aufgefangen und eben transformiert werden. Als *diskursiver Raum* muss das Soziale schließlich als ein solch unübersichtliches Grabensystem vorgestellt werden, auf dem Transformationen des hegemonialen Terrains von *vielen* Seiten her angeschoben werden, und das nicht allein von kritischen oder emanzipatorischen Bewegungen.

Bringt man dieses flexible Modell umkämpfter molekularer Veränderungen in Anschlag, dann wird jener innere Zusammenhang zwischen Kontingenz, Konflikt und Kompromiss erklärlich, den wir in der Diskussion der Regulationstheorie bereits angesprochen hatten. Auf Basis meiner Darstellung der diskursanalytischen Hegemonietheorie lässt er sich nun deutlicher formulieren: Jede hegemoniale Formation stellt ein instabiles Kompromissgleichgewicht dar – und zwar nicht etwa zwischen zwei Kräften (wie in der marxistischen Vorstellung von zwei Hauptklassen und ihren jeweiligen Alliierten), sondern zwischen einer Vielzahl von Kräften, die um die Universalisierung ihres je partikularen Hegemonialprojekts ringen. Aus strukturellen Gründen wird es keinem dieser Projekte gelingen, das eigene Projekt in unverwässerter, d.h. *kompromissloser* Form zu einem imaginären Horizont auszudehnen. Denn jede hegemoniale Formation ist Dislozierungen ausgesetzt. Diese können wiederum einer Vielzahl von Quellen entstammen, ihre Konstruktion *als Krisen* stellt jedoch bereits eine diskursive Leistung dar, die nicht von der bloßen Form der Dislozierung präjudiziert wird. Um die Ermittlung der gesellschaftlichen *Bedeutung* einer gegebenen Dislozierungserfahrung tobt ein Definitionskampf zwischen einer Vielzahl von Kräften, welche die im Moment der Dislozierung freigesetzten diskursiven Elemente – und die genaue diskursanalytische Beschreibung dieses Vorgangs wird im folgenden Kapitel nachzuliefern sein – an ihre jeweiligen Diskurse anzugliedern, d.h. zu *transformieren* versuchen. Da keine gesellschaftliche Kraft über absolute Definitionshoheit verfügt, kann dies immer nur gegen

Widerstand, d.h. *im Konflikt* mit anderen Kräften geschehen. Zwar treffen sich die konfligierenden Kräfte nicht auf Augenhöhe, da sich das Terrain der Auseinandersetzung als immer schon hegemonial vorgeformt erweist und verschiedene Hegemonialprojekte unterschiedliche Ausgangslagen und Erfolgschancen vorfinden. Aber der Ausgang hegemonialer Auseinandersetzungen wird durch die bloße Unebenheit des Terrains nicht determiniert. Auch marginale und bescheiden beginnende Hegemonialprojekte – man denke an das Beispiel des frühen Neoliberalismus – können sich bei starker Dislozierung des Terrains und Veränderung des Kräftegleichgewichts zu einem scheinbar unüberschreitbaren Horizont entwickeln. Es muss also von einer prinzipiellen Offenheit hegemonialer Auseinandersetzungen ausgegangen werden, mit anderen Worten: von der *Kontingenz* hegemonialer Formationsprozesse. Vor allem in Momenten größerer Dislozierung wird den Akteuren bewusst, dass der – vormals so stabil scheinende – Status quo *kontingent* ist, d.h. auch anders strukturiert sein könnte.

Damit hätte die allen vier Ansätzen gemeinsame Beobachtung, die Entwicklung der Prekarisierungsgesellschaft sei keinem »Masterplan« geschuldet und habe sich vielmehr als »glückliche Fundsache« erwiesen, ihre hegemonietheoretische Erklärung gefunden. Die vorübergehende Stabilität einer spezifischen Kräftekonstellation resultiert aus einer Unzahl molekularer Verschiebungen, die sich unter dem doppelseitigen Druck von Konflikten und Kompromisszwängen zu einer hegemonialen Formation verdichtet haben. Wenn beispielsweise Boltanski und Chiapello beschreiben, wie potentiell dislozierende Elemente der Künstlerkritik in einem arbeitsrechtliche Errungenschaften umgehenden *trial and error*-Verfahren evolutiv in Management-Strategien transformiert wurden, dann beschreiben sie, wie ein *im Konflikt* gemachter »glücklicher Fund« erst nach und nach in eine »bewusste« Hegemonialstrategie übersetzt wurde.[26] Gibt man darüber hinaus die Vorstellung auf (die von politischen Diskursen mit ihrer Feindrhetorik nahegelegt wird), es seien nur zwei Antagonisten im Spiel, und versteht man das Terrain gesellschaftlicher Auseinandersetzung im Sinne Gramscis als ein mobiles, kreuz und quer von Antagonismen durchzogenes Grabensystem, dann wird man ein noch komplexeres Bild der Prekarisierungsgesellschaft erhalten. Im folgenden Kapitel wollen wir mithilfe einer empirischen Diskursanalyse einen kleinen Ausschnitt aus dem Grabensystem der Prekarisierungsgesellschaft untersuchen. Das wird uns die Möglichkeit geben, die bereits angerissene Theorie und Methodologie der Diskursanalyse detaillierter darzustellen. Darüber hinaus wird beispielhaft an einem empirischen Textkorpus gezeigt werden, dass eine bestimmte Fraktion der Prekarisierungs-

---

26 | Hier zeigt sich ein weiters mal, dass der Begriff der »Vereinnahmung« in die Irre leiten würde, legt er doch nahe, es handle sich um eine intentionale, gerissene Strategie der Seite des Kapitals, während es sich in Wahrheit um einen glücklichen Fund handelt, der auch nicht hätte stattfinden können.

bewegung die Ambivalenz wie auch die umfassende Natur des Phänomens der Prekarisierung, die von den vier diskutierten sozialwissenschaftlichen Ansätzen einhellig diagnostiziert wird, im Protestdiskurs formuliert.

3 Prekarisierung im Blick der Diskursanalyse

Zur Fallstudie EuroMayDay-Bewegung

3.1 GRUNDZÜGE DER DISKURSANALYSE: MODELLANALYSE DES THATCHERISMUS

Nach Erarbeitung eines dem Phänomen umfassender Prekarisierung angemessenen gesellschaftstheoretischen und -analytischen Rahmens soll in diesem Kapitel eine »Stichbohrung« in den Diskurs der Prekarisierungs- oder Euro-MayDay-Bewegung vorgenommen werden. In diskursanalytischer Weise soll ermittelt werden, welche Begriffe von Prekarisierung dem Protestdiskurs zugrunde liegen – nicht zuletzt in Abgrenzung von einer massenmedial geführten öffentlichen Debatte, deren Diskursanalyse bereits in der Einleitung vorgestellt wurde und in der vor allem ein enger Prekarisierungsbegriff vorherrscht, der das Phänomen an die Ränder des Sozialen verweist oder mit zunehmender Armutsbedrohtheit gleichsetzt. Um die Kompatibilität dieser empirischen Untersuchung mit den Ergebnissen des bisherigen Theorieabgleichs sicherzustellen, müssen die im vorangegangenen Kapitel gewonnenen Grundlagen der Hegemonietheorie in den Kategorienbau einer Diskurstheorie und das methodische Instrumentarium der Diskursanalyse übersetzt werden. Nach einigen wenigen Bemerkungen zu den Grundlagen der Diskurstheorie wird in einem ersten, noch intuitiven Zugang – und zwar in Form einer Idealanalyse – die Herangehensweise der Essex School am Diskurs des Thatcherismus exemplifiziert. Diese Annährung wird uns erlauben, den theoretisch-methodischen Apparat der Diskursanalyse ausgehend von einer ersten, und sei es idealtypisch stilisierten Anwendung zu entwickeln.

Üblicherweise wird unter Diskurs jede sprachliche Einheit oberhalb der Satzebene verstanden. Die Soziolinguistik verwendet den Begriff vor allem zur Bezeichnung eines Korpus vorwiegend natürlich (mündlich oder schriftlich) generierter Texte (Levinson 1983: 286), doch abseits dieses soziolinguistischen Konzepts von Diskursanalyse konnte sich in den letzten Jahren auch im deutschsprachen Raum ein breiterer, gesellschaftsanalytischer Diskursbegriff durchsetzen. Abseits modischer Konjunkturen hat sich herausgestellt, dass wohl der diskursanalytische Ansatz Foucaults den größten Einfluss auf sozialwissenschaftlich inklinierte Diskursanalytiker und -analytikerinnen aus-übt.[1] Auch die in kritischer Auseinandersetzung mit u.a. der Foucault'schen Diskursanalyse entwickelte hegemonietheoretische Diskursanalyse der Essex School hat in letzter Zeit auch im deutschsprachigen Raum vermehrt Aufmerksamkeit gefunden (Marchart 1994; 1998, Nonhoff 2006; 2007).[2] Sie versteht sich als eine anti-objektivistische Theorie, die von dem grundlegenden Postulat ausgeht, dass »das Soziale sich als symbolische Ordnung konstituiert« (Laclau/ Mouffe 1991: 145), als ein symbolisches Feld, auf dem Bedeutungen generiert werden, die sich zu diskursiven Formationen verdichten. Aus der Einführung des ursprünglich Foucault'schen Begriffs der diskursiven Formation ergab sich für Laclau und Mouffe eine Reihe von Fragen bzw. Problemen. Neben anderen, auf die hier aus Platzgründen nicht eingegangen werden kann,[3] ragt aus Sicht der diskursanalytischen Hegemonietheorie folgendes Problem heraus: Was *vereinheitlicht* eine diskursive Formation, also wie kann die Frage nach der Kohärenz einer diskursiven Formation beantwortet werden?

Foucault begegnete diesem Problem mit seiner Idee einer Regelmäßigkeit in der Verstreuung, die er als Alternative zu anderen potentiellen Formen der Vereinheitlichung von Aussagen entwickelt. So verwirft Foucault jede Verein-

---

1 | Dieser starke Einfluss lässt sich unter anderem durch die Tatsache erklären, dass Foucault mit der *Archäologie des Wissens* einerseits eine ausgearbeitete, wenn auch nicht ganz kohärente Darstellung seiner »Methode« hinterließ und andererseits in dieser wie auch in seiner späteren genealogischen Phase an einer Reihe von Fallstudien bereits einige *blueprints* für weitergehende Diskurs- und Machtanalysen lieferte. Um nur eine Publikation unter vielen herauszugreifen: Im *Handbuch Sozialwissenschaftliche Diskursanalyse* ist Foucault der mit Abstand meistgenannte Autor (vgl. Keller et al. 2001). Im englischsprachigen Raum dominiert das Foucault'sche Diskurskonzept manche Einführungen zum Diskursbegriff bereits gänzlich (vgl. Mills 1997).

2 | Die Essex-School hat bereits eine Vielzahl von Analysen politischer Diskurse hervorgebracht. So beschäftigt sich zum Beispiel die Studie einer Laclau-Schülerin mit dem »Rasse«- und Sexualitäts-Diskurs der britischen Neuen Rechten von Powell bis Thatcher (Smith 1994), eine weitere umfangreiche Studie analysiert den südafrikanischen Diskurs der Apartheid (Norval 1996) und andere beschäftigen sich mit dem Diskurs des rechten Neopopulismus in Europa oder der hegemonialen Formation verschiedenster Nationen (vgl. Howarth et al. 2000).

3 | Ein anderes Problem besteht genau darin, dass Laclau und Mouffe die bei Foucault noch operative Unterscheidung zwischen der Ebene des Diskurses und jener des Außerdiskursiven (etwa der Institutionen) dekonstruieren müssen, um die Reste des soziologistischen Objektivismus zu beseitigen. Gerade von marxistischer Seite hat dieser Anti-Objektivismus wütende Reaktionen nach sich gezogen (vgl. Laclaus und Mouffes Antwort in Laclau 1990).

heitlichung zu einer Formation durch Referenz auf ein Gemeinsames, sei es ein gemeinsames Objekt des Diskurses, ein gemeinsames Thema, ein gemeinsamer Stil oder eine Konstanz der Begriffe.[4] Aus hegemonietheoretischer Perspektive ist mit der Betonung der *Verstreuung* noch nicht hinreichend erklärt, wie aus rein differentiellen Positionen die *Regelmäßigkeit* einer diskursiven Formation überhaupt hervorgehen kann, denn mit Saussure gehen Laclau und Mouffe davon aus, dass jede bedeutungsproduzierende Formation aus relational verknüpften differentiellen Elementen besteht (weshalb sie ihr Projekt als einen *radikalen Relationismus* klassifizieren können). Das Saussure'sche Modell des Relationismus besitzt allerdings ein enormes Handicap. Denn nur innerhalb eines geschlossenen Systems kann die Bedeutung jedes Elements durch die Differenz zu allen anderen bestimmt werden. Aus diesem Grund habe die Übernahme des Strukturalismus in die Humanwissenschaften wieder nur zu einem weiteren Essentialismus geführt, dem Essentialismus der vollständigen Struktur und des in sich geschlossenen Systems.

Als das linguistische Modell in das allgemeine Feld der Humanwissenschaften eingeführt wurde, war dieser Effekt von Systematizität vorherrschend, so daß der Strukturalismus zu einer neuen Form von Essentialismus wurde: zu einer Suche nach den zugrundeliegenden Strukturen, die das inhärente Gesetz jeder möglichen Variation bilden. Die Kritik am Strukturalismus beinhaltet einen Bruch mit dieser Auffassung eines vollständig konstituierten, strukturellen Raumes. (Laclau/Mouffe 1991: 164f.)

Im Gegensatz dazu müsse die relationale Logik als »unvollständig und von Kontingenz durchdrungen« (Laclau/Mouffe 1991: 162) vorgestellt werden. Schon der Überschuss anderer Diskurse verhindere die vollständige Schließung je-

---

4 | So heißt es in der *Archäologie des Wissens*: »Daher rührt die Idee, diese Verstreuungen selbst zu beschreiben; zu untersuchen, ob unter diesen Elementen, die sich mit Sicherheit nicht wie ein fortschreitend deduktives Gebäude, noch wie ein maßloses Buch, das allmählich durch die Zeit hindurch geschrieben würde, noch als das Werk eines kollektiven Subjekts organisieren, man keine Regelmäßigkeit feststellen kann: Eine Ordnung in ihrer sukzessiven Erscheinung, Korrelationen in ihrer Gleichzeitigkeit, bestimmbare Positionen in einem gemeinsamen Raum, ein reziprokes Funktionieren, verbundene und hierarchisierte Transformationen. Eine solche Analyse würde nicht versuchen, kleine Flecken der Kohärenz zu isolieren, um deren innere Struktur zu beschreiben; sie würde sich nicht die Aufgabe stellen, die latenten Konflikte zu vermuten und ans volle Licht zu bringen; sie würde Formen der Verteilung untersuchen. Oder auch: anstatt *Ketten von logischen Schlüssen* (wie man es oft in der Geschichte der Wissenschaften oder der Philosophie tut) zu rekonstruieren, anstatt *Tafeln der Unterschiede* (wie es die Linguisten tun) aufzustellen, würde sie *Systeme der Streuung* beschreiben.« (Foucault 1981: 57f.)

der sozialen Identität und somit die Fixierung aller Differenzen (Relationen) innerhalb einer diskursiven Formation. Auf der anderen Seite aber ist völlig klar, dass genauso wie die Vorstellung der absoluten Fixiertheit einer diskursiven Formation die Vorstellung der absoluten Nicht-Fixiertheit – bzw. reiner Verstreuung – untragbar ist. Und in dieser Hinsicht, so sahen Laclau und Mouffe, sind die Angebote des Foucault'schen Diskursmodells zu dürftig. Die Einheit eines relationalen Systems muss, selbst wenn letzteres immer nur *bedingt* systematisch ist, auf irgendeine Weise fixiert werden. Um Fixierung theoretisch fassen zu können, greifen Laclau und Mouffe auf das Lacan'sche Konzept des Knoten- oder Stepp-Punkts *(point de capiton)* zurück, der von Laclau später in das Konzept des leeren Signifikanten weiterentwickelt wird. Zur Erinnerung: Nach Saussure besteht jedes Zeichen *(signe)* aus dem Bezeichneten (Signifikat), also der *Vorstellung*, und dem Bezeichnenden (Signifkant), dem *Lautbild* bzw. *Schriftbild*, innerhalb eines relationalen Gesamtsystems *(langue)*. Mit Lacan, an den Laclau anschließt, rückt die Ebene der Signifikanten in den Vordergrund. Zu untersuchen ist nun das Verhältnis von Signifikanten zueinander, wobei Bedeutung das nachträgliche Produkt des differentiellen Spiels der Signifikanten bzw. Signifikantenketten ist. Wie auch bei Foucault sieht Laclau bei Saussure ein ungelöstes Problem in der Frage der Kohärenz oder Systematizität des Gesamtsystems, bzw. einer Signifikantenkette. Unter einem leeren Signifikanten – und wir werden auf dieses zentrale Konzept des Laclau'schen Ansatzes zurückkommen – wird nun ein Signifikant verstanden, der eine Signifikantenkette »steppt«, d.h. den Fluss der Signifikation vorübergehend anhält und so Bedeutung fixiert. Die »flottierenden Signifikanten«, d.h. die aufgrund des Überschusses an diskursivem Material noch nicht fixierten und relationierten Differenzen – in der Terminologie von Laclau und Mouffe: *Elemente* – werden durch eine solche Fixierung zu *Momenten* einer diskursiven Totalität. Dieser Vorgang des »Steppens« im Feld des Sozialen nennen Laclau und Mouffe nun Artikulation: »*Die Praxis der Artikulation besteht deshalb in der Konstruktion von Knotenpunkten, die Bedeutung teilweise fixieren*« (165). In der Definition von Artikulation findet sich bereits eine mögliche diskurstheoretische Übersetzung des gramscianischen Konzepts der Hegemonie.

Auf diesem Wege lässt sich der Gramscianismus, der einer Reihe der in den vorangegangenen Kapiteln erwähnten Ansätzen zugrunde liegt, poststrukturalistisch reformulieren und diskursanalytisch operationalisieren. Durch Einspeisung des *discursive turn* in die gramscianische Hegemonietheorie lässt sich der Raum des Sozialen nun als zugleich diskursiv *und* konfliktorisch konstituiert verstehen, sofern er von Kämpfen um die Bedeutung sozialer Fakten geprägt ist. Dass sich hinter dieser Annahme kein verborgener »Idealismus« verbirgt, wird evident, wenn wir berücksichtigen, dass Diskurse bei Laclau und Mouffe keinem »ideologischen Überbau« angehören, sondern zugleich linguistische und nicht-linguistische Praxen umfassen, inklusive ihrer gemeinsamen Verfestigung zu sozialen Institutionen, Strukturen und Funktionen (ich komme im Folgekapitel darauf zurück). Diskurse besitzen gewisse Ähnlichkeiten mit den Wittgenstein'schen Sprachspielen, in die ebenso linguistische wie nicht-linguistische Aspekte eingehen. Gramscis Konzept der Hegemonie wird von Laclau und Mouffe somit nicht allein zum Schlüsselkonzept einer Theorie *integraler Politik* erhoben, sondern zugleich diskursanalytisch operationalisiert. Das macht die Analyse ökonomischer oder staatlicher Verhältnisse nicht hinfällig, sondern verlangt nach ihrer diskursanalytischen Neubeschreibung. Denn so wie hegemoniale Formationen quer liegen zu jeder topographischen Ebenen- oder Systemunterscheidung, so schneiden auch Diskurse durch entsprechende Unterscheidungen hindurch. Das Diskursive lässt sich folglich als ein relationales Feld verstehen, das Ähnlichkeiten mit dem bereits beschriebenen Grabensystem des hegemonialen »Stellungskriegs« Gramscis besitzt; und ein diskursanalytischer Ansatz wird die Verschiebungen der Frontverläufe zwischen Diskursen und Diskursformationen innerhalb dieses komplexen relationalen Feldes zu beschreiben versuchen. Die Diskurse des Neoliberalismus etwa versuchen das Ökonomische genauso zu durchformen wie staatliche *policies,* die öffentliche politische Auseinandersetzung, die zivilgesellschaftlichen Institutionen und den Alltagsverstand, ja selbst die scheinbar intimsten Subjektivierungsformen. Was neoliberale Diskurse im einen Fall stärker zu ökonomischen und im anderen stärker zu etwa kulturellen oder politischen werden lässt, ist nicht der topographische »Ort«, in den sie intervenieren (z.B. »die Ökonomie«, »der Staat«), sondern eine engere relationale Beziehung zu ökonomischen oder staatlichen Diskurselementen und Diskursgenres: »What we find, then, is not an interaction or dertermination between fully constituted areas of the social, but a field of relational semi-identities in wihch ›political‹, ›economic‹ and ›ideological‹ elements will enter into unstable relations of imbrication without ever managing to constitute themselves as separate objects« (Laclau 1990: 24).

Bleiben wir für eine erste, noch intuitive Annäherung an die Prinzipien der Diskursanalyse der Essex School bei den Diskursen des Neoliberalismus (Torfing 1999: 240), um an diesem – idealtypisch präsentierten – Beispiel den theoretisch-methodologischen Apparat der hegemonietheoretischen Diskursanalyse klarer hervortreten zu lassen. Das wird uns erlauben, ihn in einem zweiten Schritt für die empirische Analyse des Diskurses der EuroMayDay- oder Prekarisierungsbewegung einzusetzen. Wichtige Merkmale der Methode der Diskursanalyse der Essex School lassen sich an Stuart Halls nahezu klassischer Analyse des Thatcherismus illustrieren (der Begriff Thatcherismus selbst ist eine Prägung Halls, sh. Hall 1988, dazu Marchart 2008: 234-242). Hall zufolge zielte der Thatcherismus darauf ab, seine politischen Maßnahmen innerhalb des modifizierten Alltagsverstands der Menschen zu verankern: »Beim Thatcherismus geht es um die Neuartikulation des Alltagsverstands: sein Ziel ist es, zum ›Alltagsverstand unserer Zeit‹ zu werden«. Da der Alltagsverstand unsere ganz gewöhnlichen Überlegungen formt und uns »so natürlich wie das Atmen« (Hall 1988: 8) erscheine, ziele jeder langfristig angelegte hegemoniale Kampf darauf, das eigene Projekt in Form des Alltagsverstands zu naturalisieren. Wenn der Neoliberalismus beispielsweise von »freier Wahl« und »Eigenverantwortung« spricht, dann wird damit versucht, den Abbau staatlicher Sicherungssysteme und deren Privatisierung mit bislang im Alltagsverstand positiv besetzten Begriffen zu verknüpfen. Sollte der Versuch der Artikulation von Signifikanten wie/Freiheit/und/Verantwortung/mit/freier Marktwirtschaft/und/privater Vorsorge/dauerhaft gelingen, dann wird sich auch das Alltagsverständnis von/Freiheit/und/Verantwortung/in diese Richtung verschieben. Der Thatcherismus bestand in einer Vielzahl solch diskursiver Operationen, die durch Reartikulation vormals nicht oder anders verknüpfter Elemente neue Äquivalenzverhältnisse schmiedeten. Dies gelang ihm jedoch nur, indem er ein zweipoliges diskursives System errichtete:

Das Monopol, das die Sozialdemokratie im Bereich staatlicher Verwaltung besaß, hatte den Diskursen des Thatcherismus ermöglicht, am negativen Pol Etatismus, Bürokratie, Sozialdemokratie und einen »schleichenden Kollektivismus« zu verdichten. Dieser Repräsentation des »Machtblocks« wurden am positiven Pol verschiedene Verdichtungen aus Besitzindividualismus, persönlicher Initiative, »Thatcherismus« und Freiheit entgegengestellt. So wird es möglich, Labour als Teil der »großen Bataillone« darzustellen, die gegen den »kleinen Mann« (und seine Familie), der von ineffizienter Staatsbürokratie unterdrückt wird, auffahren. So wird die Sozialdemokratie mit dem Machtblock in Verbindung gebracht, während Mrs. Thatcher draußen »bei den Menschen« ist. Das hat dem Thatcherismus ermöglicht, den Volk/Machtblock-Widerspruch zu neutralisieren. (Hall 1988: 142)

Am einen Pol wurden somit all jene Signifikanten zusammengezogen, von denen behauptet werden konnte, sie würden den neoliberalen Maßnahmen entgegenstehen, während am anderen Pol »der kleine Mann«, ja schließlich ein homogenes »Volk« angerufen wurde. Denn damit die neoliberalen Maßnahmen überhaupt als erstrebenswert präsentiert werden konnten, mussten sie einerseits mit dem Allgemeininteresse verknüpft werden, das seinen Ausdruck im Interesse des »kleinen Mannes« fand. Der Thatcherismus stellte sich als eine Bewegung dar, die die Allianz mit dem »kleinen Mann« suchte und dazu die Feindfigur eines angeblich versteinerten und ineffizienten Verwaltungsapparats aufbaute, der vom politischen Gegner – der Labour-Party – beherrscht wurde. Aufgrund dieser antagonistischen Gegenüberstellung von »Volk« und Machtblock (aus einer Position heraus, die man aus anderer Perspektive durchaus selbst dem Machtblock zurechnen könnte) spricht Hall, wie bereits erwähnt, vom »autoritären Populismus« Thatchers. Auf Basis dieser Konstruktion konnten in die Reihen des Gegners die unterschiedlichsten Signifikanten eingetragen werden, die alle – nach Maßgabe des thatcheristischen Diskurses – der Verwirklichung einer neoliberalen hegemonialen Formation entgegenstan-

Tabelle 5: Der Diskurs des Thatcherismus (Quelle: eigene Darstellung)

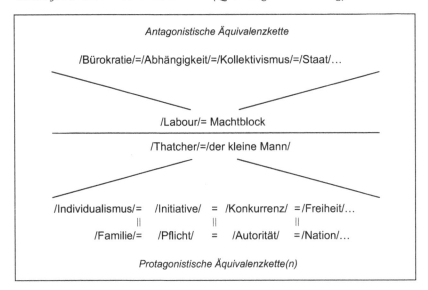

den. Der Thatcherismus konstruiert, übersetzt in diskursanalytische Schreibung, am Pol des »Machtblocks« eine antagonistische Kette:/Staat/=/Bürokratie/=/ Kollektivismus/....=/Labour/. Das eigene politische Projekt konnte umgekehrt nur zusammengehalten werden, weil es der Thatcherismus zustande gebracht hatte, die unterschiedlichen Elemente des konservativen Tory-Diskurses, den er beerbt hatte, mit dem Diskurs des Neoliberalismus zu versöhnen. Die konservative Tory-Äquivalenzkette »Nation, Familie, Pflicht, Autorität, Standards, Traditionalismus, Patriarchat« wurde um die Themen des Neoliberalismus – »Eigeninteresse, Konkurrenzindividualismus, Anti-Etatismus« (157) – erweitert. Der daraus resultierende Diskurs lässt sich gemäß Tabelle 5 idealtypisch systematisieren.

An dieser Darstellung stechen bereits erwähnte Eigentümlichkeiten hegemonialer Artikulation ins Auge, andere sind hinzuzufügen:

Erstens konnte sich der neoliberale Diskurs nicht in aller Reinheit durchsetzen, sondern musste sich mit bereits vorhandenen, ja vormals dominanten politischen Diskurselementen des eigenen Lagers verknüpfen. Der Thatcherismus besteht also in der Artikulation von (zumindest) zwei protagonistischen Äquivalenzketten: jener des Neoliberalismus und jener des Konservatismus. Diese Ketten beinhalten viele Elemente, die vor ihrer Re-Artikulation durch Thatcher als keineswegs versöhnbar galten. Erst mit der Übernahme der Tory-Party durch die Thatcheristen, die innerhalb der eigenen Partei als radikale *fringe group* galten, gelang es Thatcher, den innerhalb der britischen Rechten vormals dominanten konservativen Diskurs (bzw. konservativ-autoritären Diskurs) auf eine *subalterne*

Position zu relegieren und zugleich Elemente wie »Familie« oder »Nation« und »Autorität« im Sinne des eigenen Projekts zu redefinieren. Vereinheitlicht wird dieser Diskurs durch den populistischen Bezug auf das »Volk«, entweder im Gewand des »kleinen Mannes« oder in der Uniform des Falkland-Kriegers, das den Bezug auf ein über neoliberale Partialinteressen, die sich etwa in der umfassenden Privatisierungspolitik oder der Niederschlagung der Gewerkschaften manifestierten, hinausreichendes gesellschaftliches Allgemeines ermöglichte.

Bislang handelt es sich allerdings nur um eine diskursive Reformierung der britischen Rechten. Damit, *zweitens*, das umfassende Hegemonialprojekt des Thatcherismus überhaupt eine Chance auf Erfolg hat, muss die vorangegangene hegemoniale Formation einen gewissen Grad an Dislozierung erreicht haben. So ging auch Hall (Hall et al. 1978) von einer umfassenden organischen Krise aus, die den hegemonialen Konsens, der mit dem Aufbau des Wohlfahrtsstaates in den unmittelbaren Nachkriegsjahren einhergegangen war, erfasst hatte. Wie bereits in unserer Diskussion des Neoliberalismus angesprochen, war die hegemoniale Formation Großbritanniens schon seit Mitte der 60er Jahre in eine organische Krise geraten, die während der Wirtschaftskrise zwischen 1972 und 1976, mit ansteigender Inflation und wachsenden Arbeitslosenzahlen, hart durchschlug. In solch einer organischen Krise werden Diskurselemente aus einer nicht länger gefestigten hegemonialen Formation freigesetzt und für populistische Reartikulationen verfügbar. Eine organische Krise, in der das Soziale einem erhöhten Dislozierungsdruck ausgesetzt ist, lässt sich diskursanalytisch als eine Konjunktur bezeichnen, »in der eine allgemeine Schwächung des relationalen Systems die Identitäten eines gegebenen gesellschaftlichen oder politischen Raums definiert und wo es folglich eine Vermehrung flottierender Elemente gibt« (Laclau/Mouffe 1991: 194).[5] Diese Dislozierung des Sozialen, die zur Lösung differentieller Diskurselemente aus ihrer früheren Verankerung führt, ist die Voraussetzung für eine umfassende Reartikulation hegemonialer Formationen.

Die individuelle wie soziale Erfahrung des *Mangels*, die sich in einer dislozierten Situation einstellt (zu Theorien des Mangels, die der Diskursanalyse zugrunde liegen, darunter vor allem die Lacan'sche, vgl. Marchart 2005), drängt *drittens* zur Repräsentation an einem bestimmten innerdiskursiven Punkt. Dem Thatcherismus gelang es, diesen »negativen Pol« des Diskurses mit der Labour-Party und ihren vorgeblichen Kohorten (vor allem der Bürokratie) zu identifizieren und so der Dislozierungserfahrung ein »Gesicht« zu geben. Die in die antagonistische Äquivalenzkette eingehenden Signifikanten sind aus Perspek-

---

5 | Eine solche organische Krise, so Laclau und Mouffe weiter, tauche »nicht von einem einzigen Punkt aus auf, sondern ist das Resultat einer Überdeterminierung von Umständen. Sie zeigt sich nicht nur in einer Vermehrung von Antagonismen, sondern auch in einer allgemeinen Krise gesellschaftlicher Identitäten« (Laclau/Mouffe 1991: 194).

tive des thatcheristischen Diskurssystems kaum mit einem spezifischen Inhalt ausgestattet, dienen sie doch nur dazu, den allgemeinen gesellschaftlichen Mangel – d.h. das Krisenhafte an der erfahrenen Situation – zu repräsentieren. Zugleich dient die antagonistische Kette der ausschließlich negativen Funktion, die protagonistische Kette vom Ort eines »feindlichen Außen« her zu stabilisieren. Wie Ptak (2008: 50) bereits an Hayeks Texten aufweisen konnte, konstituiert sich das neoliberale Leitbild von Gesellschaft fast ausschließlich anhand der negativen Oppositionskategorien von Kollektivismus, Wohlfahrtsstaat, sozialer Gerechtigkeit und einer vorgeblich grenzenlosen Demokratie. Der zentrale Feindsignifikant des/Kollektivismus/besitzt im neoliberalen Diskurs die Funktion, Nationalismus und Sozialismus zu einer gemeinsamen Feindkategorie zu verdichten. Kollektivismus – für Hayek das Böse schlechthin – besitzt deshalb keinen positiven Inhalt, sondern seine unterschiedlichen Erscheinungsformen werden »einzig und allein zusammengeführt durch die Negation des Individualismus« (25). Im berühmten Diktum Thatchers: »There is no such thing as society« (vgl. Kingdom 1992), sondern es gäbe vielmehr nur Individuen und Familien, verbirgt sich daher so etwas wie die Kurzformel des neoliberalen Diskurses thatcheristischer Prägung, nämlich die antagonistische Opposition aus Kollektivismus einerseits und neoliberalem Marktindividualismus plus Konservativismus andererseits:/Kollektivismus/:: [/Individuen/=/Familien/].

Es kann also festgehalten werden, dass die protagonistische Äquivalenzkette sich nicht stabilisieren ließe, wäre sie nicht offen einem »negativen Pol«, einem äußeren Feind gegenüber artikuliert worden. Hieran zeigt sich, dass keine hegemonietheoretische Analyse ohne den Begriff des Antagonismus auskommen kann, der den Pol reiner Negativität markiert, dem gegenüber Äquivalenzketten aus differentiellen Elementen artikuliert werden. Ein Feld der Differenz kohäriert alleine gegenüber einer allen Differenzen radikal heterogenen, negativen Instanz, die ein Prinzip der *Äquivalenz* in das Feld der Differenz einführt. Diese Instanz des Antagonismus *negiert* den differentiellen Charakter der Signifikanten, wodurch gegenüber diesem negatorischen Außen im Feld der Differenzen Äquivalenz- und damit Kohärenzeffekte angestoßen werden. Im Prozess ihrer Äquivalenzierung werden die Signifikanten aus ihren vormaligen Konstellationen (ihrer »Verstreuung«) herausgerissen und treten in das ein, was Laclau und Mouffe Äquivalenzketten nennen. Ein Signifikant aus dieser Kette übernimmt nun die Aufgabe des »allgemeinen Äquivalents«, also die Aufgabe, die Kette als solche zu hegemonisieren und zu repräsentieren. Genau diese universale Aufgabe als allgemeines Äquivalent erfordert aber dessen weitgehende Entleerung von partikularen Inhalten (je umfassender die Kette, desto leerer der Signifikant). Das heißt, einerseits handelt es sich um einen ganz gewöhnlichen partikularen Signifikanten aus der Reihe aller Signifikanten einer Äquivalenzkette, andererseits signifiziert dieser Signifikant eben nicht allein etwas Partikulares, sondern er signifiziert die Einheit dieser Kette als solche, mit anderen Worten:

das *Prinzip der Kohärenz* einer diskursiven Formation. Diese Symbolisierungsleistung kann jedoch immer nur unter Inanspruchnahme eines negatorischen Außen, d.h. vor dem Hintergrund von Antagonismus und Dislozierung gelingen. Es mag hilfreich sein, sich zum Verständnis dieser Logik der Entleerung eines Signifikanten von seinen konkreten Inhalten einen Slogan wie »Freiheit für Nelson Mandela« vor Augen zu halten. Zur Zeit der Apartheid war mit diesem Slogan nicht allein die Entlassung Mandelas aus der Gefangenschaft gemeint, sondern der Einsatz des Signifikanten »Freiheit« (aber auch des Signifikanten »Mandela«) zielte auf die Abschaffung des Apartheid-Systems schlechthin und konnte so die unterschiedlichsten Forderungen und politischen Akteure hinter sich vereinigen. Mit anderen Worten, ein Signifikant wurde zum Repräsentanten eines gemeinsamen Kampfes – einer Äquivalenzkette – gegenüber dem antagonistischen Außen eines unterdrückerischen Regimes. Die Kohärenz eines Bedeutungssystems wird somit gewährleistet durch die Übernahme der allgemeinen Repräsentationsfunktion durch ein partikulares Element dieses diskursiven Systems. Der hegemoniale Charakter dieses Elements besteht nicht in seiner *konkreten* Bedeutung, sondern darin, dass er diese Repräsentationsfunktion für das Gesamtsystems übernehmen kann und darin sich von seinen konkreten Bedeutungen gerade entleert. Laclau selbst bringt dazu das von Rosa Luxemburg inspirierte Beispiel des politischen Kampfes gegen den Zarismus (Butler/Laclau/Žižek 2000: 302f.): In einer Situation extremer Unterdrückung, so Laclau, beginnen Arbeiter einen Kampf um höhere Löhne, der, obwohl es sich um eine partikulare Forderung handelt, als allgemein anti-systemischer Kampf verstanden wird. Das führt zur Spaltung der Forderung nach höheren Löhnen zwischen ihrem konkreten, partikularen Gehalt und der universalen Funktion der Signifikation des Kampfes gegen zaristische Unterdrückung per se. Erst aufgrund dieser universalen Funktion können sich weitere Forderungen – etwa die Forderung liberaler Politiker nach Pressefreiheit etc. – diesem Kampf einreihen. Diese partikularen Forderungen verbindet untereinander nichts außer ihre gemeinsame anti-systemische Stoßrichtung.[6] Notwendige Bedingung ihres Eintritts in eine gemeinsame Äquivalenzkette ist allein der Antagonismus zwischen dem zaristischen Regime und den aufbegehrenden Kräften. Soll nun aber der Kampf der anti-systemischen Kräfte als solcher signifiziert werden, muss *die Kette als solche* von einem allgemeinen Äquivalent vertreten und signifiziert werden. Eine der partikularen Forderungen übernimmt diese universale Funktion und hegemonisiert den anti-systemischen Kampf (z.B. die Forderung der Arbeiter).

Laclau hat diese hegemoniale Diskurslogik in einer Grafik veranschaulicht, die ich für unsere Zwecke modifiziert wiedergebe (vgl. Tabelle 6). »Partikulare«

---

6 | Was übrigens dazu führt, dass entsprechende Äquivalenzketten nach einem erfolgreich geführten Kampf auch relativ schnell wieder desintegrieren können.

Tabelle 6: Die hegemoniale Diskurslogik nach Laclau (Quelle: eigene Darstellung)

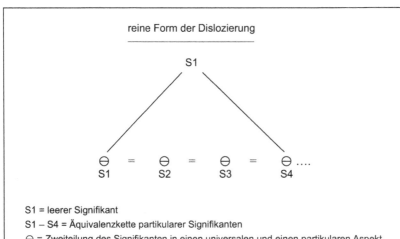

Signifikanten vereinen sich gegenüber einem negatorischen Außen – das, mit welchen Signifikanten es auch immer gefüllt werden mag, *funktional* nur die reine Form der Dislozierung, d.h. die bloße *Negation* der positiven diskursiven Identität darstellt – zu einer Äquivalenzkette: S1 – S2 – S3 – S4.... Dabei bleiben sie in sich geteilt, was durch die jeweils geteilten Kreise angedeutet sein soll, zwischen der Ebene ihrer partikularen Bedeutung (ihres konkreten »ursprünglichen« Signifikats) und ihrer gemeinsamen anti-systemischen Bedeutung. Ein Signifikant unter anderen, S1, tritt schließlich aus der Kette heraus, um die äquivalentielle Dimension *als solche* zu bezeichnen.[7] Insofern der Signifikant diese allgemeine Aufgabe übernimmt, wird er weitgehend von seinem partikularen Inhalt entleert.

Diese Diskurslogik, die gleichsam den minimalen Kern jeder hegemonialen Bewegung bildet, liegt natürlich auch unserer idealtypischen Darstellung des thatcheristischen Diskurses zugrunde. Dort ist es letztlich der Name/Thatcher/(nicht die leibliche Person), der als leerer Signifikant die neoliberalen, die

---

7 | Die von mir in Abweichung von Laclaus Nomenklatur vorgeschlagene Abkürzung des leeren Signifikanten zu *S1* spielt natürlich auf das Konzept des Herrensignifikanten Lacans an, der zwar *heimlicher* Pate des Laclauschen leeren Signifikanten ist, von Laclau aber nirgendwo eigens erwähnt wird. Inzwischen hat sich im Rahmen der Essex School eine lacanianische Richtung etabliert, die genau an dieser Schnittstelle zwischen Laclau und Lacan arbeitet und die politikwissenschaftliche Diskursanalyse mit dem Lacan'schen Katagorienapparat querliest (vgl. u.a. Stavrakakis 1999; Marchart 1999; Glynos/Stavrakakis 2004).

autoritären und die konservativen Elemente zusammenhält (zur Funktion des Eigennamens an den Beispielen/Boulanger/und/Peron/sh. Laclau 2005).[8] Das bedeutet nicht, dass der neoliberale Diskurs nicht auch andere leere Signifikanten wie etwa/Flexibilität/kennen würde, die in diese Position der Repräsentation des Allgemeinen eintreten können, wie etwa Boltanski/Chiapello (2003: 248) nahelegen, wenn sie bemerken: »Die multiplen Transformationen, die in den7oer Jahren ihren Ausgang genommen hat, wurden im Laufe des darauf folgenden Jahrzehnts aufeinander abgestimmt, angeglichen und mit der einheitlichen Vokabel *Flexibilität* versehen.« Tatsächlich ist nämlich kein Signifikant vollständig entleert – dann bestünde er aus bloßem Rauschen –, sondern immer nur tendenziell, was zugleich impliziert, dass eine Kette aus einer Reihe jeweils mehr oder weniger entleerter Signifikanten bestehen kann, d.h. aus Signifikanten, die die Repräsentation der Kette in größerem oder geringerem Umfang übernehmen können. Wenn in einer konkreten Analyse ein Signifikant als *der* leere Signifikant bezeichnet wird, dann soll damit nur gesagt sein, dass es diesem Diskurselement in besonderem Ausmaß gelingt, für die Reihe als Ganze einzutreten. Und diese Logik gilt selbstverständlich nicht nur für den neoliberalen Diskurs, sondern ebenso für die vorangegangene hegemoniale Formation des Fordismus/Keynesianismus. So wurde von Torfing der Begriff des Wohlfahrtsstaats als leerer Signifikant analysiert, in dem sich – in Reaktion auf vorausgegangene Dislozierungen – die diskursive und institutionelle Formation des Fordismus verdichtet repräsentierte: »Thus, the discursive formation of political strategies, institutional forms and power networks have been unified under the popular banner of the welfare state« (Torfing 1999: 225f.). Der Wohlfahrtsstaat hatte sich hegemonial sogar zu einem imaginären Horizont

---

8 | Auch für den neoliberalen Management-Diskurs haben Boltanski und Chiapello die organisierende Funktion des *leader* bzw. seiner »Visionen« hervorgehoben, die, in unserer Terminologie, im Sinne des leeren Signifikanten schlagend wird, sobald die *differentielle* Organisation einer ehemals hierarchischen Betriebsstrukturen im Geiste »flacher Hierarchien« und kreativ-autonomer Arbeit in Auflösung begriffen ist. »[D]eswegen müssen all diese *selbstorganisierten* und *schöpferischen* Einheiten, auf denen künftig die Leistungsfähigkeit beruht, in eine Richtung streben, die lediglich von wenigen vorgegeben wird, ohne deswegen jedoch zu den überkommen ›Hierarchiestrukturen‹ zurückzukehren. An diesem Punkt treten die *leader* und ihre *Visionen* auf den Plan. Die Vision hat dieselben Vorzüge wie der Geist des Kapitalismus, weil sie die Einsatzbereitschaft der Arbeiter ohne Gewalteinsatz gewährleistet und der Arbeit jedes einzelnen Sinn verleiht. [...] Die Mitarbeiter können sich selbst organisieren. Ihnen wird nichts aufgezwungen. Sie identifizieren sich vielmehr von allein mit dem Projekt. Die Schlüsselfigur innerhalb dieses Gefüges ist der *leader*, dessen Stärke sei, eine *Vision* zu haben, zu vermitteln und andere dafür zu gewinnen.« (Boltanski/Chiapello 2003: 115f.)

ausgeweitet, der – dies die Funktion des Imaginären – versprach, Dislozierung *als solcher* Abhilfe zu schaffen, d.h. eine Gesellschaft ohne Mangel zu errichten:

The discursive formation of the modern welfare state has been held together by a social imaginary. This tends to invoke the image of a society that does not exist: a fully integrated society based upon freedom, equality and solidarity; a society in which everybody by way of their social citizenship is inscribed within a social community that protects them from the hazards of the market, from the disruptive effects of class struggle, and from most of the perils of life. (Torfing 1999: 229)

Für das politische Imaginäre Deutschlands hat Martin Nonhoff (2001; 2006) detailliert die um den leeren Signifikanten der »sozialen Marktwirtschaft« organisierten Diskurse analysiert (wobei nach Nonhoff (2001: 203) »soziale Marktwirtschaft« ab einem bestimmten historischen Zeitpunkt der deutschen Nachkriegsgeschichte gleichfalls dazu tendiert, die »abwesende gesellschaftliche Vollkommenheit, jene perfekte Wirtschaftsordnung, die alle Grundwerte und alle gesamtwirtschaftlichen Ziele vollkommen realisiert«, zu repräsentieren, was ebenfalls der Funktion eines imaginären Horizonts gleichkommt, in den sich konservative wie linke Positionen einschreiben können). Ohne dass wir an dieser Stelle auf die Details von Nonhoffs Untersuchung des ursprünglich ordoliberalen Hegemonialprojekts der »sozialen Marktwirtschaft« eingehen können, wollen wir eine kategoriale Differenzierung des Laclau'schen Begriffsapparats durch Nonhoff übernehmen, die für die Diskursanalyse von Interesse sein kann. Dem sei eine Warnung vorausgeschickt: Unsere anfängliche idealtypische Darstellung des thatcheristischen Diskurses – gemäß Tab. 5 – könnte man so interpretieren, als würde hier gleichsam »von oben« auf jenes diskursive Terrain geblickt, das Laclau aus der Innenperspektive des protagonistischen Diskurses beschreibt. Das ist nicht der Fall, denn es handelt sich bei den beiden Äquivalenzketten – der protagonistischen des Thatcherismus und der antagonistischen des Machtblocks – nicht um zwei Diskurse, sondern um die antagonistische Artikulation zweier Äquivalenzketten *innerhalb ein- und desselben Diskurses*. Das negatorische Außen in Laclaus Modell, das ich in Fortsetzung des Laclau'schen Ansatzes als die reine Form der Dislozierung bezeichnet habe, d.h. von Dislozierung noch vor jeder inhaltlich-diskursiven Ausschilderung (z.B. *als* ökonomische Krise, *als* nationale Schande, *als* innenpolitischer Feind etc.), dieses negatorische Außen wird *innerhalb* des protagonistischen Diskurses mit einer Reihe von Signifikanten gefüllt. Es ist also der Diskurs des Thatcherismus, der seinen negativen Pol mit einer Kette aus Signifikanten wie/Bürokratie/,/Abhängigkeit/,/Kollektivismus/,/Staat/etc. auffüllt, die in dieser Kombination nur innerhalb seines eigenen Diskurses artikuliert sind (wenngleich es natürlich das hegemoniale Ziel des Thatcherismus bleibt, diesen Diskurs zu universalisieren und zum allgemeingültigen zu erheben). Das bedeutet nicht, dass die einzelnen Signifikanten nicht auch außerhalb des thatcheristischen Diskurses artikuliert würden, es ist aber sehr unwahrscheinlich, dass sich die Labour-Partei genau mit dieser Äquivalenzkette, die ihr vom Thatcherismus zugeschrieben wird, identifizieren könnte. Eine Analyse des Labour-Diskurses würde daher auf eine andere relationale Verknüpfung von Elementen stoßen.

Dies vorausgeschickt, lässt sich das Verhältnis der Elemente der protagonistischen zu jenen der antagonistischen Äquivalenzkette spezifizieren. In unserer Darstellung stehen die Elemente der antagonistischen zu jenen der (neoliberalen) protagonistischen Kette in einem Verhältnis, das von Nonhoff als *Kontrarität* bezeichnet wird. In einer Kontraritätsrelation stehen zwei differente Elemente in Bezug auf ein Drittes in einem Verhältnis wechselseitiger Ausschließung: »›x ist anders als y, und steht in bezug auf a in Kontrarität zu y‹; ›Schalke ist anders als Dortmund und beide stehen hinsichtlich des Ziels der Meisterschaft einander im Weg‹« (Nonhoff 2006: 88). In Bezug auf die vorgeblichen Interessen des kleinen Mannes und, in letzter Instanz, die Errichtung einer von Mangel und Dislozierungen befreiten imaginären Ordnung stehen somit bestimmte differentielle Elemente aufgrund ihrer Einreihung in die antagonistische Äquivalenzkette bestimmten protagonistischen Elementen im Weg. In unserem Beispiel ließen sich Paare bilden, die jeweils zueinander in Kontraritätsbeziehung stehen; z.B./Initiative/::/Bürokratie/, denn der bürokratische Apparat lähmt nach thatcheristischer Anschauung die Initiativkraft des Einzelnen, oder auch, in der abstrakteren Sprache politischer Ideologien:/Kollektivismus/::/Individualismus/, die Leitdifferenz des Hayek'schen Diskurses. Kontrarität liegt selbstverständlich nicht in der Natur der einzelnen Elemente, sondern kommt diesen nur aufgrund ihrer relationalen Positionierung innerhalb des Diskurses zu. So ist bei genauerer Betrachtung auffällig, dass der protagonistische Diskurs keineswegs homogen ist und in sich potentielle Kontraritätsbeziehungen birgt – vor allem zwischen den neoliberalen Elementen/Individualismus/,/Initiative/,/Konkurrenz/,/Freiheit/und den konservativen/Familie/,/Pflicht/,/Autorität/,/Nation/–, deren Kontrarität allerdings nicht zu tragen kommt. Es wäre durchaus eine Konstellation denkbar, in der/Individualismus/und/Familie/oder/Pflicht/und/Initiative/zueinander in Kontrarität stehen, womit eines der Element notwendigerweise aus der Kette fiele (und diese Spannung innerhalb ein- und derselben Äquivalenzkette ist ja tatsächlich Ausdruck eines vorangegangenen Konflikts innerhalb des rechten Lagers). Wenn die *dominanten* zu den *subalternen* Elementen der protagonistischen Äquivalenzkette in einem Kontraritätsverhältnis stehen, so deshalb, weil beide Reihen von einem gemeinsamen leeren Signifikanten abgedeckt werden können und ihr potentieller Konflikt daher vorerst befriedet ist. Was aber den leeren Signifikanten zu dieser Aufgabe befähigt, ist wiederum keine natürliche Prädisposition oder »inhaltliche« Nähe zu den anderen Signifikanten seiner Kette, sondern seine Repräsentationsfunktion beruht ausschließlich darauf, dass er – im Unterschied zu weniger entleerten Signifikanten seiner Kette – zu *jedem einzelnen Element* der antagonistischen Äquivalenzkette in Kontrarität steht, da, wie Nonhoff anmerkt, »nur dieses diskursive Element somit die vollständige Behebung des Mangels und all seiner Ursachen, also die Gegenwart des verwirklichten Allgemeinen signifizieren kann« (Nonhoff 2006: 287f.).[9] Die Erkenntnis, dass Diskurse in sich ambivalent sind, sofern nämlich dominante von subalternen Elementen differenziert werden und Kontraritätsbeziehungen im Falle der Verschiebung des Antagonismus durch Auftreten neuer Antagonismen jederzeit aufbrechen können, führt uns ein weiteres mal zum Phänomen des Transformismus und seiner diskursanalytischen Fassung.

3.2 DIE ELEMENTAREN DISKURSIVEN EINHEITEN DES PROTESTS UND DER DISKURSIVE TRANSFORMISMUS

Eine der Fragen, vor der jede Anwendung der Diskurstheorie politischer Protestdiskurse steht, ist die Frage nach der elementaren Einheit der Analyse. Als hilfreich erweist sich der Rückgriff auf Laclaus Diskussion der Entstehung populistischer Protestdiskurse. In seinem Buch *On Populist Reason* (2005) weist Laclau die Annahme gängiger Populismustheorien zurück, bei den zu untersuchenden elementaren Einheiten würde es sich um soziale oder politische Gruppen handeln. Ein diskursanalytischer Zugang kann die Frage nach dem

---

9 | Das impliziert umgekehrt, dass nicht alle Elemente der protagonistischen Äquivalenzkette in einem Kontraritätsverhältnis zu jedem beliebigen Element der antagonistischen Kette stehen müssen. So mag etwa das antagonistische Element/Bürokratie/in einem Ausschließungsverhältnis zu/Initiative/artikuliert werden, nicht aber zu/Pflicht/ oder/Autorität/. Aus diesem Grund schlägt Nonhoff vor, zwischen direkter Kontrarität und mittelbarer Kontrarität zu unterscheiden (341). Direkt konträr sind Elemente, die einander in Bezug auf ein Drittes ausschließen, mittelbar konträr sind Elemente, die einander nicht direkt ausschließen, sondern nur aufgrund ihrer Positionierung in antagonistischen Äquivalenzketten. In seiner Analyse des um den leeren Signifikanten/soziale Marktwirtschaft/organisierten ordoliberalen Hegemonialprojekts konnte Nonhoff diese Spezifikation produktiv einsetzen. Die Analyse eines Textes wie Müller-Armacks »Wirtschaftslenkung und Marktwirtschaft«, in dem Armack das Hegemonialprojekt der/ sozialen Marktwirtschaft/formuliert, zeigt, dass nicht alle Diskurselemente der protagonistischen Kette (bei Nonhoff Äquivalenkette P) zu allen der antagonistischen Kette (bei Nonhoff Äquivalenzkette Q) in direkter Kontraritätsrelation stehen. Was aber den Signifikanten/soziale Marktwirtschaft/auszeichnet, und damit zum leeren Signifikanten macht, ist, dass genau er die direkte Kontrarität zu allen oder zumindest den meisten Elementen der antagonistischen Kette garantiert und damit zugleich die Einheit der eigenen, protagonistischen Kette sichert.

Urheber bzw. dem Subjekt des Artikulationsprozesses nicht umstandslos mit dem Konzept der Gruppe beantworten, denn die eine »Gruppe« bzw. einen kollektiven Akteur integrierende kulturelle oder politische Identität wird immer das *Resultat* und nicht die Quelle artikulatorischer Anstrengungen sein. Wenn das Soziale diskursiv strukturiert ist, denn kann es keine fundamentalere Realität jenseits diskursiver Artikulation geben, Gruppen können folglich ihrer diskursiven Artikulation nicht vorausgehen, und unter Diskurs wird man einen Prozess verstehen müssen, hinter dem kein voluntaristisches Subjekt steht, das gleichsam an den Strippen der Artikulation ziehen würde.[10] Wird aber nicht die Gruppe zum Ausgangspunkt der Analyse gemacht, da die Identität der Protestierenden zuallererst durch die diskursive Artikulation des Protests konstruiert wird, was ist dann die elementare Einheit des Protests? Offensichtlich muss es sich um eine Einheit diskursiver Natur handeln. Laclau schlägt vor, die Einheit der Gruppe in weitere Einheiten des politischen Diskurses zu zerlegen und nennt diese *Forderungen (demands)*. Die Einheit der Gruppe geht aus der Artikulation von Forderungen hervor. Laclau unterscheidet zwischen einer *Forderung* im strengen Sinn und einem *Wunsch (request)* im schwachen Sinn etwa des Vorbringens von Anliegen oder gar des Bittstellens.[11]

Laclau gibt das Beispiel einer Initiative, die sich bei der städtischen Verwaltung für die bessere Verkehrsanbindung ihres Stadtbezirks einsetzt (36). Dieser Wunsch muss noch nicht den Charakter einer politischen Forderung besitzen. Ob er potentiell zur Forderung wird, hängt davon ab, ob er von der entsprechenden Instanz erfüllt wird oder nicht. Wenn die Stadtverwaltung auf ihn eingeht, ist es wahrscheinlich, dass der ganze Prozess damit ein Ende findet (vorausgesetzt, hinter dem Wunsch nach Verkehrsanbindung verbirgt sich nicht eine ganze Reihe unformulierter weiterer Wünsche). Die diskursive Artikulation von Nachbarschaftsprotesten verharrt in einem Stadium, in dem ein bestimmter

---

10 | Diese Einsicht ist kein Privileg des Poststrukturalismus; bereits Gramsci – bekanntlich kein Poststrukturalist – war sich dieser Tatsache bewusst. Wenn Gramsci von der Konstruktion eines »politischen Willens« oder eines »Kollektivwillens« spricht, dann versteht er unter diesem Willen, der für ein hegemoniales Projekt unabdinglich ist, nicht so sehr die *Quelle* einer hegemonialen Anstrengung als vielmehr das gewünschte Ergebnis einer Konstruktionsprozesses. Aus diskurstheoretischer Sicht kann daher behauptet werden, dass diskursive Artikulation an sich eine organisierende Funktion in Bezug auf die Identität einer Protestbewegung besitzt.

11 | Diese Unterscheidung ist nicht an sich originell und drängt sich von der Sache her auf; sie findet sich etwa in der klassischen Studie Otthein Rammstedts zur Sozialen Bewegung als Unterscheidung zwischen *Wünschen* und *Protest*. Finden Wünsche in einer Krisenphase keinen Adressaten, weil das System nichts zur Bewältigung eines Missstands unternimmt, kann sich die Situation für die Betroffenen polarisieren. Der Wunsch wird zu Protest (Rammstedt 1978: 150f.).

Diskurs das Bedürfnis nach öffentlichen Transportmitteln ausdrückt, ohne dass es zu einer Forderung im strengen Sinne käme. Der Diskurs verbleibt also auf der Ebene eines Ansuchens und damit auf der zweiten Stufe eines dreistufigen Prozesses: Die erste Stufe besteht im Auftreten eines bestimmten sozialen Bedürfnisses, das aus einer bestimmten Krise oder Dislokation einer sozialen oder kulturellen Identität hervorgeht (so wird beispielsweise die Identität einer Nachbarschaft in einem gewissen Ausmaß durch äußere Umstände in Frage gestellt, so dass ein »Mangel« an Identität erfahren wird und ein Bedürfnis nach Schließung dieser Lücke entsteht). Zweitens wird ein bestimmtes Ansinnen an eine äußere Instanz – z.b. die Stadtregierung – gerichtet, die als legitimer Adressat für solche Ansinnen gilt. Wenn diese erfüllt werden, so endet der Zyklus mit großer Wahrscheinlichkeit an dieser Stelle (bis jedenfalls ein neuer »Mangel« erfahren wird), und das Ansuchen wird sich nicht in eine Forderung transformieren. Wird es aber nicht erfüllt, kann es unter den richtigen Bedingungen mit anderen Ansinnen (etwa nach mehr Kinderbetreuungsplätzen etc.) verknüpft werden und verwandelt sich dadurch zu einer Forderung.

Für eine Theorie des Protests sind diese Überlegungen von zentraler Bedeutung. Laclaus These lautet, dass ein bestimmtes Ansinnen, das frustriert wird, sich unter den entsprechenden Bedingungen mit anderen frustrierten Ansinnen verknüpfen kann. Diese müssen keineswegs irgend etwas Substantielles miteinander gemeinsam haben. Es kann sein, dass sie auf der Ebene des positiven Forderungsinhalts rein gar nichts miteinander gemeinsam haben, denn die notwendige Voraussetzung ihrer Artikulation besteht gemäß des oben entwickelten Ausgangsmodells nicht in ihren positiven Inhalten, sondern in der – negativ definierten – Außeninstanz, die für die gemeinsame Erfahrung der Frustration der Ansinnen verantwortlich gemacht wird. Dieser Prozess lässt sich wieder in Begriffen der Diskurslogik von Differenz und Äquivalenz beschreiben: Als solche konstituieren die verschiedenen Forderungen in Laclaus Beispiel nur ein Ensemble aus Differenzen, in dem jede differentielle Position, jede Forderung, wenn sie für sich betrachtet wird – einen angebbaren positiven Inhalt besitzt (z.b. die Forderung nach einer zusätzlichen Buslinie, nach einem kommunalen Kindergarten usw.). Aus diesem Grund wird jede einzelne Forderung in zwei Aspekte gespalten: den differentiellen (der konkrete Inhalt der Forderung) und den äquivalentiellen (der durch die äquivalentielle Verknüpfungen auf die Totalität aller Forderungen der Äquivalenzkette verweist) (37). Damit diese Differenzen in ein Äquivalenzverhältnis gebracht und re-arrangiert werden können, muss sich die Äquivalenzkette jedoch in Abgrenzung zu einem negativen Außen konstituieren, einem Moment reiner Negativität, dem das antagonistische Äquivalenzverhältnis Ausdruck verleiht. Um die Totalität der Kette, bzw. die Einheit der Protestbewegung repräsentieren zu können, wird dabei eine partikulare Forderung die Rolle universaler Repräsentation übernehmen. Doch wird auch diese Forderung in zwei Hälften zerfallen. Auf der einen Seite wird sie manche ihrer partikularen Aspekte behalten (sie wird ein Element der Kette bleiben), auf der anderen Seite wird sie die Gesamtheit der Kette inkarnieren müssen.[12]

Diese Darstellung einer Protestbewegung folgte bislang offenbar Schritt für Schritt der hegemonialen Diskurslogik, wie sie oben entwickelt wurde. Eine konkrete Diskursanalyse müsste aber einen weiteren Aspekt untersuchen, der im vorangegangenen Kapitel mit dem gramscianischen Begriff des Transformismus bezeichnet wurde. Das Bild wird nämlich entscheidend komplexer, sobald wir nicht länger von nur einem Antagonismus ausgehen, sondern die Durchkreuzung des Diskurses durch *mehrere* Antagonismen in Rechnung stellen. Auf diese Weise wird nämlich die Zugehörigkeit mancher Elemente zu ausschließlich einer Äquivalenzkette problematisch. Laclau erweitert aus diesem Grund sein Modell (sh. Tabelle 7) und führt in sein Diagramm schematisch einen weiteren Antagonismus ein (erst jetzt bildet die Grafik gleichsam die Draufsicht auf das diskursive Terrain ab und nicht die Innenperspektive eines Diskurses). Damit möchte er zeigen, was geschieht, wenn die erste Äquivalenzkette durch eine alternative Kette (hier durch die Positionen a, b, c markiert) unterbrochen wird und dieselbe Forderung (hier D1) dem strukturellen Druck unterschiedlicher hegemonialer Projekte ausgesetzt ist (Laclau 2005: 131). In diesem Fall wird das Äquivalenzverhältnis, in das die umkämpfte Forderung D1 eingebettet war, gelockert und der differentielle Charakter von D1 gestärkt, d.h. D1 tendiert dazu, von einem leeren wieder zu einem flottierenden Signifikanten zu werden. Gelingt es am Ende des Tages der alternativen Kette, den ursprünglichen Antagonismus zu durchkreuzen und die Forderung D1 – als Forderung (a) – zu einer Äquivalenz der eigenen Kette zu machen, so war die transformistische Operation erfolgreich.[13]

Kehren wir, um dieses Modell anschaulich zu machen, zum Beispiel des Thatcherismus zurück, bzw. zu seiner Nachgeschichte. Am Diskurs des Blai-

---

12 | Man erinnert sich an unser Eingangsbeispiel des weltweiten Slogans/Free Nelson Mandela/zu Zeiten des südafrikanischen Apartheid-Regimes. Auf der einen Seite besaß dieser Slogan einen konkreten Inhalt und zielte auf ein klar zu identifizierendes politisches Resultat: die Entlassung Mandelas aus der Haft. Auf der anderen Seite verwies der Slogan, der eine globale Koalition von Apartheid-Gegnern zusammenhielt und (neben anderen Forderungen) auf nationaler Ebene die heterogene Koalition des ANC integrierte, auf ein sehr viel weitergehendes Ziel: die Abschaffung der Apartheid und damit einen Systemwechsel in Südafrika.

13 | Diese Darstellung weicht insofern von Laclaus Erklärung ab, als Laclau in seiner Populismustheorie von einem popularen und einem oppressiven Camp spricht, die beide Druck auf die Forderung D1 ausüben. Ich bin allerdings der Meinung, dass dieses Modell tatsächlich Gültigkeit für *jede* Form des Transformismus, d.h. des Austausches von Elementen zwischen konfligierenden hegemonialen Projekten besitzt.

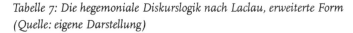

Tabelle 7: Die hegemoniale Diskurslogik nach Laclau, erweiterte Form
(Quelle: eigene Darstellung)

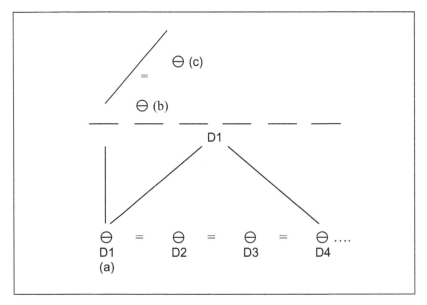

rismus lässt sich zeigen, wie sich eine alternative nach Hegemonie strebende
Kraft Elemente eines bis dahin hegemonialen Diskurses einverleibt. Mit dem
der Essex School in vielerlei Hinsicht vergleichbaren Ansatz der kritischen
Diskursanalyse hat Norman Fairclough (2000) diesen Prozess untersucht. So
konnte nachgezeichnet werden, wie es »New Labour« gelang, einen neuen politischen Diskurs zu entwickeln, der das Feld des politischen Diskurses in seiner Gesamtheit transformierte. Indem er Elemente aus dem thatcheristischen
Diskurs herausbrach, beraubte der Blairismus die Konservativen gleichsam
ihrer diskursiven Waffen und brachte sie in eine über Jahre andauernde Iden-
titäts- und Strategiekrise.[14] Der Diskurs des »Dritten Weges« bietet eine Fülle

---

14 | Dies ist überhaupt nur möglich, weil das diskursive Terrain, auf dem hegemoniale
Kämpfe stattfinden, in sich mobil und dauernden Transformationen bzw. dem Wechsel
von Frontverläufen unterworfen ist. So beschreibt Fairclough mit anderen Worten, was
aus Gramscis Perspektive das flexible Grabensystem des hegemonialen Stellungskriegs
bzw. aus Laclau'scher Perspektive das transformistische Terrain des Diskursiven ist: »It
is therefore constantly in flux, constantly being adapted and changed, and unevenly so
across the diverse domains and activities of politics and government. These shifts are
part of the shifting relations within New Labour, between New Labour and other positions in the British political field, political fields in other countries, and other fields (such
as business) in Britain, the European Union, and internationally« (Fairclough 2000: 22).

von Beispielen für diese transformistische Operation: »The ›Third Way‹ is a political discourse built out of elements from other political discourses, of the left and of the right. ›Enterprise‹ is [...] a new right, Thatcherite term, whereas ›social justice‹ belongs to a social democratic discourse« (44). Im blairistisch reartikulierten Diskurs werden regelmäßig neue Äquivalenzen hergestellt – wie etwa jene zwischen/country/,/nation/und/business/–, mit deren Hilfe breite Segmente der thatcheristischen Kette dem blairistischen Diskurs eingegliedert werden. Dem ist eine im Vergleich zur »Eisernen Lady« wesentlich weniger konfrontative Diskursstrategie, die scharf antagonistische innere Grenzen zwischen Labour und dem politischen Gegner vermeidet, durchaus zuträglich. Die Äquivalenzketten werden »aufgetrennt« und Äquivalenzen in Differenzen verwandelt, die nicht länger an einer inneren Grenzlinie orientiert scheinen und vielmehr in der all-integrativen blairistischen Äquivalenzkette der »einen Nation« (»one nation«) aufgehen.[15]

Dieser auf Versöhnung vormals unversöhnlicher, d.h. konträrer Elemente abzielende, rhetorisch an-antagonistische Diskurs zeigt sich in programmatischer Deutlichkeit in folgendem Ausschnitt einer Rede Blairs. Hier präsentiert Blair den »Dritten Weg« explizit als erfolgreiche populäre Neutralisierung eines überkommenen Antagonismus:

»My vision for the 21st century is of a popular politics reconciling themes which in the past have wrongly been regarded as antagonistic – patriotism *and* internationalism; rights *and* responsibilities; the promotion of enterprise *and* the attack on poverty and discrimination. ... In New Labour's first year of government we have started to put the Third Way into practice. Cutting corporation tax to help business *and* introducing a minimum wage to help the lowest paid. Financial independence for the Bank of England *and* the biggest ever programme to tackle structural unemployment. New investment and reforms in our schools to give young people the skills they need *and* cracking down hard on juvenile crime to create secure communities. Reforming central government to give it greater strategic capacity *and* devolving power to bring it closer to people. Significant resources into priority areas such as health and education *and* tough and prudent limits on overall government spending. Investment *and* reform in the public sector. A key player in the EU *and* hostile to unnecessary centralization. (zit. in Fairclough 2000: 44)

Erklärtes Ziel des blairistischen Diskurses ist eine Politik »jenseits von Rechts und Links« (und damit eine »Politik ohne Gegner«, Mouffe 2008). Wie Fairc-

---

In der Analyse, so Fairclough, müssten daher die Fluidität, Variabilität, sowie die ungleiche Entwicklung und Unvollständigkeit politischer Diskurse im Vordergrund stehen.
15 | Diesen Signifikanten bezieht der blairistische Diskurs aus jenem vor-thatcheristischen konservativen Repertoire, das zugunsten des stark trennenden Diskurses der eisernen Lady von den Konservativen liegengelassen worden war.

lough beobachtet, sind in dieser Rede/Patriotismus/,/Pflichten/und/(wirtschaft-licher) Unternehmergeist/dem politischen Diskurs der Rechten entnommen, während/Internationalismus/,/Rechte/und/Bekämpfung von Armut und Dis-kriminierung/dem Diskurs der Linken entstammen, wobei sie ihres traditio-nellen linken Sinnes oft entkleidet werden, etwa wenn/Internationalismus/für die internationale Kooperation zwischen Staaten verwendet wird. Das Resultat ist also, wie in jedem transformistischen Prozess, zweischneidig: Einerseits ge-lingt es dem Blairismus, die Diskurshegemonie zurückzugewinnen, dazu muss er sich andererseits aber auf einem vom Thatcherismus signifikant geprägten diskursiven Terrain bewegen. Darin sind auch Gefahren verborgen. Denn seine an-antagonistische Strategie trägt dazu bei, dass keine klaren Grenzen gegen-über dem neoliberalen Diskurs gezogen werden können und der Blairismus letztlich als eine bloße Verlängerung des Neoliberalismus erscheint, dass in dieser Hinsicht also kaum noch zwischen Transformation des Thatcheris-mus und Selbst-Angleichung an den Thatcherismus unterschieden werden kann.[16]

Ein zweites Beispiel mag verdeutlichen, dass auch konkurrierende Protest-diskurse – untereinander wie gegenüber der hegemonialen Formation – von transformistischen Prozessen erfasst werden. Ausgehend von Boltanski und Chiapello hat Bo Strath (2002) die Inkorporation kritischer Werte wie Autono-mie, Mitbestimmung, Dezentralisierung etc. durch den neuen Geist des Kapi-talismus diskursanalytisch weiterverfolgt.[17] Er kam zur Erkenntnis, dass inner-halb des oppositionellen Diskurses zwei an unterschiedliche Ketten artikulierte Selbstbestimmungsforderungen – in unserer Terminologie: zwei konkurrieren-de, partiell entleerte Signifikanten – zu differenzieren sind. Die beiden Signi-fikanten, deren Differenz fast übersehen werden könnte, unterscheiden sich im Präfix. So war die Sprache der Kritik am Ende der 6oer Jahre von einem Signi-fikantenbündel bestimmt, in dem Begriffe wie/Mitbestimmung/und/Selbstver-waltung/, bzw. in anderen Sprachen/medbestämmande/,/codeterminazione/ oder/autogestion/auftauchten (Strath 2002: 71). In diesem Bündel ist nun eine

---

16 | Dabei sollte nicht der Eindruck entstehen, der blairistische Diskurs könnte ohne Feindsignifikanten auskommen: Deviante Jugendliche oder Arbeitslose, die sich in der sprichwörtlichen sozialen Hängematte ausruhen, werden dem blairistischen *workfare*-Regime unterworfen und zu öffentlichen Feindbildern gestempelt. Der blairistische Dis-kurs ist voll impliziter Drohungen: »Tough on crime, tough on the causes of crime!«, ver-dichtet den autoritären Diskurs der Vorgängerregierung mit dem melioristischen oder reformistischen der Sozialdemokratie. Obwohl die Inklusion aller in die nationale Ge-meinschaft verheißen wird, wird doch mit neuen Grenzziehungen gedroht und werden soziale Leistungen zunehmend an Bedingungen geknüpft.

17 | Strath vertritt einen an Koselleck geschulten begriffshistorisch-diskursanalyti-schen Ansatz, der durchaus ähnliche Ergebnisse produziert wie jener der Essex School.

Differenz auszumachen zwischen Konzepten mit dem Präfix *Mit* und solchen mit dem Präfix *auto*. Sie besitzen nicht nur unterschiedliche historische Hintergründe, sondern gehören unterschiedlichen politischen Orientierungen an: Jene Konzepte mit dem Präfix *co*, *Mit* oder *med* entstammen der sozialdemokratischen Tradition vor allem Deutschlands und der skandinavischen Länder, während die Bevorzugung des Präfix *auto* einer libertär-kommunistischen Tradition – stärker in Italien und Frankreich verankert – entstammt, die dem »ko-operativen« Zugang der ersten Traditionslinie gerade skeptisch gegenüberstand. Die Arbeiterforderungen nach Mit-, bzw. Selbstbestimmung wurden von den Arbeitgebern zwar in ihren Flexibilitätsdiskurs integriert, das aber zugunsten der Idee des individualisierten »Mitarbeiters« und zuungunsten der Idee sozialer Selbstorganisation.

It was this tension between the two co- and *auto* approaches that provoked the post-1968 flexibility language, aimed at the integration of protest movements. [...] The key issue here concerns the transformation of language and industrial relations when the employee claims for co- and autodetermination gradually became an employer philosophy based on the co-worker concept. This contested transformation of language and industrial relations, accompanied by attempts to appropriate positions of interpretative power, did not amount to a sharp break. It was not as if everything before the event around 1970 disappeared and gave way to new views. There was a constant struggle about the direction of the transformation, and about the content of the emerging new language, which changed earlier notions of social partnership through a redefinition of workers' interest and identities. (Strath 2002: 71f.)

Wollte man diese Ergebnisse in die zweite Laclau'sche Grafik eintragen, müssten zwei konkurrierende Protestdiskurse unterschieden werden, nämlich ein/co/und ein/auto/-Diskurs, die wiederum gemeinsam im – unterschiedlich starken – Antagonismus gegenüber dem fordistischen Fabrikregime stehen. Transformiert wird vom neuen Geist des Kapitalismus jedoch, folgt man Strath, nur der/co/-Diskurs: Der kollektive fordistische Arbeiter wird zum individuellen postfordistischen »Mitarbeiter«. Der radikalere, auf Arbeiterselbstbestimmung und soziale Organisation abzielende Diskurs bleibt unassimiliert. Die Forderung D1 wäre also in sich zerrissen zwischen zwei oppositionellen Diskursketten, dem sozialdemokratischen/co/- und dem libertär-kommunistischen/auto/-Diskurs, während zugleich der Transformationsdruck der hegemonialen Formation auf ihr lastet: Es übernimmt das Präfix/Mit-/bzw. das Präfix/Selbst-/die Aufgabe, die Zugehörigkeit der Forderungen zu einer der beiden Äquivalenzketten zu signifizieren, wobei/Mit-/schließlich jener Äquivalenzkette eingeschrieben ist, die bereits in weitesten Teilen der hegemonialen Formation zugehört, während die Kette/auto-/nach wie vor als oppositionell, d.h. in Antagonismus zur hegemonialen Formation auftritt. Die folgende Diskursanalyse des Prekarisierungsprotests wird diese Vermutung empirisch bestätigen. Um allerdings die Arbeit am Material aufnehmen zu können, müssen noch einige methodische Anbauten an diesem Minimalmodell der Diskurstheorie der Essex School vorgenommen werden.

Dabei muss selbstverständlich Bedacht darauf genommen werden, dass die methodischen Anbauarbeiten, deren Notwendigkeit oftmals festgestellt wurde (Glynos/Howarth 2007), mit den Grundlagen der diskursanalytischen Hegemonietheorie kompatibel bleiben. Nach Nonhoff (2008: 301) handelt es sich nämlich bei der Hegemonieanalyse um eine »Diskursfunktionsanalyse«. Mit anderen Worten: Was mit der bisherigen Darstellung des Diskursmodells der Essex School beschrieben wurde, ist vor allem die Funktionsweise (bzw. »Logik«) politischer Diskursproduktion. In ihrer Anwendung sucht die Hegemonieanalyse im diskursiven Material nach diesen bereits theoretisch entwickelten Funktionsmechanismen: »Kurz, die Hegemonieanalyse ist eine Diskursfunktionsanalyse, die mit Hilfe eines theoretisch etablierten Idealtyps der ›hegemonialen Strategie‹ im empirischen Material hegemoniale Prozesse herausarbeitet. Folglich geht sie auch im Wesentlichen deduktiv vor, d.h. von der Diskurstheorie über die diskursive Empirie zurück zu einer ggf. angepassten Diskurstheorie. Dies unterscheidet sie von vielen an Foucault anschließenden Diskursanalysen, die oft eher induktiv vorgehen« (ebd.). Dieser deduktive Zugang ist legitim, weil in jede Diskursanalyse immer schon notwendigerweise ein Vorwissen um die Bedeutung des untersuchten Korpus (Diaz-Bone 1999) wie auch um die allgemeine Funktionsweise von Diskursen eingeht. Der analytische Gewinn besteht aber nicht etwa in der bloßen Bestätigung (oder ggf. in der empirischen Widerlegung) dieses Vorwissens, sondern im konkreten *mapping*, in der Kartographie einer hegemonialen Diskursformation, welches eine genauere Orientierung im hegemonialen Raum ermöglicht. Mithilfe einer diskursanalytisch erstellten »Landkarte« des hegemonialen Raums können Grenzziehungen, der Verlauf sich überkreuzender Antagonismen, Ein- und Ausschlüsse, Identitätsbildungsprozesse sowie Macht-, Dominanz- und Subalternitätsverhältnisse gründlicher und detaillierter bestimmt werden.

3.3 Das methodische Instrumentarium einer Diskursanalyse: 3 Strukturen

Ausgangspunkt jeder hegemonietheoretischen Diskursanalyse, deren Ziel in der Kartographie einer hegemonialen Formation besteht, bleibt also das theoretisch gewonnene Wissen um die Funktionslogik politischer Diskurse, das sich im, wie ich es zu nennen vorschlage, *Minimalmodell* politischer Artikulation verkapselt findet.[18] Um dieses Minimalmodell nochmals zu rekapitulieren: Politische Diskurse operieren qua Artikulation differentieller Positionen zu einer Äquivalenzkette, deren prekäre Einheit durch gemeinsame Abgrenzung ihrer Elemente gegenüber einem negatorischen Außen, das mit einem verallgemeinerten Mangelzustand identifiziert wird, vorübergehend stabilisiert wird. Das Außen – die reine Form der Dislozierung einer gegebenen diskursiven Identität (einer Nation, einer bestimmten Gemeinschaft etc.) – kann in den Diskurs jedoch keinen unmittelbaren, d.h. diskursiv unvermittelten Eingang finden (tritt es doch nur in Form von Störungen der Diskursproduktion als solcher auf), sondern muss innerhalb des Diskurses – in jedoch notwendig inadäquater Form – repräsentiert werden. Dies geschieht genau genommen auf doppelte Weise: die Systematizität des Diskurssystems, Foucault'sch: die Regelmäßigkeit in der Verstreuung, wird einerseits durch einen Signifikanten repräsentiert, der aus der Signifikantenkette heraustritt und diese unter Bedingung seiner eigenen weitgehenden Entleerung weitestmöglich abdeckt und also vereinheitlicht. Andererseits wird auch das konstitutive Außen des Diskurses, d.h. die bloße Form der Dislozierung innerdiskursiv durch Zuordnung von »Mangel-Signifikanten« verarbeitet, denen die Dislozierungserfahrung angelastet werden kann. Der protagonistischen Äquivalenzkette wird damit innerdiskursiv eine antagonistische zur Seite gestellt. Manche der auf diese Weise antagonistisch hergestellten Äquivalenzbeziehungen können schließlich, sobald sie von einem (oder mehreren) weiteren Antagonismen durchquert werden, wieder in Differenzen bzw. zu flottierenden Signifikanten re-transformiert werden.

Mit diesem Minimalmodell hegemonialer Diskurslogik sind bereits jene Positionen beschrieben, nach denen *in jedem* politischen Diskurs Ausschau zu halten ist: Es sind dies (a) die Signifikanten des Mangels, die einen zu behebenden Zustand der verallgemeinerten Dislozierung der Identität eines Diskurses beschreiben; (b) die Signifikanten der antagonistischen Kette, denen der verallgemeinerte Mangel angelastet wird und die seiner Behebung im Wege stehen; (c) die Signifikanten der protagonistischen Kette, die auf die Behebung des Mangels zielen und nur vereint werden durch ihre gemeinsame Opposition gegenüber einem radikal negatorischen Außen (das im Innen des Diskurses von den antagonistischen Signifikanten repräsentiert wird); und (d) jene »leeren« Signifikanten, die nicht allein ihren eigenen partikularen Inhalt sondern

---

18 | Dieses Modell ist natürlich nicht *ausschließlich* aus der Theorie gezogen, sondern gewinnt seine Plausibilität vor dem Erfahrungshintergrund einer bestimmten historisch-politischen Situation. So ist die Entwicklung des Modells der Populismustheorie Laclaus nur vor dem historisch-politischen Hintergrund der Erfahrung des Peronismus verständlich. Das ändert jedoch nichts daran, dass zwar nicht die Erfahrung, jedoch aber das aus der Erfahrung abstrahierte Modell verallgemeinerbar ist und etwa auf Protestdiskurse im allgemeinen angewandt werden kann.

auch die Einheit der protagonistischen Kette selbst repräsentieren. Um diese
noch allzu abstrakt beschriebenen Diskursinstanzen für die konkrete Analyse
operationalisierbar zu machen, schlage ich ein zu Nonhoffs methodischer Erweiterung des Minimalmodells abweichendes Vorgehen vor. Um die »methodische Lücke« (Nonhoff 2008: 300) bei Laclau und Mouffe zu schließen, beschreibt Nonhoff auf theoretischer Ebene »Idealtypen« diskursiv-hegemonialer
Strategeme, die anschließend am empirischen Material überprüft und ggf. er-
gänzt oder reformuliert werden. Werden bei Nonhoff diese Strategeme im Wesentlichen aus der Auftrennung des von Laclau beschriebenen Minimalmodells
in dessen Einzelteile gewonnen,[19] so schlage ich – in Alternative zu einer Auftrennung in seine »logischen« Bestandteile – eher eine »inhaltliche« *Vertiefung*
des Minimalmodells vor. Es handelt sich demnach bei den Punkten (a) bis (d)
nicht um unterscheidbare (Teil-)Strategeme, deren sich eine offensiv-hegemo-
niale Strategie bedient, sondern um Aspekte ein und derselben hegemonialen
Logik, die zwar heuristisch unterscheidbar sind, im Feld der Politik aber niemals voneinander getrennt auftauchen können. Man wird das Minimalmodell
also weniger über eine artifizielle Auftrennung in unterschiedliche Strategeme
erweitern als durch eine Diversifizierung der heuristisch unterscheidbaren *Kategorien* von Diskurselementen, die jeweils in die Positionen (a) bis (d) eintreten
können. Die Diversifizierung von Kategorien, die für eine geplante Diskursanalyse sinnvoll scheint, muss selbstverständlich am Material selbst entwickelt und
schließlich wiederum mit dem Minimalmodell abgeglichen werden.

Eine wesentliche, auf der Ebene des »Inhalts« und nicht so sehr der »Logik« des Diskurses gewonnene Kategorie wurde bereits von Laclau selbst in
seiner Populismusanalyse vorgeschlagen: die Kategorie der *Forderungen*. Forderungen sind die der Analyse populistischer Diskurse angemessenen elementaren kategorialen Einheiten, deren je spezifisches Artikulationsverhältnis zu
beschreiben ist. Meines Erachtens erweist sich die Kategorie der Forderungen
für Protestdiskurse im allgemeinen als zentral. (Damit wird gerade eben nicht
behauptet, dass in allen Diskursgenres Forderungen erhoben werden, sondern
es wird behauptet, dass die Kategorie der Forderungen eine einem Korpus von
Protestdiskursen angemessene Analyseeinheit darstellt). Nun stabilisiert sich

---

19 | Die sog. »Kernstrategeme« einer hegemonialen Strategie bestehen dann aus der
Äquivalenzierung differenter Forderungen, der antagonistischen Zweiteilung des diskursiven Raums und der Repräsentation (durch einen leeren Signifikanten) (Nohoff 2006:
213). Diese Kernstrategeme können wiederum von anderen, voneinander getrennt
beschreibbaren Strategemen unterschieden werden, einem Grundlagenstrategem
der superdifferenziellen Grenzziehung, drei ergänzenden hegemonialen Strategemen
und zwei sekundären hegemonialen Strategemen. Es ist hier kein Raum, um das Nonhoff'sche Modell in seiner Gesamtheit darzustellen, für eine komprimierte Zusammenfassung verweise ich auf Nonhoff (2008).

Laclau zufolge die Identität oder Einheit einer Gruppe aus der Artikulation von Forderungen. Obwohl die Artikulation der Forderungen in ihrer »Logik« dem Minimalmodell gehorcht, ist damit weder etwas über den spezifischen Inhalt der Forderungen und folglich die spezifische Identität der Gruppe noch etwas über den Grad der Antagonisierung und damit den Äquivalenzierungsgrad der Forderungen gesagt. Nur im rein hypothetischen Grenzfall einer vollständigen Antagonisierung des politischen Raums in zwei feindliche Camps verhalten sich die Forderungen der protagonistischen Kette strikt äquivalent zueinander. In der politischen Realität ist, wie am Beispiel des thatcheristischen Tory-Diskurses zu sehen war, jede Äquivalenzkette in sich durch *differentiell* artikulierte Dominanz- und Subalternitätsbeziehungen überdeterminiert. Stellt man in Rechnung, dass in der politischen Realität jeder antagonistische Artikulationsversuch von weiteren Antagonismen durchkreuzt ist und einzelne Forderungen somit umkämpft sind, dann liegt eine Erweiterung oder Spezifizierung der Laclau'schen Kategorie der Forderung nahe. Die Einheit einer Gruppe, bzw. einer Protestbewegung ergibt sich aus der überdeterminierten Artikulation von Forderungen, wir sagen: aus ihrer *Forderungsstruktur*. In Weiterentwicklung des Laclau'schen Ansatzes bezeichne ich als Forderungsstruktur

→ die für eine Protestbewegung oder ein Bewegungsnetzwerk *typische umkämpfte Konstellation von Forderungen, die in einem bestimmten Gewichtungsverhältnis zueinander stehen, durch eine bewegungseigene organische Theorie gestützt bzw. abgeglichen und schließlich von einer tendenziell leeren Forderung repräsentiert werden.*

Diese Definition erfordert einige Erläuterungen. Ziel der Bestimmung einer Forderungsstruktur ist – jedenfalls in unserer Untersuchung – die Beschreibung der konfliktorisch artikulierten Identität der entsprechenden Protestbewegung bzw. des Bewegungsnetzwerks sowie ihre relationale Verortung innerhalb der hegemonialen Makroformation des politischen Raumes. Diese Identität ist insofern instabil, als sie u.a. auf einer Konstellation von Forderungen beruht, die sowohl *extern* (in Abgrenzung zu einem negatorischen Außen) als auch *intern* umkämpft sind (in Kämpfen um Dominanz innerhalb der protagonistischen Kette). Es mag der Analyse möglich sein, einzelne Elemente einer Forderungsstruktur einer bestimmten Gruppe oder Suballianz von Gruppen innerhalb der Bewegungsnetzwerks zuzuordnen, doch darf der Begriff der Gruppe nur behelfsmäßig und in einem Zwischenschritt eingesetzt werden, da die Identität dieser Gruppen ihrerseits wiederum auf Basis spezifischer Forderungsstrukturen artikuliert ist.[20] Die Forderungsstruktur jeder Bewegung ist darüber hinaus

---

20 | Man erreicht also im Unterschied zur traditionsmarxistischen Analyse nie den »eigentlichen Klassenkern« einer sozialen Bewegung. Hierin besteht auch ein wesent-

aus mehreren Gründen differenziert: Erstens stehen ständig die Grenzen der eigenen Identität zur Verhandlung und tun sich somit Inklusions- bzw. Exklusionsfragen auf: Welche Forderungen sollen erhoben werden, welche nicht?;[21] zweitens wird die Forderungsstruktur – da ja keine Bewegung der einzige Akteur auf dem politischen Feld ist – von einer Vielzahl von Antagonismen durchkreuzt, die einzelne Forderungen aus der protagonistischen Kette herauszulösen und zu transformieren trachten; drittens ist die Gewichtung von Forderungen innerhalb der Kette umstritten und kann zu weitergehenden internen wie externen Allianzbildungen führen. Folglich ist es, wie bereits angemerkt, durchaus möglich, dass einzelne Forderungen zueinander in einem äußerst instabilen Äquivalenzverhältnis stehen und unter wechselnden Artikulationsbedingungen eine Kontraritätsbeziehung ausbilden, d.h. »die Seite wechseln«. Leere Signifikanten werden nicht zuletzt entwickelt, um die inhaltliche wie politische Inkompatibilität vorübergehend äquivalenzierter Forderungen zu übertünchen, denn ein höheres Maß an Konkretion ließe so manche Bewegungsallianz auseinanderbrechen.

Weiters lässt sich davon ausgehen, dass keine soziale Bewegung zur Etablierung einer gemeinsamen Identität ohne Produktion »organischer Theorien« auskommt. Mit diesem Begriff möchte ich vorschlagen, Gramscis Konzept der »organischen Ideologie« bzw. des »organischen Intellektuellen« in dreierlei Hinsicht weiterzuentwickeln: *erstens* soll unter »Theorie« post-ideologiekritisch nicht länger Ideologie im Sinne einer Verschleierung ökonomischer Verhältnisse oder Interessen verstanden werden, die einen höheren Wirklichkeitsgehalt aufweisen als die sogenannte ökonomische Basis; aus diesem Grund sollte *zweitens* der Begriff der »Ideologie« diskursanalytisch aktualisiert und für konkrete Analysen operationalisierbar gemacht werden; *drittens* müssen speziell die Funktionen, die theorieförmige Diskurse für *soziale Bewegungen* besitzen,

---

licher Unterschied zur ansonsten vergleichbaren politischen Argumentationsanalyse Maarten A. Hajers (2008), der zwar von Diskursallianzen spricht, die Allianzen aber letztlich zwischen politischen Akteuren verortet. Aus Perspektive der Essex School wäre jedoch durchaus ein Fall denkbar, in dem diskursive Allianzen zwischen Forderungen oder Subjektpositionen existieren, deren Zurechnung auf politische Akteure unmöglich ist (etwa weil sie im Register der Imaginären und nicht in jenem des Symbolischen funktionieren).

21 | Man bemerkt in den letzten Jahren einen Trend zur inklusivistisch funktionierenden Bewegungen, die eine Vielzahl heterogenster ideologischer Ausrichtungen – von kirchlichen Friedensdiskursen bis Anarchodiskursen – zu integrieren vermögen, wie klar ersichtlich am Fall des globalisierungskritischen Bewegungsnetzwerks (und in deutlichem Unterschied beispielsweise zum strikt exklusivistisch funktionierenden K-Gruppen-Modell der 1970er-Jahre). Vgl. auch die Diskussion postidentitärer sozialer Bewegungen in den Folgekapiteln.

untersucht werden (und nicht allein die Funktion organischer Theorie für hegemoniale Formationen im allgemeinen).

Nun weist bereits Gramsci selbst den Weg aus der klassischen Ideologiekritik, insofern Ideologie vor allem hinsichtlich ihrer *organisierenden* Funktion von Interesse ist. Nach Gramsci wird durch »organische Ideologie« ein Block unterschiedlicher Klassen und Strata der Bevölkerung aneinandergebunden. Darin unterscheiden sich »organische« Ideologien von »willkürlichen, rationalistischen, ›gewollten‹ Ideologien«, denen diese Zement-Funktion abgeht. Auf diese Weise besitzen sie »eine Wirksamkeit, die ›psychologische‹ Wirksamkeit ist, sie ›organisieren‹ die Menschenmassen, bilden das Terrain, auf dem die Menschen sich bewegen, Bewußtsein von ihrer Stellung erwerben, kämpfen usw.« (Gramsci 1991ff.: 876). Gramsci geht davon aus, dass zu diesem Zweck »die theoretische Seite des Theorie-Praxis-Nexus sich konkret ausdifferenziert in einer Schicht von Personen, die auf die begriffliche und philosophische Ausarbeitung ›spezialisiert‹ sind« (1385). Ohne Herausbildung einer solchen sozialen Schicht von Intellektuellen, die auf Theorieebene entsprechende Markierungsweisen zur Orientierung im politischen Raum entwickeln, könne sich zufolge eine menschliche Masse nicht organisieren, und das heißt unter anderem: sich nicht von anderen Massen unterscheiden und abheben. Dieser Vorgang betrifft keineswegs nur den Bereich der abstraktesten Schulphilosophie, sondern ebenso den (politischen) Alltagsverstand der Menschen – nach Gramsci die »Folklore« der Philosophie. Die typisierten Regelmäßigkeiten der Wissens- und »Theorie«-Bestände des Alltagsverstandes erlauben es dem Einzelnen wie auch Kollektiven, Abgrenzungen der eigenen Position von anderen Positionen zu entwickeln und damit den sozialen Umraum mit Intelligibilität auszustatten.[22]

Organische Theorien besitzen eine strategisch-politische Funktion für soziale Kollektive, sofern sie deren Einheit durch ein kategoriales und theoretisches Raster zu organisieren ermöglichen, das Orientierung im politisch-sozialen Raum schafft. Sie besitzen explikatorische Weltanschauungsfunktion. In diesem Sinne kann Gramsci davon sprechen, dass »jede Politik implizit eine Philo-

---

22 | Wie Alex Demirovic betont, handelt es sich bei solchen Wissensbeständen daher »um analytische Grenzziehungen der Akteure zur Ein-und Abgrenzung verschiedener handlungsrelevanter Verhältnisse und der damit verbundenen sozialen Kollektive. Doch diese analytischen Demarkationen sind reale strategische Linien, weil sie zu objektiven Gedankenformen werden und eine bestimmte soziale Praxis permanent machen. Sie konstituieren soziale Verhältnisse dadurch, dass sie innerhalb eines historischen Blocks, wie Gramsci die Einheit von Praxis und Wissen nennt, unmittelbar Bestandteil der Konstruktion des Kollektivs als eines Akteurs sind. Mit seinen analytischen Grenzziehungen setzt sich ein soziales Kollektiv in ein Verhältnis zu anderen und markiert einen spezifischen differentiellen Abstand.« (Demirovic 2003: 150)

sophie ist, sei sie auch zusammenhanglos und skizzenhaft« (1475). Solche kollektive Theorie-Raster lassen sich über Gramsci hinausgehend mit Mitteln der
Diskursanalyse exakter beschreiben. Das Modell der Schule um Jürgen Link erlaubt eine erste diskursanalytische Verortung organischer Theorien. Link unterscheidet zwischen *Spezialdiskursen* wie vor allem den Diskursen der institutionalisierten speziellen Wissenschaften (d.h. Theorien im engen szientifischen
Sinne), *Interdiskursen* wie Populärwissenschaft, Populärphilosophie, Kunst,
Literatur und massenmedial vermitteltem Wissen, und schließlich den *Elemen-
tardiskursen* des Alltagswissens (Alltagsverstand bei Gramsci). Während Theorie
stricto sensu als ein spezifischer, an bestimmten Genreregeln und Konventionen
des Wissenschaftsfelds ausgerichteter Diskurstypus verstanden werden muss,
ist organische Theorie eher dem Bereich eines elaborierten Interdiskurses zu-
zurechnen, der allerdings einen hohen Anteil an spezialdiskursiven Momenten
enthält. Organische Theorie erfüllt also die Funktion der gesellschaftlichen Verallgemeinerung von Theorie im politischen Interdiskurs und in Verschränkung
mit bestehenden Subjektivierungsweisen im Elementardiskurs. Zwar muss
organische Theorie zu diesem Zweck keineswegs das gleiche Ausmaß an ar-
gumentativer Stringenz und kategorialer Kohärenz aufweisen, wie man es von
spezialdiskursiver Theorie womöglich erwarten würde, sie kann allerdings auch
nicht ohne jegliche Kohärenz sein, da sie ansonsten keine Orientierung im politisch-sozialen Raum ermöglichen würde.

In unserem Untersuchungszusammenhang spreche ich von organischer
Theorie vor allem dort, wo theorieförmige Diskurse *lato sensu* zum Zwecke der
Organisation, Stabilisierung und Selbstverständigung einer sozialen Bewegung
artikuliert werden. Theoriediskurse können zu diesem Zweck in Bewegungs-
praktiken übersetzt werden oder aus solchen reartikuliert hervorgehen. Organische Theoriepraktiken besitzen dabei mehrere Funktionen für soziale Bewegungen: Indem sie Selbstverständigungsfunktion übernehmen, tragen sie zur
Subjektivierung der Protestakteure und damit zur Mobilisierung bei; indem sie
Welterklärungsfunktion übernehmen, erlauben sie den Akteuren, ihren Protest einer breiter formulierten (sozialen, ökologischen etc.) Problemlage einzuschreiben. Zugleich können die Protestforderungen mit dem Legitimations-
kapital theorieförmiger Spezialdiskurse, die als Elemente von der organischen
Theorie bereitgestellt werden, versehen werden. Und nicht zuletzt erfolgt die
relationale (Selbst-)Positionierung einer Bewegung im *politischen* Feld – d.h. im
Verhältnis zu konkurrierenden politischen Akteuren – anhand unterschiedlicher Theoriebezugnahmen. Diese Zusammenhänge und die Funktion dessen,
was wir als organische Theorie bezeichnen, werden in der Bewegungsforschung
nur ausgesprochen selten und zumeist aus einer neo-gramscianischen Perspektive überhaupt wahrgenommen; etwa wenn Ulrich Brand konstatiert:

Kritisch-emanzipative Akteure sind darauf angewiesen, sich Klarheit über die historische Situation zu verschaffen, in der sie agieren. Dies ist jedoch nicht dahingehend
gemeint, dass diese Klarheit Ausgangspunkt emanzipativen Handelns sei. Die historischen Erfahrungen emanzipativer Kämpfe legen nahe, dass diese auch nicht erst alles
»theoretisch klar haben« müssen, sondern aus den unterschiedlichsten Gründen aufbrechen, sich rebellische Subjektivität entwickelt, Menschen sich wehren und organisieren, Alternativen entstehen. Gleichwohl ist es für die Entwicklung von Strategien
hilfreich, sich der eigenen Bedingungen zu vergewissern. Theoretisches Wissen bzw.
theoriegeleitete Zeitdiagnosen können hier eine wichtige Rolle spielen. Die scheinbar
unveränderlichen Verhältnisse, d.h. die Tatsache, dass sie den handelnden Menschen
und Kollektiven als quasi objektive gegenübertreten, müssen – theoretisch abgeleitet
– entschlüsselt werden. Die auf den ersten Blick nicht sichtbaren Mechanismen sowie
Macht- und Herrschaftskonstellationen können so als historisch entstandene und ver-
änderbare dechiffriert werden. (Brand 2005: 25)

Obwohl die Bedeutung bewegungseigener Theorieproduktion also gelegentlich
erkannt wird, sind mir keine umfassenden empirischen Studien der »organischen Theorie« *Neuer Sozialer Bewegungen* bekannt. Die im Luzerner Projekt
durchgeführte Diskursanalyse der organischen Theorie der Prekarisierungsbewegung, wie ich sie weiter unten in einigen Ergebnissen präsentieren werde,
betritt in dieser Hinsicht Neuland.

Der durch eine organische Theorie abgestützten Forderungsstruktur tritt
nun zur Seite, was ich als die *Subjektivierungsstruktur* einer Protestbewegung
bezeichnen möchte. Darunter verstehe ich

→ die für eine Protestbewegung oder ein Bewegungsnetzwerk *typische
umkämpfte Konstellation von Subjektpositionen der protagonistischen
Kette, die durch (Selbst- und Fremd-)Anrufungen imaginär vereinheitlicht
wird und dazu tendiert, sich in einem Subjekt-»Namen« zu verdichten.*

Auch hier sind wieder einige ergänzende Bemerkungen erforderlich, bevor
sich die Praktikabilität dieser Kategorien an der empirischen Analyse erweisen muss. Je nach Maßgabe des Untersuchungsziels wird man die Subjektivierungsstruktur einer Bewegung entlang eines entsprechend differenzierten
Kategorienmodells ausleuchten. Eine zur Beschreibung der Identität einer Bewegung unumgängliche Kategorie ist die aus der strukturalistischen Zeit der
(Foucault'schen) Diskursanalyse stammende der *Subjektpositionen.* Die Identität
einer Bewegung setzt sich nicht zuletzt aus der Gesamtheit jener Subjektpositionen zusammen, die in eine protagonistische Äquivalenzkette aufgenommen
werden. Das können sehr viele Subjektpositionen sein, wie im Fall der globalisierungskritischen Bewegung, die Subjektpositionen wie jene der sprichwörtlichen indischen Bäuerin genauso einschließt wie solche des nicht weniger

sprichwörtlichen metropolitanen »black block«, oder sehr wenige, wie im Fall partikularistischer identitätspolitischer Bewegungen.

Neben der relationalen Konstellation von Subjektpositionen, die einer Äquivalenzkette angehören, finden sich in politischen Diskursen oftmals solche Positionen, die erst über imaginäre Anrufungen in die Kette der Subjektpositionen rekrutiert werden sollen (das archetypische Bild solcher Anrufungen liefern die klassischen Rekrutierungsposter des Ersten Weltkriegs). Protestdiskurse besitzen somit zumindest zwei Adressaten: Sie adressieren eine äußere Instanz (eine Institution, von der man etwas erwartet, oder einen politischen Gegner), und sie adressieren bestimmte Subjektpositionen, die in die protagonistische Kette gerufen bzw. als Teil eines größeren politischen Projekts angerufen werden. Mit Althusser (1977) könnte man in diesem Fall von der diskursiven Anrufung von Subjektpositionen (bei Althusser: Individuen) zu Subjekten sprechen.[23] Denn dem größeren politischen Projekt, um das es in solchen Fällen geht, wird im Diskurs Subjektstatus zugesprochen. Ein Aufruf wie »Proletarier aller Länder, vereinigt euch!« relationiert nicht etwa unterschiedliche (im Diskurs ausgeschilderte) Subjektpositionen zu einer Konstellation, sondern ruft ein imaginäres kollektives Subjekt an, das zum Bewusstsein seiner selbst als Akteur gelangen soll. Der Aufruf vollzieht eine diskursive und zugleich performative Operation, deren Zweck es ist, die soziale Subjektposition Arbeiter durch einen Prozess der Artikulation (»Vereinigung«) gegenüber einem (im

---

23 | So schreibt Althusser (1977: 142f.): »Wir behaupten außerdem, daß die Ideologie in einer Weise ›handelt‹ oder ›funktioniert‹, daß sie durch einen ganz bestimmten Vorgang, den wir *Anrufung* (interpellation) nennen, aus der Masse der Individuen Subjekte ›rekrutiert‹ (sie rekrutiert sie alle) oder diese Individuen in Subjekte ›transformiert‹ (sie transformiert sie alle). Man kann sich diese Anrufung nach dem Muster der einfachen und alltäglichen Anrufung durch einen Polizisten vorstellen: ›He, Sie da!‹.« Und Althusser fährt erläuternd fort: »Wenn wir einmal annehmen, daß die vorgestellte theoretische Szene sich auf der Straße abspielt, so wendet sich das angerufene Individuum um. Durch diese einfache physische Wendung um 180 Grad wird es zum *Subjekt*. Warum? Weil es damit anerkennt, daß der Anruf ›genau‹ ihm galt und daß es ›gerade es war, das angerufen wurde‹ (und niemand anderes). Wie die Erfahrung zeigt, verfehlen die praktischen Telekommunikationen der Anrufung praktisch niemals ihren Mann: Ob durch mündlichen Zuruf oder durch ein Pfeifen, der Angerufene erkennt immer genau, daß gerade er es war, der gerufen wurde.« Der performative Effekt, den ein Anrufungsdiskurs erzielen soll, hat etwas mit der von Althusser erwähnten 180 Grad-Wendung zu tun: Denn es soll eine Entscheidung in den Individuen produziert werden, die keinen Raum für Aufschub oder Unentscheidbarkeit freilässt. Es muss entschieden werden, die Anrufung entweder anzunehmen (sich in der von der Anrufung präferierten Subjektposition wiederzuerkennen) oder sie abzulehnen (sich z.B. als Pazifist gegen Lord Kitcheners Ruf zu entscheiden).

Aufruf selbst nicht näher benannten) negatorischen Außen in ein Subjekt (zur »Klasse für sich«) zu transformieren. In solchen Grenzfällen wird also eine Vielzahl unterschiedlicher Subjektpositionen auf *eine einzige* reduziert, die dem jeweiligen hegemonialen Projekt der Anrufung entspricht. Die Multiakzentualität des Zeichens, um mit Bachtin zu sprechen, soll homogenisiert werden, der Fluss der Signifikanten, um mit Lacan zu sprechen, gestoppt oder »genäht«.[24]

Das kann freilich nur im Diskurs geschehen. Der zu Subjektstatus aufgelaufene leere Signifikant nimmt in letzter Instanz die Funktion eines Eigennamens an. Gerade in populistischen Diskursen – rechter oder linker Provenienz – scheint ein Eigenname unverzichtbar für die Identifikation der Gruppe (bzw. diskursanalytisch: die Unifizierung der Äquivalenzkette) zu sein, wie Laclau mit Bezug auf Psychoanalyse und Massenpsychologie behauptet: »*[T]he unity of the equivalential ensemble, of the irreducibly new collective will in which particular equivalences crystallize, depends entirely on the social productivity of a name. That pro-ductivity derives exclusively from the operation of the name as a pure signifier«* (Laclau 2005: 108). Was Eigennamen zu prädestinierten leeren Signifikanten macht, ist, dass sie von Anfang an keine deskriptive Funktion erfüllen und ihre Entleerung daher auch weniger ins Auge sticht. Der Name/Nelson Mandela/ konnte beispielsweise zum einigenden Signifikanten der Anti-Apartheid-Allianz des ANC werden, in dem sich Gruppierungen unterschiedlichster ideologischer Ausrichtung zusammengefunden hatten, weil er den internen Querelen – nicht zuletzt aufgrund der Isolierung Mandelas – weitgehend enthoben war (eine vergleichbare Funktion für die peronistische Opposition in Argentinien schreibt Laclau dem Signifikanten/Peron/zu Zeiten von Perons Exil zu). Trotzdem muss es sich nicht in allen Fällen um den Eigennamen einer Person handeln, der diese Rolle übernimmt. Das eigentliche Argument Laclaus lautet nämlich, dass – diskursanalytisch betrachtet – jeder Signifikant, der eine bestimmte Allianz zusammenhält und damit von seinen partikularen Inhalten entleert wird, zu einem *Namen* wird. Das ist evident im Fall von politischen Organisationen wie

---

24 | Über die Einführung psychoanalytischer Hilfsannahme gelingt es der Diskurstheo-rie, über den Strukturalismus, der nur relationierte Subjektpositionen kennt und den Subjektbegriff verabschiedet, hinauszugehen. Identität wird nun verstanden als Ergeb-nis eines Prozesses von *Identifikation*, der von einem das Subjekt grundsätzlich kenn-zeichnenden Mangel angetrieben wird, weshalb Laclau (1990) davon sprechen kann, dass sich der einzige Ort des Subjekts in den *Dislozierungslücken* der Struktur findet, bzw. das Subjekt nichts anderes ist als die bloße Distanz zwischen Entscheidung und Unentscheidbarkeit der Struktur. In unserer Diskursanalyse sprechen wir an dieser Stelle jedoch von einem imaginären, sich seiner historischen oder politischen Aufgabe bewussten »Subjekt«, das der Diskurs produziert, um das eigene politische Projekt zu markieren.

Parteien, aber auch soziale Bewegungen suchen nach Selbstbenennungen, die es ihnen erlauben, einen Sinn von Zusammenhang, d.h. eines gemeinsamen Projekts zu entwickeln. Wie wir sehen werden, ist es selbst innerhalb der postidentitär orientierten Prekarisierungsbewegung zu Versuchen gekommen, einen Namen für *sich selbst als Subjekt* zu finden.

Zwei letzte Kategorien der Subjektivierungsstruktur lassen sich noch hinzufügen: Klar vom *Namen* einer Bewegung muss man die in einem gegebenen Text markierten Subjekte der Äußerung unterscheiden. Diese *Signatoren* des Textes entsprechen nicht notwendigerweise dem leeren Signifikanten des Namens, noch sind sie einfach identisch zu setzen mit den realen Textproduzenten (also den Einzelpersonen oder Gruppen, die einen Text womöglich verfasst haben). Es handelt sich um innerhalb des Diskurses auftretende Absender, wie sie etwa, wie wir gleich sehen werden, durch die Signaturen von Protestaufrufen markiert werden. Es gibt Genres wie Petitionen, die überwiegend aus Signaturen bestehen, aber auch in weniger expliziten Fällen kann es hilfreich sein, womöglich im Text verborgene Signaturen ausfindig zu machen. Und schließlich lassen sich, mit einer Anleihe bei der strukturalen Semantik Greimas' (sh. Schleifer 1987) bzw. der Narratologie Propps (1968) die Funktionen von im Diskurs aufscheinenden Subjektposition – wo dies dem Untersuchungsziel bzw. Korpus angemessen erscheint – in Subjektkategorien ausdifferenzieren, die nicht direkt der protagonistischen oder antagonistischen Äquivalenzkette eingegliedert sind: Die Narratologie würde hier etwa von der Position des *Helfers* sprechen, der dem Helden einer Erzählung bei der Überwindung von Hindernissen beisteht (d.h., obwohl nicht zur protagonistischen Äquivalenzkette zählend, ein kollektives Projekt unterstützt – wobei es sich beim Helfer keineswegs um eine Person handeln muss, auch eine dem politischen Kampf zupass kommende »Krise« oder ein sonstiges Geschenk des Himmels kann beispielsweise als Helfersubjekt fungieren), oder – umgekehrt – von der Position des *Verräters*, der aus der protagonistischen Äquivalenzkette ausschert und zum Helfer des antagonistischen Projekts wird (die Geschichte linker Diskurse ist berstend voll von Signifikanten, die in diese Subjektposition eintreten bzw. gerückt werden).[25] Schließlich lässt sich in vielen Diskursen auch noch ein *Metasubjekt* identifizieren, in dessen Namen ein politisches Subjekt auftritt und spricht: Die »unabänderlichen Gesetze der Geschichte« etwa operieren in traditionellen Diskursen des Sozialismus als ein solches Metasubjekt, das dem Proletariat oder der Partei eine übersubjektive Garantie auf historischen Erfolg ausspricht. Neoliberale Diskurse kennen in den/freien Marktkräften/oder im/freien Spiel

---

25 | Nach Maßgabe der Logik gehört die Subjektposition des »Verräters« der gleich zu besprechenden Kontraritätsstruktur an.

des Wettbewerbs/einen vergleichbaren leeren Signifikanten, der die Rolle eines Metasubjekts einnimmt.[26]

Um die diskursive Kartographie einer Bewegung voranzutreiben, möchte ich zuletzt vorschlagen, den Analysen der Forderungsstruktur und der Subjektivierungsstruktur die Analyse der *Kontraritätsstruktur* einer Bewegung beiseite zu stellen. Darunter verstehe ich

→ die für eine Protestbewegung oder ein Bewegungsnetzwerk typische *Konstellation der antagonistischen Korrelate protagonistischer Signifikanten (Forderungen, Subjektpositionen, Subjektnamen etc.), die in die Position des verallgemeinerten Mangels einrücken oder als Hindernis auf dem Weg zur Überwindung desselben ausgemacht werden.*

Wenn es denn zutrifft, dass die – vorübergehende – Stabilität der Bewegungsidentität nur über das rein negative Kriterium der Abgrenzung gegenüber einem antagonistischen Außen gesichert werden kann, dann ist dieses konstitutive Außen – wir hatten es die reine Form der Dislozierung genannt – zwar für keinen Diskurs unmittelbar erreichbar, es findet aber innerdiskursive Substitute, die das Außen für den Diskurs (in seinem Inneren) repräsentieren. Ihre Funktion ist die eines *Negativkorrelats* der »positiven« Struktur der Bewegung. Am Beispiel des Thatcherismus hatten wir die antagonistische Äquivalenzkette von/Bürokratie/=/Abhängigkeit/=/Kollektivismus/=/Staat/ausgemacht, deren einzelne Signifikanten in einem Kontraritätsverhältnis zu protagonistischen Signifikanten wie/Individualismus/=/Initiative/=/Konkurrenz/=/Freiheit/stehen. Ähnlich werden den Subjektpositionen der protagonistischen Kette solche der antagonistischen gegenüberstehen. Kristallisiert sich ein bestimmter Signifikant als »Inbegriff« der antagonistischen Kette heraus, so können in diesem Feindsignifikanten die Kontraritätsverhältnisse der gesamten Konstellation gebündelt werden. Auf diese Weise lassen sich nicht nur kriegsförmige Diskurse, sondern auch Sündenbockstrategien diskursanalytisch erklären: In rassistisch-rechtspopulistischen Diskursen wird etwa ein antagonistisches Verhältnis zu den Subjektpositionen/Drogenhändler/=/Asylwerber/=/Schwarzafrikaner/konstruiert, deren Äquivalenz ihren ultimativen Ausdruck im Namen des/Asylanten/finden kann, dem Namen gleichsam eines Anti-Subjekts, das dem imaginären Bild der »Fülle« – einer Gesellschaft ohne Arbeitslosigkeit oder gar eines gesunden und ethnisch homogenen »Volkskörpers« – entgegensteht. So unsympathisch dieses Beispiel sein mag, es bleibt festzuhalten, dass aus diskursanalytischer

---

26 | Die kaum zu übersehenden theologischen Implikationen der berühmten »unsichtbaren Hand«, auf die das neoliberale Metasubjekt zurückgeht, verweisen natürlich bereits auf den Ursprung des Metasubjekts in theologischen Diskursen. Denn Letztgarantien lassen sich nur von jenem Subjekt aussprechen, das den Namen/Gott/trägt.

Perspektive jeder politische Diskurs – der ja nie allein in der Welt ist, sondern immer auf einem von Antagonismen durchkreuzten Feld operiert – eine Kontraritätsstruktur ausbildet, was keineswegs impliziert, dass diese immer nach einem binären Schmitt'schen Freund/Feind-Schema gestrickt sein muss.

Fassen wir zusammen: Die »Identität« einer sozialen Bewegung lässt sich, so unser Vorschlag, durch das Übereinanderlegen dreier Relationsstrukturen kartographieren: ihrer Forderungsstruktur, ihrer Subjektivierungsstruktur (also letztlich ihrer Selbstpositionierungs- und Rekrutierungsstruktur) und ihrer Kontraritätsstruktur. Im Folgenden sollen die gerade entwickelten Kategorien, die das Minimalmodell der Diskursanalyse diversifizierend vertiefen, am Diskurs der Prekarisierungsbewegung angewandt werden. Das Ziel besteht in einer genaueren Beschreibung der diskursiven Identität dieser Bewegung (bzw. des EuroMayDay-Bewegungsnetzwerks) und ihrer relationalen Positionierung im politischen Raum. Besonders interessieren wird uns zu diesem Zeitpunkt der Analyse vor allem der Prekarisierungsbegriff der Bewegung. Denn im Vergleich zur der über die Massenmedien ausgetragenen Unterschichtendebatte scheint die Bewegung, wie bereits in der Einleitung mit Verweis auf unsere diskursanalytische Untersuchung dieser Debatte angedeutet, einen weiten bis umfassenden Prekarisierungsbegriff zu vertreten, der in gegenhegemonialer Opposition zu den massenmedialen Debatten steht.

3.4 EIN UMFASSENDER PREKARISIERUNGSBEGRIFF: DISKURSANALYSE DER EUROMAYDAY-BEWEGUNG

Der Korpus wurde aus insgesamt 54 Aufrufen zu EuroMayDay-Paraden gewonnen.[27] Auf die Textsorte Aufrufe wurde zurückgegriffen, weil davon auszugehen ist, dass sich in Aufrufen der kleinste gemeinsame Nenner einer Bewegungsallianz findet, da alle Protagonisten mit den Forderungen des Aufrufes leben können müssen. In Aufrufen spiegelt sich demgemäß der Kerndiskurs einer Bewegung, in dem sich im Regelfall das Selbstverständnis in Form von Forderungs-, Subjektivierungs- und Kontraritätsstruktur verdichtet abbildet. Unter den 54 Aufrufen befanden sich neben der gemeinsamen sog. Middlesex-Declaration von 2004 und drei europaweiten Aufrufen von 2005, 2006 und 2008 *calls* aus den Städten Hamburg, Hanau, Tübingen, Wien, Milano, Barcelona, Leon, Malaga, Sevilla, Terassa, Liège, Limoges, Marseille, Paris, Florenz, L'Aquila, Napoli, Milano, Firenze, Palermo, Torino, Amsterdam, London, Thessaloniki, Tokio, Ghent und Lisboa. Bloße Übersetzungen anderer Aufrufe oder Kopien früherer Aufrufe wurden ausgeschieden. Aus Praktikabilitätsgründen wurden

---

27 | Die Aufrufe finden sich gesammelt unter der Rubrik *calls* des in Luzern aufgebauten Bewegungsarchivs *www.protestmedia.net/archive*.

jene Aufrufe erfasst, die in den Sprachen Englisch, Deutsch, Italienisch, Französisch und Spanisch verfasst worden waren. Darüber hinaus konnte, wo Übersetzungen in Englische bereitgestellt wurden, auf diese zurückgegriffen werden (wie etwa im Fall der MayDays Tokio oder Thessaloniki). Auf diese Weise konnte der Korpus auf 49 Aufrufe reduziert werden.[28]

Die Vorgehensweise einer Diskursanalyse hängt selbstverständlich vom Untersuchungsziel ab. In diesem Fall wurde heuristisch unterstellt, dass ein einheitlicher EuroMayDay-Kerndiskurs identifiziert werden kann, der herauszuarbeiten und vor allem hinsichtlich des Prekarisierungsbegriffs der Bewegung zu untersuchen ist. Diese Unterstellung impliziert, dass lokale Besonderheiten, die in jeweils auffälliger Abweichung hervortreten (wie dies aus verschiedenen Gründen u.a. bei den Aufrufen Hanau oder Tokio der Fall ist), von geringerem Interesse sind als die Gemeinsamkeit.[29] Was das uns besonders interessierende Protestthema Prekarisierung betrifft, so wurde von der Hypothese ausgegangen, dass es aufgrund seiner zentralen Bedeutung für die Bewegung nicht nur in expliziten Beschreibungen von Prekarisierungssituationen bzw. Referenzen auf die organische Theorie der Bewegung auffindbar sein wird, sondern es sich auch – gerade was die Weite oder Enge des Prekarisierungsbegriffs betrifft – in Forderungs-, Subjektivierungs- und Kontraritätsstruktur des Protestdiskurses ausdrücken wird. Diese drei Strukturen des Bewegungsdiskurses sind wiederum ineinander verzahnt – Subjekte positionieren sich, indem sie Forderungen erheben und gegen andere Forderungen und Subjektpositionen abgrenzen –, weshalb es weitgehend gleichgültig ist, an welcher Stelle eine Analyse ansetzt. Im Folgenden werden die Ergebnisse der Analyse von der sog. Middlesex Declaration von 2004 ausgehend dargestellt.

Der Aufruf beginnt mit einer Selbstbestimmung, die auf die Signatoren am Ende des Aufrufs vorausweist und diese Gruppen zugleich näher bestimmt als/networkes and flextimers of Northern and Southern Europe/(Middlesex 2004: 3). Liest man weiter, so wird jedoch schnell deutlich, dass unter dieser Bezeichnung alle von einem ähnlichen sozialen Schicksal Betroffenen angerufen werden, sofern sie sich – eine durch Adjektive eingeführte Qualifikation – in ihrer Identität, wie wir sagen würden, disloziert fühlen und sich Politisierung gegenüber offen erweisen könnten:/calling for angry temps, disgruntled parttimers, frustrated unemployed, raging immigrants and labor activists/(18-19). Mit der Ausnahme von/labor activists/finden sich in dieser Aufzählung kaum politische oder weltanschauliche Positionen, sondern hauptsächlich die Po-

---

28 | Die Diskursanalyse wurde darüber hinaus durch eine begleitende ethnographische Untersuchung gestützt, vgl. Hamm (2011).
29 | Es ist natürlich durchaus möglich, dass bei einem anders definierten Untersuchungsziel womöglich die Abweichungen oder Varianzen interessanter wären als die Gemeinsamkeiten.

sitionen der *sozial* von Prekarisierung Betroffenen. Erst in einer zweiten Anrufungskette werden politische Subjektpositionen im engeren Sinn in eine diskursive Allianz gebracht:/all our European sisters and brothers, be they autonomous marxists, postindustrial anarchists, syndicalists, feminists, antifas, queers, anarchogreens, hacktivists, cognitive workers, casualized laborers, outsourced and/or subcontracted employees and the like/(24-27). Auch diesmal ist die Kette kategorial nicht völlig homogen, sofern den politischen Positionen mehrere soziale Prekarisierungspositionen hinzugefügt werden. Dennoch wird deutlich, dass es sich um einen inklusivistischen Aufruf handelt, der vor allem das autonome Spektrum der politischen Linken zu vereinen sucht und dieses – gleichsam durch kategoriale Kontamination innerhalb derselben Aufzählung – mit sozialen Positionen prekarisierter Arbeitsbedingungen verknüpft. (Es wird noch zu zeigen sein, dass hinter dieser Operation ein weiter, wenn nicht umfassender Prekarisierungsbegriff steht.) Man bemerkt darin eine nahezu klassisch zu nennende Anrufungsfigur: Individuen, die in ihrer Identität disloziert wurden, werden aufgrund einer vom Diskurs postulierten gemeinsamen sozialen Positionierung dazu aufgerufen (/We call onto/, 24), in eine politische Äquivalenzkette einzutreten. Die Elemente dieser Kette werden wiederum dazu aufgerufen, ihre differentielle Position innerhalb eines bestimmten politischen Spektrums vorübergehend zugunsten einer neuen Äquivalenz in den Hintergrund treten zu lassen. Diese Operation erfordert eine kollektive Subjektivierungsanstrengung, die sich in letzter Instanz in einem gemeinsamen Namen verdichten wird. Der Text macht hierzu mehrere Angebote:/We networkers and flextimers/(3) kehrt in dem erkennbar aus der marxistischen Tradition entlehnten und zugleich revidierten Schlussaufruf/Networkers and Flextimers of Europe Unite/wieder. Ein weiterer Vorschlag findet sich mit der Selbstbeschreibung als/eurogeneration insurgent/(28), vor allem aber als/NEU, Networkers of Europe United/(23-24) (eine Prägung, die sich innerhalb der Bewegung nicht durchgesetzt hat).

Bereits auf einen ersten Blick sind somit zwei unterschiedliche kategoriale Formen von Subjektpositionen zu unterscheiden, nämlich politische und soziale Subjektpositionen, die in getrennten Ketten oder in derselben Kette aufscheinen können: Der explizit an politische Gruppen gerichtete Aufruf, sich in die Bewegungsallianz einzureihen, kann eine Äquivalenzkette wie folgende produzieren:/Activists, artists, hackers, unionists, migrant associations, queer collectives, critical cyclists, media creatives, leftist radicals of all stripes, red, black, green, pink, purple, silver [...]/(Aachen/Europe 2008).[30] Oder es können soziale

---

30 | Nicht in allen Aufrufen ist die Adressierung der politischen Gruppen so explizit. Der italienische Diskurs zeigt sich – wohl aufgrund der spezifischen italienischen Tradition der autonomen Linken – als wiederum besonders explizit in seinen politischen Anrufungen:/That's why we ask you to join us in the eurowide network linking the sisters and

Subjektpositionen diskursiv gleichgesetzt werden, die ein – wie vom Diskurs postuliert – gemeinsames Schicksal teilen, wie in folgendem Beispiel:/Illegalisiert, saisonal und befristet Beschäftigte, Schein- und sogenannte »Neue Selbstständige«, NiedriglohnjobberInnen, Erwerbsarbeitslose und FreiberuflerInnen, Projekt-, Teilzeit- oder LeiharbeiterInnen sowie alle ihre Zwischen- und Mischformen [...]/(Wien 2006).[31] Aus diesen beiden Kategorien werden von allen im Korpus versammelten Aufrufen mehr oder weniger barocke Girlanden von Subjektpositionen geflochten:

[...] precari, disoccupati, intermittenti, cococo, cassintegrati, flessibili, inoccupati, contrattisti, atipici, interinali, parasubordinati, tirocinanti, apprendisti, borsisti, sottopagati, licenziati, desalarizzati, ricercatori, studenti e docenti. (L'Aquila 2005)

Arbeiterinnen ohne Arbeit. Hausfrauen als Heimarbeiterinnen. Intellektuelle ohne Beschäftigung. Jugendliche im Aufruhr. Papierlose als Hilfsarbeiter im Hafen oder Erntehelferinnen in der Landwirtschaft. Rentner in der Depression. Die Online-Generation im Echtzeitstress. Studentinnen als Putzfrauen. Künstlerinnen in der Identitätskrise. Junge Osteuropäerinnen als Mamas Ersatz. Linke ohne Perspektive. Akademiker als Taxifahrer, Touristenführer oder im ewigen Praktikum. (Hamburg 2006)

[...] trabajador@s atípicos; intermitentes, desocupados, subcontratados, discontinuos, a tiempo parcial, sin contrato. (Sevilla 2006)

Des chômeurs, rmistes, salariés précaires, sans emploi, indépendants, pigistes, allocataires, malades, handicapé-es, intermittent-es, intérimaires, étudiant-es, stagiaires, sans-papiers, travailleur/euses du sexe, parfois tout cela en même temps. Limoges 2006)

Chômeuses suivies à temps complet par les contrôleurs sociaux, travailleurs du sexe flexibles, intermittents en colères, intérimaires en collants, collègiennes bientôt apprenties la nuit, salariés précarisés pour une durée indéterminée, stagiaires gratuits

---

comrades of *esa* (euro social activism), ChainWorkers, Strikers, Critical Mass, Equilibrio Precario, Aarrg!, YoMango, CGT réstauration rapide, McWorkers Resistance, Bulk and numerous other squatted and self-managed centri sociali of Milano, Roma, Bologna, Bergamo, Brescia, Laveno, Abbiategrasso, Novara, Pavia, as well as CUB and other rank-and-file labor unions, movements of young communists, of young anarchists, of progressive catholics and diehard democrats./(Milano 2003)

31 | In traditionelleren Diskursen der Linken wird noch eine dritte Möglichkeit formuliert, nämlich die Position der *Solidarität*, die nicht auf einem gemeinsamen sozialen Schicksal, sondern auf einer politischen Willensentscheidung basiert.

interdits de RMI, étudiants sorbonnards en Master occupation, malades indépendants de toute alloc, migrants militant et travaillant sans-papier ni contrat [...] (Paris 2006)

[...] giovani e meno giovani, disoccupati/e, studenti/esse, intermittenti, migranti, ricercatori/trici, co.co.co, co.co.pro,stagisti, partite iva, laureati/e, lavoratori/trici del sesso, part-time, salariati/e [...] (Torino 2006)

Prekarisierte jeglicher Art, Arbeitslose, Dauer-PraktikantInnen, (Schein-)Selbständige, 1 €-JobberInnen, RentnerInnen, Wegrationalisierte, TräumerInnen einer anderen Welt. (Tübingen 2007)

Nous, travailleur.se.s avec ou sans papiers, collectionneur.se.s de CDD, stagiaires, jonglant avec les temps partiels et jongleurs à temps partiel, intérimaires, intermittent.e.s, étudiant.e.s, apprenti.e.s, cohabitant.e.s, chômeur-se-s sanctionné.e.s, contorsionnistes du black, des chèques alpem et des titres services, indépendant.e.s complémentaires, flexibles par choix ou par contrainte, nomades par envie ou par nécessité, chercheur-se-s atypiques ou dans la dèche, artistes avec ou sans statut, évadé.e.s de l'emploi à vie et refuzniks du salariat, bénévoles et activistes au sein de projets collectifs, squatteur-se-s et autres spécialistes de la réappropriation des espaces publics et privés ... (Liege 2007)

Wer solche Äquivalenzketten formuliert, die landläufig als unzusammenhängend wahrgenommene soziale Subjektpositionen wie etwa Studierende, Arbeitslose, Sexarbeiterinnen, Hausfrauen und Papierlose zusammenführen, steht vor dem Problem, einen gemeinsamen Nenner dieser Positionen formulieren zu müssen. Dieses Problem stellt sich bei den *politischen* Subjektpositionen in geringerem Ausmaß, gehören diese zumeist doch dem (post-)autonomen linken Spektrum bzw. radikalen Gewerkschaften oder Basisgewerkschaften zu. Sie können sich damit vor einem, wenn auch sehr vagen gemeinsamen Horizont verorten, der dem von Strath beschriebenen »Selbstbestimmungs«-Paradigma angehört. Der/auto/-Signifikant scheint daher eine gewisse Verknüpfungsfunktion zu besitzen, wie der Aufruf Berlin 2006 explizit formuliert:/Doch unsere Kämpfe verbinden sich in der Forderung nach einem selbstbestimmten, menschenwürdigen Leben/. Auch Wien 2007 formuliert Autonomie als Forderung:/Wir wollen unser Leben autonom gestalten!/Wenig überraschend treten Forderungen nach/autodeterminazione/und/autogestione/(so etwa nach/autogestione e socializzazione dei saperi/, Milano 2007) gehäuft in den italienischen und spanischen Aufrufen auf, etwa wenn/autoorganización en los barrios/(Leon/ Madrid 2007),/autorganizzazione dal basso/(Milano 2005) oder/spazi sociali autogestiti di seconda generazione/(L'Aquila 2005) gefordert werden. Postuliert wird eine grassroots-Kompetenz zur kollaborativen Selbstorganisation des eigenen sozialen Zusammenhangs (so spricht Malaga 2007 von/nuestras capacidades de autonomía, de colaboración y de producción de vida/). Aber auch bereits der erste Satz der Middlesex-Declaration hebt darauf ab, dass sich die/networkers/und/flextimers/Europas *autonom* zusammengefunden hätten. Im gesamten Korpus ist hingegen kein einziger Fall einer Forderung nach *Mit*-bestimmung oder *co*-determination aufweisbar, weshalb mit Eindeutigkeit bestimmt werden kann, dass der Korpus nicht dem von Strath beschriebenen transformistischen/co/-Diskurs angehört, sondern einer gegen-hegemonialen Spielart des/auto/-Diskurses. Diese Einschätzung wird nochmals belegt durch den umgekehrten Fall der gewerkschaftsnahen deutschen Böckler-Stiftung, die auf das Cover einer Ausgabe ihres Mitgliedermagazins den »Schutzheiligen« des MayDay-Bündnisses »San Precario« aus wohl rein illustrativen Gründen abbildete, ohne selbst der Bewegungsallianz anzugehören. Auf diese Weise wurde der Prekarisierungsdiskurs, der eigentlich der *Selbst*-bestimmungskette zugehört, der deutschen Gewerkschaftstradition eingeschrieben und in die *Mit*-Kette transformiert. Über der Abbildung von »San Precario« prangt der Titel der Zeitschrift: *Mitbestimmung* (mit einem darüber hinaus farblich deutlich vom Wortstamm abgehobenem Präfix »Mit«).[32]

Es ist also festzuhalten, dass die politischen Subjektpositionen sich von ihrer bloßen Partikularität bereits insofern abgelöst haben, als sie sich vor einem gemeinsamen – und damit universelleren – Horizont autonomer Politik, den wir im Anschluss an Bo Strath bereits als/auto/-Äquivalenzkette bezeichnet hatten, verorten. Das macht weitergehende Anrufungen nicht überflüssig, denn damit sind keine Garantien ausgesprochenen, dass die politisch Angerufenen dem Aufruf auch Folge leisten und sich in die Allianz einreihen, doch das Feld der möglichen politischen Adressaten wird eingegrenzt. Ein solcher Horizont steht den *sozialen* Subjektpositionen nicht von vornherein zu Verfügung. Am je partikularen bzw. differentiellen Aspekt der einzelnen sozialen Positionen – etwa an ihrer Stellung in der Sozialstruktur – ist ihre Gemeinsamkeit jedenfalls nicht ablesbar. Aus diesem Grund erscheinen die artikulatorischen Vereinheit-

---

32 | Es ließe sich, nebenbei gesagt, zeigen, dass der/auto/-Diskurs auch die Formulierung des *Metasubjekts* des MayDay-Diskurses prägt. Der MayDay-Diskurs kennt kein klassisches Metasubjekt (wie Gott, die Gesetze der Geschichte, den Markt etc.), in dessen Namen er sprechen würde. Doch bedeutet dies nicht, dass es für die Prekarisierungsbewegung gar *kein* Metasubjekt gibt. Sondern die Semantik der Autonomie verweist darauf, dass das Metasubjekt im autonomen, selbstbestimmten *Ich*, d.h. im *Selbst* der Akteure verortet wird (wir werden auf diesen Aspekt in unserer Diskussion postidentitärer sozialer Bewegung an der Fallstudie des »Ich-Streik« zurückkommen), wie der Aufruf Milano 2007 sehr schön illustriert:/L'autoderminazione di sé, dei propri piaceri/desideri e la giusta pretesa di controllo sul proprio corpo sono istanze che non accattano inter/mediazione e vanno rivendicate attraverso la cospirazione dei soggetti./

lichungsinstrumente, wie sie von der diskursanalytischen Hegemonietheorie beschrieben werden, umso konturierter. Es müssen also die bereits erläuterten Analysekategorien, die zu beschreiben erlauben, wie völlig unzusammenhängende Positionen diskursiv vereinheitlicht werden, an dieser Stelle zum Einsatz kommen. Und tatsächlich lässt sich im Folgenden zeigen, dass leere Signifikanten diese *universelle* Funktion der Vereinheitlichung von Positionen erfüllen, deren *partikulare* Aspekte divergieren; dass die Forderungen der Bewegung eine positive und die Kontraritätsstruktur eine negative gemeinsamen Bezugsfolie bilden; dass schließlich die organische Theorie Einheit in der Verstreuung über die Ausbildung weltanschaulicher/theoretischer Plausibilität gewährleistet und mit ideologischem Zement, wie Gramsci sagt, versieht.

Bei der Analyse der Forderungsstruktur der Bewegung wird man allerdings sofort auf ein analoges Problem stoßen: Einerseits gelingt es der Bewegung, eine Art eigenes programmatisches Profil zu entwickeln, das in gewisser Hinsicht die Forderungsstruktur ihrer Teilbewegungen aufnimmt und integriert. So finden sich regelmäßig, wenn nicht gar durchgehend arbeits- und sozialbezogene Forderungen nach arbeitsrechtlicher Absicherung, nach einem Mindesteinkommen und vor allem nach einem arbeitslosen Grundeinkommen, die eine Antwort auf die Bedingungen ökonomischer Prekarisierung formulieren. Diese Forderungen, die man bei einer Bewegung, die sich vor allem die Thematisierung der Prekarisierung auf die Fahnen geschrieben hat, wohl erwartet, werden von einer ganzen Reihe weiterführender Forderungen umrandet:

MAYDAY WANTS:
- full + immediate adoption of EU directive on temporary workers
- european birthright of citizenship (ius soli)
- closure of detention centers for immigrants
- european basic income
- european minimum wage
- free upload, free download
- queer rights for all genders
- protection of THC consumers (Europe 2006)

Für diese Forderungen – wie auch für die Bestimmung der Bewegung als *Demokratisierungsbewegung* – ist charakteristisch, dass sie zumeist in der Sprache der Rechte formuliert werden. So trägt beispielsweise der Aufruf Sevilla 2006 den Titel:/TENEMOS DERECHO A TENER DERECHOS. LAS PRECARIAS DEL SUR SE REBELAN/. Diese ursprünglich Hannah Arendt zu verdankende Idee vom »Recht, Rechte zu haben« wird zumeist im Sinne *sozialer Rechte* spezifiziert, die auf die Erhaltung erträglicher Lebensbedingungen in ihrer Gesamtheit zielen:

Soziale Rechte garantieren den Zugang zu allem was Menschen für ein Leben in Würde brauchen, unabhängig von Herkunft, Geschlecht, Hautfarbe, ob man arbeitet oder nicht. Soziale Rechte, das bedeutet zum Beispiel:

• Das Recht auf ein bedingungsloses Grundeinkommen für alle Menschen.
• Das Recht auf dauernden Aufenthalt für alle, die hier leben wollen.
• Das Recht auf gebührenfreie Bildung.
• Das Recht auf selbstbestimmtes Leben und freie Nutzung des öffentlichen Raums.

(Berlin 2006)

Trotz dieser Entwicklung eines eigenständigen programmatischen Profils fällt nun andererseits auf, dass das Problem der Vereinheitlichung durch die Forderungsstruktur der Prekarisierungsbewegung alleine nicht gelöst wird. Denn abermals lässt sich sagen, dass die partikulare Forderung etwa nach queer rights oder die Forderung nach Auflösung von Flüchtlingslagern nicht unmittelbar aus der Forderung nach einem garantierten Grundeinkommen folgt, ihre Äquivalenz also zuallererst artikuliert werden muss. Zu diesem Zweck ist die Ausbildung einer Kontraritätsstruktur unabdingbar. Die Forderungsstruktur präsentiert sich als Antwort auf die Dislozierungserfahrung, die von der Bewegung festgestellt bzw. diskursiv als Mangelstruktur artikuliert wird. Wie von den sozialwissenschaftlichen Theorien der Prekarisierungsgesellschaft, die in Kapitel 1 vorgestellt wurden, wird auch aus Perspektive der Bewegung die mit (der eigenen) Prekarisierung verbundene Angsterfahrung thematisch:/Wer kann heute sagen, »mein Job ist sicher«? Dass auch am Ende des Monats das Geld noch reicht? Wer kann es sich leisten krank zu werden? Wie viele müssen Angst davor haben, dass ihre Duldung nicht verlängert wird oder sie sofort abgeschoben werden? Wer lebt und arbeitet heute nicht prekär? [...]»Prekär« nennen wir ein Leben in materieller Unsicherheit, Existenzangst und Stress./(Berlin 2007). Diese mit dem Adjektiv »prekär« belegte Erfahrung wird in einem zweiten Schritt bestimmten Verursachern, d.h. Antagonisten zugeschrieben, etwa den/immer neuen »Reform«-Angriffen der jeweiligen Regierung/, deren neoliberale Maßnahmen diskursiv als Ursache der Dislozierungserfahrungen ausgemacht werden, deren Mangelregister auf diese Weise zugleich konkretisiert werden kann:/Von massiven Rentenkürzungen (durch Rente mit 67) bis zu weiteren Einschnitten durch die sog. Gesundheitsreform; von Arbeitszeitverlängerungen und -verdichtungen bis hin zur Ausweitung der Niedriglohnsektoren durch Armutstarife und Leiharbeit; von der Senkung von Arbeitslosengeld bzw. Sozialhilfe über Hartz IV sowie der Disziplinierung und Ausbeutung der Erwerbslosen durch Ein-Euro-Jobs bis hin zu den neuen Studiengebühren; von der systematischen Schlechterstellung von Frauen und MigrantInnen auf dem Arbeitsmarkt über ungleiche Bildungschancen bis hin zum Unrecht der tägli-

chen Abschiebungen und Illegalisierung von Menschen ohne deutschen Pass...,
die Liste der sozialen Ungerechtigkeiten scheint endlos./(Hanau 2007)

Am obigen Zitat erweist sich, dass der diskursiv definierte politische An-
tagonist als (negatives) Vereinheitlichungsprinzip einer Liste von »Mangel«-
Signifikanten – von/sozialen Ungerechtigkeiten/– fungiert, die anderen, hegemonialen Diskursen als unzusammenhängend und nicht artikulierbar gelten
würden.[33] In die Position des Antagonisten können darüber hinaus kontextuell
bedingt die unterschiedlichsten Namen einrücken. Beispielsweise artikulierte
ein anlässlich der Karlspreisverleihung an Angela Merkel – übergeben durch
Nicolas Sarkozy – in Aachen organisierter EuroMayDay folgenden Antagonismus:/This year for MayDay, two worlds clash together: the global movement vs
strong-armed governments; grassroots networks and squatted social centers vs
EU power; Utopian Society vs Capitalist Market; the radical europe of multitudes
vs the conservative Europe of elites/(Aachen/Europe 2008), bzw. in unsere
Schreibung von Äquivalenzketten übersetzt: [/global movement/=/grassroots
networks, squatted social centers/=/Utopian Society/=/radical europe of multi-
tudes/] :: [/strong-armed governments/=/EU power/=/Capitalist Market/=/con-
servative Europe of elites/], oder kurzum in der Kategorie der Namen:/EuroMay-
Day/:: [/Merkel/=/Sarkozy/]. Einige andere, politisch spezifischere Beispiele
von Antagonisten – etwa die spezifisch gegen die Namen Bush, Berlusconi und
den Irak-Krieg gerichteten Aufrufe aus Milano – wären anzuführen. Doch für
die Funktion des Diskurses ist es wichtig, dass die Konkretion eines bestimmten Gegners nicht zu groß wird, denn eine bloße Anti-Bush-Demo wäre keine
EuroMayDay-Demonstration und man würde eine Reihe von diskursiven Allianzen verlieren.[34] Deshalb ist ein Mangel-Signifikant erforderlich, der die ganze
Breite der Dislozierungsphänome abzudecken in der Lage ist, ohne als Antago-

---

33 | Die weiteste Fassung einer solchen Liste – eine Art Grenzfall des Diskurses – findet
sich im Aufruf Tübingen 2007:/Prekarisierung, Sozialabbau, Hartz 4, Studiengebühren,
Atomkraft, Umweltzerstörung, Neoliberalismus, Militarisierung, Krieg, Ausgrenzung,
Arbeitslosigkeit, Neo-Faschismus, Rassismus, Antisemitismus, Sexismus, Patriarchat,
Homophobie, Kapitalismus, Überwachungsstaat, der G8-Gipfel in Heiligendamm,.../.
Die Aufrufe aus Hanau, die sehr stark einem traditionellen, vor allem auf arbeitsbezo-
gene Forderungen fokussierten gewerkschaftsnahen Diskurs anhängen (trotz Inklusion
migrationsbezogener Forderungen), bilden den umgekehrten Grenzfall. Doch stehen
selbst sie vor dem Problem der Vereinheitlichung manch heterogener Forderungen.
34 | Aus diesem Grund artikuliert der Aufruf Milano 2003 eine Äquivalenz innerhalb der
antagonistischen Kette der Subjektpositionen zwischen dem Irak-Krieg und der Flexibilisierung und Deregulierung des Arbeitsmarktes:/Bush and his neoliberal acolytes who
are following him headlong in a mad and misfortunate war of »prevention«, are the same
bastards who want to subdue into perennial servitude the bodies and lives of working
people, starting with women, minorities, the younger and the weaker. Bush and his three

nist allzu deutliche Konturen zu besitzen (denn schon ein Regierungswechsel im feindlichen Lager könnte ansonsten die Kontraritätsstruktur zum Einbruch bringen). Dieser Signifikant lautet aus Perspektive der EuroMayDay-Bewegung schlichtweg/Prekarisierung/.

Mit dem schillernden Begriff der/Prekarisierung/gelingt es dem Bewegungsdiskurs, einen hinreichend entleerten Signifikanten zu entwickeln, der eine ganze Reihe von sozialen Phänomenen und Erfahrungen abzudecken in der Lage ist, die vom hegemonialen Diskurs, wie wir ihn etwa an der deutschen Unterschichtendebatte analysieren konnten, als weitgehend unzusammenhängend definiert werden. Bei genauerer Betrachtung der Artikulationen des Begriffs der Prekarisierung, wie sie im Korpus der Bewegungsaufrufe zu finden sind, zeigt sich, dass die Bewegung durchgehend zu jenem umfassenden Prekarisierungsbegriff tendiert, den wir auf theoretischer Ebene in den Ansätzen der Regulationstheorie, des Postoperaismus, der Gouvernementalitätsstudien und der pragmatischen Soziologie ausgemacht hatten. Prekarisierung gilt im MayDay-Diskurs als eine generalisierte Erfahrung der Mehrheit der Menschen. Das Phänomen reicht in jeden Teilbereich des Lebens hinein und ist nicht mehr auf Arbeitsbeziehungen im klassischen Sinn beschränkt. Diese Generalisierung und umfassende Ausweitung des Phänomens wird in einer Reihe von Ausrufen ganz explizit postuliert:

Precarity is the most widespread condition of labour and life in Europe today. It affects everyone, everyday, in every part of life: whether chosen or imposed, precarity is a generalised condition experienced by the majority of people. (Europe 2005)

Nowadays, precarity is structural and generalized. (Europe 2008)

Prekarität erfasst die Gesellschaft zusehends in ihrer Gesamtheit. (Wien 2005)

Our lives have all become literally precarious, as we are willy-nilly sucked dry by the corporate imperative of flexibility. (Milano 2003)

La palabra precariedad nombra las condiciones de la vida hoy. (Malaga 2007)

La condition de vie et de travail la plus répandue en Europe est la précarité. Celle-ci touche davantage de personnes chaque jour et dans chaque aspect de la vie : choisie ou subie, la majorité de la population expérimente une précarité généralisée. (Paris 2005)

A precariedade invade todas as áreas da vida e é mais completa entre os mais novos. (Lissabon 2007)

---

allies are the same who want to abolish any surviving labour laws, union rights and social contraints limiting the abuses of global corporations./

Aus Sicht der politischen Diskursanalyse handelt es sich um einen leeren Signifikanten, der *im* Diskurs einen Mangelzustand bezeichnet und so auf die reine Form der Dislozierung verweist. Auf diese Weise gelingt es, gleichsam *a contrario*, die Äquivalenzketten der Subjektpositionen abzustützen und weitgehend zu vereinheitlichen. Dieser Versuch, über die Thematisierung von Prekarisierung,/Verbindungslinien zwischen den unterschiedlichen Facetten der Transformation der Arbeit zu ziehen/(Hamburg 2007b), wird im Diskurs selbst als *gegen*-hegemonial interpretiert (/Und wir haben mehr gemeinsam, als man uns glauben macht/, Berlin 2007). Der umfassende protestpolitische Prekarisierungsbegriff muss als Einsatz in die hegemoniale Auseinandersetzung verstanden werden, in welche die Bewegung einzugreifen versucht. So wird von der Bewegung der diskursive »Kampf« um das angemessene Verständnis der »am eigenen Leib« verspürten Prekarisierungsphänomene bewusst aufgenommen. Ein aus Bewegungsperspektive im massenmedialen Diskurs verbreiteter *enger* Begriff wird als diskursiver »Gegner« ausgemacht, da mit der Konstruktion eines marginalen »abgehängten Prekariats« der ganze Umfang neoliberaler Entsicherungsstrategien, die letztlich die Arbeits- und Lebensverhältnisse aller erfassen, aus dem Blick gedrängt werden. Dies gelingt dem hegemonialen Diskurs durch Betonung der Partikularität der Prekarisierungserfahrungen und der Unvergleichbarkeit der sozialstrukturellen Subjektpositionen von Prekarisierten, namentlich des »abgehängten Prekariats« im Vergleich zu den (scheinbar) integrierten Hauptsektoren der Gesellschaft. Umgekehrt sei der EuroMayDay dazu gedacht, einen Ort zu schaffen,/wo illegalisierte Reinigungskräfte, PraktikantInnen, Projektarbeitende und 1-Euro JobberInnen in Kommunikation treten können/(Hamburg 2007b).

Damit sollen die verschiedensten Aspekte der gegenwärtigen Prekarisierungsprozesse der Unsichtbarkeit entrissen und verhandelbar gemacht werden; nicht um die Unterschiede zu nivellieren, sehr wohl jedoch um den vorherrschenden Zustand der Fragmentierung und Vereinzelung zu überwinden und eine Basis für gemeinsames politisches Agieren zu schaffen. Denn das, was die zu Niedrigstlöhnen schuftende Supermarktangestellte und der sich durch geringfügige Jobs und unbezahlte Praktika wurstelnde Student, was die sozialversicherungslos werkelnde Kulturarbeiterin und der unter ständigen Disziplinarandrohungen stehende Erwerbsarbeitslose, was die papierlose und dadurch umfassend entrechtete Sexarbeiterin und der nicht bloß freiberuflich arbeitende, sondern auch von längerfristigen Perspektiven »befreite« Webdesigner sowie alle ihre Zwischen- und Mischformen gemein haben, ist eben jenes sehr unterschiedlich ausgeprägte Moment der Prekarität. Gemeinsam ist ihnen aber auch der Wunsch nach sozialen Sicherheiten für ein Leben, das flexibel, aber ohne den fremdbestimmten Zwang zur Flexibilität gestaltet werden kann. (Wien 2005)

Die politische Vereinigungsfunktion der MayDay-Paraden und damit der selbst-
gesetzte Auftrag der Bewegung wäre somit angesprochen: Es geht der Bewegung um die gegenhegemoniale Konstruktion einer Äquivalenzkette zwischen
Elementen (vor allem Subjektpositionen), die im hegemonialen Diskurs als differentiell geschieden definiert werden. Die MayDay-Paraden werden als jenes
Medium und jener Ort verstanden, an dem Gemeinsamkeiten Sichtbarkeit erlangen bzw. partikulare Positionen miteinander in Austausch treten können:
In diesem Sinne wird/MayDay/bzw./EuroMayDay/zum leeren Signifikanten
der Universalisierung partikularer Subjektpositionen. In einem noch stärke-
ren Sinn aber werden – gleichsam in einem zweiten Schritt – die partikularen
Subjektpositionen unter dem Dach des *gemeinschaftlichen Namens* vereint und
zu einem politisch-sozialen Gesamtsubjekt angerufen. Dieses Subjekt trägt im
Diskurs der Bewegung den Namen/Prekariat/. Es ist evident, wer dieser Beg-
riffsschöpfung zum Vorbild diente:/The precariat is to postfordism as the proletariat was to fordism: temps and part-timers, casualized/flexible workers are
the new social group required and reproduced by the neoliberal post-industrial
transformation of the economy/(Milano 2003).[35]

Nun ist die Idee eines einheitlichen Gesamtsubjekts/Prekariat/aus Bewegungsperspektive keineswegs unproblematisch, besteht doch die Gefahr, dass
die differentiellen Unterscheidungen zwischen den verschiedenen partikularen
Positionen der von Prekarisierung Betroffenen überhaupt verloren gehen (denn
die Gemeinsamkeiten zwischen z.B. dem »papierlosen Landarbeiter« und der
»urbanen Ich-AG« können diskursiv nur hergestellt werden, wenn der verein-
heitlichende Signifikant ein entsprechend hohes Abstraktionsniveau aufweist).
Zwar besteht in den meisten Aufrufen Einigkeit darüber, dass Prekarisierung
ein umfassendes, fast alle betreffendes Phänomen ist (/Wo sind denn die Prekären? Eigentlich fast überall/, Wien 2007), doch bleibt intern umstritten, ob es
statthaft ist, die eigene Prekarisierung als nach wie vor privilegierte Statusgrup-
pe mit der womöglich stärker betroffener und weniger privilegierter Gruppen
zu vergleichen. Die inneren Debatten der Prekarisierungsbewegung drehen
sich in erheblichem Ausmaß um die Frage der Inklusivität oder Exklusivität
des eigenen Bewegungsprojekts. Besonders die Vergleichbarkeit der Prekarisie-
rungsweise oftmals gut verdienender urbaner Projektarbeiter und illegalisierter
migrantischer ArbeiterInnen ist Anlass zu Auseinandersetzungen (dem wird
manchmal durch eine stärkere Betonung der migrantischen Subjektposition
kontraphobisch begegnet:/Migrant workers are the most precarious among the
precarious. This is the main claim made by EuroMayDay 008/Europe 2008).
Diese Auseinandersetzung drückt sich noch in Emblematik und Zeichenreper-

---

35 | An diesem Zitat ist bemerkenswert, dass der Ökonomismus, der die traditionsmar-
xistischen Theorien vom Proletariat auszeichnete, in die Definition des neuen Subjekts
»Prekariat« gleich mitübernommen wird.

toire der Bewegung aus. So wird auf den MayDay-Plakaten ikonographisch oft Laptop und Putzmob umstandslos zu einer Äquivalenzkette vereinigt.[36]

Es scheint als sei die Bewegung von Zweifeln geplagt, ob die imaginäre Anrufung zu einem Gesamtsubjekt/Prekariat/durch soziale Fakten gedeckt und politisch gerechtfertigt ist. Das impliziert, dass auch der Prekarisierungsbegriff einer Re-Differenzierung unterzogen werden muss, ohne dass seine Funktion umfassender Artikulation deswegen bestritten wird:/Prekarität ist überall – und überall ein bisschen anders/(Berlin 2007). Diese These mag sich nicht nur auf die Differenzen zwischen den von Prekarisierung betroffenen Subjektpositionen beziehen, sondern darüber hinaus auf die Natur des eigentlichen Phänomens. Obwohl in den meisten Fällen durchaus als Mangel-Signifikant artikuliert, wird in manchen Aufrufen der Freiheitseffekt von/Prekarität/betont. Wie es im Aufruf Europe 2006 heißt, stellen die fordistischen Arbeitsverhältnisse jedenfalls keine wünschenswerte Alternative zur prekären Lebensform dar :/Nobody wants to be sentenced to the same job for life. But nobody wants to spend her whole day wondering how to pay the next bill, while juggling three jobs/(Europe 2006). In dieser Hinsicht sind die Aufrufe in den von Boltanski/Chiapello beschriebenen Diskurs der Künstlerkritik einzuordnen. Die Autonomisierungsgewinne durch Prekarisierung sollen keinesfalls rückgängig gemacht werden – schon gar nicht im Sinne des fordistischen Disziplinarregimes. Zumindest an manchen Stellen nähert sich der Diskurs somit der These Lac-

---

36 | Dass dies zumeist an der Subjektposition von Migranten – entweder papierlos oder im Niedrigstlohnsektor – festgemacht wird, ließe sich u.a. in einer symptomatologischen Analyse der Middlesex-Declaration zeigen. Noch bevor in diesem Text die Ketten überwiegend sozialer Subjektpositionen der Prekarisierten und jene politischer Subjektpositionen entwickelt werden, auf die wir schon zu sprechen kamen, wird bereits eine weitere Äquivalenz geschmiedet, wenn es heißt/all of us joining migrants‹ struggles/(11). Durch diese explizite Heraushebung werden migrantische Kämpfe in eine ambivalente Position gerückt: einerseits sind sie als/raging immigrants/(19) Bestandteil der ersten, überwiegend sozialen Äquivalenzkette, andererseits tauchen sie in der zweiten, überwiegend politischen Äquivalenzkette nicht auf, sondern erhalten gleich zu Beginn des Textes einen Sonderstatus. So scheint es, als wären sie gleichzeitig Teil und Nicht-Teil der Äquivalenz. Sie werden direkt angerufen/calling for ... raging immigrants/(18-19) und sind doch von der Gesamtheit der/networkers and flextimers/-Kette abgesetzt als ein dieser Kette äußerer Kampf, bzw. ein äußeres Objekt der Solidarität:/all of us joining migrants' struggles/. Das deutet auf eine ungleich gewichtete Subjektivierungsstruktur der Bewegung, die sich in der diskursiven Ungleichgewichtung der Kette von Subjektpositionen niederschlägt. Man könnte deren Verhältnis, in dem die Subjektposition der Migranten zugleich innerhalb wie außerhalb der Hauptkette steht, folgendermaßen notieren: [(/temps/=/parttimers/=/unemployed/=/immigrants/...) = (/marxists/=/anarchists/=/syndicalists/=/feminists/...)] = [/migrant's struggles/].

laus vom emanzipatorischen Potential kapitalistischer Dislozierung an. Dieses emanzipatorische Potential muss allerdings politisch, d.h. konfliktorisch aktualisiert werden, indem beispielsweise der Signifikant der Flexibilität den Managern wieder entwendet und rekodiert wird, so die Middlesex-Deklaration. Die Alternative zu neoliberaler/flexibility/ist also nicht einfach/security/, sondern vielmehr/flexicurity/(/in order to reclaim flexibility from managers and executives: we demand flexicurity against flexploitation/, Middlesex: 19-20).

Kurzum, der Bewegungsdiskurs ist von einer doppelten Ambivalenz gekennzeichnet: 1.) Es wird postuliert, dass von Prekarisierung nahezu *alle* Subjektpositionen betroffen sind, zugleich aber treten Zweifel auf, ob die womöglich nach wie vor privilegierte eigene Position wirklich mit der Prekarisierung proletarischer oder arbeitsmigrantischer Positionen zu vergleichen ist. Es besteht also eine nagende Unsicherheit bezüglich des eigentlichen *Trägers* des Namens/Prekariat/. Aus Gründen, die erst mit unserer Diskussion postidentitärer sozialer Bewegungen in den nächsten Kapiteln vollständig transparent werden, hat die Prekarisierungsbewegung keinen *populistischen* Signifikanten hervorgebracht, der etwa mit dem Namen/Thatcher/vergleichbar wäre. Das/Prekariat/– die »Klasse« aller Prekarisierten – übernimmt zwar in Vertretung diese Funktion, nur bleibt es wesentlich ungreifbarer als die »eiserne Lady« und ihre Handtasche. 2.) Das Phänomen der Prekarisierung wird – zumindest in den Aufrufen – klar als Mangelsignifikant artikuliert. Und dennoch, hierin unterscheidet sich der MayDay-Diskurs vom retro-fordistischen Gewerkschaftsdiskurs, werden gelegentlich positive oder zumindest potentiell emanzipatorische Aspekte von Prekarisierung hervorgehoben. Die Forderung nach/flexicurity/, d.h. nach einer Synthese aus Flexibilität und Sicherheit, ist Ausdruck dieser Ambivalenz, die im Phänomen der Prekarisierung selbst verortet wird.

Mit einem Neologismus wie Flexicurity ist schließlich eine Ebene des Diskurses erreicht, die vermuten lässt, dass konzeptuelle und theoretische Arbeit vonnöten ist, um einen solchen Begriff plausibel erscheinen zu lassen. Auch der Versuch der Überwindung der Partikularität von Forderungen und Subjektpositionen könnte – trotz der politischen Artikulation durch leere Signifikanten – in letzter Instanz wenig Überzeugungskraft aufbieten, würde sie nur auf einem bloßen politischen Voluntarismus basieren, der die Äquivalenz von Forderungen und Subjektpositionen gleichsam nur dekretiert. Der Diskurs muss Elemente organischer Theorie aufbieten, um auch intellektuell halbwegs *plausibel* erscheinen zu lassen, dass *prima vista* unterschiedlichste Arbeits- und Lebensverhältnisse von denselben Prekarisierungsvorgängen erfasst werden. Der organischen Theorie gelingt es, über die bislang referierten Unifizierungsmuster hinausgehend, heterogene, unzusammenhängende Phänomene über die Errichtung eines gemeinsamen Intelligibilitätshorizonts zu integrieren (das macht die Theorie »organisch«) *und* dennoch auf einer innertheoretischen Ebene ein bestimmtes Ausmaß an Differenzierung zuzulassen. Es wird daher nicht überraschen, dass die Bewegung zur Konstruktion ihrer eigenen »organischen Theorie« – also jener theorieförmig artikulierten Diskurselemente, die zur Identitätsbildung und Organisation der Bewegung beitragen – auf jene Ansätze zurückgreift, die einen umfassenden Prekarisierungsbegriff vertreten, mit welchem dem hegemonialen engen Begriff etwas entgegengesetzt werden kann, und die dem Protest selbst Handlungs- und Hoffnungsspielräume verheißen. Der in Bewegungszusammenhängen besonders prominent vertretene Postoperaismus etwa vertritt sowohl einen umfassenden Prekarisierungsbegriff als auch – besonders in der Version Hardts und Negris – einen teils erstaunlichen Optimismus des Willens.[37]

Erinnert man sich des von postoperaistischen Theoretikern entwickelten Merkmalskatalogs der Prekarisierungsgesellschaft, wie er in Kapitel 1 diskutiert wurde, so finden sich dessen Kernthesen im Korpus der MayDay-Aufrufe in organischer Theorieform wieder. Die von den Aufrufen selbstbewusst vorgetragene These von der zentralen Rolle, die das Prekariat (in Ablösung des Proletariats) für den Wertschöpfungsprozess – unter Bedingungen einer *fabbrica diffusa*, wie die Postoperaisten sagen würden – heute spielt, lässt sich überzeugend nur vortragen, wenn man die eigene politische Position von einer Gesellschaftstheorie allgemeineren Anspruchs abgestützt weiß:

Precarious people are now the corner-stone of the wealth production process (Europe 2005)

Nous sommes au centre du processus de production de richesses et malgré cela nous sommes invisibles aux yeux du pouvoir, nous n'avons ni poids ni avenir dans les formes traditionnelles de représentation politique et sociale. (Liège 2006)

We are stuck with all this trouble, and we can't see that we are the locomotive of this world. We cannot perceive that the power of the system stems from our labor, our thoughts and desires. We cannot see that if we unite, things would be better for all. (Thessaloniki 2007)

Wenn, wie die Aufrufe nahelegen, die überragende ökonomische Bedeutung des Prekariats – seine Funktion als/locomotive of this world/– im Feld politischer Repräsentation unsichtbar bleibt, dann tragen organische Theorien dazu bei, diese Bedeutung mit Verweis auf ein anderes Feld, das Feld wissenschaft-

---

37 | Als Kontingenztheorien wirken alle in Kapitel 1 diskutierten Theorien potentiell handlungsmotivierend, da nur *kontingente* Verhältnisse veränderungsfähig sind: Wenn die Dinge anders sein könnten, als sie sind, dann können sie auch verändert werden. Darüber hinaus gehen alle Ansätze, wie bereits mehrfach angedeutet, von der dynamischen Funktion, ja vom Primat sozialer Kämpfe aus.

licher Spezialdiskurse, zu belegen. Dieser Verweis muss in den Aufrufen nicht notwendigerweise explizit – d.h. mit Theoretikernamen und Literaturangaben versehen – erfolgen. Die Korrelation mit dem Korpus der »Theorieorgane« der Bewegung, die wir in einer weiteren Diskursanalyse durchführen konnten (vgl. Marchart/Adolphs/Hamm 2010), belegt das Einsickern bestimmter organischer Theoreme in den Korpus der Aufrufe.

Zu den organischen Theoremen *operaistischer* Herkunft,[38] die sich im Korpus der Aufrufe widerspiegeln, zählen:

1. die zentrale Rolle des Prekariats im Wertschöpfungsprozess (sh. oben)
2. die Aufhebung der Trennung zwischen den Sphären der Arbeit und des Lebens: /labor precarity is transformed into precarity for life. When the separation between working time and living time blurs, in a context where worktime can be expanded with no limits, precarized labor conditions become precarious conditions of existence./ (Europe 2008)
3. die These von den kognitiven Kapazitäten als wesentlicher Produktivkraft, bzw. des Paradigmas eines »Kognitiven Kapitalismus« (Moulier Boutang): /We call ourselves PRECOG because we embody the PRECARIAT working in retail and services and the COGNITARIAT of media and education industries. We are the producers of neoliberal wealth, we are the creators of knowledge, style and culture enclosured and appropriated by monopoly power./ (Milano/Barcelona 2004)
4. das damit verbundene Theorem der Bedeutung immaterieller Arbeit, affektiver Arbeit und sozialer Kommunikation als Produktivkraft: /Las capacidades afectivas, las capacidades lingüísticas, las necesidades básicas, los saberes y los gustos, el cuerpo y las sexualidades se han convertido hoy en matriz productiva./ (Terassa 2008)

Gemeinsam mit den artikulatorischen Strategien der Äquivalenzierung von Subjektpositionen zu einem universalen Gesamtsubjekt/Prekariat/und der Erarbeitung einer Forderungsstruktur, die möglichst viele unterschiedliche Interessenlagen der Prekarisierten integrierend berücksichtigt, tragen diese organischen Theoriebezüge bei zur Propagierung eines *umfassenden Begriffs von Prekarisierung*. Der Bewegungsbegriff von Prekarisierung besitzt ein spezialdis-

---

38 | Obwohl der Verweis auf operaistische Theoriebildung den Diskurs dominiert, finden sich auch Elemente organischer Theorie, die z.B. ursprünglich auf die Gouvernementalitätsstudien und Foucaults Begriff des »unternehmerischen Selbst« zurückzuführen sind. So heißt es in Berlin (2008):/Die Verinnerlichung der Vorstellung, dass alle ihres Glückes eigener Schmied seien, ist heute darin gemündet dass wir alle Unternehmer unserer selbst sein müssen, die permanente Selbstvermarktung inklusive. Wir arbeiten jetzt immer und überall, mit Haut und Haaren!/

kursives Pendant in jenem umfassenden sozialwissenschaftlichen Prekarisierungsbegriff, wie wir ihn mit unserer Untersuchung der Theorien in Kapitel 1
herausarbeiten konnten. Zugleich wird explizit gemacht, gegen welchen *eng
gefassten* Prekarisierungsbegriff innerhalb des Raums öffentlicher Definitionskämpfe sich der Bewegungsdiskurs richtet. In Bezug auf die deutsche Unterschichtendebatte des Jahres 2007 wird dieser diskursive »Gegner« explizit angesprochen.

Spätestens seit der Studie »Gesellschaft im Reformprozess«, die von der Friedrich-
Ebert-Stiftung in Auftrag gegeben wurde, werden prekäre Arbeits- und Lebensverhältnisse auch in einer breiteren Öffentlichkeit diskutiert. »Generation Praktikum« und
»abgehängtes Prekariat« sind in aller Munde. Selbst das Hamburger Abendblatt berichtet über Dumpinglöhne in Luxushotels. Zugleich bringt die aufgeregte Debatte um die
»neue Unterschicht« andere Formen des Schweigens hervor. Anstatt neue Perspektiven
zu entwickeln und das Gemeinsame von Praktikanten und Erwerblosen, von freelance-
rinnen und Putzfrauen zur Sprache zu bringen, werden bestehende Fragmentierungen
wiederholt. Zugleich verschwinden hinter dem Bild der passiven und fürsorgebedürfti-
gen Unterschicht alltägliche Widerstände und Konflikte. (Hamburg 2007c)

In dieser Passage des Aufrufs finden sich wesentliche Abgrenzungen des gegen-
hegemonialen Diskurses – d.h. wesentliche Elemente seiner Kontraritätsstruktur – verdichtet wieder: Die massenmediale Engführung auf ein »abgehängtes
Prekariat« bzw. eine »neue Unterschicht« wird aus zweierlei Gründen kritisiert,
die mit der sozialen und der politischen Ebene des Protestdiskurses korrespon-
dieren: Erstens macht der hegemoniale eng gefasste Prekarisierungsbegriff vergessen, dass unterschiedlichste soziale Gruppen von Prekarisierung betroffen
sind und stellt damit soziale Subjektpositionen als differentiell getrennt dar, die
aus Sicht des Protestdiskurses Teil einer Äquivalenzkette sind; zweitens wirkt,
wie der Aufruf nahelegt, eine solche Fragmentierung, gepaart mit der pater-
nalistischen Entsubjektivierung des Prekariats zu einem Fürsorgefall, politisch
entmächtigend und verhindert dessen konfliktorische Selbstanrufung zu einem
politischen Subjekt. Der diskursive Einsatz der Prekarisierungsbewegung besteht also, so lässt sich unsere Analyse zusammenfassen, in der politischen Erfindung eines neuen universellen Subjekts, dessen Entstehen von sozialwissenschaftlichen Theorien bereits diagnostiziert wurde und nun im Feld politischer
Repräsentation nachgeholt wird. Dies kann nur gelingen in antagonistischer
Abgrenzung zu einem die öffentliche Debatte bestimmenden hegemonialen
Diskurs, der den Kreis der von Prekarisierung Betroffenen auf einen kleinen
Kreis der Bevölkerung eingrenzt, der als »abgehängt«, »überflüssig«, »ausgeschlossen« und fürsorgebedürftig definiert werden kann. Demgegenüber
postuliert der gegen-hegemoniale Diskurs der Prekarisierungsbewegung ein

Subjekt von sozialer, ökonomischer und politischer Zentralität. Oder wie es der Berliner Aufruf von 2007 in unüberbietbarer Deutlichkeit formulierte:

Ohne die Prekären läuft hier gar nichts! Abgekoppelt und überflüssig – soll das ein Witz sein? Wie kann ein Mensch überflüssig sein? In diesem Leben werden wir keine Stars mehr. Ist auch nicht nötig, denn wir sind Helden – Heldinnen und Helden des prekären Alltags. (Berlin 2007)

4   Medien des Protests

Das Soziale, das Politische und die Materialität
des Diskurses

4.1 INTEGRALE POLITIK UND SOZIALE SEDIMENTIERUNG

An der Diskurstheorie, die der Analyse des MayDay-Diskurses im vorangegangenen Kapitel zugrunde lag, wird oft kritisiert, sie würde sich auf »bloße Diskurse« konzentrieren und die Materialität des Sozialen ignorieren. Diese Kritik steht schon allein deshalb auf schwachen Beinen, weil sie einen unüberbrückbaren Dualismus von Diskurs und Materialität voraussetzt. Damit wird unterstellt, Diskurse wären nicht materiell. Doch was sonst sollten sie sein? Im Ansatz der Essex-School geht man, anders als von Kritikern vermutet, daher sehr wohl von einer materiellen Dimension des Diskurses aus,[1] und in diesem Kapitel soll ebendiese Dimension genauer bestimmt werden. Hierbei geht es nicht vordringlich um den berechtigten Hinweis, dass der Begriff des Diskurses in der Tradition der Essex School weiter gefasst ist als der (rein linguistische) des Textes und vielmehr *alle* bedeutungstragenden Systeme umfasst (Barthes »Sprache der Mode« wäre beispielsweise ein solches Bedeutungssystem). Die Materialität des Diskursiven hat, wie im Folgenden untersucht, eher mit dem Umstand zu tun, dass jede diskursiv artikulierte Formation durch ein Netzwerk von Praktiken und Institutionen gestützt werden muss, um Stabilität in der Zeit zu gewinnen. Damit ist Diskursen, die nicht sofort verpuffen, eine institutionelle oder apparative Dimension eingeschrieben, genauso wie Diskurse bestimmte sie tragende Praktiken und bestimmte Subjektivierungsweisen implizieren. Wir sind an der sozialtheoretischen Basis der Diskurstheorie angelangt.

Zur Kennzeichnung der institutionellen Dimension von Diskursen spricht Laclau selbst, ähnlich der sozialphänomenologischen Tradition, von *Sedimentierungen* des Sozialen. Zwar bleibt das Soziale nach wie vor gleichumfänglich mit dem Diskursiven, unter dessen Sedimentierung lässt sich jedoch nun auch

---

1 | Ich lasse die Frage nach der lautlichen oder schriftlichen Substanz eines Signifikanten beiseite, vgl. dazu die Diskussion zwischen Sumic-Riha (2004) und Laclau (2004).

die Materialität institutioneller Einschreibungen fassen. Der Begriff der Sedimentierung – wie auch sein Gegenüber: der Begriff der Reaktivierung – ist von Husserl übernommen:

For Husserl the practice of any scientific discipline entails a routinization in which the results of previous scientific investigation tend to be taken for granted and reduced to a simple manipulation, with the result that the original intuition which gave rise to them is completely forgotten. At the end of his life, Husserl saw the crisis of European science as the consequence of a growing separation between the ossified practice of the sciences and the vital primary terrain in which the original or constitutive intuitions of those sciences were rooted. The task of transcendental phenomenology consisted of recovering those original institutions. Husserl called the routinization and forgetting of origins »sedimentation«, and the recovery of the »constitutive« activity of thought »reactivation«. (Laclau 1990: 34)

Die Husserl'sche Fassung der Konzepte von Sedimentierung und Reaktivierung wird, wie auch der Husserl'sche Begriff der »Urstiftung«, jedoch nicht unbesehen von Laclau übernommen, sondern politisch reartikuliert. Für Laclau stellt der Primat des Politischen gegenüber dem Sozialen eines von vier Grundcharakteristika sozialer Verhältnisse dar – neben den drei anderen ihrer notwendigen Kontingenz, ihrer Historizität und ihrer Machtbasiertheit. Das Soziale muss verstanden werden als ein Feld sedimentierter Schichten, die in ihrer scheinbar unwandelbaren Verkeilung den täuschenden Eindruck von »Objektivität« erwecken. Was sedimentierte soziale Praxen – seien diese nun manifestiert in Ritualen, in festgezurrten sozialen und kulturellen Identitäten oder in funktional geregelten organisatorischen Abläufen – mit Objektivität ausstattet, ist ihre (scheinbar idente) Wiederholbarkeit und also Vorhersehbarkeit. Was etwa eine Institution zur Institution macht, ist der Anteil an Sedimentierung, der die sie tragenden Praxen und Abläufe bestimmt. Die lebensweltlichen Beispiele für soziale Praxen, die von Laclau angeführt werden, illustrieren das Argument: Unser Verhältnis zum Briefträger, von dem wir Post erwarten, der Kauf einer Kinokarte, ein Essen mit einem Freund in einem Restaurant, ein Konzertbesuch – in all diesen Fällen ist weitgehend vorhersehbar, was passieren wird, auch wenn Varianz erlaubt ist. Vom Briefträger erwarten wir, dass er täglich die Post bringt, Konzerte finden einem Spielplan gemäß statt, weshalb wir nach Kauf einer Karte nur in Ausnahmefällen vor verschlossenen Türen stehen werden, und in Restaurants werden an Öffnungstagen Gerichte serviert. In all diesen Fällen folgen soziale Handlungen institutionalisierten Abläufen, die sie aufgrund relativ geringer Wiederholungsvarianz vorhersagbar machen. Sie bilden Sedimente sozialer Objektivität.

Streng genommen sind solche prognostizierbaren Abläufe, deren Vorhersagbarkeit dem Wiederholungscharakter der Praxen geschuldet ist, Laclau zufolge »räumlich«. Denn in jenem Ausmaß, in dem Differenzen zu einer Struktur sedimentierten und ihre Verknüpfungen und Artikulationen sich verstetigen, werden die Schichtungen kartographierbar und somit verräumlicht darstellbar. Sedimentierte Abläufe innerhalb einer gegebenen Organisation lassen sich, um ein simples Beispiel zu geben, zu Organigrammen verräumlichen. Differenzen, die in unstrukturiertem Zustand nur »negativ«, als reines Gleiten nämlich bestimmbar wären, gerinnen durch räumliche Fixierung zu positiven Momenten einer materiellen Struktur. Soziale Objektivität ist nichts anderes als das Produkt der Artikulation von Differenzen zu relationalen Positivitäten, die zu einer solchen Struktur – letztlich einer sozialen Formation – synchronisiert wurden. Denn sofern es sich bei der Laclau'schen Diskurstheorie nicht nur um eine *Differenz*theorie, sondern um einen radikalen *Relationismus* handelt, haben wir es nicht nur mit einer bloßen *Streuung* sozialer Differenzen zu tun (wie bei Foucault), sondern mit einem *System* sozialer Differenzen, d.h. einem Relationssystem.

Dieses Bild des Sozialen als Raum sedimentierter Praxen ist in zweierlei Hinsicht zu spezifizieren. Zum ersten, soweit folgt Laclau Husserl zumindest terminologisch, lassen sich soziale Sedimentierungen auf einen Moment ihrer *Urstiftung* (bei Laclau: *original institution*) zurückführen. Diese ursprüngliche Institution kann Laclau zufolge aber nur deshalb gründende Funktion in Bezug auf die späteren Sedimente besitzen, weil es mit ihr gelang, zu jener Zeit ebenfalls verfügbare Alternativen – also andere potentielle Fixierungen und damit Positivierungen von Differenzen – zu verdrängen. Somit basiert jede Sedimentierung auf einem Moment der Exklusion, der *als solcher* im Zuge des sedimentären Absinkens der Urstiftung in Vergessenheit geriet:

Insofar as an act of institution has been successful, a »forgetting of the origins« tends to occur; the system of possible alternatives tends to vanish and the traces of the original contingency to fade. In this way, the instituted tends to assume the form of a mere objective presence. This is the moment of sedimentation. It is important to realize that this fading entails a concealment. If objectivity is based on exclusion, the traces of that exclusion will always be somehow present. What happens is that the sedimentation can be so complete [...] that the contingent nature of that influence, its *original* dimension of power, do not prove immediately visible. Objectivity is thus constituted merely as presence. (Laclau 1990: 34)

Die Urstiftung wirkt instituierend, weil sie einen Ausschluss herbeiführt, zu dem es auch nicht oder auf ganz andere Weise hätte kommen können. Mit anderen Worten, soziale Sedimente sind *kontingent* (Laclaus erstes Charakteristikum sozialer Beziehungen), da sie auch in anderer Form hätten artikuliert werden können. Zugleich betrifft der Ausschluss, der jeder Sedimentierung zugrunde liegt, nicht alle logisch denkbaren Alternativen, sondern nur solche, die zu jenem Zeitpunkt auch historisch verfügbar waren und bereits politisch artikuliert wurden (Historizität als Laclaus zweites Charakteristikum sozialer Beziehungen):»rejected alternatives do not mean everything that is *logically* possible, but those alternatives which were *in fact* attempted, which thus represented antagonistic alternatives« (34). Und dass die eine Alternative ausgeschlossen wurde und nicht die andere, lässt sich damit erklären, dass verfügbare Alternativen nur auf einem uneben strukturierten Terrain der Macht unterdrückt werden können (das dritte Charakteristikum sozialer Verhältnisse) und dies einen Kampf voraussetzt, in dessen Verlauf die Alternativen aus dem Blick gedrängt wurden.

Qua Sedimentierung gerät also die kontingente, radikal historische und machtbasierte Natur der Urstiftung in Vergessenheit. Kurzum, vergessen wird nicht allein die konkrete historische Alternative, sondern darüber hinaus der Charakter radikaler Negativität, der den sozialen Beziehungen zu Grunde liegt: ihr antagonistischer Charakter. Dennoch, das wäre die erste Spezifizierung unserer bislang vereinfachenden Darstellung des Sozialen als Raum sedimentierter Praxen und objektivierter Artikulationen, lässt sich das Moment radikaler Negativität, das an der Urstiftung haftet, nicht gänzlich aus dem sozialen Feld der Sedimente entfernen. Soziale Positivität wird immer von *Spuren* ihrer ursprünglichen Negativität: ihrer Kontingenz, Historizität, Machtbasiertheit und vor allem von Spuren ihres antagonistischen Charakters durchzogen bleiben, selbst wo all dies bereits vergessen und in der Präsenz des Sozialen aufgehoben scheint.

Dies schon allein deshalb, weil *totale* Sedimentierung (d.h. eine Welt ohne Rest an Negativität) eine logische Unmöglichkeit wäre: Eine Welt, die ausschließlich aus determinierten Abläufen und aus repetitiven Praxen ohne Spielraum für Abweichungen bestünde, wäre ein Maschinenpark oder ein *perpetuum mobile*, kein sozialer Raum. Keine Institution kann also total sein. Das bedeutet zugleich, dass jede *ursprüngliche* Institution immer etwas weniger als ursprünglich sein wird, da sie immer vor dem Hintergrund bereits sedimentierter Praxen stattfindet und jedem Gründungsvoluntarismus somit Grenzen gesetzt sind. So wie für Althusser der Moment der »letzten Instanz« nie kommt, so lässt sich für Laclau nichts auf den Moment einer allerersten Urstiftung zurückführen. Jede erste Stiftung beginnt immer schon, wenn man so will, als *zweite*; jede Urstiftung ist Sekundärstiftung, oder in Husserls Terminologie: Jede »absolute Urstiftung« enthüllt sich uns als »relative Urstiftung«, in der »ein schon traditional gewordener Zwecksinn aus der früheren Urstiftung eine neue Gestalt erhält, die nun als Urstiftung für einen Entwicklungszusammenhang <Bedeutung> hat, in dem sie sich schließlich evtl. vollendet« (Husserl 1993: 421). Der Rückkehr zur absoluten Urstiftung wird, aus Laclaus Sicht, schon durch die unüberwindbare Historizität jeder Struktur ein Riegel vorgeschoben. So wäre beispielsweise natürlich vorstellbar, dass unsere Gesellschaft historisch einen

zu nicht-kapitalistischen Wirtschaftsformen alternativen Weg hätte finden können, doch war dieser Weg einmal eingeschlagen, waren auch die historisch ausgeschlossenen Alternativen nicht mehr umstandslos verfügbar. Formen agrari-
scher Subsistenzwirtschaft etwa – deren gewaltsame Unterdrückung in Form
»ursprünglicher Akkumulation« Marx zufolge am Ursprung des englischen
Kapitalismus steht – bieten in heutigen funktional differenzierten Gesellschaften des Westens keine gangbare Alternative mehr, höchstens eine phantas-
matische. Aus Perspektive der Diskurstheorie wäre der Augenblick absoluter
Urstiftung somit nicht einholbar, es sei denn approximativ bzw., wie Husserl
sagt, *in infinitum*: im Sinne einer regulativen Idee und »unendlichen Aufgabe«
(423).[2]

Wird nun der Prozess der Sedimentierung als der des Sozialen gefasst, dann
ist der Moment ursprünglicher Institution nichts anderes als der Moment des
Politischen. Das impliziert freilich die Unaufhebbarkeit der Unterscheidung
zwischen dem Sozialen und dem Politischen. Diese Unterscheidung erweist
sich als sozialontologisch konstitutiv (Laclaus viertes Merkmal aller sozialen Beziehungen). Soziale Beziehungen konstituieren sich über die Unterscheidung
zwischen dem Politischen und dem Sozialen:

If, on the one hand, a society from which the political has been completely eliminated
is inconceivable – it would mean a closed universe merely reproducing itself through
repetitive practices – on the other, an act of unmediated political institution is also

---

2 | Die geologische Metapher der Sedimentierung ist somit produktiv und problema-
tisch zugleich. Denn einerseits sind die Sedimente Überreste einer ursprünglichen radikalen Innovation, die zumindest potentiell die Möglichkeit neuer tektonischer Verschiebungen, erneuter Innovationen offen lässt (denn was einmal geschah, kann zumindest
theoretisch wieder geschehen); andererseits könnte dem Begriff der Sedimentierung
auch eine fundamentalistische Interpretation gegeben werden, nämlich dann, wenn die
Urstiftung als verborgene Präsenz, die den Sedimenten als Grund unterliegt, gefasst
wird. Derrida (1987: 131) spielt auf dieses Problem in seinem Husserl-Kommentar an.
So versamme das Bild der Sedimentierung: »das Bild des *Niveaus*, der *Schicht*, wie sie
nach dem radikal Neuen eines Einbruchs oder eines *plötzlichen Auftauchens* irruptiv
und progressiv abgelagert wird: jeder Verstoß, jede Pro-position (*Satz**) eines neuen
Sinns ist *zugleich* ein *Sprung* (*Satz**) und ein *sedimentärer* (*satzartiger**) Niederschlag
des Sinns; auch das Bild der substantiellen Fortdauer dessen, was in der Folge *suppo-
niert* ist, was *unter* der Schale aktueller Evidenz *sitzt*, das Bild einer verborgenen Präsenz, die eine Ausgrabungstätigkeit stets als – selbst fundiertes – Fundament höherer
Schichtenbildungen wieder ans Licht bringen kann; all dies in der *inneren* und strukturalen Einheit eines Systems, einer ›*Region‹*, in der alle miteinander verbundenen, aber
unterschiedenen Ablagerungen unter der ursprünglichen Herrschaft einer *Architektonik*
stehen.«

impossible: any political construction takes place against the background of a range of sedimented social practices. The ultimate instance in which all social reality might be political is one that is not only not feasible but also one which, if reached, would blur any distinction between the social and the political. This is because a *total* political institution of the social can only be the result of an absolute omnipotent will, in which case the contingency of what has been instituted – and hence its political nature – would disappear. The distinction between the social and the political is thus ontologically constitutive of social relations. It could be called, to use a term from Heidegger, an »existential«. But the boundary of what is social and what is political in society is constantly displaced. (Laclau 1990: 35)

Dies führt uns zur zweiten Spezifizierung der vorangegangenen Darstellung des Sozialen. Denn wenn ein Rest ursprünglicher Negativität (Kontingenz und Antagonizität) zumindest latent im Feld sozialer Objektivität bestehen bleibt, dann kann er auch wieder dem Vergessen entrissen werden. Laclau bezeichnet diesen Moment mit dem Husserl'schen Begriff der Reaktivierung. Bei Husserl ist es den Philosophen als »Funktionären der Menschheit« aufgetragen, die Urstiftung und ihre Abwandlungen in Nachstiftungen wieder aufzusuchen und in Rückfragen durch ihre sedimentierten Formen hindurch zu reaktivieren, die »immer wieder aufweckbar und in neuer Lebendigkeit kritisierbar« sind (Husserl 1962: 72).[3] Was für Laclau reaktiviert wird, das ist natürlich nicht der ursprünglich instituierende Moment als solcher – das wäre schon aufgrund des abgeleiteten oder »relativen« Charakters jeder Urstiftung unmöglich. Wir hatten ja gerade betont, dass eine Rückkehr zum Ursprung selbst, also gleichsam der Zeitsprung zurück zum System ursprünglich verfügbarer Alternativen ausgeschlossen ist. Was reaktiviert wird, sind nicht die konkreten historischen Alternativen, sondern ist der *kontingente und antagonistische Charakter* sozialer Sedimente als solcher. Dies geschieht durch Reaktivierung *des (ontologischen) Moments des Antagonismus in Form neuer Antagonismen*, des Antagonismus am Grund des Sozialen in Form sozialer Konflikte: »Reactivation does not therefore consist of returning to the original situation, but merely of rediscovering, through the emergence of new antagonisms, the contingent nature of so-called ›objectivity‹« (1990: 34f.). Erst auf Basis neuerlicher Antagonisierung kann auch das System historisch verfügbarer Alternativen wieder ins Bewusstsein treten (»In turn, however, this rediscovery can reactivate the *historical* understanding of the original acts of institution insofar as stagnant forms that were simply considered as objectivity and taken for granted are now revealed as contingent and project that contingency to the ›origins‹ themselves«, 35). Der Aufprall ge-

---

3 | Für den Philosophen heißt das, »die sedimentierte Begrifflichkeit, die als Selbstverständlichkeit der Boden seiner privaten und unhistorischen Arbeit ist, wieder lebendig zu machen in seinem verborgenen geschichtlichen Sinn« (Husserl 1962: 73).

sellschaftlicher Kräfte setzt Kontingenzbewusstsein frei: erst an der Herausforderung sedimentierter, eingeschliffener Routinen erweist sich, dass die Dinge auch anders geordnet sein könnten. Die Reaktivierung der Urstiftung ist somit kein kognitiver Akt, sondern ein politischer. Wir sind bei der sozialontologischen Erklärung dessen angelangt, was ich, mit Verweis auf die den gesamten sozialen Raum umfassende Logik hegemonialer Artikulation, als *integrale Politik* bezeichnet habe. Politik ist integral, also nicht auf systemische Politik reduzierbar, sofern sie das Politische als Moment ursprünglicher Institution an potentiell jedem Ort des Sozialen reaktiviert. Politik ist aber auch in jenem anderen, gramscianischen Sinn integral, sofern der ursprüngliche Institutionsmoment in den spezifischen Formationen der sozialen Sedimente »aufgehoben« bleibt. Eine hegemoniale Formation ist nie ein für allemal gesichert. Um in der Zeit Bestand zu haben, muss der Moment ursprünglicher Institution als, wie Husserl gesagt hätte, Sekundärstiftung perpetuiert und also wiederholt werden – mit allen Gefahren der Abweichung und Herausforderung, die solche Wiederholung bzw. Iterabilität (Derrida) beinhaltet. Diese fortgesetzte Arbeit an der hegemonialen *Formation* des Sozialen ist politisch, auch wo sie noch nicht oder nicht mehr als politisch erkannt wird. Das Soziale wird formiert durch hegemoniale Artikulationen integraler Politik.

4.2 DER PROTEST UND SEINE APPARATE: GEGEN- UND ALTERNATIVMEDIEN

Trotz seiner sozialontologischen Theorie der Sedimentierung des Politischen ließe sich Laclau so etwas wie ein institutionentheoretisches Defizit vorhalten. Eine Möglichkeit, dieses Defizit zu beheben, bestünde im Rückgriff auf die Apparatustheorie, wie sie im Anschluss an Freud, Lacan und Althusser entwickelt wurde. Unter einem Apparat werde ich im Folgenden daher das materielle oder institutionelle »Instrument« integraler Politik verstehen. Apparate sind, wenn man so will, Hegemoniemaschinen (Marchart 2008b), die hegemoniale Formationen instituieren und sichern helfen oder umgekehrt dazu beitragen, sie herauszufordern. Der Zusatz ist entscheidend, denn er verweist auf die Möglichkeit *gegen-hegemonialer* Apparate. Auch die Proteste einer sozialen Bewegung, in denen der ursprüngliche Moment der »Urstiftung« reaktiviert wird, sind auf eine gewisse apparative Materialität angewiesen. Man denke nur an die Vielzahl von Medien, die in Protesten immer wieder eingesetzt werden: von solch archaischen Medien wie Plakaten, Transparenten und Flugblättern über Zeitungen bis hin zu den verschiedenen Plattformen, die heute das Internet bietet (also *social media* wie *facebook* oder *twitter*).[4] Auch die Aufrufe, die wir im vorangegangen Kapitel analysiert haben, wurden selbstverständlich mithilfe verschiedenster Gegenmedien diskutiert und distribuiert.

Hält man sich die bewegungsstabilisierende Bedeutung *gegenmedialer Apparate* vor Augen, dann erstaunt, dass in weiten Teilen der Bewegungsforschung wie auch in den Kommunikationswissenschaften unter Medien zumeist Massenmedien und unter Öffentlichkeit zumeist öffentliche Meinung verstanden wird (ähnlich wie übrigens auch von den Prekarisierungstheorien, die in Kap. 1 diskutiert wurden). Protest- oder Alternativmedien sind aus deren Sicht nur zu kurz gekommene Massenmedien, von denen man annimmt, sie würden zu nichts anderem eingesetzt als zur Versorgung der Massenmedien mit alternativen Informationen und Inhalten. Für diese Auffassung steht das Diktum des Bewegungsforschers Joachim Raschke (1985: 343): »Eine Bewegung, über die nicht berichtet wird, findet nicht statt«. Zwar kann der »Kampf um Öffentlichkeit« als »Lebenselexier« sozialer Bewegungen bezeichnet werden (Roth/Walk 2004: 95), Protestöffentlichkeit und Öffentlichkeit insgesamt sollten damit aber nicht auf den Bereich der Massenmedien reduziert werden. Bewegungseigene Medien spielen eine nicht zu unterschätzende Rolle für die Identität und Praxis des Protests selbst. So wurde von Roland Roth bereits 1987 bedauernd festgestellt, dass die Bewegungsforschung die internen Kommunikationsstrukturen von Medien vernachlässigt habe, obwohl die Ausprägung autonomer Öffentlichkeiten zentrales Moment der Selbstkonstitution und Dynamik von Bewegungen sei. Es gehe den Neuen Sozialen Bewegungen »um die Entfaltung einer politischen Gegenöffentlichkeit« gegen die Definitionsmacht der Medien- und Verbandsöffentlichkeit (Roth 1987: 74).[5]

Um der Funktion von Alternativmedien oder der im Rahmen von Protestereignissen eingesetzten Medien, die nicht allein im Adressieren einer breiteren Öffentlichkeit, sondern ebenso in der Stabilisierung der *bewegungseigenen* Öf-

---

4 | All diese Medien werden übrigens gemeinsam verwendet, wobei die Grenze zwischen neuen und alten Medien verschwimmt, genauso wie die Grenze zwischen digitalen und nicht-digitalen.

5 | Seit Roths Bestandsaufnahme der medienwissenschaftlichen Defizite der Bewegungsforschung (1987) ist u.a. die Antiglobalisierungsbewegung und, jünger, die Occupy-Bewegung als sichtbarster Konstrukteur von Gegenöffentlichkeit (Wimmer 2003) aufgetreten, was ein verstärktes Interesse an Gegenmedien nach sich zog (s. die Studien von Oy 1997, 2001, 2002; Stuhlmann 2000). Nach wie vor aber wird der Einsatz bewegungseigener Alternativ- und Protestmedien in der Bewegungsforschung nur am Rande gewürdigt. Eine Ausnahme bildet das Internet, das als Kommunikationsmedium zur Organisation transnationaler Bewegungsnetzwerke (Walk/Böhme 2002) oder als Ort des Medienaktivismus auf größeres Interesse stieß. Der Alternativ- und Protestmedienbegriff sollte jedoch in keinem Fall auf das Internet beschränkt bleiben.

fentlichkeit bzw. der Identität der Bewegung selbst besteht, gerecht zu werden, muss man den überkommenen Medienbegriff in zweierlei Hinsicht aufsprengen oder zumindest erweitern. Zum ersten hinsichtlich der *kulturellen und performativen Funktion der Medien*; und zum zweiten hinsichtlich ihrer *apparativen und hegemonialen Funktion*.

Die bewegungseigenen Medien können diesem erweiterten Medienbegriff gemäß verstanden werden als Produktionsinstrumente von Bewegungsidentität, die zur Stabilisierung des Protests auf dem Terrain kulturell-politischer Praxis beitragen. Ihre Rolle mag wechseln, als *Alternativmedien* mögen sie weitgehend an den Massenmedien vorbei agieren (ein prominentes Beispiel für eine Alternativöffentlichkeit wäre das Indymedia-Netzwerk, das mit dem Ziel der Demokratisierung der Medien gegründet wurde, um alternative Informationen und Nachrichten verbreitet, die keinen Eingang in die Massenmedien finden); als *Gegenmedien* mögen sie durchaus die allgemeine Öffentlichkeit der Massenmedien oder die politische Elite mit gegen-hegemonialen Inhalten bzw. Forderungen direkt adressieren (Downing 2001). Doch für *bewegungsinterne* Medien besitzt dieser Protest eben noch die zweite, fast relevantere Funktion der Stabilisierung des Protests durch Stabilisierung der bewegungseigenen politischen oder gegenkulturellen Identität. Damit ist eine Vielzahl möglicher Nutzungsweisen impliziert, die von den (Massen-)Kommunikationswissenschaften üblicherweise unbeobachtet bleibt. Im Sinne der Cultural und Media Studies etwa (Atton 2002) müssten zur Familie bewegungseigener Alternativ- und Protestmedien Internet und Szene-Zeitschriften genauso gezählt werden wie Plakate, Broschüren und Computerspiele. Dabei besitzen nach Sarah Thorntons Untersuchung von Klubkulturen »Mikromedien« (1996: 6) wie Flyers, telefonische info-lines, Piratenradios oder Mailinglisten unabdingbare Organisationsfunktion für die jeweilige Szene. Heutige politische Protestbewegungen lassen sich somit zugleich auch als Subkulturen oder Ensembles von Subkulturen analysieren, ohne dass deswegen deren politische Identität notwendigerweise kulturalisiert werden müsste.

Entscheidend bleibt jedoch, dass die einzelnen Protestmedien nicht in ihrer Vereinzelung untersucht werden, sondern als jenes Protest-Dispositiv bzw. als jener *gegenmediale Apparat* untersucht werden müssen, über den auf dem Terrain der Kultur (im weitesten Sinne verstanden als Begriff für die Gesamtheit signifikativer Praktiken) in letzter Instanz eine *gegenhegemoniale Formation* etabliert werden soll. Die Alternativ- und Protestmedienpraktiken, die hier im Gespräch sind, müssen also im gramscianischen Verständnis als gegenhegemoniale Praktiken bezeichnet werden, die nicht beliebig nebeneinander herlaufen, sondern institutionell in einen übergreifenden, deswegen aber natürlich keineswegs homogenen Apparat artikuliert sind. Dieser Apparat, also das politisch-mediale Dispositiv einer Bewegung, die sich in einem punktuellen spontaneistischen Event nicht erschöpft (obwohl solche Protestereignisse als organisierende Knotenpunkte der eigenen Protestidentität im Regelfall unverzichtbar sind), kann im eigentlichen Sinne als »das Medium« einer Bewegung gelten, sofern er einen institutionellen Rahmen abgibt, der eine dauerhaftere Stabilisierung der Bewegung ermöglicht.

In jenem Ausmaß, in dem soziale Bewegungen nun durch die Praktiken, die mit Institutionen wie alternativen Medien oder Gegenmedien assoziiert sind, stabilisiert werden, statten diese Medien den Protestdiskurs mit sozialer Materialität aus. Der Begriff des Apparats empfiehlt sich, weil er den Anschluss an die zu Unrecht in Vergessenheit geratene medientheoretische Tradition der (post-)althusserianischen und lacanianischen Apparatus-Theorie erlaubt. Diese Kinotheorie, auch »Screen Theorie« genannt, da mit der britischen Filmtheoriezeitschrift *Screen* assoziiert, hatte sich in den 1970er Jahren dem Subjekt zugewandt und von der Vorstellung der Semiologie der 60er-Jahre getrennt, die Bedeutung eines Textes (auch der Grad seiner »Naturalisierung«, i.e. Hegemonisierung) ließe sich ausschließlich durch eine textimmanente Analyse erfassen. Aus Sicht der *Screen*-Theoretiker, die an französische Filmtheoretiker wie Baudry oder Christian Metz anschlossen, deren Arbeiten für das *Screen*-Magazin übersetzt wurden, wird der Kinobesucher erst durch die »Anrufung« des *cinematischen Apparats* – also nicht durch Film oder Film-»Text« alleine, sondern durch die gesamte Situation der Filmprojektion (die Positionierung in einem verdunkelten Kino etc.) – als Subjekt konstruiert. Im cinematischen Apparat überschneidet sich das Technologische mit dem Psychischen, weshalb man sich auf die Psychoanalyse bezog, gelesen vor allem durch Lacan und durch Louis Althussers berühmten Aufsatz »Ideologie und Ideologische Staatsapparate«. Althusser zufolge wird ein Subjekt konstituiert, d.h. »angerufen« durch jene Institutionen der Zivilgesellschaft (der *società civile* im Sinne Gramscis), die den »repressiven Staatsapparaten« vorgelagert sind. Unter diese fallen Regierung, Verwaltung, Armee, Polizei, Gerichte und Gefängnisse, während unter jene der religiöse Ideologische Staatsapparat der Kirchen, der schulische der öffentlichen und privaten Bildungseinrichtungen, der familiäre, der juristische, der gewerkschaftliche und der politische Ideologische Staatsapparat (ISA) fällt, sowie der »ISA der Information (Presse, Radio, Fernsehen usw.)« und der »kulturelle ISA (Literatur, Kunst, Sport usw.)« (Althusser 1977: 120).

Es ist vielsagend, dass Althusser die Medien auf den Informationsapparat reduziert, der zur Reproduktion der Produktionsverhältnisse beiträgt, »indem er alle ›Bürger‹ durch Presse, Rundfunk und Fernsehen mit einer täglichen Ration Nationalismus, Chauvinismus, Liberalismus, Moralismus usw. vollstopft« (127). Information wird in diesem Modell grundsätzlich als *Falsch*-Information vorgestellt, Ideologie daher als ein Verkennen des Verhältnisses der Individuen zu einer Realität, die von den Medien nur in verzerrter Form vorgeführt wird. Diese simplistische Form marxistischer Ideologiekritik wird allerdings ausbalanciert durch eine entscheidende Erweiterung des klassischen Ideologiebegriffs, die Althussers Apparatus-Theorie an die Diskurstheorie anschlussfähig macht. Denn Ideologie ist für Althusser *materiell*. Das Individuum wird nicht im luftleeren Raum der Ideen zum Subjekt angerufen, sondern durch seine freiwillige Unterwerfung unter materielle, institutionelle Praktiken. Die Ideen eines Subjekts sind materiell, insofern sie »*seine materiellen Handlungen sind, die in materielle Praxen eingegliedert sind, die ihrerseits durch den materiellen ideologischen Apparat definiert werden, dem die Ideen dieses Subjekts entstammen*« (139). Althusser ersetzt den Begriff der Ideen durch jenen der Praktiken, Rituale und ideologischen Apparate. Ein Subjekt konstituiert sich durch Handlungen, die in Praktiken eingegliedert sind, die »innerhalb *der materiellen Existenz eines ideologischen Apparats* geregelt werden« (138). Damit sind wir an jener Stelle in Althussers Argument angelangt, an der seine makrologische Frage nach der Reproduktion einer Gesellschaftsformation auf die mikrologische Ebene der Praktiken zurückgefaltet wird, denn die unterschiedlichen Modalitäten von Materialität gehen aus den Mikropraktiken hervor, die einen ideologischen Apparat ausmachen: im Fall des religiösen ISA der Kirche dem Niederknien, dem Sich-Bekreuzigen, dem Beten usw. In solch materiellen Praktiken verortet Althusser das Reich der »Ideen«. Die Ideologie – oder, um die Sprache der Ideologiekritik hinter uns zu lassen: der Diskurs – ist grundsätzlich »draußen« im Netz von Verknüpfungen, in das ein Subjekt sich in Form seiner materiellen Praktiken verwickelt. Es ist offensichtlich, dass man sich ethnographischer oder mikrosoziologischer Methoden bedienen müsste, um solche Praktiken *in concreto* zu studieren (und wir werden sogleich andeuten, welche Funktion solche Praktiken in der Mediennutzung sozialer Bewegungen, d.h. in deren gegenmedialem Apparat spielen).

In den späten 1970er Jahren wurde an der Apparatustheorie allerdings zu Recht kritisiert, dass sie die Einbindung des Subjekts in eine *Vielzahl* von Diskursen/Praktiken und sozialen, kulturellen und institutionellen Verhältnissen unterschätzt. Für Althusser und die *Screen*-Theoretiker entsteht das Subjekt an einem einzigen Punkt der Identifikation mit einem einzigen (cinematischen) Apparat bzw. Text. Die Formation des Subjekts aus dem vor-subjektiven Individuum qua Anrufung durch den Ideologischen Staatsapparat oder den cinematischen Apparat – so eine Kritik, die insbesondere von Vertretern der Birmingham Cultural Studies geäußert wurde – stelle nicht in Rechnung, dass das Subjekt ein Interdiskurs sei: »das Produkt der Effekte diskursiver Praktiken, die das Subjekt durch seine ganze Geschichte hindurch überschneiden« (Morley 1980: 164), und somit nie plötzlicher und alleiniger Effekt einer Anrufung. So wurde der Ideologiebegriff dahingehend modifiziert, dass die eigentlich politische Dimension medialer Apparate nun in deren »Signifikationspolitik« gesehen wurde, d.h. in der Sicherung der Zirkulation hegemonialer Bedeutungen in den und durch die Medien. Mit der Wiederentdeckung Gramscis eröffnete sich die Möglichkeit, den Prozess hegemonialer Artikulation, also der politischen

Konstruktion von Bedeutung, auf *allen* Ebenen sozialer Praxis anzusiedeln, was die Birmingham Cultural Studies an den umfassenden Diskursbegriff der Essex School annäherte. Es waren nicht mehr nur die Vorgänge in der ökonomischen Basis, die den Überbau determinierten bzw. sich im Text »spiegelten«, sondern über das Konzept der Hegemonie wurde der sogenannte Überbau selbst (die Kultur, die Medien) zum entscheidenden Austragungsort von sozialen Kämpfen. Denn Hegemonie lässt sich Gramsci zufolge nicht sichern, indem man nur die Produktionsmittel sozialisiert. Seine Hegemonie sichert, wer über »moralische und intellektuelle Führerschaft« (Gramsci) Konsens bezüglich des Status quo herstellt und die Grenzen des *freiwillig* Sagbaren und Denkbaren in seinem Sinne absteckt.

Wie Stuart Hall in seinem maßgeblichen Aufsatz »The rediscovery of ideology: return of the repressed in media studies« beschreibt, kommt den Medien eine zentrale Rolle im »Kampf um Bedeutung« bzw. im »Kampf im Diskurs« zu. *Signifikationspolitik*, so Hall, bedeute, dass die Macht, ein bestimmtes Ereignis mit Bedeutung auszustatten, Resultat komplizierter und mobiler Kräfteverhältnisse ist. Aufgrund der zentralen Rolle, die Medien für jede Art von Signifikationspolitik spielen, müssten sie als »die dominanten Mittel sozialer Signifikation in modernen Gesellschaften« (Hall 1982: 83) verstanden werden. Mit dieser Akzentverschiebung macht Hall den entscheidenden Schritt über Althusser hinaus, der ja den medialen Apparat traditionell ideologiekritisch auf die Verbreitung von »falschem Bewusstsein« reduziert hatte. Für Hall hingegen sei es den Medien im 20. Jahrhundert aufgrund ihrer ökonomischen, technischen, sozialen und kulturellen Ressourcen gelungen, eine »entscheidende und fundamentale Führerschaft in der kulturellen Sphäre« (Hall 1979: 340) zu errichten.

Als »signifying institutions« (Hall 1982: 86) stellen sie die Mittel zu Verfügung, die es sozialen Gruppen erlauben, sich eine Vorstellung von sowohl ihren eigenen Werten, Meinungen und Praktiken als auch von denen anderer Gruppen und Klassen zu machen. Darüber hinaus inventarisieren sie das Repertoire an Bildern und Ideen, das es erlaubt, die fragmentierten »Gliedmaßen« der Gesellschaft in die Totalität des »Sozialkörpers« zu imaginieren. Sie erstellen normative und evaluative Klassifikationen und Hierarchien. Ihre Aufgabe besteht in der Kartographierung eines pluralisierten und fragmentierten Sozialen und im Entwurf eines sozialen Imaginären. Dazu entwerfen sie ein ganzes Inventarium an Bildern, Lebensstilen und Klassifikationen, das es erlaubt, die soziale Realität in eine bestimmte konsensuelle Ordnung und imaginäre Kohärenz zu bringen. In den Medien werden die verschiedenen Meinungen in die »mystische Einheit des ›Konsenses‹« (Hall 1979: 339) reorganisiert. Das schließt ein, dass die Medien den hegemonialen Konsensus nicht bloß reflektieren, sondern dass durch die medialen Praktiken dieser Apparate eine *konsensuale Imagination*, ein, mit Gramsci, *senso comune* hervorgebracht wird. Daran ist ein Aspekt besonders bedeutsam. Hall unterstreicht nämlich, dass die Produktion von Konsens nur durch *Konflikt* und *Ausschluss* möglich ist. In diesem Sinne ist die Arbeit der Medien an Hegemonie in den folgenden Funktionen zu sehen:

establishing the »rules« of each domain, actively ruling in and ruling out certain realities, offering the maps and codes which mark out territories and assign problematic events and relations to explanatory contexts, helping us not simply to *know more* about »the world« but to *make sense of it.* Here the line, amidst all its contradictions, in conditions of struggle and contradiction, between *preferred* and *excluded* explanations and rationales, between permitted and deviant behaviours, between the »meaningless« and the »meaningful«, between the incorporated practices, meanings and values and the oppositional ones, is ceaselessly drawn and redrawn, defended and negotiated: indeed, the »site and stake« of struggle. (341)

Aus Sicht der Cultural Studies besteht also die Politik der Medien in ihrer Eigenschaft als *Signifikationsapparate* in der hegemonialen Fixierung und Kartographierung von Bedeutung. Darin sind sie Einsatz im politischen Kampf und dessen Austragungsort zugleich. Dieser tiefe Gramscianismus findet sich versteckt bereits in Althussers ISA-Aufsatz, etwa wenn Althusser betont, dass Vorbedingung der dauerhaften Inbesitznahme der Staatsmacht die *»Hegemonie über und in den Ideologischen Staatsapparaten«* (= Gramscis »Zivilgesellschaft«) sei. (Althusser 1977: 122) Auch die Unterscheidung zwischen den ideologischen und den repressiven Staatsapparaten ähnelt der gramscianischen Unterscheidung zwischen dem Terrain der Zivilgesellschaft und dem des Staates im engeren Sinn – wobei beide Instanzen bei Gramsci sich zum *integralen Staat* zusammenschließen. Doch erst die britischen Cultural Studies geben Gramscis Hegemoniekonzept eine zunächst semiologische, dann diskursanalytische Wendung, womit die Brücke zur makropolitischen Hegemonietheorie Ernesto Laclaus und der Essex School der Diskursanalyse gebaut wäre. Das Konzept der Signifikationspolitik besitzt dabei den Vorteil, die *politische* Dimension medialer Apparate plastisch zu machen. Auf eine etwas andere Dimension, die mit einem weitgefassten Begriff der *Polizei* besser getroffen wäre als mit dem der Politik, könnten wiederum die aus Althussers Ansatz hervorgegangene ökonomische *Regulationstheorie* und die Foucault'schen Gouvernementalitätsstudien aufmerksam machen, die in Kapitel 1 diskutiert wurden.

Auch die Regulationstheorie wählte dabei den Weg der Gramscianisierung des Althusserianismus. Regulation, zur Erinnerung, bedeutet, dass die Durchsetzung relativ stabiler Akkumulations- und Regulationszusammenhänge an die »Herausbildung einer politisch-ideologischen Hegemonie gebunden« ist (Hirsch 2002: 59). Das spezifisch Gramscianische besteht in der Betonung der Rolle der Hegemonie und der Zivilgesellschaft im Zusammenspiel mit den Staatsapparaten im engeren Sinn. Staat und Zivilgesellschaft bilden den Gesamtkomplex des institutionellen Regulationssystems. Insofern aber Hegemonie – die Produktion von Konsens und Zustimmung – notwendige Voraussetzung für die Funktion und Akzeptanz staatlicher Regulationsbemühungen ist, liegt eine besondere Betonung auf jenen Institutionen der Regulation, die Althusser die Ideologischen Staatsapparate nannte:»Zum institutionellen System der Regulation gehören die Unternehmen und ihre Verbände, Gewerkschaften, Wissenschafts- und Bildungseinrichtungen, Medien, die gesamte Apparatur des politisch-administrativen Systems und nicht zuletzt die Familie als Ort der Reproduktion der Arbeitskräfte. Es umfasst ein komplexes Netzwerk sozialer und kultureller Milieus, in denen sich die bestimmenden gesellschaftlichen Ordnungs- und Entwicklungsvorstellungen herausbilden« (56). Die medialen Apparate sind einem umfassenden Regulationszusammenhang eingeschrieben, sind Teil eines komplexen Netzwerks, das unter heutigen Bedingungen das Akkumulationsregime des Postfordismus stützt. Auch wenn man skeptisch gegenüber gewissen Restökonomismen, die manche Regulationstheoretiker noch mit sich schleppen, sein mag, deckt die Regulationstheorie – mit ökonomischem Fokus – eine Dimension apparativer Praxen ab, die ansonsten unberücksichtigt bliebe.

Wo es um die vom Postfordismus erzeugten Subjektivierungsformen (etwa der »Ich-AG«) geht, lässt sich die Regulationstheorie, wie erwähnt, mit den Foucault'schen Gouvernementalitätsstudien in Beziehung setzen. Auch für die Gouvernementalitätsstudien ist nicht »der Staat« der Hauptakteur, von dem bestimmte Selbstregierungstechniken durchgesetzt werden, sondern der Staat selbst ist »gouvernementalisiert«. Er ist damit nicht mehr die apparative Bastion der »politischen Gesellschaft« im klassischen Sinn, sondern besteht aus einem Netz an gouvernementalen Technologien der Regierungskunst, die zur klassischen Unterscheidung von Staat und Zivilgesellschaft quer laufen. So sei laut Foucault im 18. Jahrhundert ein Übergang erfolgt von »einem von Strukturen der Souveränität dominierten Regime zu einem von den Techniken des Regierens dominierten Regime« (Foucault 2000a: 62).

In unserer Zeit, die Foucault das Zeitalter der Gouvernementalität nennt, seien Probleme dieser Art »zum einzigen politischen Einsatz und zum einzigen realen Raum des politischen Kampfes und der politischen Gefechte geworden« (66). Innerhalb dieses allgemeinen Gouvernementalitätshorizonts der Epoche ist bezüglich der Frage nach der Materialität von Apparaten vor allem die von Foucault erwähnte Dimension von Gouvernementalität als auf »die Bevölkerung« orientierte Machtform interessant, die sich aus den entsprechenden Institutionen, Verfahren, Analysen, Reflexionen, Berechnungen und Taktiken zusammensetzt. Die Gouvernementalisierung des Staates mündete in den Gesamtkomplex ebendieser apparativen Praktiken – wobei wir annehmen, dass mediale unter den allgemein regulatorischen und gouvernementalen Praxen eine bedeutende Rolle spielen – und wurde historisch u.a. mithilfe der Instrumente der Regierungskunst durchgesetzt, »die man im alten Sinne des Ausdrucks, nämlich dem des 17. und 18. Jahrhunderts, Policey nennt« (67). Insofern der historische Begriff der Policey sich genealogisch hinter den heutigen gouvernementalen Praxen verbirgt, wird es möglich, letztere als Polizeipraxen im weitesten Sinn zu bezeichnen.

Die Ansätze der Apparatustheorie, der Cultural Studies, der Regulationstheorie und der Gouvernementalitätsstudien legen den Schluss nahe, dass es sich bei Medien um Apparate handelt, deren Materialität nicht in ihrer Hardware zu suchen ist, sondern in den sie konstituierenden Praxen. Diese Überlegung hat uns in eine bessere Position gebracht, um den politischen Ort bzw. die politische Funktion der Medien nochmals genauer zu bestimmen. Halten wir fest, dass sich, wenn auch in unterschiedlichem Ausmaß, die einzelnen Theorien in Bezug auf die Artikulation der Instanzen der Zivilgesellschaft und der politischen Gesellschaft im erweiterten Begriff eines »integralen Staats« im Fahrwasser von Gramscis Hegemonietheorie befinden. Regulationstheorie und Birmingham Cultural Studies sind offen neo-gramscianisch, Althusser ist krypto-gramscianisch und Foucault könnte man an dieser Stelle als quasi-gramscianisch bezeichnen. Aus dieser Perspektive tragen Medien (als Ideologische Staatsapparate, als Signifikationsinstitutionen, als Regulationsinstanzen und als Subkomplex gouvernementaler Regierungstechnologien) bei zur Hegemonieproduktion auf dem Terrain der *società civile* und sind dennoch Teil eines viel breiter verstandenen »integralen Staats«, der die bürgerliche wie die politische Gesellschaft umfasst.

4.3 MEDIALE SELBSTSUBJEKTIVIERUNGEN: DER GEGENMEDIALE APPARAT VON *OMNIMEDIA* UND *MEDIA SOCIALI*

Sobald wir bereit sind, unsere Aufmerksamkeit auf die medialen Praktiken zu lenken, über die sich die Selbstverhältnisse der Subjekte herausbilden und soziale Sedimente bzw. hegemoniale Formationen stabilisieren, wird es möglich, auch den Beitrag dieser Praktiken zum Aufbau einer Gegenhegemonie oder jedenfalls zum Protest zu würdigen. Kehren wir zurück zur Fallstudie der Euro-MayDay-Bewegung und werfen einen Blick auf deren gegenmediale Praktiken:

In atemberaubender Geschwindigkeit verwandelten sich die Straßenzüge, die die Demonstration passierte, in bemalte Zonen. Im Schutz der Demo wurde die Stadt in ein Meer von Zeichen getaucht: Schablonengrafittis, politische Parolen, Plakate, Aufkleber, Hinweise auf Websites, Beschriftungen von Zebrastreifen, kontextualisierende Wandmalereien, hier und da kommentiert durch performative Aktionen. Die Kreativitätsverbreiterung, die Diffusion des Künstlerischen in die Gesellschaft des kognitiven Kapitalismus schlug damit noch einmal zurück: Wie die Logos und Displays des Cor-

porate Capitalism, die die Innenstädte differenziert vereinheitlichen, sich der Kreativität einer Multitude von kognitiven ArbeiterInnen verdanken, so breitete sich die – in
den Jobs geübte – Kreativität nun als Widerpart über diese Logos und Displays der
urbanen Zonen des Konsums aus: über die Schaufenster, City-Lights, Rolling Boards
und Led-Screens genauso wie über die Mauern der Häuser und die Fahrbahnen.
Weder in Form noch Inhalt erinnerte die Bemalung der urbanen Displays, die das Stadt-
bild übrigens auch noch Tage danach prägen sollte, an die gewohnte politische Propaganda alten Stils. Als Verallgemeinerung der Street Art von Sprayers und Taggers
regierte ein Mix von Adbusting, Cultural Jamming und politischer Propaganda, die sich
zeitgemäß gibt. Wo traditionelle linksradikale Parteien früher ihre immergleichen Slogans uniform mit sich schleppten, tat es hier mitunter auch der Hinweis auf eine Website. (Raunig 2004)

Aus diesem Bericht wird unmittelbar die Vielfalt medialer Praktiken ersichtlich,
die in einer Straßendemonstration zusammenfließen können. Nicht nur werden die Oberflächen des Stadtraums – von Schaufenstern bis zu Zebrastreifen
– in ein Zeichenmeer getaucht, das semantische Hinweise auf Protestthema,
Forderungen und weitere Möglichkeiten zur Information (web-Adressen) bietet; die performativ rekodierende »Bezeichnung« des Stadtraums muss selbst
als eine demonstrative Praxis verstanden werden. Sie tritt nicht zur Demonstration und ihren Inhalten hinzu, sondern *ist* die Demonstration. So lässt sich von
einer doppelten Einschreibung von Protest in den Stadtraum sprechen, genauer
von zwei Seiten ein und derselben Einschreibung, denn die semantische Ebene
des Protestdiskurses ist nicht zu trennen von den performativen Praktiken des
medialen Protestapparats (der *materiellen* Dimension des Diskurses). Dass die
einzelnen gegenmedialen Aktionen in der Bewegung tatsächlich als Teil eines
einzigen Protestapparats verstanden werden, wird an der Auskunft eines Aktivisten deutlich, der diesen Medienverbund als »omnimedia« bezeichnet:

We have chosen the MAYDAY PARADE, to be propagated and subvertised via independent omnimedia (print, spray, radio, video, net, satellite etc), as a libertarian and mul-
ti-identity format featuring dozens of sound trucks, carnival and allegorical wagons,
vans, carts, and bicycles with kids and grown-ups, jugglers of jobs and contorsionists
of flexibility, all together expressing cheerful anger against the exclusion of a whole
generation and soon the rest of society from social rights with guarantees of collective
self-defense. (MayDay 2004)

Von Relevanz sind hier weniger die einzelnen Medien als a) deren Verbund
(der gegenmediale Apparat) und b) die Praktiken, in die sie eingebunden sind.[6]

---

6 | Ich vermeide den Begriff Nutzungspraktiken, da es hier um mehr geht als um die
Nutzung bereits existierender Medien. Durch ihre Einbindung in einen gegenhegemonia-

Denn durch solche Praktiken, im Besonderen soweit sie ihrerseits zu einer Äquivalenzkette artikuliert sind, bearbeiten die einzelnen Akteure ihre Subjektivierungsweisen als – soziales wie politisches – Prekariat. Sie werden, wenn man so will, zu prekären Subjekten des Protests.

Ein Beispiel aus dem medialen Arsenal der Prekarisierungsbewegung mag dies illustrieren. Im Jahr 2004 konnte man an der ersten virtuellen Straßendemonstration teilnehmen, die das italienische Kollektiv *molleindustria* als Computerspiel entwickelt hatte, das Besuchern der Website ermöglichte, sich in Form von selbst definierten Avataren dem Demonstrationszug einer MayDay-Parade anzuschließen. Diese virtuelle Demonstration sprach gleichsam eine Einladung zur Selbstsubjektivierung als Prekariat aus. Damit wurden auf diskursiver Ebene dieselben Elemente spielerisch verknüpft, die wir im vorangegangenen Kapitel bereits diskursanalytisch untersucht haben, nur dass es sich diesmal um keine verbal artikulierten, sondern um bildliche oder ikonische Signifikanten handelt. Auf Ebene der Subjektpositionen entstand so eine bunte Mischung von Positionen, die aus einer anderen Perspektive nichts miteinander zu tun hätten, aber aus Bewegungsperspektive alle vom Phänomen der zunehmenden Prekarisierung der Arbeits- und Lebensbedingungen betroffen sind und, so das Ziel des Protests, trotz ihrer Divergenz in eine Äquivalenzkette gebracht werden sollen. Das technische Medium Internet erlaubt nun, diese Einheit des Unterschiedlichen virtuell zu konstruieren und dadurch einen imaginären Vorausentwurf dessen zu ermöglichen, was diese Bewegung sein könnte und möchte.[7] Demgemäß heißt es im Aufruf zur MayDay net parade:

We are a mixed bunch, a heterogeneous multitude of precarious jobs and lives. Yet we have not spawn out of fordist assembly chains, but out of dystopian retail chains and office spaces.
Why don't you give your pictorial contribution to this multicolored parade, and reclaim that visibility that mainstream media, unions, parties are denying us?
Make yourself heard! Voice your anger and/or irony! (Netparade 2004)

Wer dem Aufruf folgen wollte, konnte seinen Demo-Avatar aus einer Reihe bereitgestellter Elemente konstruieren – von Frisur über Bekleidung und Hautfarbe bis zu Identitätsmerkmalen wie Name, Wohnort und Beschäftigung. Mehr als 17000 phantasievoll gestaltete Avatare marschierten schließlich mit, sei es als Punk, als Büroarbeiter mit weißem Hemd, als Angestellte mit Rock und Blu-

---

len Apparat und dessen Praktiken verwandeln sich diese Medien, ja werden in gewisser Hinsicht zu *neuen*.

7 | Womit den individuellen Begehrensökonomien ihrer Akteure und Sympathisanten mehr freier Lauf gelassen wird, als dies vermutlich im realen Stadtraum oder in ihrer Lebenswirklichkeit möglich wäre.

se, als Arbeiter im Blaumann oder auch gänzlich unbekleidet. Viele Teilnehmer folgten dabei dem Aufruf zur Ironie und kombinierten scheinbar nicht miteinander zu vereinbarende Elemente, wobei manche Kombinationen schlicht absurd waren, während andere durchaus der Lebensrealität vieler Prekärer entsprechen dürften.[8] Die Tatsache, dass die Website als eine Art Videospiel konzipiert wurde, lässt sie in die (sub-)kulturellen Lebenswelten der Protestierenden, vor allem sofern diese in *gaming communities* sozialisiert sind, vordringen, was dem Ziel der performativen Selbstsubjektivierung der Akteure als Protestteilnehmer – qua Anrufung durch den gegenmedialen Apparat der Bewegung – entgegenkommen dürfte (für eine detailliertere Analyse vgl. Marchart/Adolphs/ Hamm 2007).

Aus Sicht einer klassischen Diskursanalyse wäre auffallend, dass die thematische Dimension des Protests, also die Botschaften, die man typischerweise auf traditionellen Protestmedien wie Transparenten, Schildern oder Spruchbändern vermuten würde, hier zu fehlen scheint. Dieser Eindruck täuscht jedoch. Botschaften fehlen nicht, sie sind nur durchgehend individualisiert. Jedem *user* wird ermöglicht, seine eigenen Forderungen einzutragen, wodurch ein Potpourri aus individuellen Proteststatements entsteht, das von bewegungsnahen Forderungen wie »Voglio un contratto« und Slogans wie »Es lebe das rebellierende Prekariat« bis hin zu eher humoristischen Einwürfen wie »Arbeit führt zu Zellulitis« oder zu medienaktivistischen reicht, die direkt auf das Medium Netzparade anspielen (wie »don't hate the media, be the media« oder »reclaim your media«). Darin spiegelt die Website die in der sozialen Bewegungsforschung schon länger beobachte Individualisierung des Protests wieder. Die Zumutungen parteiförmiger Organisationen werden nicht länger akzeptiert, die Teilnahme wird auf die eigene Entscheidung oder persönliche Gewissensmotivation zurückgeführt (vgl. auch das Folgekapitel zu postidentitären Protesten). Die Subjektform des Individuums ersetzt zunehmend die der Kollektivorganisation, jedenfalls in deren Parteiform. Und auch wenn hier in Reih und Glied demonstriert wird, haben wir es nicht mit der Subjektivierungsform von Parteisoldaten zu tun, sondern mit hochgradig individualisierten Avataren mit z.B. gespaltener Geschlechtsidentität, mehreren Hautfarben und modisch unerwarteten Stilkombinationen.

Die Verschiebung hin zu individualistischen Subjektivierungsformen führt zugleich zur Reformatierung traditioneller Protestmedien. So verschwindet in der Netzparade, doch nicht nur dort, ein Protestmedium wie das gemeinsam vorangetragene und darin kollektive Transparent genauso wie das zwar von Ein-

---

8 | Die TeilnehmerInnen wurden gebeten, einige Fragen zur Arbeitssituation (Bezahlung, Urlaub, Wochenende, gewerkschaftliche Organisierung, Typ der Arbeit, Geschlecht, Nationalität) zu beantworten, diese Statistik wurde in Form eines Kuchendiagramms visualisiert.

zelnen getragene aber identisch vorproduzierte Schild mit von Partei oder Gewerkschaft vorgegebenen Slogans (im Bewegungsjargon auch gelegentlich bezeichnet als »Trotzkistenpappe«). Solche Medien werden nun ersetzt durch die
visuelle Repräsentation individualisierter Äußerung, nämlich die *Sprechblase*,
deren virale Ausbreitung in den Straßendemonstrationen der letzten Jahre und
quer durch Europa durchaus symptomatischen Wert hat. Sprechblasen geben
den Akteuren die Möglichkeit, ihren Protest zu individualisieren, da sie wie im
Comic direkt auf ihre Träger verweisen, nicht auf ein Metasubjekt – wie etwa
die Klasse oder die Geschichte – jenseits dieser Träger. Darüber hinaus sind
die Sprechblasen zunächst leer und müssen erst von ihren Trägern individuell
mit Slogans beschriftet werden. Jedes Individuum wird so durch den medialen
Apparat zum – individualistischen – Subjekt des Protests der Prekären angerufen. Die Beschriftung der leeren Sprechblase mit einer individuellen Botschaft,
wie auch das Basteln dieser Sprechblasen im Vorfeld der Demonstration, muss
als performative Praxis verstanden werden (gleich dem von Althusser zitierten
Pascal'schen »Knie nieder, und du wirst glauben!«), die eine solche Subjektwer-
dung materiell vermittelt.

   Nun dürfte ein wesentlicher Grund für den Erfolg des Formats der Sprechblase deren Herkunft aus der Welt der Populärkultur sein. Aus wohl demselben
Grund konnten die zusammen mit den Sprechblasen seit 2005 auf MayDay-
Paraden auftauchenden Superheldenfiguren großen Erfolg verbuchen. Mit dem
Namen *Imbattibili* – die Unschlagbaren – versehen, waren ursprünglich 19 dieser Figuren von verschiedenen politischen Gruppen in Italien entwickelt und
von der Mailänder Gruppe *Chainworkers* zusammengeführt worden. Dahinter
stand die Idee, dass man zur Bewältigung der Anforderungen eines prekären
Berufs und Alltags – dem Jonglieren mit Projekten, Teilzeitjobs, Beziehung,
Kind etc. – Superheldenkräfte benötigt. So ist jede einzelne der Figuren mit
einer Kurzvita ausgestattet, die erklärt, welche Superheldenkräfte sie aufgrund
ihrer prekären Lebens- und Arbeitsbedingungen zu entwickeln gezwungen war.
Zur Heldin Superflex etwa wird erläutert, sie besitze die Superkraft grenzenlo-
ser Flexibilität – Grundvoraussetzung der heutigen Arbeitswelt. Dargestellt ist
die Superheldin in einer durchaus kämpferischen Pose, die noch an die traditionelle Protestikonographie anschließt (im Unterschied zu dem weniger kämpferischen »Lazyman« (ital. piger man) – einer Figur, die vor allem die Superkraft
des kreativen Müßiggangs besitzt, vgl. die Abbildungen 1 und 2).

   Auch im Fall der Superhelden ist die Einbindung in mediale Praktiken entscheidend: Für die MayDay-Parade wurden Superhelden-Kärtchen und ein Sammelbogen produziert, den die Demonstranten zu vervollständigen hatten. Die
erwähnte Gruppe *Chainworkers* hat dieses Medienformat in ihrer Medientheo-
rie, die übrigens als ein Beispiel dafür gelten kann, was ich organische Theorie genannt habe, als *media sociali* bezeichnet (Chainworkers 2006). »Sozial«
sind diese Medien, sofern sie Interaktionen zwischen den Demonstrationsteil-

Abbildung 1: »Superflex«,   Abbildung 2: »Pigerman«,
Sammelkarte, Chainworkers 2005   Sammelkarte, Chainworkers 2005

nehmern generieren, die ja dazu angehalten waren, die Kärtchen zu tauschen, um ihre Sammelbögen zu vervollständigen. (Zugleich funktionierte der Sammelbogen als Einladung zum subjektivierenden Sich-Einreihen in die Parade der prekären Superhelden, denn ähnlich wie im Fall der Netzparade oder der Sprechblase wurde Raum für die Selbsteintragung gelassen: Auf dem letzten aufgedruckten Feld des Sammelbogens konnten die Sammler ihre persönliche Superheldenfigur entwerfen.) Gerade als performatives Format – durch Kostümierung und *Posing* als Superheld – fand Superheldenformat im EuroMayDay Netzwerk und darüber hinaus rasante Verbreitung.[9] Der populärkulturelle Appeal von Superheldencomics machte das Protestthema Prekarität aber nicht nur innerhalb der Szene attraktiv, es beförderte auch dessen Attraktivität für das System der Massenmedien. Der Höhepunkt medialer Aufmerksamkeit war erreicht, als prekäre Superhelden sich in einem Hamburger Nobelsupermarkt Delikatessen aneigneten, um sie anschließend unter Bedürftigen zusammen mit einer Einladung zur MayDay-Parade 2006 zu verteilen. Die Aktion, verbunden mit der Superheldenkostümierung der Aktivisten, garantierte lokale, nationale wie auch internationale massenmediale Resonanz vom *Hamburger Abendblatt* über *Bild*-Zeitung und *Stern* bis zur *Washington Post*.[10]

---

9 | Zum Beispiel wurde in den Protesten gegen den G8-Gipfel in Heiligendamm 2007 zur Bildung eines »Superheldenblocks« aufgerufen.

10 | Vgl. Ulrich Bröcklings Beitrag zum begleitenden Sammelband *Facetten der Prekarisierungsgesellschaft* (Marchart 2013a).

Das innerhalb der Prekarisierungsbewegung vielleicht bekannteste Beispiel für ein »soziales Medium« ist der Schutzheilige der Prekarisierten *San Precario*, der ebenfalls von der Gruppe *Chainworkers* erfunden wurde (vgl. Adolphs/ Hamm 2008). Mit dieser Figur bedienten sich die italienischen Aktivisten nicht so sehr im populärkulturellen Bilderarsenal als im popularen katholischer Volksreligiosität. In Prozessionen zog man mit San Precario-Figuren durch die Straßen Mailands und durch Supermärkte, in denen verkündet wurde, San Precario hätte ein Wunder getan und die Preise wären gefallen. Eine Modifikation des San Precario-Formats wurde im Februar 2005 mit der Figur der fiktiven Modedesignerin Serpica Naro – einem Anagramm von San Precario – entwickelt (vgl. Mattoni 2008). Demonstranten stürmten die Shows von Prada und Laura Biagotti auf der Mailänder Fashion Week und prangerten über Megaphone die prekären Arbeitsbedingungen in der Mailänder Modeindustrie an. Wie sich später herausstellen sollte, waren die Proteste auf der Bühne dieser renommierten Modelabels nur der Publicity-Auftakt zum eigentlichen Protestereignis. Die Demonstranten kündigten nämlich an, sie würden auch die Show der japanisch-englischen Jung-Designerin Serpica Naro stürmen, die in Folge von der Polizei geschützt werden musste, bevor sich herausstellte, dass die Demonstranten selbst die Show organisiert hatten und Serpica Naro, wie den anwesenden Journalisten eröffnet wurde, nicht existierte. Damit war eine Gelegenheit geschaffen, die prekären Arbeitsbedingungen in der Modeindustrie gegenüber der versammelten Presse anzuprangern.

Fragt man, worin die mediale Politik einer solchen Aktion besteht, dann wird auch hier wieder erkennbar, dass sie sich nicht im Propagandaeffekt erschöpft. Serpica Naro ist ein weiteres Beispiel für ein »soziales Medium«, bei dem es um die Herstellung von Beziehungen und Interaktionen zwischen den Bewegungsakteuren, den prekären Arbeitern in der Modeindustrie und z.B. den versammelten Modejournalisten geht. Dazu wurde enormer Aufwand getrieben. Serpica Naro musste in die Camera della Moda, die die Fashion Week organisiert, als Designerin eingetragen werden (wobei die Kontakte jener AktivistInnen die schon vorher im Mailander Mode-Business arbeiteten, von Nutzen waren), sollte die Show der aufstrebenden Designerin tatsächlich in das Programm aufgenommen werde. Für deren professionellen Auftritt wurde eine Website eingerichtet, bei der man sich bis hin zu den Schriftfonts an typische Jungdesignerwebsites anlehnte; ein eigenes Pressebüro mit einer Pressesprecherin wurde eingerichtet und Presseausschnitte gefälscht; Kontroversen wurden inszeniert, die dazu gedacht waren, Aufmerksamkeit auf die fiktive Designerin zu lenken; und schließlich musste natürlich die Fashion Show Serpica Naros selbst so professionell wie möglich organisiert werden. Auf diese Weise kam es zur Gemeinschaftsarbeit zwischen tatsächlichen jungen Modedesignern und Bewegungsakteuren, aus der eine Kollektion mit Kleidungsstücken hervorging, die auf die Lebensbedingungen der Prekären im wahrsten Sinne des Wortes zugeschnitten sind, so etwa Arbeitskleidung, die Schwangerschaften kaschiert, um der Entlassung schwangerer Frauen vorzubeugen. So heißt es schließlich im Serpica Naro-Manifest:

Serpica Naro doesn't exist.
Serpica Naro is a Metabrand.
Serpica Naro is a generous version of Trademark.
Everyone who identifies with Serpica can take part in it.
Serpica Naro is a place where imaginary and self-production, creativity, radicalism and style meet.
Serpica Naro declares the end of symbols and asserts a method, an imaginary, a hole through which you can express social production and conflict.
Serpica Naro is an independent sense production, a method to share, a public code opening, liberation and networking of skills and minds.
Serpica Naro is a way to build relationships, a network, which is always open and growing.
As our grannies taught us how to knit without asking anything for it, we created a »collective granny«, called Serpica Naro.
Serpica Naro will be a web site to invent a precarious style lab, to put self-productions together and to share work-knowledges and information.
Instability becomes active richness, the work in progress let us move and create new styles.
Creativity and experimentation meet.
Serpica Naro as Metabrand for self-production is the answer through which we declare the fashion week is over and the season of precarious conspiracy has started!
(Serpica Naro 2006)

An diesem Manifest sieht man ein weiteres mal, wie die diskursive Logik von Politik und die materielle Praxis der Subjektivierung ineinander spielen. Zum einen ist Serpica Naro ein Angebot zur sozialen Selbstsubjektivierung. In diesem Sinne sollte sich das Projekt seit 2005 zu einer kollaborativen Modeplattform weiterentwickeln, die unter dem Namen *Openwear* an das anti-copyright Konzept der Creative Commons angelehnt ist. Wer sich dem Projekt anschließt, kann sich online der Werkzeuge der Mikromodeproduktion bedienen und »kollaborative Kollektionen« unter einem open-source-Label herunterladen, produzieren und verkaufen. Zum anderen fungiert der Name Serpica Naro in dem Manifest als leerer Signifikant der Bewegung: »Everyone who identifies with Serpica can take part in it«. Wer immer in die Leerstelle dieses Namens eintritt, so könnte man paraphrasieren, tritt in die Äquivalenzkette des anti-prekären Kampfes ein. Doch das ist keine logische Operation, sondern eine praktische. Der Signifikant wird getragen vom Apparat. Jeder Diskurs ist materiell.

4.4 Prekäre Proteste:
Selbstinfragestellung und Entsubjektivierung

Nun bewegen sich aktivistische Subjektivierungsformen immer schon auf einem Terrain – auf den sedimentierten Schichten des Sozialen –, das sie sich nicht ausgesucht haben. Sie treffen auf Tangenten hegemonialer Subjektivierung, die immer schon die Individuen durchkreuzen. Auch Prekarisierungsproteste treffen auf keinen Gegner, der so einfach zu externalisieren wäre, stellt Prekarisierung doch eine Machttechnologie dar, die tief in die alltäglichen Subjektivierungspraktiken der Individuen hineinreicht, indem sie diese zwingt, sich als kreative, flexible, allzeit arbeitsbereite Subjekte zu entwerfen. Auch wo Prekarisierungsproteste Gegner identifizieren, müssen sie folglich zugleich die eigenen Subjektivierungspraktiken in Frage stellen, die ja Bestandteil der hegemonialen Formation sind, gegen die man kämpft. Gegenhegemoniale Subjektivierung findet ihr Gegenstück deshalb in Strategien der *Entsubjektivierung* hegemonialer Selbstverhältnisse.

Viele jüngere soziale Bewegungen sind sich dieses Umstands bewusst. Für die Berliner MayDay-Parade von 2008 wurde sogar ein absichtsvoll paradoxer »Ichstreik« ausgerufen (vgl. Abbildung 3). Zunächst wurde damit thematisiert, dass ein Arbeitskraftunternehmer in Form einer ICH-AG natürlich gerade *nicht* streiken kann, denn wenn man in sich die Rolle des Arbeitnehmers und die des Arbeitgebers in Personalunion vereint, wen sollte man dann bestreiken? Dieses Problem, das auch ein Problem des Arbeitskampfes und der politischen Mobilisierbarkeit ist, wird von der Prekarisierungsbewegung aber nicht allein in den institutionellen Formen der Arbeitsorganisation verortet, sondern zumindest ebenso in den postfordistischen Subjektivierungsweisen, die weit über unser Verhalten am Arbeitsplatz hinausreichen und so Ort und Gegenstand hegemonialer Kämpfe werden. So heißt es auf einem Plakat, das den Ichstreik bewirbt:»Gegen den Markt in unseren Köpfen, wir sind die von der WIR-AG«. Die »Bestreikung des Ich« macht also den Versuch gegenhegemonialer Selbstsubjektivierung. Es geht den Akteuren offenbar darum, die Subjektivierung als »Unternehmer seiner Selbst« zu unterlaufen und ihr eine kollektive und organisierte Subjektivierung als »Prekariat«, d.h. als politisches Subjekt entgegenzusetzen, um so den selbstverschuldeten Ausgang aus der Vereinzelung monadischer Konkurrenz- und Kreativindividuen zu finden.

An diesem Beispiel zeigt sich der bemerkenswerte Grad an Reflexivität, den viele jüngere soziale Bewegungen erreicht haben. Selbstreflexivität wird so weit getrieben, dass die Identität der eigenen Bewegung, die immer mit Ausschlüssen und Grenzziehungen gesichert wird, einer permanenten Befragung unterzogen wird. Das lässt sich an einem weiteren Mobilisierungsplakat ablesen, das für die MayDay-Parade in Mailand 2007 entworfen wurde. Auf dem Plakat sieht man zwei, wie man annehmen muss, migrantische Putzfrauen etwas ratlos vor

Abbildung 3:
»Ich-Streik«, Poster, EuroMayDay Berlin 2008

einem karnevalesk gestalteten Plakat stehen, also einem Plakat *im Plakat* (vgl. Abbildung 4). Dieses Plakat, das zum EuroMayDay aufruft und unter anderem soziale Rechte für alle einfordert, existierte tatsächlich und war in Mailand affichiert. Das zweite Plakat, das Meta-Plakat, stellt das erste in Frage. Von Anfang an sah sich die EuroMayDay-Bewegung nämlich mit der Unterstellung konfrontiert, sie wäre nur eine Bewegung der gut ausgebildeten prekären Mittelschichten. Die Frage nach den selbst produzierten Ausschlüssen wurde, wie schon im Rahmen unserer Diskursanalyse erwähnt, intern debattiert und immer wieder an der Diskursfigur der inzwischen fast schon sprichwörtlichen »migrantischen Putzfrau« festgemacht. Inwieweit, so die Frage, schließt eine Bewegung, die sich zwar inklusiv gibt, aber nicht zuletzt in ihrer Ästhetik ein jugendliches, pop- und subkulturell sozialisiertes Publikum adressiert, nicht gerade jene aus, die womöglich am stärksten von prekären Arbeitsverhältnissen betroffen sind. Wenn also das Hauptziel des Plakats nach wie vor in der Mobilisierung für den 1. Mai besteht, so hinterfragt es doch zugleich diese Mobilisierung. Es stellt offen zur Disposition, ob und inwieweit die EuroMayDay den Gruppen, die sie

Abbildung 4: EUROMAYDAY,
Poster, EuroMayDay Milano 2007

anzusprechen behauptet, überhaupt ein Angebot zum gemeinsamen Protest
machen kann. Das Plakat scheint deshalb seinen eigentlichen Adressaten nicht
außerhalb der Bewegung zu suchen – mit Sicherheit ist der Adressat keine migrantische Putzfrau –, sondern im selben Moment, indem es nach außen hin
mobilisiert, hinterfragt es die Bewegungsidentität von innen. So sehr es einen
Aufruf darstellt, so sehr formuliert es eine Frage.

Diese Form der Selbstbefragung unterscheidet sich fundamental von jenen
Fragen, die traditionell zu Zwecken identitärer Mobilisierung gestellt wurden,
wie etwa im archetypischen Fall moderner Rekrutierungsposter. Zum Beispiel
sieht man auf einem klassischen Plakat aus dem ersten Weltkrieg John Bull
als Allegorie Englands vor einer lückenhaften Reihe von Soldaten stehen und
fragen: »Who's absent? Is it You?« Abgefragt wird in diesem Fall die Zugehörigkeit bzw Eingliederungsbedürftigkeit der Passanten in eine bereits existierende
Gemeinschaft, zu deren Totalisierung der je Einzelne beizutragen hat, indem er
dieser Gemeinschaft beitritt und sich fraglos zu ihr bekennt. Die Lücke muss
gefüllt werden, die Reihen kollektiver Identität geschlossen. Hinter der schein-

baren Frage, durch die das Individuum zu einem soldatischen, nationalen Subjekt angerufen wird, verbirgt sich daher letztlich eine Aufforderung, ja ein Befehl, was unmissverständlich vom Vorbild des Posters illustriert wird, auf dem nicht John Bull, sondern Kriegsminister Lord Kitchener befiehlt: »Join Your Country's Army!« Das Sujet liegt vielen weiteren, abgewandelten Versionen zugrunde, wovon die bekannteste wohl die amerikanische von James Montgomery Flagg ist, in der Uncle Sam auf den Betrachter zeigt und spricht »I Want YOU For U.S. Army. Nearest Recruiting Station«. Die Formelkombination aus a) dem direkten Blick, b) dem Index-Zeichen des ausgestreckten Zeigefingers und c) der direkten Ansprache erwies sich als so erfolgreich, dass sie von allen – auch miteinander – kriegsführenden Nationen im ersten und zweiten Weltkrieg immer wieder eingesetzt wurde.

Solcherart Propaganda charakterisiert eine Logik der Komplexitätsreduktion. Propaganda zielt darauf, mögliche Ambivalenzen auszuschalten, die (Handlungs-)Perspektiven zu verengen und allfällige Perspektivverzerrungen auszuschließen.[11] Frontalität, Direktheit, Intensivierung und Pathetisierung dienen dem Zweck der Vereindeutigung der Botschaft. Was gemeint ist, muss dem Betrachter *sofort* klarwerden. Die Bild- und Diskursproduktion vieler aktueller sozialer Bewegungen verfolgt hingegen eher Strategien der Komplexitätssteigerung, wenn nicht Paradoxierung. Damit steht sie künstlerischen Strategien nahe,[12] aber anders als in der Kunst sind Komplexität und ähnliche Kategorien der Verkomplizierung in der politischen Bild- und Diskursproduktion dieser Bewegungen kein Zweck an sich. Die politische Zweckausrichtung bleibt in bestimmtem Ausmaß bestehen, die Identifikation mit einer Protestgemeinschaft soll ermöglicht werden, doch zugleich zielt der Bewegungsdiskurs selbstreflexiv auf die Infragestellung der eigenen kommunitären Identität als Gemeinschaft. Hinter dem Fragezeichen verbirgt sich kein Ausrufezeichen. Das Kriterium der Rekrutierungseffizienz ist nicht länger maßgeblich.

---

11 | Zugleich ist offensichtlich, dass dies nicht immer, ja womöglich nie völlig gelingen kann. Propaganda kann nicht auf das Emotionale, die Anspielung, kurz: den Rekurs auf die Lebenswelt oder das populärkulturelle Wissen der angerufenen Bevölkerung verzichten. Was Gramsci *senso comune* nannte, ist das unverzichtbare Reservoir, aus dem ein politischer Diskurs schöpfen muss – und das er in seinem jeweiligen Sinne umkodieren muss –, will er irgendwelche hegemonialen Effekte erzielen. Jede vermeintlich »klare« Botschaft ist daher von Ambivalenzen und Verzerrungen durchzogen, d.h. von der konstitutiven Kluft zwischen Repräsentant und Repräsentiertem. Dennoch strebt identitäre Politik nach der Überbrückung dieser Kluft.
12 | Ohne deshalb schon in solche der Werbung zurückzufallen, für die Irritation bekanntlich nur ein kurzfristiger Umweg ist, um Aufmerksamkeit für einen dann umso deutlicheren und unzweifelhaften Zweck zu erregen: den Erwerb des Beworbenen.

Als historisch erstes, und mit Sicherheit prominentestes Beispiel einer sozialen Bewegung, die das eigene »Wir« in Frage zu stellen bereit ist, können die mexikanischen Zapatisten gelten, deren Slogan nicht zufällig lautete: *preguntando caminamos* – fragend schreiten wir voran. Das erklärte Ziel des EZLN und seiner zu Ruhm gekommenen Protestikone Subcomandante Marcos bestand nicht, wie bei früheren Befreiungsguerillas in Revolution und Errichtung einer Volksdemokratie in Mexiko, sondern in der *Demokratisierung* der mexikanischen Demokratie. Dazu wurde der Kampf um die Rechte der indigenen Bevölkerung Chiapas mit der sich im Entstehen befindenden globalisierungskritischen Bewegung vernetzt (der erste öffentliche Auftritt der Zapatisten 1994 fiel nicht zufällig auf den Tag, an dem das nordamerikanische Freihandelsabkommen NAFTA in Kraft gesetzt wurde). Hinter der berühmten Skimaske von Marcos, so wurde verlautbart, finde sich nicht nur die indigene Bevölkerung Mexikos. In der Begrüßungsansprache zum 1996 in Chiapas organisierten *Intergalaktischen Treffen gegen Neoliberalismus und für Menschlichkeit*, zu dem Tausende aus über 40 Ländern angereist waren und das als eines der Initialereignisse der globalisierungskritischen Bewegung gilt, hieß es, hinter der Maske fänden sich letztlich alle Minoritäten weltweit wieder: die vergessenen Indigenen genauso wie die verfolgten Homosexuellen, die verachtete Jugend, die geschlagenen Migranten, die erniedrigten Arbeiter und überhaupt all jene, die nicht zählen, übersehen werden, namenlos sind und keine Zukunft haben. Das politische Ziel scheint also nicht in der Anrufung eines nach außen hin abgeschlossenen Protestkollektivs zu bestehen. Eher ist man auf der Suche nach der Gemeinschaft derer, die nicht viel mehr gemein haben als ihre je unterschiedliche Exklusionserfahrung. Damit kündigte sich ein neues, identitätskritisches Verständnis von sozialem Protest an, wie es sich auch in der Queer Bewegung, in der EuroMayDay-Bewegung oder in den Anti-Bologna-Protesten der Studierenden 2009 ausdrückte, mit den westlichen Sozialprotesten seit 2011 als vorläufigem Höhepunkt dieser Entwicklung.[13]

Diskursiv bildet sich dieser identitätskritische Zug in den zapatistischen Manifesten in der auffälligen und teils agrammatikalischen Verwendung der Personalpronomen wir, ihr und sie *(nostros, ustedes* und *ellos)* ab. Die Diskursanalytikerin Anne Huffschmid, die die pronominale Positionierung der EZLN in einer umfänglichen Arbeit untersucht hat, stellt dazu fest. »Die Verschmelzung zwischen dem Eigenen und dem Gegenüber zieht sich als einer der roten Fäden durch die zapatistische Ansprache.« Ein Beispiel dafür ist der Slogan: »Wir sind dieselben. Wir sind« *(Somos los mismos. Somos),* hinter dem sich zwar

---

13 | Über die sogenannten Arabellionen, die auf den Umsturz autoritärer Regime zielten, soll in dieser Hinsicht keine Aussage getroffen werden. Der klar definierte externe Feind lässt eine konstante Selbstinfragestellung wohl kaum zu, wobei zu untersuchen wäre, ob nicht selbst hier Elemente einer Selbstbefragungspraxis nachweisbar sind.

eine selbstermächtigende Existenzbehauptung verbirgt, die jedoch im selben Atemzug universalisiert wird zur Behauptung: »wir sind auch Ihr« *(Somos también ustedes)*. Das gipfelt in der, wie Huffschmid kommentiert »widersinnig anmutenden Wendung: ›Hinter uns stehen (wir) ihr‹« (Huffschmid 2004: 110) *(Detrás de nosotros estamos ustedes)*, der eine wohl nicht weniger seltsame Formel vorausgeht: »Somos los mismos ustedes«:

Detrás de nuestro rostro negro.
Detrás de nuestra voz armada.
Detrás de nuestro innombrable nombre.
Detrás de los nosotros que ustedes ven. [hinter dem uns, das ihr seht]
Detrás estamos ustedes.
Detrás estamos los mismos hombres y mujeres simples y ordinarios que se repiten en todas las razas, se pintan de todos los colores, se hablan en todas las lenguas y se viven en todos los lugares.
Los mismos hombres y mujeres olvidados.
Los mismos excluidos.
Los mismos intolerados.
Los mismos perseguidos.
Somos los mismos ustedes.
Detrás de nosotros estamos ustedes. (EZLN 1997: 314)

Das Wir der Zapatisten wird somit im selben Moment fragwürdig, in dem es angerufen wird, denn es zielt in letzter Instanz auf die Selbstabschaffung eines jeden identitär verbohrten »Wir«, das Alterität – also jedes »Ihr« – verleugnen würde. Diese Logik einer quasi-universalistischen Selbstsubversion erreicht ihren Höhepunkt, wenn es heißt: »ihr alle könnt sehen, wir sind wer wir sind, um zu sein aufzuhören, wer wir sind, und das Ihr zu werden, das wir sind« *([Todos ustedes] Deben ver que somos lo que somos para dejar de ser lo que somos y para ser los ustedes que somos)* (ebd.).

Die Selbstinfragestellung der eigenen Identität als politisches Kollektiv ist übrigens nicht nur auf den Diskurs (im engen Sinn) beschränkt, sondern schlägt sich auch in der Bildproduktion der Bewegung nieder, etwa in der Skimaske des Subcomandante Marcos, die in Aufrufen und Interviews immer wieder mit einem Spiegel verglichen wird und also nicht nur die Identität des Aktivisten verbergen, sondern eine Projektionsfläche für multiple Identifikationen jenseits des unmittelbaren Kampfes der Zapatisten bieten soll. Noch bis in die kleinsten ikonographischen Details drückt sich eine Strategie der bewussten Verunklärung aus. So wurde bemerkt, dass die Patronen, die Marcos in den zwei über seine Schultern geworfenen Patronengurten trägt, mit seiner Waffe gar nicht abgefeuert werden könnten (McDonald 2006: 224). Das Bild der Militanz, das im Outfit des Subcomandante vermittelt wird, wird im selben

Moment unterlaufen, indem die Kriegsinsignien als funktionslos und somit in ihrer rein symbolischen Funktion offengelegt werden. Die Zapatisten sind eine Bewegung, die ihre Stärke aus ihrer Schwäche bezieht und die politische Universalisierung ihres Protests über die Infragestellung partikularistischer Selbsteinschließungstendenzen vorantreibt. Nicht umsonst lautet eine ihrer berühmtesten Forderungen: »Nichts für uns, alles für alle!« (sh. auch Kastner 2011). Damit erreichten sie Vorbildwirkung für jene jüngeren Bewegungen, die ich im Schlusskapitel unter dem Titel *postidentitäre Bewegungen* diskutieren will. Insbesondere wird die *demokratiepolitische* Bedeutung der prekären Proteste, die sich seit einigen Jahren über die Länder nicht nur des Westens ergießen, hervorzuheben sein.

Vom Protest der Prekären
zur Prekarität des Protests

Postidentitäre Bewegungen und die Zukunft der Demokratie

In einer der unzähligen Demonstrationen, die sich in Folge der argentinischen Wirtschaftskrise der Jahre 2001 und folgende durch die Straßen von Buenos Aires schoben, wurde ein Poster gesichtet, auf dem ein großes Fragezeichen abgebildet war. Was die Träger des Schildes beabsichtigten, bleibt unklar. Mit Sicherheit lässt sich aber sagen, dass auf diese Weise nicht die Demonstration selbst infrage gestellt wurde, waren die Träger der Transparente doch Teil der Demonstration und das Fragezeichen somit ein – wenn auch irritierender – Teil des Forderungskatalogs der teilnehmenden Gruppen. Eher ist zu vermuten, dass die politische Situation in ihrer Unübersichtlichkeit, der politische Forderungskatalog in seiner Angemessenheit und die Protestbewegung in ihrer Identität durch dieses Fragezeichen auf sich selbst zurückgeworfen wurden. Durch ein einfaches Fragezeichen wurden aus der Bewegung heraus die Grundlagen ebendieser Bewegung zur Disposition gestellt, und doch blieben die Träger des Fragezeichens Teil einer Demonstrationsgemeinde, die sie mit ihrer offenbar solidarischen Infragestellung begleiteten. Diese Strategie, wenn es denn eine Strategie ist, dürfte weit über den linken Topos der »solidarischen Kritik« oder über die maoistische Strategie der Dialektik von Kritik und Selbstkritik hinausgehen. Nicht die Stärkung der Bewegung dürfte das Ziel dieser Strategie sein, sondern die Bewegung soll auf sich selbst und ihre Grundlagen – ihre Forderungen, ihre Ziele, ihre Struktur – zurückgeworfen werden. Wie auch im Fall des Mailänder Mobilisierungsplakats, das im vorangegangenen Kapitel diskutiert wurde, zwingt das Fragezeichen, die Grundlagen der eigenen politischen Position zu reflektieren. Hinter ihm verbergen sich daher Fragen wie: Wer ist dabei? Wer ist nicht dabei? Wer wird womöglich ausgeschlossen? Welche berechtigten Forderungen werden ignoriert? Wo sind die blinden Flecken der eigenen Politik? Diese Selbstbefragung, ja Selbstinfragestellung einer Bewegung unterläuft, was man früher als *identity politics* oder Identitätspolitik bezeichnet hat: die freiwillige Selbsteinschließung in das Ghetto der eigenen

Identität. Stattdessen wird die Identität einer sozialen Bewegung verhandlungsoffen. Sie gilt nicht als immer schon vorbestimmt.

Die Strategie, eine gewisse Unbestimmtheit in die kollektive Identität einer
sozialen Bewegung einzuführen, ist charakteristisch für eine ganze Reihe heutiger sozialer Bewegungen und deren Vergemeinschaftungsform. Ich schlage
daher vor, solche Bewegungen als *postidentitäre soziale Bewegungen* zu bezeichnen. Postidentitär sind sie in dem Ausmaß, in dem ihre Identität, die Ziele ihrer
Politik und die Subjektivierungsform ihrer Akteure einem konstanten Prozess
der (Selbst-)Befragung unterworfen sind.

So hat sich in den vielen Platzbesetzungen seit 2011 – von Barcelona bis Tel
Aviv, von New York bis Istanbul – eine Kultur weitgehend offener Deliberation
besonders prominent gezeigt, die freilich schon vorher – beispielsweise in den
Studierendenprotesten 2009 oder in den Plena der globalisierungskritischen
Bewegung – ausgetestet worden war. Durch basisdemokratische Prozeduren
sollen Selbstabschließungstendenzen, die Herausbildung innerer Hierarchien
oder Gremien, die allgemein verbindliche Entscheidungen über die ideologische »Bewegungslinie« treffen könnten, vermieden werden. In einem von der
spanischen Bewegung 15M, den Indignados, und der Occupy-Bewegung zusam-
mengestellten »Quick guide for a revolution« heißt es:

Spaces must be open so everyone can join. The ones that had never come before should
feel comfortable and invited to do so; the ones that already joined should feel motivated
to come back whenever they want. Make the participation as easy as possible, if in order
to participate in a space you must follow thousands of protocols, in the end only those
who already know it may participate, other people will be implicitly excluded. Open spaces to people and ideas. Do not let any idea to be censored.

Und weiter:

Make sure that everybody can propose or organize something without going through and
mechanism, structure, bureaucracy or anyone's permission. The absence of leaders is
very important to make the movement belong to the 99 %, and let the people unders-
tand that it's them to decide. (15M/Occupy 2012)

In den verschiedenen Städten wurden auch verschiedene Prozeduren ausgetestet, um demokratische oder, wie es mit einem Anklang an neuere Management-
diskurse auch heißt, »horizontale« Deliberation zu gewährleisten (vorgeschlagen wurde beispielsweise die Rotation konfliktträchtiger Ämter wie etwa der
Funktion des Moderators). Die Versammlung auf dem Syntagma-Platz in Athen
griff beispielsweise auf das antike Losverfahren zurück, um bei einer Menge
von 2000 Menschen wenigstens 80-100 Rednern das Wort erteilen zu können.
Der Rückgriff auf das Losverfahren war allerdings nicht nur eine Frage der

Praktikabilität. Es wurde auch eingeführt, um die »Gefahr von Interventionen organisierter Gruppen« zu verringern und damit jedem Versuch der identitären oder ideologischen Schließung der Bewegung entgegenzutreten. Denn wie beobachtet wurde, »versuchten Faschisten mehrmals auf den Versammlungen zu intervenieren, aber es waren die bloßen Prozeduren selbst, die Langsamkeit, die zufällige Reihenfolge des Sprechens nach dem Los, das man gezogen hatte, die Vielfalt der Themen, die ihre Anwesenheit zunichte machte. Es war weniger der Konsens der Versammlung selbst, der sie von ihrer Teilnahme als ›Faschisten‹ abhielt, sondern viel eher die bloße organisatorische Struktur, die Leute abschreckte, die an der Versammlung mit einer völlig vorfabrizierten Vorstellung über deren Ergebnis teilnehmen wollten« (Tsomou/Tsianos/Papadopoulos 2011). Folgerichtig waren auch die Fahnen von großen politischen Organisationen wie Parteien und großen Gewerkschaften unerwünscht – nicht nur aufgrund ihrer Komplizität mit dem politischen System, sondern auch aufgrund ihrer starken, immer schon vorgeformten Positionen. Wenn postidentitäre Bewegungen, so kann man folgern, also einen bewussten Ausschluss produzieren, dann den Ausschluss jener, die sie mit einer ideologischen Identität kapern und einer hierarchischen Organisationsstruktur ausstatten möchten.

Dieses Phänomen blieb der sozialen Bewegungsforschung zwar weitgehend, aber nicht gänzlich verborgen. So hat der wohl prominenteste deutsche Bewegungsforscher Dieter Rucht unter dem sprechenden Titel »The Strength of Weak Identities« (Rucht 2011) bemerkt, dass aktuelle soziale Bewegungen im Unterschied zu früheren zur Ausbildung einer vergleichsweise schwachen Form von kollektiver Identität tendieren. Auf organisatorische oder identitäre Vereinheitlichung werde eher verzichtet, was der Heterogenität der Gruppen, Organisationen und Individuen entgegenkomme, die sich um ein bestimmtes Protestthema sammeln. Dieses Muster »einer aus heterogenen Gruppen zusammengesetzten Allianz mit zwangsläufig schwacher Identitätsbehauptung« (Rucht 2011: 80) finde sich bei den jahrzehntelangen Protesten gegen die Castor-Transporte genauso wie bei den jüngeren Protesten gegen Stuttgart 21:

Harte und bittere Grabenkämpfe, wie sie insbesondere die K-Gruppen im Gefolge der außerparlamentarischen Opposition der späten 60er Jahre charakterisierten, sind im linken bzw. progressiven Spektrum der Bewegungen von heute selten geworden. Formalisierte Zugehörigkeiten und Mitgliedschaften, denen womöglich eine Phase der Anwartschaft und sonstige Treuebekenntnisse vorgeschaltet waren, wirken deplatziert. Stattdessen gehen Gruppen und Organisationen im Bewegungssektor zunehmend dazu über, Eintritts- und Austrittsschwellen niedrig zu halten, sogar Mitsprache und Mitwirkungsmöglichkeiten denen zu ermöglichen, die einfach nur neugierig sind, ohne sich binden zu wollen. (81)

Eine schwache Bewegungsidentität sei »funktional geradezu zwingend« (74), so Rucht anhand des Beispiels von Attac, sollen relativ heterogene Milieus und Szenen mobilisiert werden. Gruppen mit starker kollektiver Identität – wiewohl nach wie vor besonders an äußeren Rändern des Links/Rechts-Spektrums präsent – seien hingegen für die Mobilisierung hinderlich, da nur schwer in den heterogenen Verbund integrierbar.[1]

Ruchts Pointe lautet also, dass schwache Identitäten strategisch und taktisch von Vorteil und kein Ausdruck eines Defizits sind. Sie verringern nicht die Schlagkraft einer Bewegung, sondern erweisen sich im Mobilisierungsprozess als funktional. Das ist konterintuitiv, da man annehmen würde (und in der Parteienforschung ist es sogar unhinterfragtes Credo), dass die politische Schlagkraft einer Bewegung in direkt proportionalem Verhältnis zu ihrer Geschlossenheit, zumindest aber zur Stärke ihrer kollektiven Identität stünde. Weshalb aber sollte sich eine *schwache* kollektive Identität als vorteilhaft erweisen? Rucht hat auf mehrere, wenn man so will, Stärken von Schwäche hingewiesen:

Die erste Stärke bestehe darin, dass schwache Identitäten dem Hang zu »situativem Engagement« bei vor allem jugendlichen Akteuren entgegenkommen, für die »selbstbezüglicher Organisationspatriotismus, ideologische Forderungen und Grabenkämpfe, Ochsentouren zur Erlangung von organisationsinterner Reputation und Ämtern, durch Satzungsvorschriften und Geschäftsordnungen gerahmte Diskussionen und eine uniform gestaltete Symbolik und Außendarstellung« (82) wenig attraktiv sind. Zweitens erhöht sich die kommunikative Reichweite von Gruppen mit schwachen Identitäten, während ideologisch verschworene Gruppen im Extremfall dazu tendieren, nur noch mit sich selbst zu kommunizieren. Damit korrespondiert eine weitere Stärke, denn diese Gruppen treffen auf geringere Abwehr in den Massenmedien, weshalb die Chancen auf sachlichere Berichterstattung steigen. Weiters bilden Bewegungen mit schwacher Identität leichter Allianzen zwischen heterogenen Milieus und politischen Orientierungen. Sie sind integrativer. Das setzt voraus, dass – wie man auch am jüngsten Protestzyklus seit 2011 gesehen hat – die Einrichtung repräsentativer Organe vermieden wird und es nicht geduldet wird, dass einzelne sich zu Repräsentanten oder Gallionsfiguren der Bewegung aufschwingen. Integrativ muss die Bewegung auch in Bezug auf Prozeduren innerer Entscheidungsfindung sein, weshalb konsensuale Entscheidungen angestrebt werden

---

1 | Dieser Trend sei Ausdruck allgemeiner gesellschaftlicher Wandlungsprozesse: »Dazu gehören langfristige Entwicklungen: (1) die Individualisierung, Variabilität von Biografien und Milieuzugehörigkeiten sowie die erhöhte räumliche Mobilität in modernen Gesellschaften, (2) der Bedeutungsverlust fixer Orientierungs- und Glaubensysteme in einer zunehmend komplexen und interdependenten Welt, schließlich (3) die Neigung vor allem junger Generationen zu einem ›situativen‹ anstelle eines lebenslangen politischen bzw. sozialen Engagement« (Ruch 2011: 74).

und die Überstimmung einer Minderheit, ja vielleicht sogar nur eines Einzelnen durch eine Mehrheit vermieden wird. Und schließlich ist der letzte von Rucht erwähnte Vorteil ein Adaptationsvorteil. Bewegungen mit schwachen Identitäten passen sich schneller an sich verändernde Kräftekonstellationen oder an Meinungsumschwünge an. Feste Identitäten wären hingegen »nur um den Preis aufrecht zu erhalten, dass die Fahne der Tradition oder ewigen Wahrheit zwar weiterhin, aber von immer weniger Beteiligten hochgehalten wird« (83).

Ruchts Hinweise sind hilfreich, sofern sie uns die wie selbstverständlich vorausgesetzte Annahme hinterfragen lassen, Bewegungen mit schwachen Identitäten wären weniger schlagkräftig. Wirklich überzeugend sind sie in Bezug auf kampagnenförmige Aktionen, während sich allerdings – jedenfalls aus einer hegemonietheoretischen Perspektive – die Frage aufdrängt, was nach der Kampagne geschieht. Wie wird die längerfristige Stabilisierung kurzfristiger Kampagnen zu einem gegenhegemonialen Projekt möglich? Zwar bestehen apparative Netzwerke jenseits der medialen Öffentlichkeit gleichsam unterirdisch fort und können zu Kampagnenzwecken auch immer wieder aktiviert werden, ob aber für nachhaltige Effekte – vor allem zur Einflussnahme auf das politische System – nicht stabilere und die Einzelmitglieder entlastende Organisationsformen notwendig sind, müsste zumindest diskutiert werden. Rucht selbst hat den Verdacht geäußert, im Fall der Occupy-Proteste könnte die Identität *zu schwach* ausgebildet gewesen sein.

Mir geht es an dieser Stelle jedoch weniger um die Frage der realpolitischen Wirksamkeit sozialer Proteste. Das Problem ist zunächst ein anderes: Ein soziologischer Ansatz wie jener Ruchts, der auch den in der Bewegungsforschung der letzten Jahre zu seinem Recht gekommenen Aspekt der kollektiven Identität berücksichtigt, bleibt nach wie vor zu funktionalistisch, um das Phänomen postidentitärer sozialer Bewegungen in seiner gesamten Bedeutung zu erfassen. Es greift zu kurz, schwache Identitäten nur hinsichtlich ihrer Leistungsfähigkeit in Bezug auf Ressourcenmobilisierung oder die Ausnutzung von Gelegenheitsstrukturen zu analysieren. So übersieht Rucht zumindest drei wesentliche Aspekte schwacher Identität. Von Beginn an unterschätzt Rucht die Radikalität, mit der Bewegungsidentität in vielen Fällen von den Bewegungsakteuren unterwandert wird. In solchen Fällen wird nicht eine schwache, sondern eine paradoxe, wenn nicht selbstwidersprüchliche Identität ausgebildet. Beispiele hierfür wurden im vorangegangenen Kapitel diskutiert. Zweitens greift der Verweis auf die aktuelle Tendenz zu situativem Engagement zu kurz. Dahinter verbirgt sich eine sehr viel tiefer greifende Verschiebung in den dominanten Subjektivierungsformen in den westlichen Gesellschaften: eine Verschiebung hin zu jener auch politische Subjektivierungsweisen berührenden projektbasierten Polis, von der Boltanski und Chiapello sprechen. Nicht nur funktioniert politische Organisierung netzwerkförmig, auch wird politisches Engagement, wie alles andere vom Job bis zur eigenen Elternschaft, projektförmig betrieben. Das wirft jene grundsätzlicheren Fragen nach der politischen Funktion von Subjektivierung auf, die wir bereits angerissen hatten. Und drittens lässt sich an den gegenwärtigen Protesten eine demokratiepolitische Dimension ausmachen, die nicht unter Funktions- und Opportunitätsgesichtspunkten betrachtet werden kann. Eine Analyse, die schwache Identitäten nur hinsichtlich ihrer Mobilisierungsfunktion befragt, macht sich blind gegenüber dem demokratiepolitischen Beitrag der neuen Protestbewegungen, die ich – ungeachtet ihrer teils sehr spezifischen Protestthemen – als Demokratisierungsbewegungen bezeichnen würde.[2]

Wenn ich also, soviel zur Klarstellung, von postidentitären Bewegungen spreche, dann soll mit dem Präfix »post« nicht behauptet werden, dass die entsprechenden Bewegungen überhaupt keine Identität besäßen, noch spiele ich auf jene Merkmale schwacher Identität an, die Rucht beschreibt (jedenfalls nicht in erster Linie). Unter »postidentitär« verstehe ich vielmehr eine paradoxe Form der Selbstinfragestellung, eine reflexive Bewegung, die die eigene Identität – natürlich nie vollständig und in jeder Beziehung, aber doch hinsichtlich ihrer Grenzen und Grundlagen – in Frage stellt oder zu stellen bereit ist. Was von der sozialen Bewegungsforschung, die letztlich nur die Kategorien individueller und kollektiver Identität kennt, übersehen wird, ist das reflexive Verhältnis gegenüber den eigenen Subjektivierungs-, und das heißt: Selbstsubjektivierungsweisen, das viele soziale Bewegungen heute auszeichnet.

Die zentrale Referenzfigur, die uns dieses Phänomen theoretisch zu fassen erlaubt, ist selbstverständlich Foucault. In einem wichtigen Aufsatz aus dem Jahr 1982 (genau genommen handelt es sich um zwei Aufsätze, die unter dem Titel *Subjekt und Macht* zusammengefasst sind), verdeutlicht Foucault, dass es ihm in seiner Arbeit weniger um Machtverhältnisse gegangen war als um die Analyse von Formen der Subjektivierung. Was Foucault in diesem Aufsatz unter Subjektivierung versteht, das bezeichnet er ironischerweise zugleich als *Objektivierung*: jene Formen von Macht nämlich, die den Menschen überhaupt erst zum Subjekt »objektivieren«. Um diese »Objektivierung des Subjekts« (Foucault 2005: 270) zu erforschen, so Foucault, wurden die Modelle und Werkzeuge seiner Machtanalyse entwickelt, wobei die verschiedenen Formen des Widerstands nicht nur eine politische, sondern auch eine methodologisch zentrale Rolle einnahmen: die Rolle eines »chemischen Katalysator[s], der die Machtbeziehungen sichtbar macht und zeigt, wo sie zu finden sind, wo sie ansetzen und mit welchen Methoden sie arbeiten« (173). Foucault bezieht sich auf Widerstandsformen, die sich »gegen die Macht der Männer über die Frauen, der Eltern über ihre Kinder, der Psychiatrie über die Geisteskranken, der Medizin über die Bevölkerung, der staatlichen Verwaltung über die Lebensweise der Menschen« richten (173).

---

2 | Und zwar gleichgültig, ob wir von der Demokratisierung autoritärer Regime sprechen oder von der Demokratisierung der Demokratie.

Es ist erstaunlich, dass Foucaults Aufsatz zwar zu Prominenz in der Fou-
cault-Forschung gekommen ist, aber, soweit ich sehe, nicht maßgeblich in die
soziologische oder politikwissenschaftliche Soziale Bewegungsforschung eingegangen ist, und das obwohl Foucault hier weniger, wie an anderer Stelle, eine
Mikrophysik der Macht im Sinn hat (also alltägliche Widerstandsformen, die
noch nicht makropolitisch artikuliert wurden), sondern tatsächlich jene makropolitischen Kämpfe, die unter dem Begriff der Neuen Sozialen Bewegungen
in den 1970er Jahren und 8oer Jahren in den Blick geraten waren, darunter
vor allem Kämpfe um Identität (wie Geschlechtsidentität, »Ethnizität« oder sexuelle Orientierung). Foucault unterscheidet sie von zwei anderen Arten von
Kämpfen: Einerseits sind sie von jenen Kämpfen zu differenzieren, die sich
gegen soziale, politische oder religiöse Herrschaftsformen richten, andererseits
von jenen, die sich gegen ökonomische Ausbeutungsverhältnisse auflehnen.
Stattdessen handle es sich um Kämpfe »gegen alles, was den Einzelnen an sich
selbst bindet und dadurch seine Unterwerfung unter die anderen sicherstellt«
(275).[3] Es handle sich somit um Kämpfe um die jeweiligen Formen von Subjektivierung. Darunter versteht Foucault zweierlei: Subjekt im wörtlichen Sinne ist,
was »der Herrschaft eines anderen unterworfen ist und in seiner Abhängigkeit
steht«. Subjekt ist aber auch, was »durch Bewusstsein und Selbsterkenntnis an
seine eigene Identität gebunden ist« (ebd.), was also, wie man paraphrasieren
kann, mit sich selbst identisch ist. Die neuen sozialen Bewegungen kämpfen
gegen die erzwungene Bindung an die eigene Identität und damit gegen den
Zwang zur Selbstidentität (gegen die Bindung des Einzelnen an sich selbst):

Es handelt sich um Kämpfe, die den Status des Individuums in Frage stellen. Einerseits
treten sie für das Recht auf Anderssein ein und betonen alles, was die Individualität des
Individuums ausmacht. Andererseits wenden sie sich gegen alles, was das Individuum
zu isolieren und von den anderen abzuschneiden vermag, was die Gemeinschaft spal-
tet, was den Einzelnen zwingt, sich in sich selbst zurückzuziehen, und was ihn an seine
eigene Identität bindet. [...]
Und schließlich geht es in allen gegenwärtigen Kämpfen um die Frage: Wer sind wir? Sie
wenden sich gegen jene Abstraktionen und jene Gewalt, die der ökonomische und ideo-

---

3 | Foucault warnt explizit vor ihrer Verwechslung mit den anderen beiden Arten von
Kämpfen. Keinesfalls dürften sie traditionsmarxistisch aus ökonomischen oder sozialen Prozessen – wie »Produktivkräfte, Klassenkämpfe und ideologische Strukturen«
–, abgeleitet werden, auch wenn Foucault zugesteht, dass die Subjektivierungs- bzw.
Objektivierungsmechanismen nicht erforschen kann, »ohne deren Beziehungen zu den
Herrschafts- und Ausbeutungsmechanismen zu berücksichtigen«. Alle drei Mechanismen würden »komplexe, zirkuläre Beziehungen untereinander« unterhalten (Foucault
2005: 276).

logische Staat ausübt, ohne zu wissen, wer wir als Individuum sind, wie auch gegen die wissenschaftliche oder administrative Inquisition, die unsere Identität festlegt. (274-5)

Die aktuellen Kämpfe wenden sich also nicht gegen Herrschaft oder Ausbeutung *per se*, sondern gegen jene gouvernementalen Machttechnologien, die Individuen in Subjekte verwandeln und in Kategorien der kollektiven Identität einweisen. Der Text »Subjekt und Macht« ist deshalb von Bedeutung, weil er zeigt, dass Foucault mit der Wende zur Gouvernementalität die Frage nach Macht und Widerstand, die seine vorangegangene genealogische Phase geprägt hat, nicht einfach aufgegeben hat. Sie tritt in diesem Text wieder auf in Form der Frage nach den anti-gouvernementalen Widerstandsformen der Neuen Sozialen Bewegungen, die sich, in Foucaults Interpretation, insbesondere gegen jede gouvernementale Einsperrung in die eigene Identität wenden und zugleich die Forderung nach autonomer Identitätsbestimmung erheben. Für die Foucault-Diskussion ist dieser Punkt, wie ich denke wesentlich, denn er zeigt, dass die Arbeit des späten Foucault zu antiken Selbsttechnologien – also einer Ethik des Selbst –, als Versuch gelesen werden kann, die Bedingungen der Möglichkeit autonomer Selbstsubjektivierung zu erforschen, was als Forderung tatsächlich politisch, nämlich von den Neuen Sozialen Bewegungen formuliert worden war. Es wäre also eine Lektürehypothese, dass die beiden letzten Bände von *Sexualität und Wahrheit* nicht, wie es auf den ersten Blick erscheint, von antiken Selbsttechnologien handeln, sondern letztlich von sozialen Bewegungen.

Aber was bedeutet das für unsere Diskussion? Es heißt zunächst einmal, dass in der Forderung Neuer Sozialer Bewegungen nach identitärer Selbstdefinition bereits die postidentitäre Befragung, ja Infragestellung der *selbstgewählten* Identität angelegt ist. Denn ist Identität einmal als fungibel erkannt, wird nichts verhindern können, dass auch die selbstgewählte, nicht nur die von außen aufgezwungene Identität einem Prozess der Befragung und Bearbeitung unterzogen wird. Es ist daher auch kein Zufall, dass Foucault ein wichtiger Referenzautor nicht nur für die Schwulenbewegung, sondern auch für die grundsätzlich identitätskritische Queer-Bewegung wurde. In dem Akronym LGBTQ, das in vielen Erweiterungen und Varianten als Selbstbezeichnung für die heterogene Bewegung derer dient, die sich als *lesbian, gay, bisexual* oder *transgender* einstufen (unter gelegentlicher Hinzufügung von Buchstaben wie etwa I für intersexuell oder A für asexuell), ist in dieser Hinsicht das abschließende Q von besonderem Interesse als postidentitäres Zeichen. Es kann einerseits als Abkürzung für *questioning* gelesen werden, d.h. für die Gruppe jener, die sich über ihre eigene Geschlechtsidentität oder sexuelle Orientierung noch nicht im Klaren, d.h. noch in der Phase des Suchens sind. Es kann andererseits auch als Abkürzung für die Queer-Bewegung und schließlich in weiterer Folge für ein radikaleres *questioning*, nämlich die Infragestellung identitärer Positionen überhaupt gelesen werden und damit, lacanianisch gedacht, als retroaktive

Problematisierung der LGBTQ-Äquivalenzkette und der Identitätsbasis ihrer Elemente, womit wir auch bei dieser Bewegung wieder beim Fragezeichen angelangt wären.

Ich möchte noch auf eine weitere Konsequenz dieser von Foucault her gedachten Interpretation postidentitärer sozialer Bewegungen hinweisen. Wie am Beispiel des Berliner »Ich-Streiks« illustriert, ist zu beobachten, dass es in einem reflexiven Schritt dazu kommt, dass Subjektivierung – im Sinne der *Eigenleistung*, die jedes Individuum zu seiner Objektivierung als Subjekt beiträgt – ihrerseits zum Protestthema wird. Subjektivierungsformen, so sehr sie auch in Wahrheit Objektivierungsformen sein mögen, müssen ja von den Individuen gelebt und performativ aktualisiert werden, damit überhaupt Subjektivierungseffekte entstehen. Als Subjekte sind wir also mit unseren Handlungen in unsere eigene Objektivierung verstrickt. Wollen wir gegen die Objektivierung unserer Identität protestieren, müssen wir folglich gegen unsere eigene Subjektivierungsweise protestieren. Es reicht nicht hin, wie im Fall identitärer Organisationen und Bewegungen, den Feind zu externalisieren und die eigene Identität im Kampf gegen das ewig Böse zu formieren: »wir Sozialisten« gegen »den Kapitalismus«; »wir Frauen« gegen »das Patriarchat«, »wir« Anarchisten gegen »den Staat«, denn nicht nur ist fragwürdig geworden, ob es so etwas wie *den* Kapitalismus, *das* Patriarchat oder *den* Staat als monumentalen Feind überhaupt gibt, auch ist das »Wir«, das in früheren Bewegungen noch wie selbstverständlich vorausgesetzt wurde, fragwürdig geworden. Wird das Terrain sozialer Kämpfe stattdessen hegemonietheoretisch, mit Gramsci gesprochen, als das eines zivilgesellschaftlichen »Stellungskrieges« verstanden, dann ist der Kampf um Identität um vieles komplexer, und wie in den verwinkelten Grabensystemen von Verdun weiß man nie mit Sicherheit, wo die Frontlinie eigentlich verläuft.

Das führt mich zur erwähnten demokratiepolitischen Dimension der jüngsten Proteste. Hatte sich mit den Protesten der Zapatisten bereits in den 1990er Jahren ein neues, identitätskritisches Verständnis von sozialem Protest angekündigt, dann fand dieses Verständnis in vielerlei Hinsicht seinen vorläufigen Höhepunkt in den Sozialprotesten seit 2011. In den diversen Platzbesetzungen von New York bis Istanbul war Inklusivität ein Wert, der die Prozeduren der Entscheidungsfindung informierte. Das heißt nicht, dass es real zu keinen Ausschlüssen gekommen wäre. Es heißt, dass die Ausschlüsse, die von der eigenen Bewegung erzeugt werden, mitverhandelt wurden oder sich die Bewegung die allzeitige Mitverhandlung von Ausschlüssen zumindest zum Ziel setzte. Nicht die Stärkung der eigenen Identität und Schlagkraft ist Ziel der Mobilisierung. Ideal der Proteste ist es, die eigene Bewegungsidentität so offenzuhalten, dass jeder Passant in die Lage versetzt wird, das Wort zu ergreifen. Damit sind die neuen Proteste von einem genuin demokratischen Verständnis geleitet. Nicht etwa deshalb, weil sie basisdemokratisch organisiert sind, sondern weil die

Möglichkeit der Selbstinfragestellung eines Gemeinwesens und seiner Grenzen ein Definitionsmerkmal von Demokratie ist.

Wie ich an anderer Stelle in Anlehnung an die politische Theorie Claude Leforts dargelegt habe (Marchart 2010a: 329-65), produziert das symbolisch-institutionelle Dispositiv der Demokratie – so etwa Gewaltenteilung, periodische Wahlen, die »Entkörperlichung« des Souveräns (d.h die Ungreifbarkeit des »Volkes« als Willenssubjekt) – eine Art Selbstentfremdungseffekt, werden doch die Grundlagen des Gemeinwesens, mit Ausnahme seines Verfassungskerns, immer wieder zur Disposition gestellt. Die modernen Demokratien haben ihre Verankerung in einem transzendenten Ort der Legitimation verloren und institutionalisieren einen unabstellbaren Streit um immanente Legitimationsgründe. Die »Grundlosigkeit« des demokratischen Dispositivs mag zu einem letztlich unüberwindbaren Unbehagen an der Demokratie, ja sogar zu fundamentalistischen Reaktionsbildungen führen. Aber versteht man diesen symbolischen Selbstentfremdungseffekt nicht als Makel, sondern als Bestimmungsmerkmal von Demokratie, dann lassen sich die jüngeren Proteste in genau diesem Sinne als *Demokratisierungsproteste* verstehen. Natürlich fordern sie auch die Demokratisierung der repräsentativen Demokratie ein und rekurrieren dazu auf eine teils spontaneistische, teils »präsentistische« Phantasie direktdemokratischer Unmittelbarkeit, die vom Wunsch angetrieben scheint, die konstitutive Selbstentfremdungserfahrung moderner repräsentativer Demokratie gerade zu überwinden. Aber ironischerweise sind die *Assemblies* auf den besetzten Plätzen nicht aufgrund der dort gepflegten Unmittelbarkeitsvorstellungen demokratisch, sondern weil sie eine demokratische Ethik der Selbstbefragung praktizieren und die eigenen Ausschlüsse und identitären Grundlagen verhandlungsoffen halten.

Das wird umso deutlicher, vergleicht man diese Demokratisierungsbewegungen mit der neu entstandenen »identitären Bewegung« und *deren* Verhältnis zu den Grenzen des Gemeinwesens. Die sogenannten Identitären stellen die rechtsextreme Antwort auf postidentitäre soziale Bewegungen dar. Ausgehend von Frankreich ist diese »Bewegung«, wenn auch nur in Grüppchen, inzwischen auch im deutschsprachigen Raum angekommen. Sie vertritt das Weltbild des Ethnopluralismus, also die xenophobe Idee der säuberlichen Trennung von »Ethnien« und Kulturen. Identität wird zum Synonym für Abschottung. Von irgendeiner Befragung oder Infragestellung der eigenen Identität – sei es die Identität der eigenen Nation oder die Identität der eigenen Bewegung – ist hier längst nicht mehr die Rede. Aber genau dieses Motiv der Selbstbefragung, so war mein Argument, ist ein Definitionsmerkmal von Demokratie wie von demokratischen Bewegungen. Und obwohl die »Identitären« sich mancher Strategien linker sozialer Bewegungen bedienen (wie z.B. flashmobs oder Spaßguerillaaktionen), käme unter ihnen niemand auf die Idee, auf einer Demonstration ein Fragezeichen in die Höhe zu halten.

Die Prekarisierungsbewegung, die im Zentrum der letzten beiden Kapitel unserer Untersuchung stand, hat sich, wie viele andere postidentitäre Bewegungen, hinter einem Fragezeichen versammelt. Das gilt nicht nur in Bezug auf die eigene Identität als Bewegung, sondern auch in Bezug auf das Protestthema Prekarität, das in seiner ganzen Ambivalenz formuliert wird. Einerseits gilt Prekarität der Bewegung als zentrales Merkmal postfordistischer Ausbeutungsverhältnisse, andererseits ermöglichen dieselben Ausbeutungsverhältnisse reale Freiheitsgewinne zumindest für jene, denen ein fordistischer Nine-to-Five-Job in Fabrik oder Büro kaum verheißungsvoller erscheint. Aber wenn Prekarität – gerade im Sinne *umfassender Prekarisierung* – eine Kondition bezeichnet, von der die Gesamtheit sozialer Verhältnisse, d.h. Arbeits- *und* Lebensverhältnisse, betroffen ist, dann bedeutet das, dass die Gesamtheit und damit die Grundlagen der sozialen Verhältnisse durchgehend *fragwürdig* erscheinen. »Der Boden der Gesellschaft schwankt«, heißt es bei Bude und Willisch (2008b: 12). Aber der Boden der Gesellschaft schwankt nicht etwa deshalb, weil Anomie herrschen und soziale Adhäsion schwinden würde. Er schwankt, weil die Passage vom Fordismus zum Postfordismus ambivalente, mehrdeutige, ja in sich widersprüchliche Effekte zeitigt. Prekarisierung kann als eine Kontingenzformel verstanden werden, mit der angezeigt wird, dass der Boden der Gesellschaft schwankt, weil er von sozialen Kämpfen um Hegemonie *ins Schwanken gebracht wird*. Sofern diese Kämpfe nicht abstellbar sind, ist auch die Definition dessen, was Prekarisierung bedeutet – oder nach der Passage in den Postfordismus *bedeutet haben wird* – noch nicht geschrieben, denn sie ergibt sich aus jenem hegemonialen Spiel aus Kontingenz, Konflikt und Konsens, in das, neben anderen Akteuren, die Prekarisierungsbewegung interveniert.

Unsere Untersuchung hat zu zeigen versucht, dass es gute sozialtheoretische, zeitdiagnostische und politische Gründe dafür gibt, Prekarisierung als ein die Gesamtheit sozialer Verhältnisse *umfassendes* Phänomen zu verstehen. Die westlichen Gesellschaften im Übergang zum Postfordismus sind *Prekarisierungsgesellschaften*. Das Panorama der Prekarisierungsgesellschaft gewinnt jedoch nur Überzeugungskraft, wenn wir davon abgehen, Politik und Ökonomie als getrennte Sphären zu betrachten. Das Spiel der Hegemonie wird über solche Sphärengrenzen hinweg gespielt, weshalb ich in den ersten beiden Kapiteln versucht habe, in Absetzung vom herkömmlichen Politik- und Ökonomieverständnis die Konzepte einer *integralen Ökonomie* und einer *integralen Politik* stark zu machen. Folglich ist auch Prekarisierung kein ausschließlich ökonomischer Begriff, sondern in zumindest ebensolchem Ausmaß ein politischer. Könnte er, so die ketzerische Frage, vielleicht sogar zu einem *demokratischen* Begriff werden? Zumindest hinsichtlich des Kontingenzaspekts von Prekarisierung erscheint diese Frage nicht gänzlich abwegig. Wenn Prekarisierung nicht nur, wie der massenmedial verhandelte Begriff der Prekarität, als Synonym für Exklusion und Armut gelten soll, sondern als ein Name für die eigentümliche

Ambivalenz von Autonomie und Heteronomie, von Freiheit und Ausbeutung im Übergang zum Postfordismus, dann wird daraus ein Fragezeichen. Schließlich ist der Ort der Prekarisierungsgesellschaft, wie Boltanski vermutet, die Vorhölle: unbestimmt, ambivalent, suspendiert im *Limbus* – wörtlich dem »Rand« oder »Saum« – zwischen Paradies und Hölle.

Freilich, dieses Fragezeichen verlangt nach einer Antwort oder Entscheidung – nach der Auftrennung des »Saums« –, indem es neue soziale Kämpfe um die Ausgestaltung der Prekarisierungsgesellschaft anspornt. Doch wenn diese Kämpfe demokratisch sein sollen, werden sie sich auf die Ambivalenzen von Prekarisierung einlassen müssen. Vielleicht lässt sich an diesem Punkt nicht nur ein Begriff integraler Politik und integraler Ökonomie gewinnen, sondern auch ein Begriff *integraler Demokratie*. Denn sind die Proteste der letzten Jahre nicht weitaus mehr als bloße Sozialproteste? Handelt es sich nicht vielmehr um Demokratisierungsproteste? Und wird nicht mit ihnen nicht allein die Demokratisierung der (repräsentativen) Demokratie gefordert, sondern letztlich – vorgelebt in den Versammlungen der Platzbesetzer – die Demokratisierung *aller* sozialen Verhältnisse? Im Sinne exemplarischen Handelns lassen die Proteste einen Blick auf das zu, was integrale Demokratie bedeuten könnte. Vergessen wir nicht, dass es, nach einigen Demokratisierungsgewinnen in den 1970er Jahren, zum Rückbau bereits errungener Mitbestimmungsrechte in vielen gesellschaftlichen Bereichen – von den Betrieben bis zu den Universitäten – gekommen ist. Demokratische Prozeduren, so wurde behauptet, hemmen nur das sogenannte freie Spiel der Marktkräfte und müssten folglich ersetzt werden durch »flache Hierarchien« – ein Euphemismus für kurze Befehlsketten. Wo sich die aktuellen sozialen Bewegungen gegen die Ideologie des autoritären Neoliberalismus wenden, dort wenden sie sich zugleich gegen solchermaßen postdemokratische Verhältnisse. Und in dem Ausmaß, in dem sich Demokratie nie auf die formalen Institutionen des politischen Regimes beschränken kann, heißt Redemokratisierung auch mehr als nur die Verteidigung dieser Institutionen. Den Ausgang aus der Postdemokratie kann nur ein hegemoniales Projekt *integraler* Demokratisierung weisen. Wahrscheinlich ergeben die prekären Proteste, die international immer aufs Neue aufflammen, noch kein hegemoniales Projekt. Aber vielleicht sind sie – mit ein bisschen »Optimismus des Willens« (Gramsci) – dessen Vorboten.

Anhang

MIDDLESEX DECLARATION 2004

1	MIDDLESEX DECLARATION OF EUROPE'S PRECARIAT 2004
2	London - Middlesex University
3	We networkers and flextimers of Northern and Southern Europe, autonomously gathered at
4	Middlesex University and determined to go beyond crippling ESF, solemnly join minds and
5	bodies in the present declaration of conflict against Europe's governments and corporate
6	bureaucracies. We denounce police harassment and persecution of activists in London. We
7	express our unwavering determination to fight against enforced precarity and for the right to a
8	secure and decent living all over Europe. We will act to assert the rights of all humans within
9	Europe regardless of where they were born or how long they have been here. We demand
10	freedom of migration into and within the EU.
11	On April 2nd, a common day of action will see all of us joining migrants' struggles for free
12	movement across borders, with mobilizations in more than 40 european cities. We will employ
13	all methods of direct action and subvertising at our disposal to support strikes, pickets,
14	stoppages, boycotts, blockades, sabotages, protests all over Europe. We agree to shape a
15	transeuropean network of movements and collectives determined to agitate against
16	freemarketeers for social rights valid for all human beings living in Europe.
17	We have decided to prepare for a common EURO MAYDAY 2005, to be held on May 1st in all
18	of Europe's major cities, calling for angry temps, disgruntled parttimers, frustrated unemployed,
19	raging immigrants and labor activists to mobilize against precarity and inequality, in order to
20	reclaim flexibility from managers and executives: we demand flexicurity against flexploitation.
21	We will gather in Berlin in midJanuary 2005 to decide a common protest action against the
22	sanctuaries of EU power, in order to launch euromaydays and the supporting structured
23	network of labor radicalism and media activism tentatively called NEU, Networkers of Europe
24	United. We call onto all our European sisters and brothers, be they autonomous marxists,
25	postindustrial anarchists, syndicalists, feminists, antifas, queers, anarchogreens, hacktivists,
26	cognitive workers, casualized laborers, outsourced and/or subcontracted employees and the

27	like, to network and organize for a common social and political action in Europe. We are
28	eurogeneration insurgent: our idea of Europe is a radical, libertarian, transnationalist,
29	antidystopian, open democratic space able to counter global bushism and oppressive,
30	exploitative, powermad, planetwrecking, warmongering neoliberalism in Europe and
31	elsewhere.
32	Networkers and Flextimers of Europe Unite:
33	There's a World of Real Freedom to Fight for!
34	**Signatures**
35	FelS
36	Alternativas Nomadas - We are a small group of networkers and flextimers from Galiza which
37	are all over the world. Let's fight together!
38	Chainworkers - Flexworkers of europe united!
39	PreCog - Precari+Cognitarie per un'europa socialmente radicale
40	SUF - swedish anarchosyndicalist youth federation
41	ACT!

Literatur

Adolphs, Stephan, Marion Hamm (2008) »Prekäre Superhelden: Zur Entwicklung politischer Handlungsmöglichkeiten in postfordistischen Verhältnissen«, in Claudio Altenhain et al. (Hg.): *Von »Neuer Unterschicht« und Prekariat. Gesellschaftliche Verhältnisse und Kategorien im Umbruch. Kritische Perspektiven auf aktuelle Debatten*, Bielefeld: transcript, S. 165-82.

Adolphs, Stephan (2009) *Politische und kulturelle Interventionen zum Thema Prekarisierung. Eine diskursanalytische Perspektive auf soziale Bewegungen am Beispiel des MayDay-Netzwerks* (Ms., 39 S.).

Aglietta, Michel (1979) *A Theory of Capitalist Regulation. The US Experience*, London und New York: Verso.

Aglietta, Michel (2000) *Ein neues Akkumulationsregime. Die Regulationstheorie auf dem Prüfstand*, Hamburg: VSA.

Altenhain, Claudio et al. (Hg.) (2008) *Von »Neuer Unterschicht« und Prekariat. Gesellschaftliche Verhältnisse und Kategorien im Umbruch. Kritische Perspektiven auf aktuelle Debatten*, Bielefeld: transcript.

Althusser, Louis (1977) *Ideologie und ideologische Staatsapparate. Aufsätze zur marxistischen Theorie*. Hamburg und Berlin: VSA.

Althusser, Louis (1995) *Sur la reproduction*, Paris: Presses Universitaires de France.

Althusser, Louis, Etienne Balibar (1972) *Das Kapital lesen*, 2 Bd., Reinbek bei Hamburg: Rowohlt.

Atton, Chris (2002) *Alternative Media*, London, Thousand Oaks und New Delhi: Sage.

Barry, Andrew, Thomas Osborne, Nikolas Rose (Hg.) (1996) *Foucault and Political Reason. Liberalism, Neo-liberalism and Rationalities of Government*, Chicago und London: University of Chicago Press.

Bauman, Zygmunt (2004) *Verworfenes Leben. Die Ausgegrenzten der Moderne*, Hamburg: Hamburger Edition.

Beasley-Murray, Jon (1998) »Peronism and the Secret History of Cultural Studies: Populism and the Substitution of Culture for State«, in *Cultural Critique* 39 (Frühjahr), S. 189-217.

Becker, Joachim (2003) »Beiderseits des Rheins. Regulationstheorie und emanzipatorische Politik«, in Ulrich Brand, Werner Raza (Hg.): *Fit für den Postfordismus? Theoretisch-politische Perspektiven des Regulationsansatzes*, Münster:
Westfälisches Dampfboot, S. 58-75.

Bologna, Sergio (2006) *Die Zerstörung der Mittelschichten. Thesen zur neuen Selbständigkeit*, Graz und Wien: Nausner & Nausner.

Boltanski, Luc (2002) »The Left After May 1968 and the Longing for Total Revolution«, in *Thesis Eleven* 69:1, S. 1-20.

Boltanski, Luc (2007) »Leben als Projekt. Prekarität in der schönen neuen Netzwerkwelt«, in *polar* 2, elektronisches Dokument: www.s173721806.online.
de/frontend/position.php?id=110#110

Boltanski, Luc (2011) *Die Vorhölle: eine Kantate für mehrere Stimmen*, Berlin: Berlin University Press.

Boltanski, Luc, Ève Chiapello (2001) »Die Rolle der Kritik in der Dynamik des
Kapitalismus und der normative Wandel«, in *Berliner Journal für Soziologie*
4, S. 459-78.

Boltanski, Luc, Ève Chiapello (2003) *Der neue Geist des Kapitalismus*, Konstanz:
UVK.

Boltanski, Luc, Eve Chiapello (2008) »Für eine Erneuerung der Sozialkritik. Luc
Boltanski und Eve Chiapello im Gespräch mit Yann Moulier Boutang«, in
Gerald Raunig, Ulf Wuggenig (Hg.): *Kritik der* Kreativität, Wien: Turia + Kant,
S. 167-81.

Bourdieu, Pierre, et al. (Hg.) (1997) *Das Elend der Welt*, Konstanz: UVK.

Bourdieu, Pierre (1998) »Prekarität ist überall«, in ders.: *Gegenfeuer. Wortmel-
dungen Im Dienste des Widerstands gegen die neoliberale Invasion*, Konstanz:
UVK.

Bowman, Paul (2007) *Post-Marxism versus Cultural Studies: Theory, Politics & Intervention*, Edinburgh: Edinburgh University Press.

Brand, Ulrich (2005) *Gegen-Hegemonie. Perspektiven globalisierungskritischer Strategien*, Hamburg: VSA-Verlag.

Brand, Ulrich (2008) »Gegenhegemonie unter ›postneoliberalen‹ Bedingungen. Anmerkungen zum Verhältnis von Theorie, Strategie und Praxis«,
in Christoph Butterwegge, Bettina Lösch, Ralf Ptak (Hg.): *Neoliberalismus.
Analysen und* Alternativen, Wiesbaden: VS Verlag für Sozialwissenschaften,
S. 318-34.

Brinkmann, Uli, Klaus Dörre, Sabine Röbenack (2006) *Prekäre Arbeit. Ursachen, Ausmaß, soziale Folgen und subjektive Verarbeitungsformen unsicherer Beschäftigungsverhältnisse*, Bonn: Friedrich-Ebert-Stiftung.

Bröckling, Ulrich (2000) »Totale Mobilmachung. Menschenführung im Qua-
litäts- und Selbstmanagement«, in Thomas Lemke, Susanne Krasmann,
Ulrich Bröckling (Hg.): *Gouvernementalität der Gegenwart. Studien zur Ökonomisierung des Sozialen*, Frankfurt a.M.: Suhrkamp, S. 131-67.

Bröckling, Ulrich (2007) *Das unternehmerische Selbst. Soziologie einer Subjektivierungsform*, Frankfurt a.m.: Suhrkamp.

Bude, Heinz, Andreas Willisch (Hg.) (2008a) *Exklusion. Die Debatte über die »Überflüssigen«*, Frankfurt a.m.: Suhrkamp.

Bude, Heinz, Andreas Willisch (2008b) »Die Debatte über die ›Überflüssigen‹. Einleitung«, in dies. (Hg.): *Exklusion. Die Debatte über die »Überflüssigen«*, Frankfurt a.m.: Suhrkamp, S. 9-30.

Burchell, Graham, Colin Gordon, Peter Miler (Hg.) (1991) *The Foucault Effect. Studies in Governmentality*, Chicago: University of Chicago Press.

Butler, Judith (1997) *The Psychic Life of Power. Theories in Subjection*, Stanford: Stanford University Press.

Butler, Judith, Ernesto Laclau, Slavoj Žižek (2000) *Contingency, Hegemony, Universality. Contemporary Dialogues on the Left*, London und New York Verso.

Butterwegge, Christoph (2008) »Rechtfertigung, Maßnahmen und Folgen einer neoliberalen (Sozial-)Politik«, in Christoph Butterwegge, Bettina Lösch, Ralf Ptak: *Kritik des Neoliberalismus*, 2. Auflage, Wiesbaden: VS Verlag für Sozialwissenschaften, S. 135-220.

Candeias, Mario (2004) *Neoliberalismus, Hochtechnologie, Hegemonie. Grundrisse einer transnationalen kapitalistischen Produktions- und Lebensweise. Eine Kritik*, Hamburg: Argument Verlag.

Candeias, Mario (2007) »Handlungsfähigkeit durch Widerspruchsorientierung. Kritik der Analysen von und Politiken gegen Prekarisierung«, in Roland Klautke, Brigitte Oehrlein (Hg.): *Prekarität – Neoliberalismus – Deregulierung*, Hamburg: VSA, S. 43-61.

Candeias, Mario (2008) »Von der Dialektik des Neolibarelismus zu den Widersprüchen der Bewegungen«, in Christoph Butterwegge, Bettina Lösch, Ralf Ptak (Hg.): *Neoliberalismus. Analysen und Alternativen*, Wiesbaden: VS Verlag für Sozialwissenschaften, S. 301-17.

Castel, Robert (2000) *Die Metamorphosen der sozialen Frage. Eine Chronik der Lohnarbeit*, Konstanz: UVK.

Castel, Robert (2007) *Die Stärkung des Sozialen. Leben im neuen Wohlfahrtsstaat*, Hamburg: Hamburger Edition.

Castel, Robert (2008) »Die Fallstricke des Exklusionsbegriffs«, in Heinz Bude, Andreas Willisch (Hg.): *Exklusion. Die Debatte über die »Überflüssigen«*, Frankfurt a.m.: Suhrkamp, S. 69-86.

Castel Robert, Klaus Dörre (Hg.) (2009) *Prekarität, Abstieg, Ausgrenzung. Die soziale Frage am Beginn des 21. Jahrhunderts*, Frankfurt a.m.: Campus Verlag.

Chainworkers (2006) *Reader – uno schema per leggere qullo che sie è scritto*, elektronisches Dokument: www.chainworkers.org/materiali/chainworkers_reader.pdf

Chiapello, Ève (1998) *Artistes versus managers. Le management culturel face à la critique artiste*, Paris: Métailié.

Corsani, Antonella, Maurizio Lazzarato, Antono Negri (1996) *Le bassin de travail immatériel (BTI) dans la métropole parisienne*, unter Mitarbeit von Yann Moulier Boutang, Paris.

Corsani, Antonella (2004) »Wissen und Arbeit im kognitiven Kapitalismus. Die Sackgassen der politischen Ökonomie«, in Thomas Atzer, Jost Müller (Hg.): *Immaterielle Arbeit und imperiale Souveränität. Analysen und Diskussionen zu Empire*, Münster: Westfälisches Dampfboot, S. 156-74.

Critchley, Simon, Oliver Marchart (2004) »Introduction«, in dies. (Hg.): *Laclau. A Critical Reader*, London und New York: Routledge, S. 1-13.

Dean, Jodi (Hg.) (2000) *Cultural Studies & Political Theory*, Ithaca and London: Cornell University Press.

Demirovic, Alex (1992) »Regulation und Hegemonie. Intellektuelle, Wissenspraktiken und Akkumulation«, in ders. (Hg.): *Hegemonie und Staat: kapitalistische Regulation als Projekt und Prozeß*, Münster: Westfälisches Dampfboot, S. 128-57.

Demirovic, Alex (2003) »Stroboskopischer Effekt und die Kontigenz der Geschichte. Gesellschaftstheoretische Rückfragen an die Regulationstheorie«, in Ulrich Brand, Werner Raza (Hg.): *Fit für den Postfordismus? Theoretischpolitische Perspektiven des Regulationsansatzes*, Münster Westfälisches Dampfboot, S. 43-57.

Demirovic, Alex (2004) »Vermittlung und Hegemonie«, in Thomas Atzer, Jost Müller (Hg.): *Immaterielle Arbeit und imperiale Souveränität. Analysen und Diskussionen zu Empire*, Münster: Westfälisches Dampfboot, S. 235-54.

Demirovic, Alex (2008) »Neoliberalismus und Hegemonie«, in Christoph Butterwegge, Bettina Lösch, Ralf Ptak (Hg.): *Neoliberalismus. Analysen und Alternativen*, Wiesbaden: VS Verlag für Sozialwissenschaften, S. 17-33.

Denzin, Norman K. (1970) *The Research Act in Sociology: A Theoretical Introduction to Sociological Methods*, London: Butterworths.

Derrida, Jacques (1983) *Grammatologie*, Frankfurt a.M.: Suhrkamp.

Derrida, Jacques (1987) *Husserls Weg in die Geschichte am Leitfaden der Geometrie*, München: Fink.

Diaz-Bone, Reiner (1999) »Probleme und Strategien der Operationalisierung des Diskursmodells im Anschluß an Michel Foucault«, in Hannelore Bublitz et al. (Hg.): *Das Wuchern der Diskurse. Perspektiven der Diskursanalyse Foucaults*; Frankfurt a.M. und New York: Campus, S. 119-35.

Donzelot, Jacques (1994) »Die Förderung des Sozialen«, in Richard Schwarz (Hg.): *Zur Genealogie der Regulation. Anschlüsse an Michel Foucault*, Mainz: Decaton Verlag, S. 109-60.

Downing, John (2001) *Radical Media: Rebellious Communication and Social Movements*. London, Thousand Oaks und New Delhi: Sage.

Dörre, Klaus (2005a) »Prekarisierung contra Flexicurity. Unsichere Beschäftigungsverhältnisse als arbeitspolitische Herausforderung«, in Martin Kronauer, Gudrun Linne (Hg.): *Flexicurity. Die Suche nach Sicherheit in der Flexibilität*, Berlin: edition sigma, S. 53-72.

Dörre, Klaus (2005b) »Entsicherte Arbeitsgesellschaft. Politik der Entprekarisierung«, in *Widerspruch* Nr.49, S. 5-18.

Eichhorn, Cornelia (2004) »Geschlechtliche Teilung der Arbeit. Eine feministische Kritik«, in Thomas Atzer, Jost Müller (Hg.): *Immaterielle Arbeit und imperiale Souveränität. Analysen und Diskussionen zu Empire*, Münster: Westfälisches Dampfboot, S. 189-202.

EZLN (1997) *Documentos y comunicados 3*, Mexiko Stadt: Ediciones Era.

Fairclough, Norman (2000) *New Labour, New Language?*, London: Routledge.

Finlayson, Alan, James Martin (1997) »Political Studies and Cultural Studies«, in *Politics* 17(3), S. 183-89.

Fiske, John (1991) *Understanding Popular Culture*, London und New York: Routledge.

Foucault, Michel (1981) *Archäologie des Wissens*, aus d. Franz. übers. von Ulrich Koeppen, Frankfurt a.m.: Suhrkamp.

Foucault, Michel (2000a) »Die Gouvernementalität«, in Thomas Lemke, Susanne Krasmann, Ulrich Bröckling (Hg): *Gouvernementalität der Gegenwart. Studien zur Ökonomisierung des Sozialen*, Frankfurt a.M.: Suhrkamp, S. 41-67.

Foucault, Michel (2000b) »Staatsphobie«, in Thomas Lemke, Susanne Krasmann, Ulrich Bröckling (Hg): *Gouvernementalität der Gegenwart. Studien zur Ökonomisierung des Sozialen*, Frankfurt a.M.: Suhrkamp, S. 68-71.

Foucault, Michel (2004) *Geschichte der Gouvernementalität I. Sicherheit, Territorium, Bevölkerung*, Frankfurt a.M.: Suhrkamp.

Foucault, Michel (2005) »Subjekt und Macht«, in ders.: *Schriften in vier Bänden. Band IV*, Frankfurt a.M.: Suhrkamp, S. 269-94.

Foucault, Michel (2006) *Die Geburt der Biopolitik. Geschichte der Gouvernementalität II*, Frankfurt a.M.: Suhrkamp.

Gauchet, Marcel (1990) »Die totalitäre Erfahrung und das Denken des Politischen«, in Ulrich Rödel (Hg.): *Die demokratische Frage*, Frankfurt a.M.: Suhrkamp, S. 207-38.

Gauchet, Marcel (1991) *Die Erklärung der Menschenrechte. Die Debatte um die bürgerlichen Freiheiten 1789*, Reinbek bei Hamburg: Rowohlt.

Glynos Jason, Yannis Stavrakakis (2004): »Encounters of the Real Kind: Sussing Out the Limits of Laclau's Embrace of Lacan«, in Simon Critchley, Oliver Marchart (Hg.): *Laclau. A Critical Reader*, London und New York: Routledge.

Gorz, André (2000) *Arbeit zwischen Misere und Utopie*, Frankfurt a.M.: Suhrkamp.

Gramsci, Antonio (1991ff.) *Gefängnishefte*, Kritische Gesamtausgabe hgg. vom *Deutschen Gramsci-Projekt*, Hamburg: Argument.

Grossberg, Lawrence (1992) *We gotta get out of this place: Popular Conservatism and Postmodern Culture*, New York und London: Routledge.

Hall, Stuart (1979) »Culture, the Media and the ›Ideological Effect‹« in Curran, James et al. (Hg.): *Mass Communication and Society*, London: Arnold, S. 315-48.

Hall, Stuart (1982) »The rediscovery of ›ideology‹: return of the repressed in media studies« in Gurevitch, Michael et al. (Hg.): *Culture, Society and the Media.* London, London: Routledge, S. 56-90.

Hall, Stuart (1988) *The Hard Road to Renewal. Thatcherism and the Crisis of the Left*, London und New York: Verso.

Hall, Stuart (1991) »Gramsci and Us«, in Roger Simon: *Gramsci's Political Thought*, London: Lawrence und Wishart, S. 114-30.

Hall, Stuart (1996) »An Interview with Stuart Hall«, in David Morley, Kuan-Hsin Chen (Hg.): *Stuart Hall: Critical dialogues in cultural studies.* London und New York: Routledge, S. 131-50.

Hall, Stuart (1997) »The Centrality of Culture: Notes on the Cultural Revolutions of Our Time«, in Kenneth Thompson (Hg.): *Media and Cultural Regulation*, London, Thousand Oaks und New Delhi: Sage, S. 207-38.

Hall, Stuart et al. (1978) *Policing the Crisis*, London: Macmillan.

Hamm, Marion (2011) *Performing Protest: Media Practices in the Trans-Urban Euromayday Movement of the Precarious*, Dissertation, Universität Luzern.

Hardt, Michael (2004) »Affektive Arbeit«, in Thomas Atzer, Jost Müller (Hg.): *Immaterielle Arbeit und imperiale Souveränität. Analysen und Diskussionen zu Empire*, Münster: Westfälisches Dampfboot, S. 175-88.

Hardt, Michael, Antonio Negri (2002) *Empire. Die neue Weltordnung.* Frankfurt a.M. und New York: Campus.

Harvey, David (2007) *Kleine Geschichte des Neoliberalismus*, Zürich: Rotpunktverlag.

Hauer, Dirk (2007) »Umkämpfte Normalität. Prekarisierung und die Neudefinition proletarischer Reproduktionsbedingungen«, in Roland Klautke, Brigitte Oehrlein (Hg.): *Prekarität – Neoliberalismus – Deregulierung*, Hamburg: VSA, S. 30-42.

Hebdige, D. (1987) *Subculture. The Meaning of Style*, London und New York: Routledge.

Hetzel, Andreas (2004) »Demokratie ohne Grund. Ernesto Laclaus Transformation der Politischen Theorie«, in: Oliver Flügel, Reinhard Heil, Andreas Hetzel (Hg.): *Die Rückkehr des Politischen. Demokratietheorien heute*, Darmstadt: Wissenschaftliche Buchgesellschaft, S. 185-210.

Hirsch, Joachim (2002) *Herrschaft, Hegemonie und politische Alternativen*, Hamburg: VSA-Verlag.

Hirsch, Joachim, Roland Roth (1986) *Das neue Gesicht des Kapitalismus. Vom Fordismus zum Post-Fordismus*, Hamburg: VSA-Verlag.

Howarth, David, Torfing Jacob (Hg.) (2005) *Discourse Theory in European Politics. Identity, Policy and Governance*, Houndmills: Palgrave Macmillan.

Howarth, David (2005) »Applying Discourse Theory: the Method of Articulation«, in Jacob Torfing, David Howarth (Hg.): Discourse Theory in European Politics. Identity, Politics and Governance, Houndmills, Basingstoke und Hampshire: Palgrave Macmillan, S. 316-50.

Howarth, David, Aletta Norval, Yannis Stavrakakis (2000) Discourse theory and political analysis. Identities, hegemonies and social change, Manchester: Manchester University Press.

Howarth, David, Jason Glynos (2007) Logics of Critical Explanation in Social and Political Theory, London: Routledge.

Huffschmid, Anne (2004) Diskursguerilla: Wortergreifung und Widersinn. Die Zapatistas im Spiegel der mexikanischen und internationalen Öffentlichkeit, Heidelberg: Synchron.

Husserl, Edmund (1962) Die Krisis der europäischen Wissenschaften und die transzendentale Phänomenologie (Husserliana Bd. VI), hgg. von Walter Biemel, Haag: Martinus Nijhoff.

Husserl, Edmund (1993) Die Krisis der europäischen Wissenschaften und die transzendentale Phänomenologie. Ergänzungsband: Texte aus dem Nachlaß 1934-1937 (Husserliana Bd. XXIX), hgg. von Reinhold N. Smid, Dordrecht, Boston und London.

Jessop, Bob (2003) »Postfordismus und wissensbasierte Ökonomie. Eine Reinterpretation des Regulationsansatzes«, in Ulrich Brand, Werner Raza (Hg.): Fit für den Postfordismus? Theoretisch-politische Perspektiven des Regulationsansatzes, Münster: Westfälisches Dampfboot, S. 89-113.

Jessop, Bob (2007) Kapitalismus, Regulation, Staat. Ausgewählte Schriften, hgg. von Bernd Röttger und Victor Rego Diaz, Hamburg: Argument.

Jörke, Dirk (2004): Die Agonalität des Demokratischen: Chantal Mouffe, in: Oliver Flügel, Reinhard Heil, Andreas Hetzel (Hg.): Die Rückkehr des Politischen. Demokratietheorien heute, Darmstadt: Wissenschaftliche Buchgesellschaft, S. 164-84.

Kantorowicz, Ernst (1957) The King's Two Bodies, Princeton, New Jersey: Princeton University Press.

Kastner, Jens (2011) Alles für alle! Zapatismus zwischen Sozialtheorie, Pop und Pentagon, Münster: Edition Assemblage.

Keller, Reiner et al. (Hg.) (2001) Handbuch Sozialwissenschaftlicher Diskursanalyse, Bd.1: Theorien und Methoden, Opladen: Leske + Budrich.

Kingdom, John (1992) No such thing as society? Individualism and community, Buckingham: Open University Press.

Klautke, Roland, Brigitte Oehrlein (Hg.) (2007) Prekarität – Neoliberalismus – Deregulierung. Beiträge des ›Kritischen Bewegungsdiskurses‹, Hamburg: VSA-Verlag.

Krebs, Hans-Peter, Thomas Sablowski (1992) »Ökonomie als soziale Regulari-sierung«, in Alex Demirovic (Hg.): *Hegemonie und Staat: kapitalistische Regu-lation als Projekt und Prozeß*, Münster: Westfälisches Dampfboot, S. 104-27.
Kronauer, Martin, Gudrun Linne (Hg.) (2005) *Flexicurity: Die Suche nach Si-cherheit in der Flexibilität*, Forschung aus der Hans-Böckler-Stiftung Nr. 65, Berlin: Edition sigma.
Laclau, Ernesto (1981) *Politik und Ideologie im Marxismus. Kapitalismus – Faschis-mus – Populismus*, Berlin: Argument.
Laclau, Ernesto (1990) *New Reflections On the Revolution of Our Times*, London und New York: Verso.
Laclau, Ernesto (2002) *Emanzipation und Differenz*, Wien: Turia + Kant.
Laclau, Ernesto (2004) »Glimpsing the future«, in Oliver Marchart, Simon Critchley (Hg.): *Laclau. A Critical Reader*, London und New York: Routledge, S. 279-328.
Laclau, Ernesto (2005) *On Populist Reason*, London: Verso.
Laclau, Ernesto, Chantal Mouffe, (1991) *Hegemonie und radikale Demokratie. Zur Dekonstruktion des Marxismus*, Wien: Passagen.
Lash, Scott, John Urry (1987) *The End of Organized Capitalism*, Madison: Univer-sity of Wisconsin Press.
Latour, Bruno (2007) *Eine neue Soziologie für eine neue Gesellschaft*, Frankfurt a.M.: Suhrkamp.
Lazzarato, Maurizio (1998a) »Immaterielle Arbeit. Gesellschaftliche Tätigkeit unter den Bedingungen des Postfordismus«, in Toni Negri, Maurizio Laz-zarato, Paolo Virno: *Umherschweifende Produzenten. Immaterielle Arbeit und Subversion*, Berlin: ID Verlag, S. 39-52.
Lazzarato, Maurizio (1998b) »Verwertung und Kommunikation. Der Zyklus immaterieller Produktion«, in Toni Negri, Maurizio Lazzarato, Paolo Virno: *Umherschweifende Produzenten. Immaterielle Arbeit und Subversion*, Berlin: ID Verlag, S. 53-66.
Lazzarato, Maurizio (2004) *Les révolutions du capitalisme*, Paris: Le Seuil.
Lechte, John (1994) *Fifty key contemporary thinkers*, London und New York: Routledge.
Lefort, Claude (1986) *The Political Forms of Modern Society. Bureaucracy, Democ-racy, Totalitarianism*, Cambrdige, MA: MIT Press.
Lefort, Claude (1988) *Democracy and Political Theory*, Minneapolis: University of Minnesota Press.
Lefort, Claude (1990) »Die Frage der Demokratie«, in Ulrich Rödel (Hg.): *Die demokratische Frage*, Frankfurt a.M.: Suhrkamp, S. 281-97.
Lefort, Claude (1992) *Écrire. À l'épreuve du politique*, Paris: Calmann-Lévy.
Lefort, Claude, Marcel Gauchet (1990) »Über die Demokratie: Das Politische und die Instituierung des Gesellschaftlichen«, in Ulrich Rödel (Hg.): *Die demokratische Frage*, Frankfurt a.M.: Suhrkamp, S. 89-122.

Lemke, Thomas (1997) *Eine Kritik der politischen Vernunft. Foucaults Analyse der modernen Gouvernementalität*, Hamburg: Argument.

Lemke, Thomas (2004) »›Eine Kultur der Gefahr‹ – Dispositive der Unsicherheit im Neoliberalismus«, in *Widerspruch* Nr.46, Jg. 24, S. 89-98.

Levinson, Steven C. (1983) *Pragmatics*, Cambridge: Cambridge University Press.

Lindner, Rolf (2008) »›Unterschicht‹. Eine Gespensterdebatte«, in Rolf Lindner, Lutz Musner (Hg.): *Unterschicht. Kulturwissenschaftliche Erkundungen der ›Armen‹ in Geschichte und Gegenwart*, Freiburg i.Br.: Rombach, S. 9-18.

Lipietz, Alain (1985) »Akkumulation, Krisen und Auswege aus der Krise. Einige methodische Überlegungen zum Begriff der ›Regulation‹«, in: *Prokla* 85, 15. Jg., S. 109-37.

Lipietz, Alain (1992) »Vom Althusserianismus zur ›Theorie der Regulation‹«, in Alex Demirovic (Hg.): *Hegemonie und Staat: kapitalistische Regulation als Projekt und Prozeß*, Münster: Westfälisches Dampfboot, S. 9-54.

Lipietz, Alain (1998) *Nach dem Ende des ›Goldenen Zeitalters‹: Regulation und Transformation kapitalistischer Gesellschaften. Ausgewählte Schriften*, hgg. von Hans-Peter Krebs, Hamburg: Argument.

Lorey, Isabell (2012) *Die Regierung der Prekären*, Wien: Turia + Kant.

Luhmann, Niklas (1996) »Jenseits von Barbarei«, in Max Miller, Hans-Georg Soeffner (Hg.): *Modernität und Barbarei. Soziologische Zeitdiagnose am Ende des 20. Jahrhunderts*, Frankfurt a.M.: Suhrkamp, S. 219-30.

Mahnkopf, Birgit (2003) »Zukunft der Arbeit: Globalisierung der Unsicherheit«, in: *Kurswechsel* 3/2003, S. 63-74.

Marchart, Oliver (1994) »Diskurs – Hegemonie – Antagonismus. Zur politischen Diskursanalyse von Laclau und Mouffe«, in *Mesotes. Zeitschrift für philosophischen Ost-West-Dialog* 2/1994, S. 166-75.

Marchart, Oliver (Hg.) (1998) *Das Undarstellbare der Politik. Zur Hegemonietheorie Ernesto Laclaus*, Wien: Turia + Kant.

Marchart, Oliver (1999) »Das unbewußte Politische. Zum *psychoanalytic turn* in der politischen Theorie: Jameson, Butler, Laclau, Žižek«, in Jürgen Trinks (Hg.): *Bewußtsein und Unbewußtes*, Wien: Turia + Kant.

Marchart, Oliver (2002) »Demonstrationen des Unvollendbaren. Politische Theorie und radikaldemokratischer Aktivismus«, in Okwui Enwezor (Hg.): *Demokratie als unvollendeter Prozess – Plattform I der Documenta11*, Ostfildern: Hatje Cantz, S. 291-306.

Marchart, Oliver (2003) »Bridging the Micro-Macro-Gap. Is There Such a Thing as Post-Subcultural Politics?«, in David Muggleton, Rupert Weinzierl (Hg.): *The Post-Subcultures Reader*, New York und Oxford: Berg, S. 83-97.

Marchart, Oliver (2004) *Techno-Kolonialismus. Theorie und imaginäre Kartographie von Kultur und Medien*, Wien: Löcker.

Marchart, Oliver (2005) »The Absence at the Heart of Presence. Radical Democracy and the ›Ontology of Lack‹«, in Lars Tonder, Lasse Thomassen (Hg.):

242 Die Prekarisierungsgesellschaft

On Radical Democracy: Politics Between Abundance and Lack, Manchester: Manchester University Press, S. 17-31.

Marchart, Oliver (2008a) Cultural Studies, Konstanz: UVK.

Marchart, Oliver (2008b) Hegemonie im Kunstfeld. Die documenta-Ausstellungen dX, D11, d12 und die Politik der Biennalisierung, Köln: König.

Marchart, Oliver (2009) »Antagonismen jenseits des Klassenkampfs. Postmarxismus und Neue Soziale Bewegungen«, in Peter Bescherer, Karen Schiernhorn: Zur Aktualität Marxscher Theorie. Zwischen ›Arbeiterfrage‹ und sozialer Bewegung heute, Hamburg: VSA Verlag.

Marchart, Oliver (2010a) Die politische Differenz. Zum Denken des Politischen bei Nancy, Lefort, Badiou, Agamben und Laclau, Berlin: Suhrkamp.

Marchart, Oliver (2010b) »Auf dem Weg in die Prekarisierungsgesellschaft. Zur Analyse des öffentlichen Definitionskampfs um die zunehmende Prekarisierung von Arbeit und Leben«, in Schweizerische Zeitschrift für Soziologie 36(3), S. 413-29.

Marchart, Oliver (Hg.) (2013a) Facetten der Prekarisierungsgesellschaft. Prekäre Verhältnisse: Sozialwissenschaftliche Perspektiven auf die Prekarisierung von Leben und Arbeit, Bielefeld: transcript.

Marchart, Oliver (2013b) Das unmögliche Objekt. Eine postfundamentalistische Theorie der Gesellschaft, Berlin: Suhrkamp.

Marchart, Oliver, Rupert Weinzierl (Hg.) (2006) Stand der Bewegung? Protest, Globalisierung, Demokratie – eine Bestandsaufnahme, Münster: Westfälisches Dampfboot.

Marchart, Oliver, Stephan Adolphs, Marion Hamm (2007): »Taktik und Taktung. Eine Diskursanalyse politischer Online-Demonstrationen«, in Marc Ries, Hildegard Fraueneder, Karin Mairitsch (Hg.): Dating.21 – Liebesorganisation und Verabredungskulturen, Bielefeld: transcript, S. 207-24.

Marchart, Oliver, Stephan Adolphs, Marion Hamm (2010): »Bewegungspraxis und ›organische Theorie‹. Zur Rezeption und Produktion theorieförmiger Diskurse durch soziale Bewegungen am Beispiel der Prekarisierungsbewegung«, in Österreichische Zeitschrift für Politikwissenschaft 1/2010, S. 73-87.

Marx, Karl (1983) »Grundrisse der Kritik der politischen Ökonomie«, in Marx Engels Werke, Bd. 42, S. 47-770.

Mattoni, Alice (2008) »Serpica Naro and the Others. The Media Sociali Experience in Italian Struggles Against Precarity«, in Portal Journal of Mutlisciplinary International Studies 5.

MayDay (2004) »Mayday, Mayday!!«, elektronisches Document: https://docs.indymedia.org/pub/Local/StateofEmergency/MAYDAY.rtf

McDonald, Kevin (2006) Global Movements: Action and Culture, Oxford: Blackwell.

McGuigan, John (1992) Cultural Populism, London und New York: Routledge.

McRobbie, Angela (1994) *Postmodernism and Cultural Studies*, London und New York: Routledge.

Melucci, Alberto (1989) *Nomads of the Present: Social Movements and Individual Needs in Contemporary Society*, Philadelphia: Temple University Press.

Miller, Peter, Niklas Rose (1994) »Das ökonomische Leben regieren«, in Richard Schwarz (Hg.): *Zur Genealogie der Regulation. Anschlüsse an Michel Foucault*, Mainz: Decaton Verlag, S. 54-108.

Mills, Sara (1997) *Discourse*, London: Routledge.

Morley, David (1980) *The »Nationwide« Audience*, London, British Film Institute.

Mouffe, Chantal (Hg.) (1992) *Dimensions of Radical Democracy. Pluralism, Citizenship, Community*, London und New York: Verso.

Mouffe, Chantal (2005) *Exodus und Stellungskrieg. Die Zukunft radikaler Demokratie*, Wien: Turia + Kant.

Mouffe, Chantal (2008) *Das demokratische Paradox*, Wien: Turia + Kant.

Moulier Boutang, Yann (1998) »Vorwort«, in Toni Negri, Maurizio Lazzarato, Paolo Virno: *Umherschweifende Produzenten. Immaterielle Arbeit und Subversion*, Berlin: ID Verlag, S. 5-22.

Moulier Boutang, Yann (2003) »Neue Grenzziehungen in der politischen Ökonomie«, in Marion von Osten (Hg.): *Norm der Abweichung*, Wien und New York: Springer, S. 251-80.

Mouzelis, Nicos P. (1990) *Post-Marxist Alternatives*, London: Macmillan.

Musner, Lutz (2008) »Prekarisierung und Überforderung. Leben jenseits der Arbeitsgesellschaft«, in Rolf Lindner, Lutz Musner (Hg.): *Unterschicht. Kulturwissenschaftliche Erkundungen der ›Armen‹ in Geschichte und Gegenwart*, Freiburg i.Br.: Rombach, S. 79-96.

Neckel, Sighard (2008) »Die gefühlte Unterschicht. Vom Wandel der sozialen Selbsteinschätzung«, in Rolf Lindner, Lutz Musner (Hg.): *Unterschicht. Kulturwissenschaftliche Erkundungen der ›Armen‹ in Geschichte und Gegenwart*, Freiburg i.Br.: Rombach, S. 19-40.

Negri, Toni (1998a) »Autonomie und Separatismus. Netzwerke der Produktion und die Bedeutung des Territoriums im italienischen Nordosten«, in Toni Negri, Maurizio Lazzarato, Paolo Virno: *Umherschweifende Produzenten. Immaterielle Arbeit und Subversion*, Berlin: ID Verlag, S. 23-38.

Negri, Toni (1998b) »Repubblica Costituente. Umrisse einer konstituierenden Macht«, in Toni Negri, Maurizio Lazzarato, Paolo Virno: *Umherschweifende Produzenten. Immaterielle Arbeit und Subversion*, Berlin: ID Verlag, S. 67-82.

Netparade (2004), archiviert auf www.euromayday.org/netparade/

Neundlinger, Klaus (2007) »Ausfransen und Polarisierung oder ›Sollten wir uns überhaupt mit dem Arbeitsmarkt beschäftigen?‹« in *Grundrisse* Nr. 24, elektronisches Dokument: http://www.grundrisse.net/grundrisse24/RausAusDer Sackgasse.htm

Martin Nonhoff: »Soziale Marktwirtschaft – ein leerer Signifikant? Überlegungen im Anschluß an die Diskurstheorie Ernesto Laclaus«, in Johannes Angermüller, Katharina Bunzmann, Martin Nonhoff (Hg.): *Diskursanalyse: Theorien, Methoden, Anwendungen*, Berlin: Argument 2001, S. 203.

Nonhoff, Martin (2006) *Politischer Diskurs und Hegemonie: Das Projekt »Soziale Marktwirtschaft«*, Bielefeld: transcript.

Nonhoff, Martin (Hg.) (2007) *Diskurs, radikale Demokratie, Hegemonie. Zum politischen Denken von Ernesto Laclau und Chantal Mouffe*, Bielefeld: transcript.

Nonhoff, Martin (2008) »Hegemonieanalyse: Theorie, Methode und Forschungspraxis«, in Reiner Keller et al. (Hg.): *Handbuch Sozialwissenschaftliche Diskursanalyse*, Band 2, 3. Auflage, Opladen, S. 299-331.

Norval, Aletta (1996) *Deconstructing Apartheid Discourse*, London und New York: Verso.

Offe, Claus, Keane John (1985) *Disorganized Capitalism. Contemporary Transformation of Work and Politics*, Cambridge, MA: MIT Press.

Oy, Gottfried (1997) »Gegenöffentlichkeit: Wandlungsprozesse linker Medienpolitik«, in: *Forschungsjournal Neue Soziale Bewegungen* 10(3), S. 77-81.

Oy, Gottfried (2001) *Die Gemeinschaft der Lüge. Medien- und Öffentlichkeitskritik sozialer Bewegungen in der Bundesrepublik*, Münster: Westfälisches Dampfboot.

Oy, Gottfried (2002) »Direct Media: Internationale Protestnetzwerk auf den Spuren alternativer Öffentlichkeitsmodelle«, in Heike Walk, Nele Boehme (Hg.): *Globaler Widerstand. Internationale Netzwerke auf der Suche nach Alternativen im globalen Kapitalismus*, Münster: Westfälisches Dampfboot, S. 101-18.

Pelizzari, Alessandro (2004) »Prekarisierte Lebenswelten. Arbeitsmarktliche Polarisierung und veränderte Sozialstaatlichkeit«, in Stefan Beerholz, Alex Demirovic (Hg.): *Kritische Theorie im gesellschaftlichen Strukturwandel*, Frankfurt a.M.: Suhrkamp, S. 266-88.

Pelizzari, Alessandro (2007) »Verunsicherung und Klassenlage. Anmerkungen im Anschluss an die Prekarisierungsforschung von Pierre Bourdieu«, in Roland Klautke, Brigitte Oehrlein (Hg.): *Prekarität – Neoliberalismus – Deregulierung*, Hamburg: VSA, S. 62-78.

Peter, Lothar (2003) »Postfordismus, Deformation von Arbeitssubjektivität und Arbeitssucht«, in Klaus Dörre, Bernd Röttger (Hg.): *Das neue Marktregime. Konturen eines nachfordistischen Produktionsmodells*, Hamburg: VSA, S. 172-88.

Pieper, Marianne (2007) »Biopolitik – die Umwendung eines Machtparadigmas: Immaterielle Arbeit und Prekarisierung«, in Marianne Pieper, Thomas Atzert, Serhat Karakayali, Vassilis Tsianos (Hg.): *Empire und die biopolitische Wende. Die internationale Diskussion im Anschluss an Hardt und Negri*, Frankfurt a.M. und New York: Campus, S. 215-44.

Propp, Vladimir (1968) *Morphology of the Folktale*, Austin: University of Texas Press.

Ptak, Ralf (2008) »Grundlagen des Neoliberalismus«, in Christoph Butterwegge, Bettina Lösch, Ralf Ptak: *Kritik des Neoliberalismus*, 2. Auflage, Wiesbaden: VS Verlag für Sozialwissenschaften, S. 13-86.

Rammstedt, Otthein (1978) *Soziale Bewegung*, Frankfurt a.m.: Suhrkamp.

Raschke, Joachim (1985) *Soziale Bewegungen. Ein historisch-systematischer Grundriss*, Frankfurt a.M.: Campus.

Raunig, Gerald (2004) »*La inseguridad vencerá*. Antiprekärer Aktivismus und Mayday Parades«, elektronisches Dokument: http://republicart.net/disc/pre cariat/raunig06_de.pdf

Rose, Nikolas (2000) »Tod des Sozialen? Eine Neubestimmung der Grenzen des Regierens«, in Thomas Lemke, Susanne Krasmann, Ulrich Bröckling (Hg): *Gouvernementalität der Gegenwart. Studien zur Ökonomisierung des Sozialen*, Frankfurt a.m.: Suhrkamp, S. 72-109.

Roth, Roland, Heike Walk (2004) »Der Ausverkauf der Politik – neue Herausforderungen für globale soziale Bewegungen«, in Jörg Huffschmid (Hg.): *Die Privatisierung der Welt. Hintergründe, Folgen, Gegenstrategien*, Reader des wissenschaftlichen Beirats von Attac, Hamburg: VSA, S. 95-101.

Roth, Roland (1987) »Kommunikationsstrukturen und Vernetzung in neuen sozialen Bewegungen«, in Roland Roth, Dieter Rucht (Hg.): *Neue soziale Bewegungen in der Bundesrepublik Deutschland*, Frankfurt a.M. und New York: Campus, S. 68-88.

Röttger, Bernd (2003) »Verlassen Gräber und neue Pilger an der Grabesstätte. Eine neo-regulationistische Perspektive«, in Ulrich Brand, Werner Raza (Hg.): *Fit für den Postfordismus? Theoretisch-politische Perspektiven des Regulationsansatzes*, Münster: Westfälisches Dampfboot, S. 18-42.

Rucht, Dieter (2001) »Heraus zum 1. Mai! – Ein Protestritual im Wandel«, in ders. (Hg.): *Protest in der Bundesrepublik. Strukturen und Entwicklungen*, Frankfurt a.M. und New York: Campus, S. 143-73.

Rucht, Dieter (2011) »The Strength of Weak Identities – Die Stärke schwacher Identitäten«, in *Forschungsjournal Soziale Bewegungen* 24(4), S. 73-84.

Scherrer, Christoph (1995) »Eine diskursanalytische Kritik der Regulationstheorie«, in: *Prokla* 25(3) Heft 100, S. 457-82.

Schleifer, Ronald (1987) *A.J. Greimas and the Natur of Meaning: Linguistics, Semiotics and Discourse Theory*, Lincoln: University of Nebraska Press.

Schultheis, Franz, Kristina Schulz (Hg.) (2005) *Gesellschaft mit begrenzter Haftung*, Konstanz: UVK.

Schwarz, Richard (1994) »Vorwort«, in ders. (Hg.): *Zur Genealogie der Regulation. Anschlüsse an Michel Foucault*, Mainz: Decaton Verlag, S. 7-12.

Sennett, Richard (1998) *Der flexible Mensch. Die Kultur des neuen Kapitalismus*, Berlin: Berlin Verlag.

Serpica Naro (2006) »Serpica Naro«, elektronisches Dokument: www.chainwor kers.org/SERPICANARO/index.html

Slack, J. D. (1996) »The theory and method of articulation in cultural studies«, in David Morley, Kuan-Hsin Chen (Hg.): *Stuart Hall. Critical Dialogues in Cultural Studies*, London und New York: Routledge, S. 112-30.

Smith, Anna-Marie (1994) *New Right Discourse on Race and Sexuality*, Cambridge: Cambridge University Press.

Smith, Anna Marie (1998) *Laclau and Mouffe. The Radical Democratic Imaginary*, London und New York: Routledge.

Stäheli, Urs (2001) »Die politische Theorie der Hegemonie: Ernesto Laclau und Chantal Mouffe«, in André Brodocz, Gary S. Schaal (Hg.): *Politische Theorien der Gegenwart II*. Opladen, S. 193-224.

Stavrakakis, Yannis (1999) *Lacan & the Political*, London und New York: Routledge.

Sternfeld, Nora (2009) *Das pädagogische Unverhältnis. Lehren und lernen bei Rancière, Gramsci und Foucault*, Wien: Turia + Kant.

Strath, Bo (2002) »1968: from Co-determination to Co-worker, the Power of Language«, in *Thesis Eleven* 68 (Februar), S. 64-81.

Street, John (1997) *Politics and Popular Culture*, Cambridge: Polity.

Stuhlmann, Andreas (2000): »Öffentlichkeit und Gegenöffentlichkeit. Konzepte freier Radios«, in Werner Faulstich, Knut Hickethier (Hg.): *Öffentlichkeit im Wandel: neue Beiträge zur Begriffsklärung*, IfAM-Arbeitsberichte 18, Bardowick: Wissenschaftlicher Verlag, S. 144-55.

Sumic-Riha, Jelica (2004) »Anachronism of emancipation or fidelity to politics«, in Simon Critchley, Oliver Marchart (Hg.): *Laclau. A Critical Reader*, London und New York: Routledge, S. 182-98.

Thornton, Sarah (1996) *Club Cultures. Music, Media and Subcultural Capital*, Hanover und London: Wesleyan University Press.

Torfing, Jacob (1998) *Politics, Regulation and the Modern Welfare State*, Basingstoke: Macmillan.

Torfing, Jacob (1999) *New Theories of Discourse. Laclau, Mouffe and Žižek*, Oxford: Blackwell.

Torfing, Jacob (2005) »Discourse Theory: Achievements, Arguments, and Challenges«, in Jacob Torfing, David Howarth (Hg.): *Discourse Theory in European Politics. Identity, Politics and Governance*, Houndmills, Basingstoke und Hampshire: Palgrave Macmillan, S. 1-32.

Touraine, Alain (1981) *The Voice and the Eye: An Analysis of Social Movements*, Cambridge: Cambridge University Press.

Tsomou, Maragarita, Vassilis Tsianos, Dimitris Papadopoulos (2011) »Athen. Metropolitane Blockade, direkte Demokratie«, in *Diss-Journal* 22 (2011), elektronisches Dokument: www.diss-duisburg.de/2011/11/athen-metropolitane-blockade-direkte-demokratie/

Vanni, Ilaria (2007) »How to do things with words and images: Gli Imbattibili«, in Matteo Stocchetti, Johanna Sumalia-Sappanen (Hg.): *Images and Communities: the Visual Construction of the Social*, Helsinki: University of Helsinki Press, S. 147-70.

Virno, Paolo (1998) »Do You Remember Counterrevolution? Soziale Kämpfe und ihr Double«, in Toni Negri, Maurizio Lazzarato, Paolo Virno: *Umherschweifende Produzenten. Immaterielle Arbeit und Subversion*, Berlin: ID Verlag, S. 83-112.

Virno, Paolo (2004) »Wenn die Nacht am tiefsten... Anmerkungen zum General Intellect«, in Thomas Atzer, Jost Müller (Hg.): *Immaterielle Arbeit und imperiale Souveränität. Analysen und Diskussionen zu Empire*, Münster: Westfälisches Dampfboot, S. 148-55.

Virno, Paolo (2005) *Grammatik der Multitude. Die Engel und der General Intellect*, Wien: Turia + Kant.

Wacquant, Loic (2008) *Bestrafen der Armen. Die neue Regierung der sozialen Unsicherheit*, Leverkusen: Barbara Budrich Verlag.

Wacquant, Loic (2009) »Unsicherheit auf Bestellung. Soziale Polarisierung und die neue Politik der Bestrafung«, in Michael Hirsch, Rüdiger Voigt (Hg.): *Der Staat in der Postdemokratie. Staat, Politik, Demokratie und Recht im neueren französischen Denken*, Stuttgart: Franz Steiner Verlag, S. 19-40.

Walk, Heike, Nele Boehme (2002) *Globaler Widerstand. Internationale Netzwerke auf der Suche nach Alternativen im globalen Kapitalismus*, Münster: Westfälisches Dampfboot.

Walpen, Bernhard (2004) *Die offenen Feinde und ihre Gesellschaft. Eine hegemonietheoretische Studie zur Mont Pèlerin Society*, Hamburg: VSA.

Wimmer, Jeffrey (2003) »Identität der Gegenöffentlichkeit – Proteste gegen die Liberalisierung des Welthandels«, in Carsten Winter, Tanja Thomas, Andreas Hepp (Hg.): *Identität im Kontext von Globalisierung und Medienkultur*, Köln: Halem, S. 362-75.

15M/Occupy (2012) *Quick guide for a revolution*, elektronisches Dokument: http://howtocamp.takethesquare.net/2012/09/05/quick-guide-for-a-revolution-english/

springerin